国家"十二五"重点图书出版规划项目

国家出版基金资助项目

国家社会科学基金项目(14BYY033)

湖南东安石期市土话研究

蒋军凤 | 著

湖南师范大学出版社

图书在版编目（CIP）数据

湖南东安石期市土话研究／蒋军凤著．—长沙：湖南师范大学出版社，2016. 12
 ISBN 978 - 7 - 5648 - 2627 - 7

Ⅰ. ①湖…　Ⅱ. ①蒋…　Ⅲ. ①湘语—方言研究—东安县　Ⅳ. ①H174
 中国版本图书馆 CIP 数据核字（2016）第 214073 号

湖南东安石期市土话研究
Hunan Dongan Shiqishi Tuhua Yanjiu

蒋军凤　著

◇策划组稿：刘苏华　曹爱莲
◇责任编辑：曹爱莲
◇责任校对：袁学嘉　王　晓
◇出版发行：湖南师范大学出版社
　　　　　　地址／长沙市岳麓山　邮编／410081
　　　　　　电话／0731 - 88873070　88873071　传真／0731 - 88872636
　　　　　　网址／http：//press. hunnu. edu. cn
◇经销：湖南省新华书店
◇印刷：长沙超峰印刷有限公司
◇开本：710mm×1000mm　1/16
◇印张：17
◇插页：16
◇字数：314 千字
◇版次：2016 年 12 月第 1 版　2016 年 12 月第 1 次印刷
◇印数：1 - 1200 册
◇书号：ISBN 978 - 7 - 5648 - 2627 - 7
◇定价：54. 80 元

如有印装质量问题，请与承印厂调换（厂址：长沙市金洲新区泉洲北路 100 号，邮编：410600）

主要发音合作人蒋中秋先生

主要发音合作人邓冬秀女士

主要发音合作人蒋乙军先生

九井塘

九井塘村一隅

九井塘村全景

石期市大桥

石期市石拱桥 [$\mathrm{z\!i^{13}}\mathrm{dz\!i^{13}}\mathrm{z\!ʅ^{35}}\mathrm{z\!io^{24}}\mathrm{koŋ^{54}}\mathrm{dz\!ie^{35\text{-}21}}$] 传说是明初义官唐太贞所建

东安古广利花桥（翻新）

石期市文塔

元古文昌塔

紫溪吴公塔

稀有植物紫色禾雀花

银杏树，东安县县树，国家林业局授予东安县"中国银杏之乡"的称号

仙人门 [ɕian³³ʑin¹³ man³⁵] 位于石期市镇台凡村。传说有仙女临河梳头

狮子岩 [sʅ³³.tsʅ guo³⁵] 狮子岩在狮子岭上，狮子岭位于石期市镇石期市村。相传狮子岭由狮子化身而成。临石期市河岩石有一大口，被称为狮子岩

叫叫 [tɕie³⁵ tɕie³⁵⁻⁵⁴] 上半部分竹制，下半部分木制，能吹出喇叭声

猪血丸子 [tiəu³³ɕye²²ye³⁵.tsɿ] 东安百年土特产。以豆腐为主料，配以适量的猪血和猪肉制成

粑粑花粑粑 [po³³po³³⁻⁵⁴xuo³³po³³po³³⁻⁵⁴] 把水牛花砸碎，砸到出水成泥，按比例加上糯米粉、面粉，做成圆形小饼，油煎而成

苦瓜丸子 [kʻu⁵⁴ kuo³³⁻⁵⁴ye³⁵.tsɿ] 苦瓜洗净切段掏空囊，过水。瘦肉与生姜、葱头、辣椒等一起，碎成末，放入盐和生抽拌匀，将肉末填满苦瓜，将酿好的苦瓜丸子侧面放入油中，煎炸，苦瓜丸子"全身"煎黄以后，适当喷点水（一小勺即可），加锅盖，闷3分钟，撒上鸡精、葱花即可

东安鸡 [toŋ³³ŋan³³⁻⁵⁴tɕi³³] 国宴名菜，八大湘菜之首。将小母鸡宰杀洗干净后，焯水5分钟，至鸡肉八成熟时捞出晾凉。炒锅内倒油烧热，下花椒、干红辣椒、生姜丝煸炒，下鸡肉，倒入料酒、煮鸡肉的汤，用精盐、白糖、味精、醋调味，炒熟后，勾芡收汁，淋香油即成

东安血鸭 [toŋ³³ŋan³³⁻⁵⁴ɕye²²ya³³] 东安家常名菜。鸭子去毛剖腹切块，与生姜、干红辣椒、蒜瓣入锅爆炒，加鲜汤焖至快干，最后将鸭血（加少量醋）淋鸭块上，边淋边炒，加料起锅

碓 [tuei³⁵] 用于将米、辣椒等舂成粉末

磨 [mu³⁵] 用于把米、豆等五谷磨成粉末或浆

火箱 [fu^{54}çio$^{33-21}$] 烤火用，手提，可坐

碳盆 [tʻa^{35}ban$^{35-21}$] 烧炭的盆，用于烤火

总　序

　　湖南西部和南部有一些地区的汉语方言已处于濒危状态或临近濒危状态，如湘西的乡话和湘南的土话。

　　湘西乡话是一种未分区的非官话方言，有人称为"瓦乡话"（实际上是"讲乡话"的意思，此处的"瓦"是用的同音字，本字当为"话"，用作动词）。这种方言主要分布在沅陵县以及周边的溆浦、辰溪、泸溪、古丈、永顺等地，另外，湘西南湘桂交界的南山地区也有一些分布。

　　湘南土话分布在永州和郴州两个地级市之内（永州辖两区九县，郴州辖两区一市八县）。各县土话冠以县名，如永州内有东安土话、江永土话、道县土话、蓝山土话，等等；郴州内有桂阳土话、宜章土话、临武土话、嘉禾土话，等等。这些土话又分成纷繁多枝的小范围土话，令人应接不暇。

　　无论湘西乡话或湘南土话，它们所处的地区，相对来说都比较封闭，经济上也比较滞后，有的甚至是相当贫困，但说到它们所蕴藏的、对于研究汉语发展演变历史颇有价值的语言矿藏却是极其丰富的。

　　20世纪40年代王力先生谈到古语的死亡时曾指出有多种原因，其中有的是今字代替了古字，如"绔"字代替了"裤"；有的是同义的两字竞争，结果是甲字战胜了乙字，如"狗"战胜了"犬"，等等。

不过，在汉语方言众多的窗口中有时你所看到的东西会使人意想不到。譬如湘西沅陵麻溪铺乡话有下面的记录："裤子"就说"裈"[kuɛ⁵⁵]，"单裤"说"单裈"[tõ⁵⁵kuɛ⁵⁵]，"短裤"说"秸裈"[tɕia⁵⁵kuɛ⁵⁵]；"公狗"叫"犬公／公犬"[kʻuæ⁵³kəɯ⁵⁵／kəɯ⁵⁵kʻuæ⁵³]，"母狗"叫"犬娘／娘犬"[kʻuæ⁵³ɳioŋ⁵⁵／ɳioŋ⁵⁵kʻuæ⁵³]。

湘南土话里也有珍奇的材料，如江永桃川土话：

"树林"说成"木园"[mau²¹uəŋ²¹]，"树苗"说成"木秧"[mau²¹iaŋ³³]，"树梢"说成"木末"[mau²¹muo³³]，"种树"说成"种木"[tɕiɛ²⁴mau²¹]，"一棵树"说成"一蔸木"[i⁵⁵ləu³³mau²¹]。

这种称"树"为"木"的事例是笔者 2001 年在江永桃川调查中所获。有些巧合的是乔全生教授在晋南方言中也发现了称"树"为"木"的语言事实（参见 2002 年第一期《中国语文》所登《山西南部方言称"树"为[po]考》一文）。此前据汪维辉教授的研究（《东汉—隋常用词演变研究》，南京大学出版社，2000 年 5 月），称"树"为"木"的语言状况至少是保留了两汉以前的用法。

十多年前，我初次调查桃川土话时，一位主要发音人就曾对我说过："很多人学讲官话了，青年人很少讲土话，最多十年就难得听到土话了。"

这里且以她家三代人为例，第一代是发音人自己（时年 60 岁，现已 72 岁），土话保存较好，虽有时夹杂一些官话，但尚能加以区别；第二代，她的三个孩子，老大是女儿，能说一些土话，但已不如母亲，老二、老三是儿子，会土话的程度更差（这和他们都已离开本土有关）；第三代有五人，其中两个外孙是双胞胎，26 岁，一个在长沙，一个在深圳，都不会说土话，两个大孙女，分别为 25 岁和 22 岁，基本不会说土话，一个小孙女，12 岁，土话"更不会了"（发音人语）。

一方面是土话或乡话的丰富蕴藏，一方面是土话或乡话的日益萎缩，抓紧时间做土话或乡话的调查研究，其迫切性毋庸置疑，这是落在湖南方言工作者肩上责无旁贷的历史使命。

2001 年炎夏之季，湖南师范大学一支方言工作者的队伍奔赴湘南各地，调查了十余个土话点。自此以后，一批土话研究的论文在《方言》期刊上陆续发表，一批土话或乡话研究的博士学位论文应运而生，一批以土话或乡话为研究内容的国家课题先后立项。可以说，湘南土话或湘西乡话研究的气候大致形成。

还在 2009 年接近年尾我们去中山大学参加濒危方言学术研讨会的那一段时间，我校出版社就在酝酿要编写一套濒危方言的丛书。不久，2010 年以"濒危汉语方言研究丛书（湖南卷）"为题的国家"十二五"重点图书出版规划项目获得了批准。该项目申报时曾敦请两位著名专家予以推荐。一位是中国社会科学院语言研究所研究员张振兴先生，一位是南开大学文学院教授曾晓渝先生，感谢他们热心的鼓励与荐举。2011 年 11 月湖南师范大学出版社就召开了该项目的作者讨论会，"濒危汉语方言研究丛书（湖南卷）"这一规划项目就此正式上马。2013 年 10 月又举行了第二次作者讨论会，重点讨论了如何提高丛书质量，如期完成规划的问题。2014 年学校出版社又经专家论证就这套丛书申报国家出版基金项目，并再次获得批准。

我受托组织编写这套丛书，深感重任在肩。好在我是和我的一群年轻的战友们来共同完成此项任务，看到他们一个个沉着应战，信心满满，我的心也自然是踏踏实实的了。

寒来暑往，一段时间过后，我接触到一部一部的书稿，各地土话的鲜活材料扑面而来。今天和这位作者讨论，明天和那位作者磋商，围绕的中心议题，是对语言事实如何准确地把握、深入地发掘、详实地记录，以及如何尽可能做到合理的解释。

一稿、二稿、三稿……每一位作者对自己的书稿多次修改，反复加工。胡萍最后交稿时，托她的先生捎来一封信（她本人尚在美国做访问学者），信里有一段话："您这次二稿又帮我审出一些问题，我自己也发现了不少疏漏，所以查遗补缺，未敢懈怠，这次修改完后，我又从头至尾看了两三遍，但仍不敢说万无一失！可见出书之难，体会颇深。临近交稿，虽心有忐忑，但不敢延期。此稿交送后，有时间我还会继续复查，以便校稿时纠正遗漏。"

这种未敢懈怠、追求完善的精神也是丛书其他作者所共同具备的。我想，在田野调查的基础上，编纂、出版一套丛书，对濒危汉语方言的研究无疑会有多重意义，而在这一过程中，一群作者在学术研究的道路上勇于探索、锲而不舍的精神得到的锻造也是至为宝贵的。

这一套丛书包括：《湖南蓝山太平土话研究》《湖南道县祥霖铺土话研究》《湖南双牌理家坪土话研究》《湖南江永桃川土话研究》《湖南东安石期市土话研究》《湖南永州岚角山土话研究》《湖南桂阳六合土话研究》《湖南泸溪梁家潭乡话研究》《湖南城步巡头乡话研究》《湖南绥宁关峡苗族平话研究》。其中大多数为湘南土话，乡话仅两种，最后一种是少数民族使用的汉语方言。

如果加上此前在学界先后出版的湘南土话或湘西乡话的单本研究著作，总共就二十余种。这与湖南丰富的濒危汉语方言的总量相比，还有不小的差距。

眼前这一批学术成果能汇成丛书出版，得衷心感谢湖南师范大学出版社的热情关注与大力支持。特别要致谢的是刘苏华同志，他自始至终全盘负责这套丛书的编纂工作，还有曾经为我校出版方言学术著作贡献良多的曹爱莲同志，也对丛书出版给予了充分的关注。

我们参与的是一项有深远意义的学术建设工程。令人欣慰的是，在我们集合队伍为推动湖南濒危汉语方言抢救性调查研究工作投入力量的过程中，适逢教育部、国家语委决定自 2015 年起启动中国语言资源保护工程，在全国范围开展以语言资源调查、保存、展示和开发利用等为核心的各项工作。这将形成一股巨大的洪流，我们的工作如同涓涓溪水也将汇入其中。是为序。

鲍厚星

2015 年 5 月初稿

2016 年 6 月修改

目 录

第一章 导论

一、地理人口和历史沿革

（一）东安县地理人口与历史沿革

东安县隶属永州市，位于湖南省西南端，湘江上游，素有"湘南门户"之称。地理坐标：东经110°59′-111°34′，北纬26°07′-26°52′。东南及东分别连永州市零陵区和永州市冷水滩区，西南界广西桂林全州县，西靠邵阳新宁县，北至邵阳县。全县面积2219.95平方公里。境内南北最大长度83.36公里，东西最大宽度59.42公里。

东安县有蒙古族、回族、藏族、维吾尔族、苗族、彝族、壮族、布依族、朝鲜族、满族、侗族、瑶族、白族、土家族、哈尼族、傣族、黎族、畲族、高山族、水族、纳西族、土族、撒拉族、仡佬族、锡伯族、阿昌族、羌族、塔吉克族、京族等少数民族分布。全县总人口631918人（2013年）。其中汉族占99.6%，少数民族占0.4%。

东安县地处亚热带季风湿润区，降水适中，气候宜人，是华中、华南两大经济区的结合部。湘桂铁路、洛湛铁路、207国道、1812省道穿境而过，形成了以铁路为经、公路水运为脉的纵横交错、四通八达的交通运输网络。境内有大小河流191条，其中5公里以上长度的大小河流有45条，总长1300公里，分属湘江、资江两大水系，以湘江为主，主要河流有湘江、芦洪江、紫水河、石期河等。县内有名胜古迹 100 多处，其中重点文物保护单位 20 多处。例如闻名遐迩的舜皇山国家森林公园（园内有堪与桂林七星岩媲美的舜皇岩），历代名人题咏的九龙岩碑刻，三国孔明、张飞等人的遗址，全国重点文物保护单位树德山庄，即著名爱国将领唐生智先生的故居以及他亲手创办的耀祥书院等。

东安历史悠久，人杰地灵，是我国楚文化的发祥地之一。相传舜帝南巡流连忘返，而在此驻跸。此地曾孕育过南宋礼部尚书邓三凤、太平天国将领朱洪音、近代机械工业"火车头"宾步程、著名爱国将领唐生智等杰出人才。发生过张献忠激战明三王、石达开四进四战东安等重要兵家战事。历史名家寇准、周敦颐等在这里留下了许多足迹和墨宝。

春秋战国时，境域属楚南境。秦时，属长沙郡。汉武帝元鼎六年（公元前 111 年），境域属零陵郡洮阳县。三国赤壁之战后，境内属蜀零陵郡，蜀章武二年（公元 222 年）属吴之零陵郡。西晋永熙元年（公元 290 年）置应阳县，隶属零陵郡，因县治（今东安芦洪市镇）位于应水之北而得名，是为东安建县之始。隋代，应阳并入零陵县。唐昭宗光化元年（公元 898 年），马殷取永州，在原应阳境内立东安场。五代时，境域属楚永州府零陵县地。宋太宗雍熙元年（公元 984 年），析零陵县地，升东安场置东安县，属永州零陵郡。宋、元、明、清、民国因之，县治设在今紫溪市镇。1949 年 10 月东安解放，成立县人民政府，县治改设为白牙市镇。

1995 年 8 月以前，全县分成 7 个区 33 个乡镇。1995 年 9 月撤区并乡，全县 7 个区撤销，合并为 13 个镇。现辖 13 个镇 3 个乡 2 个国营林场，即：大庙口镇、紫溪市镇、白牙市镇、石期市镇、井头圩镇、端桥铺镇、鹿马桥镇、芦洪市镇、花桥镇、南桥镇、大盛镇、横塘镇、新圩江镇；水岭乡、川岩乡、大江口乡；东安大庙口林场、东安黄泥洞林场。

（二）石期市镇历史沿革、交通及地理人口

1. 历史沿革

石期市镇为东安县四大古镇之一，原名石碕站，207 国道穿境而过，湘江蜿蜒迂回，由北向南径流。据传古时石琦站，亭馆清幽，风光秀丽，足涤烦襟，故游者甚多。石期市镇因地处多石而弯曲的河边，明代又设驿站于此而得名。"碕"同"埼"，意思是弯曲的岸，因"碕"字比较生僻，后取其谐音"期"，更名石期站。再后驿站废弃，此地逐渐成为集贸市场，

又更名石期市，一直沿用至今。1949 年后置镇，曾废，1983 年复置镇。

2. 便捷的水陆交通

驿站，是古代传递政府文书的人更换马匹或住宿的地方，也是接待来往官吏的处所。自宋至清，以东安县治紫溪市为中心，有驿路通往新宁、宝庆（今邵阳市）、零陵和广西全州县。出东安县治南门，经永安铺、渌埠头、湖口岭、狮子铺到石期站，入零陵樊家桥，进入零陵郡邑永州，东安境内长三十多公里，全为青石板路，是郡邑要道。故石期站是古代零陵到新宁、宝庆以及全州的必经之地，为陆路交通枢纽。

因为交通便捷，石期站在古代享有盛誉。明思宗崇祯十六年（公元1643 年），起义军首领张献忠攻克衡州后，明吉王、惠王、桂王，在中军将王上庸护卫下，想取道古驿路从零陵经石期站到紫溪市，从间道逃往广西，在石期站被追兵赶上。双方激战，王上庸战死，三王不知去向。

唐代诗人杜牧有诗句云"一骑红尘妃子笑"，信使为了求快，不断更换马匹，不惜践踏庄稼，伤害生命，从一个侧面反映了古代驿站的繁忙。石期站作为驿道大站，又位于石期河与湘江交汇地，还兼管水上驿运，在历史上发挥过重要作用，很是繁华了一阵。清光绪《东安县志》称，石期站是驿路大站，市井繁华。

古代交通运输多依赖水运。早在楚怀王六年（公元前 223 年）就有鄂君船队溯湘江到达阳县（治所在今全州县永岁）的记载。秦始皇三十三年（公元前 214 年）开灵渠，渌步（今渌埠头）成为由湘江到漓江的门户。清代自渌步下航称东水路，20 吨木船可常年进入洞庭湖；上溯称南水路，经灵渠至漓江可达广州。湘江在东安县境内航道长达 50 公里。石期站在湘江边，占尽舟楫之便，又成为水路交通枢纽。唐昭宗光化元年（公元 898 年）马殷立东安场，渌步成为茶、盐、竹、木转运中心码头，石期站与大江口为中转码头。石期河与湘江交汇处有大小码头各一个，总长数十米，可停靠30 吨以内木船，常年夜泊客货船数十艘。直到民国时期，新宁、武冈诸毗邻县的货物，仍然沿湘江航道经石期市取道白牙市进出。

1938 年湘桂铁路通车以后，水运虽日渐衰落，但由于公路交通滞后，湘江水运还在发挥重要作用。1951 年，湖南省民航运联社零陵分社在石期市设航运站，1959 年升格为东安县航运管理站，1964 年改设东安县航运公司，拥有职工二百余人，帆船四十多艘，主要经营由石期市经倒榨埠到零陵的客货运输。

　　一个地方没有便捷的交通，很难成为城市，即使有幸进入城市行列，最终也会在社会发展中被淘汰出局。石期市能跻身东安县四大古镇行列，以后又成为乡、区、镇所在地，就得益于便捷的水陆交通。千百年后的今天，我们站在光洁锃亮的码头青石阶上，还可以想象出昔日江面上往来穿梭的帆影和码头上忙碌的人流，感受到历史的脚步声和古镇的沧桑。

3. 地理人口

　　石期市镇位于东安县东南部，东安、冷水滩、零陵三县区交界处。辖区境内以江河平原为主，溪谷平原和岗地次之。207 国道穿南北境而过。湘江自西向东横贯区境。湘江电站大坝以下湘江航道，常年可通航 20 吨船位。

　　石期市镇距县府 21 公里，面积 117.6 平方公里，人口 3.8 万人，现辖：解放路、胜利路、民主路 3 个居委会；鲁草塘、石期市、杨塘、烟竹、白竹、毛家、沙洲、大荣底、元古、新合、屈家、杉树苑、上车、西冲、石角、竹溪、隆兴、乌江、双车、九井、水车、大启、台凡、马头、石马、谭霞塘、建河、洪井、晓埠塘、鲁塘、杨马 31 个行政村。

二、方言概况

（一）东安县方言概况

　　根据李荣主编的《中国语言地图集》，东安境内的汉语方言有两种：一种是全县通用的官话，属西南官话湘南片；一种是各地区使用的土话，被称为湘南土话。在东安县内双方言区的人口占全县人口总数的 65% 左右。鲍厚星将东安土话划分为四片：花桥片（分布在花桥、南桥、大盛、大水、易江等地）、中田片（分布在中田和新圩）、井头圩片（分布在井头圩、石期市、白牙市、大江口、台凡市等地）、高峰片（分布在高峰、紫溪市、狮子铺、横塘等地）。其中花桥片地理位置偏远，较为闭塞，土话最富于保守性。井头圩片位于县中心地带，占的地盘最宽。中田片处在以上两种土话之间，具有过渡性质。而高峰片由于地处县的最南端，其土话与前三种有较大差异。本书调查的石期市土话属于井头圩片。

（二）石期市镇方言概况

石期市镇有官话和土话两大汉语方言。依照陈晖、鲍厚星两位先生发表在《方言》2007 年第 3 期上的《湖南省的汉语方言（稿）》：东安官话为西南官话的一种，土话则被归为湘语的永全片。

据我们了解，解放路、胜利路、民主路 3 个居委会以及鲁草塘、杉树苑、屈家、石期市、杨塘、烟竹、白竹、毛家、沙洲、元古、竹溪、隆兴、杨马现通行官话（部分村庄也有土话存在）。另据当地人反映，其他村与村之间的土话不甚相同，存在内部差异，但不造成交流障碍。依据口音的差异大致可以分为五类：台凡、马头、石马、谭霞塘归为一类；乌江、双车、九井、水车归为一类；大荣底、新合、上车、西冲、石角归为一类；建河、洪井、晓埠塘、鲁塘归为一类；大启归为一类。我们发现，石期市土话大致按照地域相邻原则形成了内部差异，相邻的村之间往往土话归为一类，且风俗习惯也相仿。我们的考察点是石期市九井村。

三、方言研究概述

（一）东安土话的研究现状

东安土话研究的成果主要有以下几种形式：

1. 综合性调查报告中的记录

东安土话的研究始于 1935 年赵元任领导的湖南方言普查，调查材料由杨时逢整理为《湖南方言调查报告》。此报告中记录各县音系材料的说明中提及东安"城里多半能讲官话及土话"。

由于这次调查是在长沙市对 75 个县的方言进行"异地调查"，"大半是从长沙师范的学生中找来的发音人"，"大半是各县城区的方言，乡镇的较少"。可以想见，这是一次主要对各县读书人的读书音的调查。但是，这种情况在《报告极常用词表》这一部分中却不同。从中可以发现这部分已有了对"土话"的一些具体描写，不全是官话。据谢奇勇研究，《报告》中涉及 9 种湘南土话的音系，其中包括东安（学士桥）土话的音节（共 32 个），在这 32 个音节中，包括有 10 个声母、15 个韵母、4 个声调：

声母：b m v t d l tɕ k h ∅

韵母：a o e ɤ i u ai ei ia io uə iŋ ŋ̍

声调：阴平 阳平 上声 阴去

尽管这部分对土话的记录不全面，但毕竟是最早记录土话的材料，有它特定的价值。

2. 单篇论文、著作以及学位论文

对东安土话进行专门研究的单篇论文不多，正式发表的有关东安土话研究论文，笔者掌握的主要有以下这些：

湘南东安土话的语气词　　　　　蒋军凤　株洲师范高等专科学校学报　2002/03

湖南东安石期市土话的音韵特点　蒋军凤　株洲师范高等专科学校学报　2008/02

湘南石期市土话的量词重叠式"量＋叨＋量"蒋军凤　株洲师范高等专科学校学报　2005/04

湘南土话系属问题　　　　　　　鲍厚星　方言　2004/04

湖南东安高峰土话语音研究　　　曾芳　衡阳师范学院学报　2010/04

沅陵乡话、湘南几个土话的韵母研究　杨蔚　湖南师范大学社会科学学报　2002/05

湘南东安型土话的系属　　　　　鲍厚星　方言　2002/03

湘南榴星土话和榴星瑶话的比较　蒋军凤　湖南师范大学社会科学学报　2002/04

东安石期市土话的词缀"叨"　　蒋军凤　株洲师范高等专科学校学报　2003/03

湖南东安花桥土话的代词　　　卢小群，鲍厚星　湖南师范大学社会科学学报　2003/04

著作

迄今为止，最为详细的资料是鲍厚星的《东安土话研究》，该书从语音、词汇、语法各方面对东安花桥土话进行了研究。语音方面做了详尽的声韵调分析，描述了其语音特色，列出了同音字表。语音系统描述如下：

声母（29 个）：p、p'、b、m、f、v、t、t'、d、n、l、ts、ts'、dz、s、z、tɕ、tɕ'、dʑ、ȵ、ɕ、ʑ、k、k'、g、ŋ、x、ɣ、ø；

韵母（39 个）：ɿ、i、u、y、a、ia、ua、ya、o、io、e、ie、ue、ye、ai、uai、ei、uei、au、iau、əu、iəu、iu、an、uan、ən、in、uən、yn、aŋ、iaŋ、uaŋ、uŋ、yŋ、iẽ、yẽ、iũ、m̩、ŋ̍；

声调（6 个）：阴平 33、阳平 13、上声 55、阴去 35、阳去 24、入声 42。

限于笔者掌握的情况，专门以东安土话为研究对象的学位论文，主要是湖南大学、湖南师范大学、云南大学的几篇硕士论文：

榴星土话和榴星瑶话的比较　　蒋军凤 湖南师范大学 2002 年

东安土话语音层次研究　　　　吴珍　云南大学　　　2010 年

湖南东安石期市土话语音研究　　陈琼　湖南大学　　　2012 年

湖南东安高峰土话语音研究　　　曾芳　湖南师范大学 2007 年

另外，谢奇勇的博士论文《湘南永州土话音韵比较研究》（2003 年）将永州土话中的 17 个点的材料进行音韵比较，其中列举了花桥土话的音系。

3. 地方志

《湖南省志方言志》（2001 年）是由湖南省地方志编撰委员会组织编写的一部大型的综合调查报告，所收材料大部分来源于 80 年代末 90 年代初的实地调查，参与调查的基本上是方言学专业人士。《湖南省志方言志》中记载了东安土话的声调：阴平 33、阳平 213、上声 55、阴去 324、阳去 53。指出东安土话不但有一套不送气的浊塞音、塞擦音，还有一套与之对立的浊送气塞音、塞擦音。在湖南各方言点的声调字对照表和单字音对照表中列举了一部分东安字音。

《东安县志》卷三十一方言卷指出，东安方言有"官话"与"土话"两个音系。"官话"是县内全民的共同语言，"土话"是一部分地区内部的交际工具。列出了以白牙市镇的"官话"为代表的"东安话"的声韵调系统。

声母（28 个）：p、p'、b、m、f、v、ts、ts'、dz、s、z、t、t'、d、n、l、tʃ、tʃ'、ʥ、ʃ、ʒ、k、k'、g、ŋ、x、ɣ、ø；

韵母（32 个）：ɣ/ʅ、i、u、y、a、ia、ua、o、io、ə、ie、uə、ye、ai、uai、ei、ui、au、iau、ou、iou、an、ian、uan、yan、en、m、un、yn、uŋ、iuŋ；

声调（5 个）：阴平 33、阳平 12 或 112、上声 54、去声 213、入声 42。

但《东安县志》中没有对东安土话进行描述。

（二）东安石期市土话的研究现状

目前，只有陈琼和蒋军凤对东安石期市土话进行过研究。

陈琼的硕士论文《湖南东安石期市土话语音研究》研究对象是东安石期市镇马头村土话。论文以作者田野调查的材料为基本语料，对石期市马头村土话声母、韵母、声调的重要特点从共时和历时的角度进行了研究和探讨，从而梳理出石期市马头村土话自身的语音特点及与周边土话的异同。另重点讨论了石期市马头村土话突出的音韵现象。

　　蒋军凤的考察点为东安石期市镇九井村。其论文《湘南东安土话的语气词》分析了 12 个东安常用语气词的语法意义及语用功能；《东安石期市土话的词缀"咿"》从类别、功能及与普通话词的对应方面对词缀"咿"进行分析；《湘南石期市土话的量词重叠式"量＋咿＋量"》分析了"量＋咿＋量"重叠式的构成、使用特点以及句法功能。以上都是从语法方面来阐述。对石期市土话的语音描写可见于蒋军凤的《湖南东安石期市土话的音韵特点》，文章通过声韵调系统和音韵特点分析，得出石期市土话的一些语音现象：古全浊声母的完整保留，非敷奉母和晓匣母合口韵字相混，韵母演变中的高元音化、单元音化、入声韵尾的消失，去声分阴阳等，认为这些特征正是判断湘语系属的重要标准。文中没有列出石期市土话的声韵调配合表、声韵调的古今对照表和同音字表。

四、标音符号和发音合作人

（一）标音符号

本书标音采用国际音标系统。

下面是本书用到的辅音、元音、声调符号。

1. 辅音

本书所用的辅音符号如下表：

表 1-1　辅音表

发音方法〈br〉发音部位	塞音			塞擦音			鼻音	擦音		边音
	不送气		送气	不送气		送气		清	浊	
	清	浊		清	浊					
双唇音	p	b	p'				m			
唇齿音								f	v	
舌尖前音				ts		ts'		s	z	
舌尖中音	t	d	t'				n			l
舌尖后音				tʂ		tʂ'		ʂ	ʐ	
舌面前音				tɕ	dʑ	tɕ'	ȵ	ɕ	ʑ	
舌面后音（舌根音）	k	ɡ	k'				ŋ	x	ɣ	

说明：tɕ、dʑ、tɕ'、ɕ、ʑ 既表示舌面前音，还表示了与 i 相拼的舌叶音 tʃ、dʒ、tʃ'、ʃ、ʒ，另有 ø 表示零声母。

2. 元音

本书所用的元音符号如下表：

表 1-2　元音表

	舌面元音					舌尖元音	
	前		央	后		前	后
	不圆唇	圆唇	不圆唇	不圆唇	圆唇	不圆唇	不圆唇
高	i	y			u	ɿ	ʅ
半高	e			ɤ	o		
半低	ɛ		ə				
低	a			ɑ			

说明：ɛ、ɑ、ʅ、ɤ 是在与北京话对比时使用的。

3. 声调符号

声调采用数字表示。本书所用声调符号共 10 个。

阴平	33	阳平	13	上声	54		
阴去	35	阳去	24	入声	22		
阴平	55	阳平	35	上声	214	去声	51

说明：阴平 55、阳平 35、上声 214、去声 51 四个声调是在与北京话对比时使用的。轻声在音节前加圆点表示，如：tɕiəu³³.tsʅ。

（二）发音合作人

下面是发音合作人姓名，姓名前带星号的为主要发音人，凡没有注明职业的均为当地农民。

1. 蒋中秋 *　　男，1944 年生，退休，石期市镇九井村人。
2. 蒋乙军 *　　男，1967 年生，村民，石期市镇九井村人。
3. 邓冬秀　　　女，1945 年生，退休，石期市镇九井村人。
4. 蒋丽君　　　女，1970 年生，村民，石期市镇九井村人。

五、说明

（一）为行文方便及减少排版的麻烦，本书所用国际音标一般不加方括号。

（二）土话语法例句一般注音。土话例句后括号内句子表示对应的普通话说法。

（三）未考出本字的一般用"□"代替。行文若有需要，少数字会使用近音、同音字代替，如名词性词缀"ta"，本书用"咜"字代替。

第二章　语音

一、声韵调分析

（一）声母

石期市土话声母有 27 个，包括零声母在内。

p　p'　b　　m　　　f　　　v

t　t'　d　　n　　　　　　　　　l

ts　ts'　　　　　s　　　z

tɕ　tɕ'　dʑ　　　　ɕ　　　ʑ

k　k'　g　　ŋ　　　x　　　ɣ

ø

下面按声母顺序分别举例：

[p]	本 pan⁵⁴	兵 pio³³	包 pa³³	簸 pu³⁵
[p']	怕 p'o³⁵	票 p'ie³⁵	喷 p'ən³⁵	飞 p'i³³
[b]	牌 bia³⁵	排 bia³⁵	皮 bi³⁵	平 bio³⁵
[m]	米 mie⁵⁴	慢 ma³³	门 man³⁵	磨 mu³⁵
[f]	反 fa⁵⁴	分 fan³³	火 fu⁵⁴	粉 fan⁵⁴
[v]	饭 va²⁴	禾 u³⁵	薄 vu²⁴	万 va²⁴
[t]	多 tu³³	低 tai³³	顶 tio⁵⁴	滴 tia³⁵
[t']	讨 t'ei⁵⁴	跳 t'ie³⁵	汤 t'u³³	痛 t'an³⁵

[d]	条 di³⁵	驮 du³⁵	抬 dai¹³	对 duei³⁵
[n]	难 na³⁵	脑 nei⁵⁴	嫩 noŋ³³	女 niəu⁵⁴
[l]	乱 lue³³	六 liəu³³	辣 lia³³	袋 lai²⁴
[ts]	早 tsei⁵⁴	罩 tsa³⁵	眨 tsuo²²	桌 tsu²²
[ts']	凑 ts'au³⁵	畜 ts'əu²²	拆 ts'uo²²	寸 ts'oŋ³⁵
[s]	洗 sai⁵⁴	生 suo³³	孙 soŋ³³	闩 sua³³
[z]	择 zuo²⁴	贼 zau²⁴	赚 zua²⁴	字 zʅ²⁴
[tɕ]	解 tɕia⁵⁴	浇 tɕie³³	砖 tɕye³³	镜 tɕio³⁵
[tɕ']	车 tɕ'io³³	蛆 tɕ'iəu³³	擦 tɕ'ia²²	穿 tɕ'ye³³
[dʑ]	柜 dʑy²⁴	旧 dʑiəu²⁴	船 dʑye³⁵	杰 dʑie²⁴
[ɕ]	絮 ɕiəu³⁵	锈 ɕio³⁵	水 ɕy⁵⁴	块 ɕia³⁵
[ʑ]	树 ʑiəu²⁴	石 ʑio²⁴	柴 ʑia³⁵	蛇 ʑio³⁵
[k]	假 kuo⁵⁴	干 kue³³	高 kei³³	间 kan³⁵
[k']	靠 k'ei³⁵	口 k'au⁵⁴	磕 k'u²²	敲 k'a³³
[g]	鱼 gei³⁵	牛 gau³⁵	鹅 gu³⁵	咬 ga²⁴
[ŋ]	轧 ŋa³⁵	颜 ŋan¹³	哀 ŋai³³	安 ŋan³³
[x]	好 xei⁵⁴	黑 xau²²	壳 xa²²	花 xuo³³
[ɣ]	害 ɣai²⁴	下 ɣuo³⁵	大 ɣa²⁴	后 ɣau²⁴
[ø]	夜 io³³	矮 ia⁵⁴	呕 au⁵⁴	烟 ie³³

说明：[tɕ、tɕ'、dʑ、ɕ、ʑ] 在 i 前实际读音为舌叶音 [tʃ、tʃ'、dʒ、ʃ、ʒ]，但在 i 起头的韵母前仍读舌面前音，两套辅音并没有构成音位对立，本书一律记作 [tɕ、tɕ'、dʑ、ɕ、ʑ]。

（二）韵母

石期市土话韵母有 33 个，包括自成音节的 m̩ 在内。

ʅ	i	u	y
a	ia	ua	
o	io	uo	
e	ie	ue	ye
ai	uai		
ei	uei		
au	iau		

əu   iəu

an   ian   uan   yan

ən   in   uən   yn

                oŋ   ioŋ

m̩

[ɿ]	是 zɿ³⁵	子 tsɿ⁵⁴	屎 sɿ⁵⁴	字 zɿ²⁴
[i]	比 pi⁵⁴	谜 mi³⁵	你 ni⁵⁴	礼 li⁵⁴
[u]	饿 gu²⁴	火 fu⁵⁴	过 ku³⁵	窠 fu³³
[y]	鬼 tɕy⁵⁴	水 ɕy⁵⁴	吹 tɕ'y³³	睡 ʐy²⁴
[a]	哥 ka³³	猫 ma³⁵	难 na³⁵	散 sa⁵⁴
[ia]	爹 tia³³	筛 ɕia³³	街 tɕia³³	买 mia⁵⁴
[ua]	刷 sua²²	关 kua³³	弯 ua³³	拴 sua³³
[o]	疤 po³³	怕 p'o³⁵	马 mo⁵⁴	白 bo²⁴
[io]	井 tɕio⁵⁴	养 io⁵⁴	饼 pio⁵⁴	长 tio⁵⁴
[uo]	价 kuo³⁵	虾 xuo³³	沙 suo³³	左 tsuo⁵⁴
[e]	煎 tse³³	点 te⁵⁴	千 ts'e³³	田 le³⁵
[ie]	米 mie⁵⁴	扇 ɕie³⁵	扁 pie⁵⁴	掀 ɕie³³
[ue]	宽 k'ue³³	短 tue⁵⁴	酸 sue³³	砌 ts'ue³⁵
[ye]	岁 ɕye³⁵	癣 ɕye⁵⁴	转 tɕye³⁵	劝 tɕ'ye³⁵
[ai]	菜 ts'ai³⁵	铁 t'ai²²	细 sai³⁵	债 tsai³⁵
[uai]	怪 kuai³⁵	快 k'uai³⁵	帅 suai³⁵	坏 uai³⁵
[ei]	好 xei⁵⁴	草 ts'ei⁵⁴	告 kei³⁵	老 lei⁵⁴
[uei]	盖 kuei³⁵	扫 suei³⁵	开 k'uei³³	罪 zuei³⁵
[au]	牛 gau³⁵	头 lau³⁵	走 tsau⁵⁴	狗 kau⁵⁴
[iau]	超 tɕ'iau³³	表 piau⁵⁴	漂 p'iau³⁵	邵 ɕiau³⁵
[əu]	路 ləu³³	粗 ts'əu³³	兔 t'əu³⁵	缩 səu²²
[iəu]	鼠 ɕiəu⁵⁴	油 iəu³⁵	女 niəu⁵⁴	六 liəu³³
[an]	跟 kan³³	案 ŋan³⁵	寒 ɣan¹³	判 p'an³⁵
[ian]	鞭 pian³³	仙 ɕian³³	演 ian⁵⁴	战 tɕian³⁵
[uan]	馆 kuan⁵⁴	缎 duan³⁵	款 k'uan⁵⁴	窗 ts'uan³³
[yan]	专 tɕyan³³	宣 ɕyan³³	泉 dʑyan¹³	愿 yan³⁵

[ən]	省 sən^{54}	恩 ŋən^{33}	很 xən^{54}	恒 ɣən^{13}
[in]	秤 tɕʻin^{35}	升 ɕin^{33}	蒸 tɕin^{33}	印 in^{35}
[uən]	坤 kʻuən^{33}	困 kʻuən^{35}	昆 kʻuən^{33}	瘟 uən^{33}
[yn]	军 tɕyn^{33}	群 dʑyn^{13}	均 tɕyn^{33}	允 yn^{54}
[oŋ]	葱 tsʻoŋ^{33}	空 kʻoŋ^{33}	糯 noŋ^{33}	人 oŋ^{35}
[ioŋ]	云 ioŋ^{35}	穷 dʑioŋ^{35}	运 ioŋ^{33}	晕 ioŋ^{33}
[m̩]	姆 m̩^{33}			

说明：33个韵母由8个元音3个辅音组成。8个元音是 [ɿ i u y a o e ə]；3个辅音是 [n ŋ m]。元音中 [ə] 不单独做韵母，只做韵母里的主要元音。[n ŋ] 两个辅音可做声母，也可做韵母的韵尾，[m] 只可自成音节。e 在 ei 中读音为 [e]，在 ie、ye 中实际音值为 [ɛ]。a 在 ai、an、ian、yan 中是 [a]，在 ia、ua 中实际发音接近 [A]，在 au、iau 中发音为 [ɑ]。鼻韵母中的元音 [ə] 实际发音接近 [e]。[oŋ] 中的元音开口度接近 [o]。

（三）声调

阴平	33	关闩锅渣／用帽路弄／绿肉督目／责革国郭
阳平	13	时瓷曹豪投凡狂常／局舌碟独
上声	54	马姐野煮死两厂响
阴去	35	价架算嘴／妹谢迈调／鹅云难床／五有染／玉育
阳去	24	饿树饭病／咬眼／动厚／石熟白贼
入声	22	拍七八黑百接尺竹

说明：例字中间用斜线隔开表示例字来源不同。

1. 阴平是由中向半高微升的中微升，记作33。

2. 中古阳平字今读有两种调值13和35。

3. 上声起点音高很高，是整个声调系统的最高点，调型上是一个微凸的平调，记为54。

4. 阴去调是个上升的调子，比阳去调起点高，记作35。

5. 阳去今读有三个调值24、35和33，但今读33调值的阳去字属有条件分化，35调值同阴去调值，所以阳去只记调值24。

6. 清入声为平调，低于阴平，记为22。

（四）轻声

石期市土话存在轻声现象。

1. 读轻声的构词语素和虚词

（1）名词词缀"子"读轻声，调值稳定，均为低调。

沙子 suo³³.tsɿ　　扣子 k'au³⁵.tsɿ　　口子 k'au⁵⁴.tsɿ　　矮子 ia⁵⁴.tsɿ

（2）名词词缀"咑"（非本字，音近字记音）读轻声。

名词后缀"咑"读为轻声音节 ta，声调音高不固定，因前一个音节的影响而有高低变化，可归为中、低两类。35、54、13、24、33 五种调值后 ta 调值偏高，其中 35 调值之后最高，22 调值后 ta 调值偏低，低于 2。

鱼咑 gei³⁵.ta　　兔咑 t'əu³⁵.ta　　厂咑 tɕ'io⁵⁴.ta

竹咑 tiəu²².ta　　豆咑 lau²⁴.ta　　梳咑 səu³³.ta

（3）词缀"倒"和动态助词"倒"读轻声。

撩倒 liau¹³.te　　粘倒 nia³³.te　　食倒饭噜 i³³.te va²⁴.lu

（4）助词"得"读轻声 la，声调音高不固定，因前一个音节的影响而有高低变化，变化条件同词缀"咑"。

食得 i³³.la　　　　写得 ɕio⁵⁴.la

（5）词缀"头"读轻声 lau 或 la，声调音高不固定，因前一个音节的影响而有高低变化，变化条件同词缀"咑"。

斧头 fu⁵⁴.lau　　　　�头 dʑie³⁵.lau

拳头古 dʑye³⁵.la.ku　　手指头 iəu⁵⁴ tsɿ⁵⁴⁻²¹.lau

（6）助词"咖、噜、着"等读轻声。声调音高不固定，因前一个音节的影响而有高低变化，变化条件同词缀"咑"。

写咖信 ɕio⁵⁴.ka ɕin³⁵　　走咖 tsau⁵⁴.kau

吾噜 uo³⁵.lu　　　　黑噜　xau²².lu

觑着 tɕ'iəu³⁵.tɕi　　　　吓着　xuo²².tɕi

（7）助词"起"等读轻声。

鼓起　ku⁵⁴.ɕi

2. 读轻声的其他词

一些重叠名词和少数双音节的第二个音节变为轻声。

崽崽 tsai⁵⁴.tsai　　　　豆腐 lau²⁴.u

（五）连读变调

石期市土话中有连读变调现象，较为突出地存在于两字组以及部分叠音组合中。

1. 两字组变调

东安石期市土话两字组中，各调类出现在前字位置时多读原调，出现在后字位置时有的保持原调，有的发生变调。下面分类举例说明。

（1）石期市土话出现在后字位置时的阴平、阳平、阴去和入声有三种调值：A 类保持原调；B 类变为 [21]；C 类后字变读为 [54]。例如：

A：

开车 [kʻuei³³tɕʻio³³]　　年轻 [ne³⁵tɕʻio³³]　　开门 [kʻuei³³man³⁵]

花钱 [xua³³ze³⁵]　　写信 [ɕio⁵⁴ɕin³⁵]　　栽菜 [tsai³³tsʻai³⁵]

一尺 [i³³tɕʻio²²]　　送客 [san³⁵kʻuo²²]

B：

声音 [ɕio³³in³³⁻²¹]　　祖山 [tsəu⁵⁴sa³³⁻²¹]　　名堂 [min¹³dan¹³⁻²¹]

砂糖 [suo³³dan¹³⁻²¹]　　车票 [tɕʻio³³pʻie³⁵⁻²¹]　　小菜 [ɕiau⁵⁴tsʻai³⁵⁻²¹]

白铁 [bo²⁴tʻai²²⁻²¹]　　学习 [io³³ɕi³³⁻²¹]

C：

东西 [tan³³se³³⁻⁵⁴]　　人家 [oŋ³⁵kuo³³⁻⁵⁴]　　西瓜 [sai³³kuo³³⁻⁵⁴]

今年 [tɕin³³ne³⁵⁻⁵⁴]　　清明 [tɕʻio³³mio³⁵⁻⁵⁴]　　自家 [zɿ²⁴kuo³³⁻⁵⁴]

禾线 [u³⁵ɕie³⁵⁻⁵⁴]　　虫线 [dʑin³⁵ɕie³⁵⁻⁵⁴]　　月亮 [yue³³lio³⁵⁻⁵⁴]

回去 [ua³⁵xei³⁵⁻⁵⁴]　　明年 [mio³⁵ne³⁵⁻⁵⁴]　　新鲜 [ɕin³³se³³⁻⁵⁴]

黄瓜 [u³⁵kuo³³⁻⁵⁴]　　阿弟 [uo³³ta³⁵⁻⁵⁴]

零陵 [lio³⁵li¹³⁻⁵⁴]　　虾公 [xuo³³koŋ³³⁻⁵⁴]　　辣椒 [lia³³tɕie³³⁻⁵⁴]

生姜 [suo³³tɕio³³⁻⁵⁴]　　中心 [tio³³ɕin³³⁻⁵⁴]　　荞麦 [dʑie³⁵mo³³⁻⁵⁴]

赤脚 [tɕʻio²²tɕie²²⁻⁵⁴]　　蜡烛 [luo³³tɕiəu²²⁻⁵⁴]

B 组和 C 组的后字发生变调。

（2）石期市土话出现在后字位置时的上声、阳去有两种调值：A 类保持原调；B 类变为 [21]。例如：

A：山顶 [sa³³tio⁵⁴]　　长短 [dʑio³⁵tue⁵⁴]　　胆大 [tuo⁵⁴ɣa²⁴]
　　生病 [suo³³bio²⁴]

B：端午 [tue³³u⁵⁴⁻²¹]　　方便 [fan³³bian³⁵⁻²¹]　　枞树 [zoŋ³⁵ʑiəu²⁴⁻²¹]

B组后字发生变调。

补充说明：在石期市土话两字组连读变调里，不同结构的词语，其变调情况不一样。例如：

热菜 [nai³³ts'ai³⁵]（动宾结构） [nai³³ts'ai³⁵⁻²¹]（偏正结构）

发票 [fa³³p'ie³⁵]（动宾结构） [fa³³p'ie³⁵⁻²¹]（偏正结构）

2.叠音变调

亲属称谓词，多数后音节字变读为上声54，上声调叠音第二个音节变为轻声。

爹爹 [tia³³tia³³⁻⁵⁴]　　哥哥 [ka³³ka³³⁻⁵⁴]　　　　奶奶 [ne³³ne³³⁻⁵⁴]

姑姑 [ku³³ku³³⁻⁵⁴]　　公公 [koŋ³³koŋ³³⁻⁵⁴]

崽崽 [tsai⁵⁴.tsai]　　嫂嫂 [sau⁵⁴.sau]

形容词AA式，部分后音节字变读为上声54。

尖尖 [tsue³³tsue³³⁻⁵⁴]　圈圈 [tɕ'ye³³tɕ'ye³³⁻⁵⁴]　渣渣 [tsuo³³tsuo³³⁻⁵⁴]

罩罩 [tsa³⁵tsa³⁵⁻⁵⁴]　　盖盖 [kuei³⁵kuei³⁵⁻⁵⁴]

石期市土话连读的变化不影响调类的分合。

本书词语和句子的读音，本调之后标出变调，如哥哥：ka³³ka³³⁻⁵⁴。

二、声韵调配合关系

（一）　声韵配合关系

石期市土话开、齐、合、撮四呼俱全，声母与韵母的配合关系如下表所示。表中声母按照发音部位分成六组，韵母分成开、齐、合、撮四类。声韵可以相配的地方用一个字表示，不相配的地方用空格表示。

表 2-1　声韵配合关系表

声母 ＼ 韵母	开口呼	齐齿呼	合口呼	撮口呼
p　p'　b m　f　v	把　怕　爬 慢　发　饭	比　扁　拔 米	布　剖　步 木　富　伏	
t　t'　d n　　l	打　天　糖 拿　　懒	敌　体　电 你　　两	堆　推　队 糯　　雷	入　　旅
ts　ts'　s　z	早　草　馊　贼		总　冲　宋　枞	
tɕ　tɕ'　dʑ 　ɕ　ʑ		鸡　气　奇 喜　　让		转　圈　权 选　　顺
k　k'　g ŋ　x　ɣ	缸　康　牛 安　好　大		桂　愧　饿 　喝　红	
ø	阿	一	屋	雨

从上表中可以归纳出石期市土话声韵配合关系的一些特点：

1. [p p' b m] 只拼开口呼、齐齿呼、合口呼，不拼撮口呼；[f v] 只拼开口呼、合口呼，不拼齐齿呼、撮口呼；拼合口呼时，[p-]组声母只能跟 [u]、[oŋ] 相拼，[v] 不能与 [oŋ] 相拼。

2. [t t' d] 只拼开口呼、齐齿呼、合口呼，不拼撮口呼。[n l] 能拼四呼。

3. [ts ts' s z] 组声母拼开口呼、合口呼，不拼齐齿呼、撮口呼。

4. [tɕ tɕ' dʑ ɕ ʑ] 组声母都只拼齐齿呼、撮口呼，不拼开口呼、合口呼。

5. [k k' g x ɣ] 只拼开口呼、合口呼，不拼齐齿呼、撮口呼；[ŋ] 只拼开口呼。

6. 零声母四呼都有。

（二）　声韵调配合表

石期市土话声韵调配合关系见表 2-2。表中同一横行表示声母相同，同一竖行表示韵母和声调相同。空格表示没有配合关系。写不出字来的音节用"□"表示，"□"及需要加以说明的音节，都加上标，并在表下加注。

表2-2　声韵调配合表之一

	ɿ						i						u					
	阴平33	阳平13	上声54	阴去35	阳去24	入声22	阴平33	阳平13	上声54	阴去35	阳去24	入声22	阴平33	阳平13	上声54	阴去35	阳去24	入声22
p							蓖		比	滗①			不		补	布		
pʻ							批		痞	屁			铺		普	破		
b								脾	婢		鼻			葡	部		步	
m							眯	迷	尾		谜		穆	吴	母		误	
f													寠		火④	放		喝
v														无			盒	服
t							滴		抵			敌	多		躲	剁		
tʻ							梯		体	替			拖		土⑤	吐		
d								题			弟			图			杜	
n							二②	疑	你		议						挪	
l							力	厘	李		例		鹿	炉	鲁		塘	
ts	支		紫	做									租		祖	壮		桌
tsʻ	差												初		楚	错		戳
s	师		死	四		湿							苏		锁	素		索
z		时	柿		字									族			坐	
tɕ							鸡		几	智		急						
tɕʻ							欺			汽		七						
dʑ								奇			治	地						
ɕ							希		喜	世								
ʑ								石③										
k													锅		古	顾		谷
kʻ													枯		苦	库		□⑥
g														鹅			饿	
ŋ																		
x																		
ɣ																		
∅							衣	姨	椅	亿			乌		武	雾		屋

①滗 pi^{35}：去汁。

②二 ni^{33}：还二（第二），另文读 ai^{35}（数数：一、二）。

③石 ʑi^{13}：姓石，另文读 ʑio^{24}（石头古）。

④火 fu^{54}：另文读 xuo^{54}。

⑤土 tʻu^{54}：土地，另白读 tʻəu^{54}。

⑥□ kʻu^{22}：正面朝下放着。

表 2-3　声韵调配合表之二

声母	y						a						ia					
	阴平33	阳平13	上声54	阴去35	阳去24	入声22	阴平33	阳平13	上声54	阴去35	阳去24	入声22	阴平33	阳平13	上声54	阴去35	阳去24	入声22
p							爸		饱	豹		钵	□⑧		摆⑨	拜		八
pʻ							抛			泡								
b								爬						排⑩		稗		
m							慢	麻②	马③	茅					卖	买		
f							翻		反			发						
v											饭							
t							单		打				爹⑪			带		
tʻ							滩			炭		脱						
d								弹		大④	谈							
n	入		女①					纳	拿	难				粘	奶⑫			
l	率	驴	旅	虑				拉	懒	拦				辣	□⑬			
ts							渣		盏	罩		闸						
tsʻ							插		炒	岔								
s							山		伞	潲								
z								□⑤										
tɕ	株		鬼	醉									家		解	芥		甲
tɕʻ	吹		跪	焌		出										斜		擦
dʑ			局	距	柜											□⑭		
ɕ	需		水										筛			块		杀
ʑ		如		序	睡									豺				热⑮
k							哥		讲	窖		角						
kʻ							敲		卡									
g											咬							
ŋ								牙	轧									
x							哈		□⑥		壳							
ɣ											大⑦							
∅	淤	余	雨	玉	拐		阿						衙	芽	矮	鞋		压

①女 ny^{54}：子女，另白读 niəu^{54}（女孩：女吖）。

②麻 ma^{13}：麻烦，另白读 mo^{35}（麻子）。

③马 ma^{54}：马上，另白读 mo^{54}（马背）。

④大 da^{35}：大夫，另读 ɣa^{24}（大细）。

⑤□ za^{13}：水浑浊。

⑥□ xa^{54}：□醒（傻）。

⑦大 ɣa^{24}：大细，另读 da^{35}（大夫）。

⑧□ pia^{33}：腿瘸。

⑨摆 pia^{54}：摆好，另文读 pai^{54}。

⑩排 bia^{35}：一排，另文读 bai^{13}（排长）。

⑪爹 tia^{33}：爷爷。

⑫奶 nia^{54}：奶水，另读 ne^{33}（奶奶）、nai^{54}（牛奶）。

⑬□ lia^{54}：舔。

⑭□ dʑia^{13}：跨。

表 2-4　声韵调配合表之三

声母\韵母声调	ua 阴平 33	ua 阳平 13	ua 上声 54	ua 阴去 35	ua 阳去 24	ua 入声 22	o 阴平 33	o 阳平 13	o 上声 54	o 阴去 35	o 阳去 24	o 入声 22	io 阴平 33	io 阳平 13	io 上声 54	io 阴去 35	io 阳去 24	io 入声 22
p							疤		把	坝		百	兵		饼			壁
p'							泼			怕		拍						
b								婆		耙		白①					坪	病
m								麦	模	码		麻②	命					名③
f																		
v																		
t													钉		顶	胀		提
t'													厅					
d																		
n														酿		两④	娘	
l														亮		两	量⑤	
ts	抓		啄															
ts'																		
s	栓		耍			刷												
z					赚													
tç													姜		井	借		炙
tç'													轻		厂	唱		尺
dʑ																	长⑥	
ç													星		写	姓		削
ʑ																	蛇	石
k	关		寡	卦		割												
k'	夸		垮															
g																		
ŋ																		
x	花⑦			化														
ɣ																		
ø	弯	滑	轱	画		挖							秧		痒		羊⑧	

①白 bo^{24}：另文读 be^{13}。

②麻 mo^{35}：麻子，另文读 ma^{13}（麻烦）。

③名 mio^{35}：名字，另文读 min^{13}（名堂）。

④两 nio^{54}：两只，另文读 nian^{54}。又音 lio^{54}（二两），文读 lian^{54}。

⑤量 lio^{35}：量一下，另文读 lian^{13}（计量）。

⑥长 dʑio^{35}：长短，另文读 dʑian^{13}（说长道短），tio^{54}（长大），tɕian^{54}（生长）。

⑦花 xua^{33}：另白读 xuo^{33}。

⑧羊 io^{35}：羊咩（羊），另文读 ian^{13}（山羊）。

表 2-5　声韵调配合表之四

声母＼韵母声调	uo						e						ie					
	阴平33	阳平13	上声54	阴去35	阳去24	入声22	阴平33	阳平13	上声54	阴去35	阳去24	入声22	阴平33	阳平13	上声54	阴去35	阳去24	入声22
p							搬			半			边		扁	变		逼
pʻ													偏			票		
b								白			伴			别			便	
m								默	满					棉	米		面	
f																		
v																		
t	担①		胆	担		答	癫		点④			得	雕		鸟⑦	吊		
tʻ	拖②		妥	听		塔	天					特	贴			跳		
d		夺		惰										谍			调	
n		挪		男				奶	拿⑤	年								业
l	骆	罗	冷	篮							垫							猎
ts	争		左	榨	眨		煎		剪	箭								
tsʻ	叉			措		拆	千		浅			册						
s	生		琐				先			线		色						
z					茶	昨		钱			贱							
tɕ													椒		姐	占		浙
tɕʻ													牵		且			
dʑ														茄		桥		杰
ɕ													烧		少	笑		识
ʑ														舌			射	
k	瓜		果	架		隔	革											
kʻ	科		可	课		客	克											
g				牙		额③		核				额						
ŋ		俄	我	卧														
x	花		火	化		嚇	黑⑥											
ɣ		何		祸	下													
∅	话		哑	吾		鸭		儿	尔				烟	爷	啙	要⑧		

①担 tuo^{33}：担东西（动词），另读 tuo^{35}（担子，名词）。

②拖 t'uo^{33}：拖拉机，另白读 t'u^{33}（动词）。

③额 guo^{24}：额头，另文读 ŋe^{13}（金额）。

④点 te^{54}：点数，另文读 tian^{54}（点球）。

⑤拿 ne^{54}：拿东西，另文读 na^{13}（拿来主义）。

⑥黑 xe^{33}：黑暗，另白读 xau^{22}（黑噜）。

⑦鸟 tie^{54}：鸟叫，另文读 niau^{54}（北京鸟巢）。

⑧要 ie^{35}：要得，另读 iau^{33}（要求）。

表 2-6　声韵调配合表之五

韵母\声调\声母	ue 阴平 33	ue 阳平 13	ue 上声 54	ue 阴去 35	ue 阳去 24	ue 入声 22	ye 阴平 33	ye 阳平 13	ye 上声 54	ye 阴去 35	ye 阳去 24	ye 入声 22
p / p' / b / m / f / v												
t / t' / d / n / l	端 乱		短	断①								
ts / ts' / s / z	尖 窜 酸			钻 砌 算								
tɕ / tɕ' / dʑ / ɕ / ʑ							砖 穿 靴	 穴	转② 选	转 劝 船 岁		 缺 血
k / k' / g / ŋ / x / ɣ	官 宽		赶	灌		骨						
∅	汗		碗	腌		活	越		远	园		

①断 lue³⁵：断了，另文读 duan³⁵（断绝）。

②转 tɕye⁵⁴：转动，另读 tɕye³⁵（打转转）。

表 2-7　声韵调配合表之六

声母＼韵母声调	ai 阴平33	阳平13	上声54	阴去35	阳去24	入声22	uai 阴平33	阳平13	上声54	阴去35	阳去24	入声22	ei 阴平33	阳平13	上声54	阴去35	阳去24	入声22
p			摆										杯		保⑤			
p'				派									胚			配		
b		排		败										赔		背		
m		埋											帽	煤	美	妹		
f													灰		悔	费		
v																		
t	低		底	戴		跌							刀		倒	到		
t'	胎			太		铁									讨			
d		抬		贷													道	
n	耐		奶	泥											脑			
l		来①		来	袋									淘	老			
ts	灾		崽	债		节									早	灶		
ts'	猜		采	菜		切			喘						草			
s	西		洗	细		虱			甩	帅			骚					
z		裁			在												槽	
tɕ																		
tɕ'																		
dʐ																		
ɕ																		
ʐ																		
k	该		改	届		结②			拐	怪			高			告		
k'	开			概					会③	筷						靠⑥		
g														鱼				
ŋ		捱		爱														
x			海												好⑦	去		
ɣ		还	亥		厚													
∅	伊			二			歪	怀	□④		坏							

①来 lai¹³：未来，另白读 lai³⁵（来一次）。

②结 kai²²：打结。

③会 k'uai⁵⁴：会计。

④□ uai⁵⁴：扭伤。

⑤保 pei⁵⁴：保护，另文读 pau⁵⁴（五保）。

⑥靠 k'ei³⁵：靠他，另文读 k'au³⁵（依靠）。

⑦好 xei⁵⁴：好人，另文读 xau⁵⁴（好歹）。

表2-8　声韵调配合表之七

声母＼韵母·声调	uei 阴平33	uei 阳平13	uei 上声54	uei 阴去35	uei 阳去24	uei 入声22	au 阴平33	au 阳平13	au 上声54	au 阴去35	au 阳去24	au 入声22	iau 阴平33	iau 阳平13	iau 上声54	iau 阴去35	iau 阳去24	iau 入声22
p							胞		保④		暴		标		表			
p'							抛			炮			飘			漂		
b								袍	鲍	跑				嫖				
m							墨	矛	卯		贸			苗	秒		妙	
f																		
v																		
t	堆		碓				逗		斗⑤	斗			刁		屌	钓		
t'				退			偷		讨	透			挑			跳⑨		
d					队			逃			道			调⑩			调	
n								□⑥	恼		闹				鸟		尿	
l	累①	雷	累	类				楼	篓	豆⑦	漏			辽	了	料		
ts	追		嘴②	最			蹲		走		躁							
ts'		崔		粹			抄		吵	凑								
s	虽		水③	扫			搜		嫂	瘦								
z		隋			罪			曹	愁		贼							
tɕ													交		狡	照⑪		
tɕ'													超		巧	撬		
dʑ														朝			赵	
ɕ													消		晓⑫	邵		
ʑ														韶				
k	归		轨	盖			钩		狗	够								
k'	开		跪	愧					口	扣								
g			癸		柜			牛										
ŋ								熬	藕		傲							
x	薂								好	耗		黑						
ɣ								毫			后							
∅	危	茴	伟	卫				号⑧	呕		喉		要	姚	扰	效		

①累 luei³³：累了，另读 luei⁵⁴（积累）。

②嘴 tsuei⁵⁴：七嘴八舌，另白读 tɕiəu³⁵（嘴皮）。

③水 suei⁵⁴：水平，另白读 ɕy⁵⁴（喝水）。

④保 pau⁵⁴：保安，另白读 pei⁵⁴。

⑤斗 tau⁵⁴：一斗，另读 tau³⁵（斗气）。

⑥□ nau³³：踩。

⑦豆 lau²⁴：豆咓，另文读 dəu³⁵（蚕豆）。

⑧号 au³³：叫、喊。

⑨跳 t'iau³⁵：跳跃，另白读 t'ie³⁵（跳起来）。

⑩调 diau¹³：调整，另读 diau³⁵（调度）。

⑪照 tɕiau³⁵：按照，另白读 tɕie³⁵（照相）。

⑫晓 ɕiau⁵⁴：拂晓，另白读 ɕie⁵⁴（晓得）。

表 2-9　声韵调配合表之八

韵母 声调 声母	əu						iəu						an					
	阴平 33	阳平 13	上声 54	阴去 35	阳去 24	入声 22	阴平 33	阳平 13	上声 54	阴去 35	阳去 24	入声 22	阴平 33	阳平 13	上声 54	阴去 35	阳去 24	入声 22
p													崩		本	绊		
p'													潘		捧	胖		
b															凡	办		
m		谋	牡	茂									梦	忙	满	门		
f			否										分		粉	贩		
v																		
t	兜		肚	斗			猪					竹	东		等	凳		
t'	偷①		土	兔									贪		桶	痛		
d			投	豆											糖	但		
n							肉	牛	女				弄⑧	南⑨				
l	路	楼	搂	漏			绿	刘	柳	留				狼	朗	聋		动
ts	租		走②	奏									赃		斩	粽		
ts'	粗			醋	畜								参		产	灿		
s	梳		数③	数④	缩								桑		嗓	送		
z		愁⑤		锄										藏		站⑩		
tɕ							周		煮	嘴		粥						
tɕ'							抽		丑	臭								
dʑ								球		舅	旧							
ɕ							休		手	秀		粟						
ʑ								柔		寿	树							
k	沟		狗	构									根		减	间		
k'	抠		口	寇									康		侃	抗		
g				□⑥														
ŋ	殴		偶	怄									安	岩		案		
x			□⑦										鼾		喊	汉	项	
ɣ		猴		后										行		项		
∅							油	友	右									

①偷 t'əu³³：小偷，另文读 t'au³³（偷东西）。

②走 tsəu⁵⁴：行走，另白读 tsau⁵⁴（走路）。

③数 səu⁵⁴：动词。

④数 səu³⁵：名词。

⑤愁 zəu¹³：忧愁，另白读 zau³⁵（发愁）

⑥□ gəu¹³：趴。

⑦□ xəu³³：挠（痒）。

⑧弄 nan³³：弄钱（挣钱），另读 noŋ³⁵（玩弄）。

⑨南 nan¹³：走南闯北，另白读 nuo³⁵（南风）。

⑩站 zan³⁵：车站。

表 2-10　声韵调配合表之九

声母 \ 韵母声调	ian 阴平33	阳平13	上声54	阴去35	阳去24	入声22	uan 阴平33	阳平13	上声54	阴去35	阳去24	入声22	yan 阴平33	阳平13	上声54	阴去35	阳去24	入声22
p	鞭		匾	变														
p'	篇			骗														
b					辩													
m		眠	免	缅														
f																		
v																		
t	颠		点				端③		短									
t'	天①																	
d		甜②		电				团		断								
n		严	两	念														
l		良	两	量				鸾	暖	乱④								
ts							庄			钻								
ts'							疮		闯	创								
s							删		爽	算								
z											状							
tɕ	张		蒋	账									专		卷⑤	卷⑥		
tɕ'	昌		遣	欠									川		犬	劝		
dʑ		强			丈									泉				
ɕ	伤		想	向									宣		选⑦			
ʑ		然			象									旋				
k							观		广	冠								
k'							匡		款	况								
g								狂										
ŋ																		
x																		
ɣ																		
∅	央	羊	演	燕			汪	王	往	旺			冤	袁	阮	怨		

①天 t'ian³³：西天，另白读 t'e³³（天气）。

②甜 dian¹³：酸甜苦辣，另白读 le³⁵（味道蛮甜）。

③端 tuan³³：端正，另白读 tue³³（端来）。

④乱 luan³⁵：叛乱，另白读 lue³³（乱来）。

⑤卷 tɕyan⁵⁴：卷子。

⑥卷 tɕyan³⁵：试卷。

⑦选 ɕyan⁵⁴：选择，另白读 ɕye⁵⁴（选人）。

表 2-11　声韵调配合表之十

韵母 / 声母	ən 阴平 33	ən 阳平 13	ən 上声 54	ən 阴去 35	ən 阳去 24	ən 入声 22	in 阴平 33	in 阳平 13	in 上声 54	in 阴去 35	in 阳去 24	in 入声 22	uən 阴平 33	uən 阳平 13	uən 上声 54	uən 阴去 35	uən 阳去 24	uən 入声 22
p			本①				冰		饼	并								
p'				喷			拼		品	聘								
b		文	笨					贫			病⑧							
m		门②		闷③				民	敏	命								
f	昏		粉④	奋														
v																		
t	登		等⑤	凳			钉⑨		鼎	钉								
t'	吞			□⑥			厅⑩		挺	听⑪								
d		腾		邓				停		定				饨				
n		能		论				宁										
l			冷					林	领⑫	令								
ts	遵		甑															
ts'	村		衬															
s	森		省	渗														
z		存		□⑦														
tɕ							斤		警	劲								
tɕ'							钦		请	庆								
dʑ								勤		虫								
ɕ							心		审	信								
ʑ								人		肾	剩							
k	庚		耿	更														
k'	坑		肯															
g															滚⑬	棍⑭		
ŋ		恩												昆	捆⑮	困		
x	哼		很															
ɣ		恒		恨														
∅							樱	营	影	应			温	横		混		

①本 pən⁵⁴：本来，另白读 pan⁵⁴（本子）。

②门 mən¹³：门第，另白读 man³⁵（门口）。

③闷 mən³⁵：闷头闷脑。

④粉 fən^{54}：粉饰。

⑤等 tən^{54}：等待，另白读 tan^{54}（等一下）。

⑥□ t'ən^{35}：~命（拼命）。

⑦□ zən^{35}：□头□脑（傻里傻气）。

⑧病 bin^{35}：病毒，另白读 bio^{24}（生病）。

⑨钉 tin^{33}：图钉，另白读 tio^{35}（钉好）。又音 tin^{33}：斩钉截铁，白读 tio^{33}（钉吔）。

⑩厅 t'in^{33}：客厅，另白读 t'io^{33}（厅屋）。

⑪听 t'in^{35}：听取，另白读 t'uo^{35}（听话）。

⑫领 lin^{54}：领导，另白读 lio^{54}（领子）。

⑬滚 kuən^{54}：滚动，另白读 koŋ^{54}（滚来滚去）。

⑭棍 kuən^{35}：棍棒，另白读 koŋ^{35}（棍吔）。

⑮捆 k'uən^{54}：捆绑，另白读 k'oŋ^{54}（一捆）。

表 2-12　声韵调配合表之十一

声母＼韵母	yn 阴平33	yn 阳平13	yn 上声54	yn 阴去35	yn 阳去24	yn 入声22	oŋ 阴平33	oŋ 阳平13	oŋ 上声54	oŋ 阴去35	oŋ 阳去24	oŋ 入声22	ioŋ 阴平33	ioŋ 阳平13	ioŋ 上声54	ioŋ 阴去35	ioŋ 阳去24	ioŋ 入声22
p							崩③											
p'									捧④									
b								朋			凤							
m								盟	猛		孟							
f							丰			讽								
v																		
t							东		懂	冻								
t'							通		统	痛								
d								童			栋							
n								糯						农				
l								龙⑤	拢		龙							
ts							宗		总	纵								
ts'							充		宠	寸								
s							松			宋								
z								从			诵							
tɕ	均		准	俊														
tɕ'	春①		蠢															
dʑ		纯												穷				
ç	勋			训									兄					
ʑ		巡		舜										熊				
k							功		滚	棍								
k'							空⑥		捆	空⑦								
g											共							
ŋ																		
x							烘		哄⑧	哄⑨								
ɣ								洪										
∅	晕	云②	永	孕			瓮		稳		人⑩		用	荣	勇	云		

①春 tɕ'yn³³：立春，又白读 ts'oŋ³³（春天）。

②云 yn¹³：云彩，又白读 ioŋ³⁵（蛮多云）。

③崩 poŋ³³：山崩地裂，又白读 pan³³（山崩了）。

④捧 p'oŋ⁵⁴：捧场，又白读 p'an⁵⁴（一捧）。

⑤龙 loŋ¹³：姓龙，又文读 loŋ³⁵（一条龙）。

⑥空 k'oŋ³³：空间。

⑦空 k'oŋ³⁵：空闲。

⑧哄 xoŋ⁵⁴：欺骗。

⑨哄 xoŋ³⁵：起哄。

⑩人 oŋ³⁵：人口，又文读 ʑin¹³（人民）。

三、文白异读

一般认为，白读是口语音，文读是书面语读音。文白异读实质上是两个音韵层在共时音系中的叠置，各个叠置着的音系代表不同的时间层次，也代表不同的方言系统。

石期市土话中的文白异读非常丰富，且内部情形也比较多样。为了便于看出石期市土话文白异读音与中古音之间的对应规律，以下按声、韵、调次序分类举例。有关规律性的说明只表示该类字中有此现象，并不等于该类字都有文白异读。

（一）石期市土话的文白异读类型

1. 声母的文白异读

（1）部分非奉微母字，今声母文读 [f] 或 [ø]、白读重唇音。

非母：	起飞	tɕ'i⁵⁴fei³³	//	飞机 p'i³³tɕi³³⁻²¹
奉母：	浮躁	vu¹³tsau³⁵	//	浮起来 bei³⁵.ɕi.lai
微母：	问题	uən³⁵di¹³	//	借问 tɕio²²man³³⁻²¹

（2）部分定母字，今声母文读 [d]、白读 [l]。

定母：	台湾 dai¹³uan³³⁻²¹	//	台板 lai³⁵pe⁵⁴
	淘汰 dau¹³t'ai³⁵⁻²¹	//	淘米 lei³⁵mie⁵⁴
	梧桐 mu¹³doŋ¹³⁻²¹	//	桐子树 lan³⁵.tsʅ ʑiəu²⁴⁻²¹

填空 dian^{13}k‘oŋ^{35}　　//　　填满 le^{35}me^{54}

（3）部分精组字，今声母文读舌面前音、白读舌尖前音。

精母：　尖子生 tɕian^{33}.tsʅ sən^{33}　//　尖尖 tsue^{33}tsue$^{33-54}$

　　　　迎接 nin^{13}tɕie$^{33-21}$　　　//　接人 tsai^{22}oŋ^{35}

清母：　浅薄 tɕ‘ian^{54}bo^{13}　　　//　深浅 ɕin^{33}ts‘e^{54}

　　　　千万 tɕ‘ian^{33}uan^{35}　　//　一千 i^{33}ts‘e^{33}

从母：　钱财 dʑian^{13}zai^{13}　　//　有钱 au^{35}ze^{35}

　　　　以前 i^{54}dʑian^{13}　　　//　前年 ze^{35}ne$^{35-54}$

心母：　东西（方位）toŋ^{33}ɕi^{33}　//　东西（物品）tan^{33}se$^{33-54}$

　　　　细心 ɕi^{35}ɕin^{33}　　　//　细碗 sai^{35}ue^{54}

（4）部分知章庄组字，今声母文读舌尖前音、白读舌面前音。

澄母：　千锤百炼 tɕ‘ian^{33}zuei^{13}pe^{33}lian^{35} //　锤咧 dʑy^{35}.ta

昌母：　鼓吹 ku^{54}ts‘uei^{33}　　　　　//　吹风 tɕ‘y^{33}fan^{33}

书母：　税务局 suei^{35}u^{35}dʑy^{13}　//　还税 ua^{35}ɕye^{35}

　　　　水平 suei^{54}bin^{13}　　//　喝水 fu^{22}ɕy^{54}

禅母：　午睡 u^{54}zuei^{35}　　　//　睡觉 ʑy^{24}ka^{35}

庄母：　聊斋 liau^{13}tsai^{33}　　//　食斋 i^{33}tɕia^{33}

崇母：　豺狼 zai^{13}lan$^{13-21}$　　//　豺狗 ʑia^{35}kau^{54}

生母：日晒雨淋 ʐi^{13}sai^{35}y^{54}lin^{13} // 晒热热虎 ɕia^{35}nai^{33}nai$^{33-54}$fu$^{33-21}$

（5）部分知母字，今声母文读舌面前音、白读舌尖中音。

知母：　朝阳 tɕiau^{33}ian^{13}　//　三朝 suo^{33}ti$^{33-21}$

　　　　生长 sən^{33}tɕian^{54}　//　长得快 tio^{54}.la k‘uai^{35}

　　　　膨胀 boŋ^{13}tɕian$^{35-54}$　//　胀气 tio^{35}tɕ‘i^{35}

　　　　穿着 tɕ‘yan^{33}tɕio^{33}　//　着衣 ti^{22}i^{33}

　　　　富贵竹 fu^{35}kuei^{35}tsu^{33}　//　竹咧 tiəu^{22}.ta

　　　　中央 tsoŋ^{33}ian^{33}　//　中心 tio^{33}ɕin$^{33-54}$

（6）部分见组字，今声母文读舌面前音、白读舌根音。

见母：　家庭 tɕia^{33}din$^{13-21}$　//　分家 fan^{33}kuo^{33}

　　　　嫁接 tɕia^{35}tɕie$^{33-21}$　//　嫁女 kuo^{33}niəu^{54}

　　　　摆架子 pai^{54}tɕia^{35}.tsʅ//　衣架子 i^{33}kuo^{35}.tsʅ

溪母：　推敲 t‘uei^{33}tɕ‘iau^{33}　//　敲门 k‘a^{33}man^{35}

（7）部分晓匣母字，声母文读舌面前音、白读舌根音。

晓母：　基围虾 tɕi³³uei¹³ɕia³³　　//　　虾公 xuo³³koŋ³³⁻⁵⁴

　　　　　吓唬 ɕia³³fu⁵⁴　　//　　吓人 xuo²²oŋ³⁵

　　　　　孝心 ɕiau³⁵ɕin³³　　//　　戴孝 tai³⁵xau³⁵

匣母：　下面 ia³⁵mian³⁵⁻²¹　　//　　下去 ɣuo³⁵xei³⁵⁻⁵⁴

　　　　　嫌弃 ʑian¹³tɕ'i³⁵⁻²¹　　//　　讨嫌 t'ei⁵⁴ze³⁵

（8）部分疑母字，声母文读 [ø] 或鼻音声母 [n]、[ŋ]、白读 [g]。

疑母：　饥饿 tɕi³³ŋuo³⁵　　//　　饿着咖 gu²⁴.tɕi.kau

　　　　　眼镜 ian⁵⁴tɕin³⁵⁻²¹　　//　　眼睛 ga²⁴tɕio³³⁻⁵⁴

　　　　　牙龈 ia¹³in¹³　　//　　牙子 guo³⁵.tsɹ

　　　　　牛鬼蛇神 niəu¹³kuei⁵⁴ʑie¹³ʑin¹³　　//　　水牛 ɕy⁵⁴gau³⁵⁻²¹

2. 韵母的文白异读（以下所列各摄各等均为部分字有文白异读现象）

（1）果摄字，韵母文读 [uo]、[o]，白读 [u]。

果摄：　拖拉机 t'uo³³la³³tɕi³³　　//　　拖走 t'u³³tsau⁵⁴

　　　　　过去（时间）kuo³⁵tɕ'y³⁵　　//　　过去（动作）ku³⁵xei³⁵⁻⁵⁴

　　　　　火候 xuo⁵⁴ɣəu¹³　　//　　烧火 ɕi³³fu⁵⁴

　　　　　破坏 p'o³⁵uai³⁵⁻²¹　　//　　破开 p'u³⁵k'uei³³

（2）假开二等字，韵母文读 [a、ia]，白读 [uo]、[o]；开口三等文读 [ie]，白读 [io]；合口二等文读 [ua]，白读 [uo、ue]。

假开二：　把握 pa⁵⁴u³³　　//　　一把 i³³po⁵⁴

　　　　　　家庭 tɕia³³din¹³⁻²¹　　//　　分家 fan³³kuo³³

假开三：　姐姐 tɕie⁵⁴tɕie⁵⁴　　//　　姐夫 tɕio⁵⁴.fu

　　　　　　社会 ʑie³⁵uei³⁵⁻²¹　　//　　赶社 kue⁵⁴ʑio³⁵

假合二：　瓜分 kua³³fən³³　　//　　西瓜 sai³³kuo³³⁻⁵⁴

　　　　　　千瓦 tɕ'ian³³ua⁵⁴　　//　　盖瓦 kuei³⁵ue⁵⁴

（3）遇合一等字，韵母文读 [u]，白读 [əu]；遇合三等文读 [y]、[u]，白读 [iəu]、[əu]、[ei]。

遇合一：　粗心 ts'u³³ɕin³³　　//　　粗线 ts'əu³³se³⁵⁻²¹

　　　　　　赌博 tu⁵⁴po³³　　//　　赌钱 təu⁵⁴ze³⁵

遇合三：　儿女 e¹³ny⁵⁴　　//　　女噜 niəu⁵⁴.lu

　　　　　　初中 ts'u³³tsoŋ³³　　//　　初一 ts'əu³³i³³

　　　　　　金鱼 tɕin³³y¹³⁻²¹　　//　　鲫鱼 tsai²²gei³⁵⁻²¹

（4）蟹开一等、二等字，韵母文读 [ai]，白读 [ia]、[uei]；开口

四等文读 [i]，白读 [ai]、[e]；合口二等文读 [ua]，白读 [uo]；合口三等文读 [uei]，白读 [ye]。

蟹开一：　顺带 ẓyn³⁵tai³⁵　　　//　　带吖 tia³⁵.ta

　　　　　开关 kʻai³³kuan³³　　//　　开门 kʻuei³³man³⁵

蟹开二：　排长 bai¹³tɕian⁵⁴　　//　　一排 i³³bia³⁵

　　　　　牛奶 niəu¹³nai⁵⁴　　　//　　食奶 i³³nia⁵⁴

蟹开四：　洗衣机 ɕi⁵⁴i³³tɕi³³　　//　　洗衣 sai⁵⁴i³³

　　　　　西北 ɕi³³pei³³　　　　//　　东西 tan³³se³³⁻⁵⁴

蟹合二：　牵挂 tɕʻian³³kua³⁵　　//　　挂起 kuo³⁵.ɕi

　　　　　话题 ua³⁵di¹³　　　　//　　讲话 ka⁵⁴uo³³

蟹合三：　税务 suei³⁵u³⁵⁻²¹　　//　　还税 ua³⁵ɕye³⁵

　　　　　岁月 suei³⁵ye³³　　　//　　几岁 tɕi⁵⁴ɕye³⁵

（5）止合口三等文读 [uei]，白读 [y]。

止合三：　自来水 zɿ³⁵lai¹³suei⁵⁴　//　　喝水 fu²²ɕy⁵⁴

　　　　　午睡 u⁵⁴zuei³⁵　　　　//　　睡觉 ẓy²⁴ka³⁵

（6）效开一等字，韵母文读 [au]，白读 [ei]；开口二等字，文读 [iau] [au]，白读 [a]；开口三四等文读 [iau]，白读 [ie]。

效开一：　老师 lau⁵⁴sɿ³³　　　　//　　老人家 lei⁵⁴oŋ³⁵⁻²¹.kuo

　　　　　报告 bau³⁵kau³⁵⁻²¹　　//　　告口 kei³⁵sɿ⁵⁴

效开二：　爆炸 bau³⁵tsa³⁵⁻²¹　　//　　爆开 pa³⁵kʻuei³³

　　　　　教育 tɕiau³⁵y³⁵⁻²¹　　//　　教书 ka³⁵ɕy³³

效开三：　护照 u³⁵tɕiau³⁵⁻²¹　　//　　照相 tɕie³⁵ɕian³⁵

　　　　　需要 ɕy³³iau³⁵⁻²¹　　//　　想要 ɕian⁵⁴ie³⁵

效开四：　拂晓 fu³³ɕiau⁵⁴　　　//　　晓得 ɕie⁵⁴.la

　　　　　调研 diau³⁵nian¹³　　//　　调走 die³⁵tsau⁵⁴

（7）流摄开口一等字，韵母文读 [əu]，白读 [au]；开口三等字韵母文读 [əu]、[iəu]，白读 [au]。

流开一：　小偷 ɕiau⁵⁴tʻəu³³　　//　　偷钱 tʻau³³ze³⁵

　　　　　竞走 tɕin³⁵tsəu⁵⁴　　//　　走路 tsau⁵⁴ləu³³

流开三：　忧愁 iəu³³zəu¹³　　　//　　发愁 fa³³zau³⁵

　　　　　牛黄 niəu¹³uan¹³　　//　　水牛 ɕy⁵⁴gau³⁵⁻²¹

（8）咸开一等、二等字，韵母文读 [an]，白读 [uo]；开口三等文读

[ian]，白读 [ie]；开口四等文读 [ian]，白读 [e]。入声开口一等端泥组文读 [a]，白读 [uo]，见晓组文读 [uo]，白读 [u]，开口二等文读 [a]、[ia]，白读 [uo]，开口三等四等文读 [ie]，白读 [ai]。

咸开一：　男女 nan¹³ny⁵⁴　　　//　　男人 nuo³⁵oŋ³⁵⁻²¹
　　　　　淡水 dan³⁵suei⁵⁴　　 //　　瘪淡 pie²²luo³⁵
　　　　　回答 uei¹³ta³³　　　 //　　答应 tuo²²in³⁵⁻²¹
　　　　　和平鸽 ɣuo¹³bin¹³kuo³³ //　鸽咧 ku²².ta

咸开二：　杉杉 san³³san³³　　　//　　杉树 suo³³ʑiəu²⁴⁻²¹
　　　　　咸水湖 ɣan¹³suei⁵⁴vu¹³⁻²¹ // □咸 din³⁵ɣuo³⁵
　　　　　鸭绒 ia³³ioŋ¹³　　　 //　　鸭咧 uo²².ta
　　　　　眨巴 tsa³³.pa　　　　//　　眨眼睛 tsuo²²ga²⁴tɕio³³⁻⁵⁴

咸开三：　盐酸 ian¹³suan³³　　 //　　白盐 bo²⁴ie³⁵
　　　　　占有 tɕian³⁵iəu⁵⁴　 //　　占着 tɕie³⁵.tɕi
　　　　　迎接 nin¹³tɕie³³　　 //　　接人 tsai²²oŋ³⁵

咸开四：　点子 tian⁵⁴.tsʅ　　 //　　一点 i³³te⁵⁴
　　　　　甜美 dian¹³mei⁵⁴　　//　　甜食 le³⁵ɕi³³⁻²¹
　　　　　贴心 t'ie³³ɕin³³　　//　　贴钱 t'ai²²ze³⁵

　　（9）山开一等、二等字，韵母文读 [an]，白读 [a]、[ue]；开口三等四等文读 [ian]，白读 [ie] 或 [e]；合口一等字，文读 [uan]、[an]，白读 [e]、[ue]；合口二等文读 [uan]，白读 [ua]；合口三等，文读 [an][yan]，白读 [a]、[ye]；入声开口一等泥精组文读 [a]，白读 [ia]，见组字文读 [uo]，白读 [ua]，开口二等文读 [a]，白读 [ia]，开口三等四等文读 [ie]，白读 [ai]，合口一等帮端组文读 [o]、[uo]，白读 [a]，合口三等非组文读 [a]，白读 [ie]。

山开一：　简单 tɕian⁵⁴tan³³⁻²¹ //　单身 ta³³ɕin³³⁻⁵⁴
　　　　　汗衫 ɣan³⁵san³³　　 //　　出汗 tɕ'y²²ue³³
　　　　　辛辣 ɕin³³la³³　　　//　　辣椒 lia³³tɕie³³⁻⁵⁴
　　　　　分割 fən³³kuo³³　　 //　　割禾 kua²²u³⁵

山开二：　山东 san³³toŋ³³　　 //　　高山 kei³³sa³³
　　　　　自杀 zʅ³⁵sa³³　　　 //　　杀人 ɕia²²oŋ³⁵

山开三：　面包 mian³⁵pau³³　　//　　面子 mie³³.tsʅ
　　　　　浅薄 tɕ'ian⁵⁴bo¹³　 //　　深浅 ɕin³³ts'e⁵⁴

热情 ʑie¹³dʑin¹³   //   好热 xei⁵⁴nai³³

山开四： 边缘 pain³³yuan¹³⁻   //   路边 ləu³³pie³³

千万 tɕʻian³³uan³⁵   //   一千 i³³tsʻe³³

节约 tɕie³³io³³   //   一节 i³³tsai²²

山合一： 满足 man⁵⁴tsu³³   //   装满 tsu³³me⁵⁴

计算 tɕi³⁵suan³⁵⁻²¹   //   算数 sue³⁵səu³⁵

解脱 kai⁵⁴tʻuo³³   //   脱衣 tʻa²²i³³

山合二： 开关 kʻai³³kuan³³   //   关门 kua³³man³⁵

弯曲 uan³³tɕʻy³³⁻²¹   //   转弯 tɕye⁵⁴ua³³

山合三： 千万 tɕʻian³³uan³⁵   //   一万 i³³va²⁴

遥远 iau¹³yuan⁵⁴   //   远近 ye⁵⁴dʑin³⁵

（10）臻开一等字，韵母文读 [ən]，白读 [an]；合口一等文读 [ən]、[uən]，白读 [an]、[oŋ]；合口三等文读 [ən]、[yn]，白读 [an]、[oŋ]、[ioŋ]。

臻开一： 跟踪 kən³³tsoŋ³³   //   跟倒 kan³³.te

根本 kən³³pən⁵⁴   //   根根 kan³³kan³³⁻⁵⁴

臻合一： 根本 kən³³pən⁵⁴   //   本子 pan⁵⁴.tsɿ

捆绑 kʻuən⁵⁴pan⁵⁴   //   一捆 i³³kʻoŋ⁵⁴

臻合三： 瓜分 kua³³fən³³   //   分开 fan³³kʻuei³³

运动 yn³⁵doŋ³⁵⁻²¹   //   运气 ioŋ³³tɕʻi³⁵⁻²¹

春季 tɕʻyn³³tɕi³⁵⁻²¹   //   春天 tsʻoŋ³³tʻe³³⁻²¹

（11）宕摄舒声韵母文读 [an]、[uan]、[ian]，白读 [u] 或 [io]；入声开口一等文读 [uo]、[o]，白读 [u]；开口三等今读文读 [io]，白读 [i]。

宕开一： 新郎 ɕin³³lan¹³   //   郎崽 lu³⁵tsai⁵⁴

下落 ia³⁵luo³³⁻²¹   //   落雨 lu³³y⁵⁴

抚摸 fu⁵⁴mo³³   //   摸一下 mu³³.i ɣuo³⁵

宕开三： 工厂 koŋ³³tɕʻian⁵⁴   //   厂坝 tɕʻio⁵⁴.ta

强壮 dʑian¹³tsuan³⁵⁻²¹   //   好壮 xei⁵⁴tsu³⁵

穿着 tɕʻyan³³tɕio³³   //   着衣 ti²²i³³

宕合一： 光明 kuan³³min¹³⁻²¹   //   天光 tʻe³³ku³³

宕合三： 解放 kai⁵⁴fan³⁵⁻²¹   //   放假 fu³⁵tɕia⁵⁴

（12）江摄舒声字韵母白读 [u] 或 [a]，文读 [an]、[uan]、[ian]，

入声文读 [io]、[uo]。

江开二：　窗帘 tsʻuan³³lian¹³⁻²¹　//　窗子 tsʻu³³.tsɿ

　　　　　长江 dʑian¹³tɕian³³　//　江里 ka³³li⁵⁴

　　　　　剥削 po³³ɕio³³　//　剥开 pa²²kʻuei³³

　　　　　两角 nian⁵⁴tɕio³³　//　牛角 gau³⁵ka²²

（13）曾摄舒声开口一等文读 [ən]，白读 [an]；入声开口一等今读文读 [e]，白读 [au]；开口三等文读 [i]，白读 [ie] 韵。

曾开一：　等候 tən⁵⁴ɣəu¹³⁻²¹　//　等你 tan⁵⁴ni⁵⁴

　　　　　盗贼 dau35ze¹³⁻²¹　//　做贼 tsɿ³⁵zau²⁴

曾开三：　纺织 fan⁵⁴tɕi³³　//　织布 tɕie²²pu³⁵

　　　　　直接 dʑi¹³tɕie³³　//　木直 mu³³dʑie²⁴⁻²¹

（14）梗摄舒声开口二等文读 [ən]，白读 [uo]；开口三等、四等文读 [in]，白读 [io]；合口二等文读 [uən]，白读 [uo]；入声开口二等今读文读 [e]，白读 [o]、[uo]；开口三等、四等文读 [i]，白读 [io] 韵。

梗开二：　支撑 tsɿ³³tsʻən³³　//　撑起 tsʻuo³³.ɕi

　　　　　生活 sən³³ue³³　//　生崽 suo³³tsai⁵⁴

　　　　　百度 pe³³du³⁵⁻²¹　//　一百 i³³po²²

　　　　　宾客 pin³³kʻe³³　//　客气 kʻuo²²tɕʻi³⁵⁻²¹

梗开三：　姓名 ɕin³⁵min¹³⁻²¹　//　名字 mio³⁵zɿ²⁴⁻²¹

　　　　　水平 suei⁵⁴bin¹³⁻²¹　//　平地 bio³⁵dʑi²⁴

　　　　　英尺 in³³tɕʻi³³　//　一把尺 i³³po⁵⁴tɕʻio²²

梗开四：　恒星 ɣən¹³ɕin³³　//　星呀 ɕio³³.ta

　　　　　青岛 tɕʻin³³tau⁵⁴　//　青色 tɕʻio³³se²²

　　　　　壁画 pi³³ua³⁵⁻²¹　//　壁高子（壁上）pio²²kei³³.tsɿ

梗合二：　横竖 uən³³ʐy³⁵　//　横转走 ɣuo³⁵tɕye⁵⁴tsau⁵⁴

（15）通摄合口一等舒声文读 [oŋ]，白读 [an]；合口三等舒声文读 [oŋ]，白读 [in]；入声合口一等端组文读 [u]，白读 [au]；合口三等文读 [u]，白读 [iəu]、[əu]。

通合一：　运动 yn³⁵doŋ³⁵⁻²¹　//　动一下 lan²⁴.i ɣuo³⁵

　　　　　输送 ɕy³³soŋ³⁵⁻²¹　//　送礼 san³⁵li⁵⁴

　　　　　毒品 du¹³pʻin⁵⁴　//　毒着咖 lau³³.tɕi.kau

通合三：　重量 zoŋ³⁵lian³⁵⁻²¹　//　蛮重 man¹³dʑin³⁵

种类 tsoŋ⁵⁴lei³⁵⁻²¹   //   下种 ɣuo³⁵tɕin⁵⁴

肌肉 tɕi³³zu¹³⁻²¹   //   猪肉 tiəu³³niəu³³

绿化 lu³³xua³⁵⁻²¹   //   绿色 liəu³³se²²

3. 声调的文白异读

石期市土话声调的调类是 6 个：阴平、阳平、上声、阴去、阳去和入声。从调查的情况来看，声调的文白异读较少，且往往伴随声母、韵母的文白异读。归纳起来，声调的文白异读主要有以下几类。

（1）文读调值 13，白读调值 35。

	文读		白读
人民	ʑin¹³min¹³⁻²¹	人口	oŋ³⁵k'au⁵⁴
麻布	ma¹³pu³⁵⁻²¹	麻子	mo³⁵.tsɿ
鹅绒	ŋuo¹³ioŋ¹³⁻²¹	白鹅	bo²⁴gu³⁵
梧桐	mu¹³doŋ¹³	桐子树	lan³⁵.tsɿʑiəu²⁴

（2）文读 35，白读 24。

	文读		白读
病毒	bin³⁵du¹³	生病	suo³³bio²⁴
人大	ʑin¹³da³⁵	大细	ɣa²⁴sai³⁵
豆蔻	dəu³⁵k'əu³⁵	豆叮	lau²⁴.ta

（3）文读 13，白读 22。

	文读		白读
油漆	iəu³³tɕ'i³³	刷漆	sua²²tɕ'i²²
毒品	du¹³p'in⁵⁴	毒着咖	lau²².tɕi.kau
迎接	nin¹³tɕie³³	接人	tsai²²oŋ³⁵

（二）石期市土话文白异读现象解读

1. 单纯声母、韵母或声调的文白异读现象较少

某一项的文白异读往往伴随其他一项或两项的文白异读。例如：运动 yn³⁵doŋ³⁵⁻²¹// 动一下 lan²⁴.i ɣuo³⁵，"动"文读声母 d，韵母 oŋ，声调 35，白读声母 l，韵母 an，声调 24，文白读之间声韵调都不相同，再如：姓名 ɕin³⁵min¹³⁻²¹// 名字 mio³⁵zɿ²⁴⁻²¹，"名"文读声母 m，韵母 in，声调 13，白读声母 m，韵母 io，声调 35，文白读之间声母相同，韵母声调不同。

2. 白读层保留了较早时期的读音

部分非奉微母字，今声母文读 [f] 或 [ø]、白读重唇音，这反映出在上古时帮组与非组不分，证明"古无轻唇音"的事实。如："非母：起飞 tɕ'i⁵⁴fei³³// 飞机 p'i³³tɕi³³⁻²¹ 微母：问题 uən³⁵di¹³// 借问 tɕio²². man³³⁻²¹"。

部分知母字，今声母文读舌面前音、白读舌尖中音，这反映出"古无舌上音"的事实。如"知母：朝阳 tɕiau³³ian¹³// 三朝 suo³³ti³³⁻²¹；穿着 tɕ'yan³³tɕio³³// 着衣 ti²²i³³"。

3. 许多韵摄的白读出现相同韵母的情况

例如：效开二等字有白读韵 [a]，山开一等、二等字，合口三等，也有白读韵 [a]（效摄：教育 tɕiau³⁵y³⁵⁻²¹// 教书 ka³⁵ɕy³³，山摄：千万 tɕ'ian³³uan³⁵// 一万 i³³va²⁴）；效开口三四等有白读韵 [ie]，山开三等、四等也有白读韵 [ie]（效摄：需要 ɕy³³iau³⁵⁻²¹// 想要 ɕian⁵⁴ie³⁵，山摄：边缘 pian³³yan¹³⁻²¹// 路边 ləu³³pie³³）。

再如：宕摄舒声、梗摄舒声开口三等、四等有白读韵 [io]，和假摄开口三等的白读韵相同（假摄：姐姐 tɕie⁵⁴tɕie⁵⁴// 姐夫 tɕio⁵⁴fu³³⁻²¹，宕摄：工厂 koŋ³³tɕ'ian⁵⁴// 厂吖 tɕ'io⁵⁴. ta，梗摄：姓名 ɕin³⁵min¹³⁻²¹// 名字 mio³⁵zɿ²⁴⁻²¹）。

4. 梗摄字的文白异读

梗摄是今石期市土话文白异读现象最丰富的韵摄。与其他摄比较，它的文白异读字不仅数量大，而且文白读的对应形式也多，层次也复杂。不过，总的来说规律性是很强的。具体如下描述：梗摄舒声开口二等文读 [ən]，白读 [uo]；开口三等四等文读 [in]，白读 [io]；合口二等文读 [uən]，白读 [uo]；入声开口二等今读文读 [e]，白读 [o] [uo]；开口三等四等文读 [i]，白读 [io] 韵。梗摄开口字的文读音与深臻摄开口字读音合流，也与官话读音一致（臻开一等字，韵母文读 [ən]；臻开三韵母文读 [in]；合口一等文读 [ən]、[uən]；合口三等文读 [ən]、[yn]）。

四、新老差异

由于社会生活由封闭日渐走向开放，广播影视事业日益普及，普通话大力推广，新一代的语音变化明显地、迅速地向普通话靠拢，因而造成了语音的新老差异。本书以石期市的新派（40岁以下年轻人）和老派（60岁以上年纪较大的人）为考察对象进行语音差异考察，发现石期市土话的新老差异多数是不成系统的，也没有一定的规则。新老差异在声韵调上都有所体现，但并不突出。

（一）声母的新老差异

1. 部分邪母新读声母是 [ʑ]，旧读声母是 [ʥ]、[z]。如徐 [ʑy]（新派）[ʥy]（老派）、旬 [ʑyn]（新派）[zən]（老派）。

2. 部分疑母字新读是 [∅]，旧读声母是 [n]。

例字	新读	旧读
研	[ian^{13}]	[nian^{13}]
艺	[i^{35}]	[ni^{35}]

3. f、x 混读的情况略有不同。老派石期市土话古非敷母字与晓匣合口字声母大都不分，念 f，如狐 [vu^{13}]，虎 [fu^{54}]，灰 [fei^{33}]，肺 [fei^{35}]，也有的念 x，如"通"摄，红 [ɣoŋ]（匣母）。从发展的趋势看，新派趋向于将 f、x 分开，如虎 [fu^{54}]（老派）、[xu^{54}]（新派），灰 [fei^{33}]（老派）、[xei^{33}]（新派）。

4. 新派开始用今音混读古音。

老派石期市土话部分见组字声母为舌根音，如"简"，念成 [kan^{54}]，而新派则出现了近似北京音的读法，以舌面前音代替舌根音，如"简"，念成 [tɕian^{54}]。见组字在新派石期市土话中目前处在混读阶段，但一般文读时多读舌面前音声母，白读时多读舌根音声母。

与见组类似的还有非组字，少数老派读为重唇的非组字新派读成轻唇音或零声母，例如：飞 [p'i^{33}]（老派）、[fei^{33}]（新派）；文 [bən^{13}]（老派）、[uən^{13}]（新派）。

（二）韵母的新老差异

1. 古止摄开口三等并明母部分字、止摄合口三等非组部分字老派韵母为 [i]，新派韵母为 [ei] 或 [uei]。

例字	新派	老派
备	[bei^{35}]	[bi^{35}]
眉	[mei^{13}]	[mi^{13}]

飞 　　　　　[fei³³]　　　　　　　　[p'i³³]

味 　　　　　[uei³⁵]　　　　　　　　[bi³⁵]

2. 古梗摄合口三等部分字老派韵母为 [yn]，新派韵母为 [ioŋ]。

例字	新派	老派
永	[ioŋ⁵⁴]	[yn⁵⁴]
琼	[dʑioŋ¹³]	[dʑyn¹³]

3. 古遇摄合口三等部分字老派韵母为 [ei] 或 [uei]，新派韵母为 [y]。

例字	新派	老派
屡	[ly⁵⁴]	[luei⁵⁴]

4. 古山摄开口二等部分字老派韵母为 [an]，新派韵母为 [ian]。

例字	新派	老派
简	[tɕian⁵⁴]	[kan⁵⁴]
艰	[tɕian³³]	[kan³³]

5. 古流摄开口一等部分明母字老派韵母为 [əu]，新派韵母为 [u] 或 [au]。

例字	新派	老派
亩	[mu⁵⁴]	[məu⁵⁴]
牡	[mu⁵⁴]	[məu⁵⁴]

（三）声调的新老差异

石期市土话声调的新老差异主要体现在以下几个方面：

1. 调值上新派、老派有所不同。听感上，他们之间最大的区别在于老派 35 调值，新派的发音略带曲折。

例字	新派	老派
鹅	[gu²¹⁵]	[gu³⁵]
床	[zu²¹⁵]	[zu³⁵]

2. 另一个值得注意的是入声的保留问题。石期市土话中入声与阴平调值接近，新派几乎忽略这种区别。

综上，石期市土话新老差异总结下来有几个特点：

（1）石期市土话新老差异大多是声母、韵母同时发生变化，同声异韵和同韵异声情况少。

（2）由于新音产生主要是受文读和普通话影响，使得新音逐渐取代旧音，新旧异读现象将会逐渐消除。经过一个时期的异读并存，而后旧读消失，新读确立。石期市土话的新音大多数与普通话的读音一致或接近。

五、同音字表

说明：

（一）本字汇按石期市土话音系排列，先以韵母为序，同韵的字以声母为序，声韵相同的字再以声调为序。

1. 韵母的排列次序为：ɿ, i, u, y, a, ia, ua, ya, o, io, uo, e, ie, ue, ye, ai, uai, ei, uei, au, iau, əu, iəu, an, ian, uan, yan, ən, in , uən, yn, oŋ, ioŋ.

2. 声母的排列次序为：p, p', b, m, f, v, t, t', d, n, l, ts, ts', s, z, tɕ, tɕ', dʑ, ɕ, ʑ, k, k', g, ŋ, x, ɣ, Ø

3. 声调的排列以调值为序：阴平 33　阳平 13　上声 54　阴去 35 阳去 24　入声 22

（二）本表采用传统的方法，对有文白异读的字加以注明，加单线 "＿" 表示是白读音，加 "＿" 表示文读音。所注的文白异读以老派为准。

（三）方框 "口" 表示写不出的音节。

（四）需要加注的字在字的右下角加注小字。

~ɿ

tsɿ[33] 支枝肢资姿咨滋兹脂之芝辎疵

[54] 紫此纸只~是姊旨脂指子耻滓梓止趾址齿耻籽

[35] 做痣志至刺次翅志

tsʻɿ[33] 差参~嗤雌

sɿ[33] 撕斯厮茅~思私司丝狮施诗师尸鸶螄鸶鹭~

[54] 死屎驶始使史

[35] 肆四试赐

[22] 湿

zɿ[13] 时脐糍磁辞慈瓷祠词匙十莳~田

[35] 寺痔巳柿示是视示市氏士似侍自字事豉

[24] 荠自字事豉示饲入入屎交合

~i

pi[33] 壁蓖口女阴笔毕必卜萝卜碧匕逼

[54] 比彼

[35] 滗

pʻi[33] 匹飞披批劈僻

[54] 匪痞

[35] 屁痹

bi[13] 皮脾琵枇唯维

[35] 皮秘痹庇币避弊毙被备闭秘庇滗味

[24] 鼻被~fu33:被子

mi[33] 眯密蜜

[13] 迷眉弥谜

[54] 抿尾糜耳米

[35] 谜

ti[33] 堤朝滴低

[54] 抵底

[22] 的~确良著着~衣敌

tʻi[33] 梯踢

[54] 体

[35] 替屉剃

di[13] 题提笛

[35] 条隶地帝弟第

ni[33] 二认日宜

[13] 疑尼泥

[54] 你哪

[35] 毅议艺义那

li[33] 立栗力粒笠厉

[13] 厘璃

[54] 鲤理李礼狸

[35] 痢荔例利丽厉励梨桃漓用滴的方式使水分离出去

tɕi[33] 焦枝鸡基肌机积击织只一只质激吉职执鲫屐绩级脊吸蛰汁箕

[35] 鬃稚智治制系祭寄继济季技妓记计迹济际

[54] 纪挤己几栀

[22] 脚急

tɕʻi[33] 欺戚尺赤漆七

[54] 起又音ɕi54

[35] 器契汽气砌弃

[22] 觑漆七口靠近仔细看

dʑi[13] 池席骑奇其祁期佰齐棋迟旗直

[35] 棋迟治徛

[24] 徛第地集及持池极

ɕi [33] 稀希锡膝西夕烧析释适室式实失识袭息惜习熄媳湿食

[54] 起又音tɕʻi⁵⁴ 喜冼婶

[35] 细系戏势世

ʑi [13] 石日十

i [33] 医食衣一揖伊

[13] 移姨仪

[54] 椅以已蚁

[35] 益意易译异忆亿

~u

pu [33] 不囗囗丝pu³³sŋ³³⁻²¹：蜘蛛

[54] 补

[35] 簸布佈

pʻu [33] 铺铺开扑赴

[54] 甫谱普捕

[35] 铺铺子劈破

bu [13] 蒲葡

[35] 部簿步埠

[24] 步

mu [33] 穆木目摸

[13] 吴蜈梧模模子

[54] 母拇

[35] 悟误暮募幕墓牧磨磨刀忘

fu [33] 窠棵俘肤夫呼敷拂

[54] 伙火虎斧府浒

[35] 货买货富副附付幅放戽

[22] 福喝复腹覆口被

vu [13] 浮糊无湖狐符和物芙扶伏佛壶胡菩

tu [33] 多督都

[54] 躲堵肚赌

[35] 剁妒

tʻu [33] 拖突秃汤

[54] 土

[35] 吐兔

du [13] 徒屠途涂图驼读驮独毒

[35] 镀渡度杜

nu [35] 挪

lu [33] 鹿录陆落烙赂绿六

[13] 骡炉庐卢奴

[54] 鲁卤努橹卤

[35] 塘郎螺锣腩萝笋露路鹭

tsu [33] 租竹粥烛足筑祝卒

[54] 祖组阻嘱

[35] 壮

[22] 桌捉

tsʻu [33] 搓初粗窗

[54] 楚

[35] 错醋锉

[22] 戳触促畜

su [33] 梭蓑酥苏蔬淑梳缩粟双

[54] 锁数动词

[35] 塑素漱诉数名词

[22] 宿速肃俗束索

zu [13] 锄塾辱凿肉熟轴赎属蜀族续逐

[35] 坐助座

ku [33] 箍孤骨谷姑歌光锅

[54] 鼓股古估牯

[35] 过过去（表动作）雇顾故固

[22] 谷鸪

kʰu [33] 枯□趴下各

[54] 苦

[35] 酷裤库

[22] □正面朝下放着

gu [35] 鹅

[24] 饿

u [33] 巫污乌握恶握

[54] 舞武伍午五

[35] 雾戊务勿护户父傅负妇禾胡婆葫互壶黄蜈和~尚□他

[22] 屋

[24] 柜

ɕy [33] 墟需虚须戌输输赢输运输舒书婿絮荽

[54] 许髓水暑乳鼠□□□ɕy³⁵

mau⁵⁴：卤门

ʐy [13] 述术入如

[35] 序树

[24] 薯睡

y [33] □粪役狱疫瘀淤秽污浊，引申指粪肥、尿肥：浇大一（粪），浇小一（尿）

[13] 域娱余于鱼

[35] 芋裕遇寓喻预育玉愉喂

[54] 吕语雨羽宇□□头：里面

[22] 拐折

~y

ny [33] 入入去：进去

[54] 女

ly [33] 率律

[13] 驴

[54] 旅

[35] 虑滤

tɕy [33] 珠株朱车殊矩菊猪

[54] 举鬼主煮

[35] 蛀著注据剧句贵醉锯

tɕʰy [33] 屈曲区吹蛆

[54] 跪处拄取趣

[35] 去焌觑

[22] 出

dʑy [13] 局厨除徐渠□~眼闭：打盹儿

[35] 聚距具锤槌捶竖住苎

~a

pa [33] 八包扳爸芭巴巴结□蛋

[54] 饱板把一把把握□小孩大便

[35] 豹绊霸把坝爆

[22] 剥钵拨

pʰa [33] 抛

[35] 泡帕

ba [13] 耙袜爬罚杷琶拔扒

ma [33] 抹慢

[13] 麻麻烦

[54] 蚂码马马上

[35] 茅猫蛮□□慈：荠荠

fa [33] 翻番花法发

[54] 反

[35] 化

va [24] 饭万

ta [33] 单答搭

[54] 打
[35] 弟
t‘a[33] 滩塌塔他她它
[35] 炭
[22] 脱蜕踏
da[13] 谈
[35] 大
[24] 弹达
na[33] 纳
[13] 拿
[54] 哪
[35] 难那
la[33] 拉烂捺蜡腊辣
[54] 懒
[35] 栏拦
tsa[33] 渣眨扎 扎针
[54] 盏扎 一扎
[35] 罩炸 炸弹诈榨□鸡□：未成
年的小母鸡
[22] 闸铡
ts‘a[33] 察插擦权叉差 差不多
[54] 炒铲
[35] 岔
sa[33] 山萨杀莎纱沙砂撒
[54] 伞散傻
[35] □推开潲
za[13] 查茶搽杂□水浑浊
ka[33] 江哥夹挟咖
[54] 讲□□□日 n³⁵ ka⁵⁴ ni³³：明天
[35] 觉窖教嫁架痂
[22] 角
k‘a[33] 敲

[54] 卡
ɡa[24] 咬眼
ŋa[13] 牙
[35] 轧
xa[33] 哈瞎虾
[54] □□醒：傻瓜蟹□硬
[22] 壳
ɣa[24] 大苋
a [33] 阿

~ia

pia[33] □腿瘸
[54] 摆
[35] 拜
[22] 八
bia[35] 排
[24] 拔稗
mia[33] 卖
[54] 买
tia[33] 爹爷爷
[35] 滴带
nia[33] 粘
[54] 奶
lia[33] 辣癞
[54] □在火上烤□舔
tɕia[33] 街斋家加甲炙
[54] 解假 放假贾
[35] 芥溅驾稼价
[22] 夹甲□嘴张开
tɕ‘ia[35] 斜
[22] 插擦
dʑia[13] 牛跨

ɕia[33] 筛吓虾
  [35] 晒块
  [22] 瞎杀惜
ʑia[35] 豺柴
  [24] 热
ia[33] 衙丫鸭鸦桠押压
  [13] 芽牙霞
  [54] 矮亚雅哑
  [35] 鞋厦夏下
  [22] 狭窄□哭

~ua

tsua[33] 抓
  [35] 啄□砍
sua[33] 栓拴闩
  [54] 耍
  [22] 刷
zua[24] 涿涿雨：淋雨赚
kua[33] 关括瓜
  [54] 寡剐
  [35] 卦挂
  [22] 刮割
kʰua[33] 夸
  [54] 垮跨
xua[33] 花
  [35] 化
ua[33] 湾弯蛙
  [13] 猾华滑桦
  [54] 扼瓦掊以器具取物
  [35] 画划话还
  [22] 挖

~o

po [33] 疤背背人菠博玻拨波巴 巴不得剥钵
  [54] 把
  [35] 欛坝
  [22] 百伯柏北□□肩：肩膀
pʰo[33] 泼坡泊颇
  [35] 怕破
  [22] 拍魄
bo [13] 婆薄浅薄
  [35] 耙薄薄荷□~锅：圆形铁锅，用于炒菜或煮饭
  [24] 白
mo [33] 摸膜莫末墨脉麦
  [13] 魔摩模模范馍
  [54] 蚂码马□肥沃
  [35] 麻麻子

~io

pio[33] 兵
  [54] 饼
  [22] 壁
bio[35] 坪平
  [24] 病
mio[33] 命
  [35] 明名
tio[33] 中中心 tio³³ɕin³³⁻⁵⁴：中间钉名词疗
  [54] 鼎顶长涨
  [35] 胀订钉动词
  [22] 提
tʰio[33] 厅

nio[33] 酿骂
　[54] 两~斤
　[35] 娘
lio[33] 略亮
　[54] 领岭两□眼~：眼泪
　[35] 凉梁量零铃粮灵
tɕio[33] 正正月遮睛姜樟着脚酌
　[54] 颈井诊蒋姐~夫
　[35] 正正月镜借借钱
　[22] 只一只炙觉角一角钱酌借
借问
tɕ'io[33] 清轻青枪车雀确鹊
□~.oŋ客厅
　[54] 厂请抢
　[35] 亲唱
　[22] 膝赤尺□□肢眼咔：腋窝
dʑio[35] 丈笛茄长晴墙
ɕio[33] 削腥星箱香乡声赊
　[54] 醒写响舍
　[35] 姓泻锈
　[22] 削锡
ʑio[35] 蛇尝上上去社赶社
　[24] 着睡着勺弱□按石嚼上上午
io [33] 秧夜粤约学岳药
　[54] 野痒养
　[35] 赢羊萤祥匠尚

～uo
tuo[33] 多担动词箪
　[54] 胆躲朵
　[35] 担名词
　[22] 答搭

t'uo[33] 拖脱托
　[54] 椭妥唾
　[35] 听
　[22] 塔
duo[13] 夺驼
　[35] 舵惰坛坨
nuo[13] 挪
　[35] 南男糯
luo[33] 落啰骆络洛乐快乐乐音
乐蜡腊烙
　[13] 罗锣骡
　[54] 冷暖裸
　[35] 篮淡
tsuo[33] 争渣啄作
　[54] 左佐
　[35] 榨做
　[22] 眨琢
ts'uo[33] 撑权叉差差不多搓疮
　[35] 岔措错锉
　[22] 坼拆
suo[33] 梭蓑索嗦霜甥生衫杉
莎纱沙三砂
　[54] 琐锁
zuo[35] 座茶搭坐
　[24] 镯凿昨择肠查
kuo[33] 廓家戈痂郭瓜加歌锅
鸽割角
　[54] 假裹果寡梗□扎□：木板
做的用于放碗的旧式碗柜
　[35] 过过去（表动作）嫁架价过
过去（表时间）挂卦
　[22] 隔□□年：去年

kʻuo[33] 科棵壳
    [54] 可颗□ □头：外面
    [35] 课
    [22] 客阔扩

guo[35] 芽牙岩
    [24] 额

ŋuo[13] 蛾俄鹅
    [54] 我
    [35] 卧饿

xuo[33] 窠虾花吓喝
    [54] 火伙
    [35] 化货 百货
    [22] 吓霍鹤吓

ɣuo[13] 何禾荷合盒河和
    [35] 咸下 下去 横淡贺祸
    [24] 下 下午

uo[33] 窝画划鸦话丫 丫头 桠阿
阿弟
    [54] 哑
    [35] 吾
    [22] 鸭押压

～e

pe[33] 搬北百
    [35] 半

be[13] 白
    [35] 盘伴拌

me[33] 墨默脉麦
    [54] 满

te[33] 癫颠
    [54] 点
    [22] 得

tʻe[33] 添天

de[13] 特

ne[33] 奶拈
    [54] 拿
    [35] 燃年

le[35] 填甜田簟垫

tse[33] 煎责摘
    [54] 剪
    [35] 箭

tsʻe[33] 千策测厕册坼拆
    [54] 浅
    [22] 册

se[33] 西又音 sai³³ 先色塞虱鲜
    [35] 线
    [22] 色

ze[35] 钱前嫌
    [24] 泽择贼宅贱

ke[33] 隔格革搛

kʻe[33] 克咳刻客

ge[13] 核嗝

xe[33] 吓黑

ŋe[13] 额

e[13] 儿而
    [54] 尔饵
    [35] □□日饭：早饭

～ie

pie[33] 边
    [54] 扁匾
    [35] 变
    [22] 鳖憋逼瘪

pʻie[33] 偏撇

　　[35] 票僻骗

bie[13] 别

　　[35] 便便宜

mie[33] 面篾蔑蜜袜庙灭

　　[54] 米

　　[35] 棉绵

tie[33] 雕叼跌

　　[54] 鸟

　　[35] 吊钓

tʻie[33] 贴帖铁

　　[35] 跳

die[13] 谍碟蝶牒挑

　　[35] 调

nie[33] 业孽镊聂

lie[33] 猎烈劣列裂

tɕie[33] 椒浇肩遮接节截淅结

洁哲折箕

　　[54] 姐者掌口洗身口：洗澡

　　[35] 占蔗叫照借

　　[22] 织结

tɕʻie[33] 牵车撤彻切

　　[54] 且

dʑie[13] 茄

　　[35] 桥荞轿藠

　　[24] 杰直

ɕie[33] 掀些摄涉设歇协蝎赊胁

　　[54] 少舍晓写

　　[35] 线卸泄笑扇泻舍

　　[22] 识歇

ʑie[13] 热邪舌蛇口 ~：丢失

　　[35] 谢麝射社社会

ie[33] 烟腰阉液噎页叶乙

　　[13] 爷窑

　　[54] 也舀野

　　[35] 盐要堰咽夜

　　[22] 噎乙

～ue

tue[33] 端

　　[54] 短

lue[33] 乱

　　[35] 圝镰断团

tsue[33] 尖

　　[35] 钻

tsʻue[33] 窜

　　[35] 砌

sue[33] 酸霜

　　[35] 算蒜

kue[33] 干冠官竿肝国

　　[54] 赶管杆

　　[35] 灌惯

　　[22] 骨

kʻue[33] 宽

ue[33] 汗换或活

　　[54] 碗瓦

　　[35] 腌

　　[22] 活

～ye

tɕye[33] 砖撅蕨诀决倔掘

　　[54] 卷转转身

　　[35] 转打转券

tɕʻye[33] 圈串穿却

　　[35] 劝

[22] 缺

dʑye[13] 瘸穴绝

　[35] 拳船椽□揪颧旋

ɕye[33] 靴薛说

　[54] 软选癣

　[35] 岁税

　[22] 血雪膝

ye [33] 越月阅粤院

　[54] 远哕

　[35] 园完丸

~ai

pai[54] 摆

pʻai[35] 派

　[54] □两臂平伸、两手伸直的长度

bai[13] 排

　[35] 败拜

mai[13] 埋

tai[33] 低呆

　[54] 底

　[35] 戴带带队

　[22] 跌

tʻai[33] 苔胎

　[35] 剃泰态太汰

　[22] 铁贴帖

dai[13] 抬台

　[35] 贷待代袋抬

nai[33] 热耐

　[54] 奶

　[35] 泥耐

lai[13] 来

　[54] □阿□唉: 男孩儿

[35] 来台癞赖

[24] 袋

tsai[33] 栽灾斋

　[54] 崽

　[35] 再债

　[22] 截节接鲫

tsʻai[33] 钗差出差猜

　[54] 彩采踩

　[35] 蔡菜

　[22] 切

sai[33] 西又音se³³ 鳃腮

　[54] 洗

　[35] 细赛晒

　[22] 虱

zai[13] 裁财豺材才

　[35] 在寨齐裁财

kai[33] 阶该街

　[54] 改解

　[35] 械界届戒介盖芥

　[22] 挟挟菜结

kʻai[33] 开

　[54] 概

ŋai[33] 捱挨

　[35] 爱艾碍

xai[54] 海蟹

ɣai[13] 还

　[35] 亥害

　[24] 厚害

ai [33] 伊

　[35] 二

~uai

tsʻuai[54] 喘

suai[54] 甩

　　[35] 帅率

kuai[54] 拐

　　[35] 怪

kʻuai[54] 会会计

　　[35] 筷快

uai[33] 歪

　　[13] 槐淮怀

　　[54] □扭伤

　　[35] 坏外

~ei

pei[33] 碑悲杯背背东西

　　[54] 宝保

　　[35] 辈背背心

pʻei[33] 坯胚

　　[35] 配佩

bei[13] 赔培陪肥

　　[35] 浮背背书

　　[24] 抱菢禽鸟伏卵

mei[33] 帽

　　[13] 霉煤媒梅没

　　[54] 美每

　　[35] 毛媒妹

fei[33] 徽辉灰挥飞

　　[54] 悔匪

　　[35] 慧费肺废贿痱

tei[33] 刀

　　[54] 倒倒下

　　[35] 到倒倒转

tʻei[54] 讨

dei[35] 道

nei[54] 脑

lei[54] 老

　　[35] 淘

tsei[54] 早□□□ ei³³ tsei⁵⁴：垃圾

　　[35] 灶

tsʻei[54] 草

sei[33] 骚

zei[35] 槽漕

kei[33] 高

　　[35] 锯告

kʻei[35] 靠

gei[35] 鱼

xei[54] 好

　　[35] 去

ei [33] □□□ ei³³ tsei⁵⁴：垃圾

~uei

tuei[33] 堆

　　[35] 碓对

tʻuei[35] 褪退

duei[35] 兑队

luei[33] 累

　　[13] 雷擂

　　[54] 累积累屡

　　[35] 累内类雷擂泪

tsuei[33] 追锥糟

　　[54] 嘴

　　[35] 最醉

tsʻuei[33] 催崔炊吹

　　[35] 翠粹

suei[33] 绥虽

　　[54] 髓水

　　[35] 隧碎扫岁税

zuei[13] 隋捶槌锤

　　[35] 罪睡

kuei[33] 规归龟

　　[54] 刽轨鬼

　　[35] 鳜桂盖贵癸

kʻuei[33] 开

　　[54] 跪

　　[35] 愧

guei[13] 葵揆

　　[35] 柜

　　[24] 外

uei[33] 偎威危

　　[13] 违围为茴

　　[54] 委纬伟

　　[35] 未魏慰胃位卫惠会汇喂

～au

pau[33] 包胞

　　[54] 保饱宝

　　[35] 豹爆暴报□凸

pʻau[33] 抛

　　[35] 泡炮雹

bau[13] 袍

　　[35] 鲍抱苞

　　[24] 跑

mau[33] 墨猫

　　[13] 锚矛毛

　　[54] 卯□□□ ɕy³⁵ mau⁵⁴：卤门

　　[35] 贸貌茂帽

tau[33] 逗兜刀兜

　　[54] 倒倒下陡斗一斗岛

　　[35] 斗斗气到倒倒过来

tʻau[33] 偷

　　[54] 讨鼓休息

　　[35] 透套

dau[13] 涛人名萄陶逃桃淘

　　[35] 稻道导头后头

nau[33] 闹□踩搦握、抱

　　[54] 恼脑

　　[35] 闹

lau[33] 漏痨劳捞毒

　　[54] 篓老搂

　　[35] 楼牢头头发

　　[24] 豆

tsau[33] 蹲糟

　　[54] 走爪枣早

　　[35] 灶躁罩

tsʻau[33] 钞抄操掲用手托起向上用力、执持、端

　　[54] 吵草

　　[35] 造凑糙

sau[33] 搜馊骚

　　[54] 稍嫂扫

　　[35] 瘦嗽

　　[22] 塞

zau[13] 曹槽漕

　　[35] 愁

　　[24] 皂贼

kau[33] 阄钩勾糕膏篙高□用竹

子编的底方上圆的器具

[54] 狗稿搞□ 表完成的句末助词

[35] 告酵够□ 冰棱子

k'au[54] □考

[35] 扣靠

gau[35] 牛

ŋau[13] 熬

[54] 藕

[35] 奥傲坳

xau[33] 薅

[54] 好 好坏

[35] 孝耗好 爱好

[22] 黑

ɣau[13] 壕豪毫

[35] 后 后年喉

[24] 后 后头

au[33] 号叫

[54] 呕

[35] 有号沤浩

~iau

piau[33] 标彪膘猋 跑

[54] 表婊

p'iau[33] 飘漂 漂走

[35] 漂 漂亮票

biau[13] 嫖瓢

miau[13] 描苗瞄

[54] 秒

[35] 妙庙

tiau [33] 貂刁雕叼

[54] 屌□ □咖叮 tiau⁵⁴ka.ta：小孩儿

[35] 钓吊 ~车

t'iau [33] 挑

[35] 跳

diau[13] 条调 调料

[35] 调 调走

niau[54] 鸟

[35] 尿

liau[13] □惹聊疗辽

[35] 料廖□ 丢掉

[54] 了

tɕiau[33] 昭招蕉焦椒浇胶骄娇郊交朝

[54] 较缴剿搅绞狡沼

[35] 照教叫

tɕ'iau[33] 超敲

[54] 巧

[35] 撬窍

dʑiau[13] 樵侨乔韶潮朝 朝代 桥荞

[35] 兆召轿藠赵

ɕiau[33] 嚣箫销硝萧消宵烧

[54] 晓少 多少

[35] 孝绍邵笑少 少年

ʑiau[13] 韶

iau[33] 要 要求邀妖么腰

[13] 摇谣姚窑

[54] 扰舀

[35] 要 需要跃校效

~əu

məu[13] 谋

[54] 牡亩某

[35] 贸茂

fəu [54] 否

təu [33] 兜逗蔸
　　[54] 堵肚赌抖□踢陡斗一斗
　　[35] 斗斗气
t'əu[33] 偷
　　[54] 土敨
　　[35] 透兔
dəu[13] 投头
　　[35] 豆
ləu[33] 口纹路露路鹭
　　[13] 楼
　　[54] 篓搂
　　[35] 漏
tsəu[33] 租邹蹲
　　[54] 走
　　[35] 皱奏咒
ts'əu[33] 粗初掫
　　[35] 醋
　　[22] 畜
səu[33] 搜馊梳
　　[54] 数动词
　　[35] 数名词瘦嗽
　　[22] 缩
zəu[13] 愁
　　[35] 锄
kəu[33] 沟勾钩唰
　　[54] 狗
　　[35] 构购够
k'əu[33] 抠眍
　　[54] 口
　　[35] 扣寇
gəu[13] □伏
ŋəu[33] 殴欧鸥

　　[54] 藕呕偶
　　[35] 沤怄
xəu[33] □挠痒
ɣəu[13] 猴侯候喉
　　[35] 后厚

～iəu
tiəu[33] 猪车车马炮丢
　　[22] 竹
niəu[33] 肉
　　[13] 牛
　　[54] 女□猫□：猫
liəu[33] 绿六
　　[13] 馏硫琉留流刘溜榴
　　[54] 柳
　　[35] 留
tɕiəu[33] 洲周州纠究
　　[54] 酒韭久九煮肘
　　[35] 嘴咒救□拧
　　[22] 粥烛髻
tɕ'iəu[33] 蛆秋抽
　　[54] 丑
　　[35] 臭觑
dʑiəu[13] 球求售囚酬绸仇
　　[35] 苎舅宙旧就
　　[24] 住旧袖就
ɕiəu[33] 修休收
　　[54] 鼠首守手
　　[35] 絮绣秀兽锈
　　[22] 粟
ziəu[13] 揉柔
　　[35] 轴袖授受寿臼薯

[24] 树熟
iəu[13] 游油邮犹由尤优
　[54] 友有酉
[35] 釉佑幼又柚右油

～an

pan[33] 帮斑颁般班崩扳
　[54] 榜绑版本板
　[35] 绊半
p'an[33] 潘
　[54] 捧
　[35] 胖襻盼叛判
ban[13] 亡螃房防繁烦矾凡帆份傍盘
　[35] 办范犯棒扮蚌望盆
man[33] 梦闷问
　[13] 芒忙瞒馒
　[54] 蟒莽满□今～日 tɕin³³man⁵⁴ni³³：
今天晚晚晚：叔父
　[35] 蚊门
fan[33] 慌荒欢芳方番翻锋蜂枫风分
　[54] 反粉仿发谎
　[35] 放贩
tan[33] 东灯当耽单丹担动词箪
　[54] 等党挡诞胆
　[35] 冻凳担名词
t'an[33] 叹滩摊贪汤
　[54] 桶梯毯坦
　[35] 痛探
dan[13] 糖堂唐檀谭痰坛弹塘
　[35] 但荡旦淡弹

nan[33] 弄～钱：挣钱
　[13] 南男喃
　[35] 侬
lan[13] 狼郎蓝篮兰栏拦
　[35] 烂聋笼浪藤动桐筒蓝铜
拢
　[54] 拢朗榄缆
　[24] 动
tsan[33] 赃簪
　[54] 斩攒盏
　[35] 粽颤葬赞甄
ts'an[33] 仓餐参
　[54] 产惨
　[35] 灿
san[33] 珊桑丧丧事衫杉三山
　[54] 磉嗓
　[35] 送丧丧失
zan[13] 惭蚕残藏
　[35] 站暂层
kan[33] 艰奸跟根钢纲岗刚冈柑乾肝豇
　[54] 减橄感敢简杆竿赶
　[35] 鉴舰监间虹干～部
k'an[33] 康勘刊
　[54] 侃砍坎槛
　[35] 抗看看守
ŋan[33] 庵安
　[13] 岩颜又音 ian¹³
　[35] 暗案按岸晏雁
xan[33] 鼾憨
　[54] 喊孔
　[35] 憾汉

ɣan[13] 衔闲韩寒函含行杭航咸
　　[35] 项陷限旱巷焊汗

　　　　~ian
pian[33] 鞭边
　　[54] 匾扁扁鹊砭卞
　　[35] 变
p'ian[33] 偏篇
　　[35] 骗
bian[35] 辫辩便
mian[13] 眠棉绵
　　[35] 缅面
　　[54] 免
tian[33] 颠癫
　　[54] 点典
t'ian[33] 天添
dian[13] 田甜填
　　[35] 殿奠店电
nian[13] □找研严娘年
　　[54] 仰碾两两个
　　[35] 砚酽验念厌酿
lian[13] 良恋联莲怜帘连粮凉
梁量镰
　　[54] 两几两
　　[35] 量炼练谅楝亮
tɕian[33] 樟姜章沾浆将坚江
艰肩张尖
　　[54] 蒋桨奖简跃检茧掌展
剪讲减涨长
　　[35] 障账帐战酱降将箭键
健荐剑建见颤占胀
tɕ'ian[33] 腔千签谦迁倡昌枪牵

[54] 遣厂浅
　　[35] 歉欠畅唱
dʑian[13] 肠前钱强乾钳场常
长墙
　　[35] 强杖仗件丈贱匠
ɕian[33] 镶湘厢相互相仙商伤
箱香乡掀
　　[54] 想享险显赏陕闪染响
　　[35] 向相相貌献羡腺宪线扇
ʑian[13] 然祥详降让像尝嫌
　　[35] 让橡象善尚上
ian[33] 殃央秧咽烟阉腌
　　[13] 洋疡杨阳颜阎炎言延
焉贤檐羊盐
　　[54] 演淹痒养眼
　　[35] 样燕艳宴县堰徉

　　　　~uan
tuan[33] 端
　　[54] 短
duan[13] 团
　　[35] 锻缎断
luan [13] 圝
　　[54] 暖
　　[35] 乱
tsuan[33] 桩庄钻动词
　　[35] 壮钻钻石
ts'uan[33] 窗疮窜
　　[54] 闯
　　[35] 创
suan[33] 双删霜酸
　　[54] 爽

[35] 算蒜

zuan[35] 状撞赚

kuan[33] 光棺观官关

　　[54] 广管馆

　　[35] 罐惯贯冠灌

kʻuan[33] 匡宽

　　[54] 款

　　[35] 旷矿况

guan[13] 狂

uan[33] 汪弯湾

　　[13] 王顽玩簧黄皇还完丸

　　[54] 晚枉挽婉腕宛往腕碗网

　　[35] 饭旺晃万换

　　　　　　～yan

tɕyan[33] 专捐鹃砖

　　[54] 卷卷子转转身

　　[35] 卷试卷转打转

tɕʻyan[33] 川圈串穿

　　[54] 犬

　　[35] 券劝

dʑyan[13] 泉全传权颧拳船椽

ɕyan[33] 宣喧

　[54] 选软

ʑyan [13] 旋

yan[33] 渊冤

　　[13] 源缘袁圆原员元园

　　[54] 阮远

　　[35] 愿怨院

　　　　　～ən

pən[33] 奔

　　[54] 本本来

[35] □用力扯

pʻən[35] 喷

bən[13] 闻文盆纹

　　[35] 笨笨重

mən[13] 门蚊

　　[35] 闷

fən[33] 婚昏纷分

　　[54] 粉

　　[35] 奋愤喷份

tən[33] 登灯墩

　　[54] 等

　　[35] 凳

tʻən[33] 吞饨

　　[35] □～命: 拼命

dən[13] 腾誊藤

　　[35] 盾邓钝顿吨

nən[13] 能伦轮

　　[35] 论嫩

lən[54] 冷

tsən[33] 遵尊蹲曾增筝争睁

　　[35] 甑

tsʻən[33] 村撑

　　[35] 衬寸

sən[33] 孙牲森僧生牲甥

　　[54] 参损省笋

　[35] 渗榫逊

zən[13] 存循旬荀巡橙惩层

　　[35] □～头～脑: 傻里傻气

kən[33] 羹耕庚根跟

　　[54] 耿梗

　　[35] 更

kʻən[33] 坑吭

[54] 肯恳垦

ŋen[33] 恩

　　[35] 硬

xen[33] 哼

　　[54] 很狠

ɣen[13] 衡恒

　　[35] 恨

　　　　～in

pin[33] 冰槟彬兵

　　[54] 饼秉丙

　　[35] 并

p'in[33] 拼

　　[54] 品

　　[35] 聘

bin[13] 坪平萍瓶屏频贫评

　　[35] 病

min[13] 鸣民明名

　　[54] 敏

　　[35] 命

tin[33] 盯丁砧钉名词疔

　　[54] 顶鼎

　　[35] 订钉动词

t'in[33] 厅

　　[54] 艇挺

　　[35] 听

din[13] 停亭庭

　　[35] 淀锭定

nin[13] 迎宁

lin[13] 零铃灵鳞磷临林邻淋
陵凌

　　[54] 领岭

[35] 另令吝鳞凌

tɕin[33] 正正月蒸征真珍侦针
精晶惊经京筋津襟金斤今巾睛

　　[54] 警景锦紧种肿震振枕
诊整井颈

　　[35] 浸禁晋镇劲证症境敬
竞竞正正好镜政

tɕ'in[33] 钦青卿氢称清轻

　　[54] 请

　　[35] 庆寝趁侵秤亲

dʑin[13] 擒勤禽琴秦芹程城诚
呈成臣尘澄晴辰

　　[35] 郑阵近重轻重静净虫陈
沉

ɕin[33] 新欣辛心升深身伸申
星声腥

　　[54] 笋审沈醒婶

　　[35] 迅讯性兴信圣胜姓

ʑin[13] 仁仍神人

　　[35] 杏甚肾尽盛寻认

　　[24] 剩壬

in[33] 鹰鹦樱婴英音姻阴因

　　[13] 营盈银寅型形行刑赢萤

　　[54] 映影隐引

　　[35] 映应印幸纫任

　　　　～uen

duen[13] 饨

kuen[35] 棍

　　[54] 滚

k'uen[33] 昆坤

　　[54] 捆

[35] 困

uən[33] 瘟温

　　[13] 横文馄

　　[35] 混问

　　　　　　～yn

tɕyn[33] 均君军

　　[54] 准

　　[35] 俊

tɕ'yn[33] 春椿

　　[54] 顷蠢

dʑyn[13] 纯群裙琼

ɕyn[33] 薰熏勋

　　[35] 训讯

zyn[13] 巡

　　[35] 舜顺润菌

yn[33] 晕

　　[13] 云

　　[54] 永尹允

　　[35] 熨韵运孕泳

　　　　　　～oŋ

poŋ[33] 崩

p'oŋ[54] 捧

boŋ[13] 膨篷蓬棚彭朋缝冯

　　[35] 奉俸凤

moŋ[13] 蒙盟萌

　　[54] 猛网撒网

　　[35] 孟梦

foŋ[33] 封丰峰锋蜂风枫

　　[35] 讽

toŋ[33] 冬东

[54] 懂董口

　　[35] 冻

t'oŋ [33] 通

　　[54] 统桶

　　[35] 痛

doŋ[13] 童铜同桐筒

　　[35] 栋动冻

noŋ[13] 侬农浓脓

　　[33] 糯嫩弄

　　[35] 弄玩弄

loŋ[13] 隆龙聋笼咙

　　[54] 拢

　　[35] 龙

tsoŋ[33] 棕综宗钟终忠中

　　[54] 总肿种

　　[35] 纵众中中奖粽

ts'oŋ[33] 聪匆葱冲充衝春

　　[54] 宠

　　[35] 寸铳

soŋ[33] 孙松

　　[35] 宋送

zoŋ[13] 从重重复崇虫

　　[35] 重轻重颂诵讼松松树

koŋ[33] 口睁躬恭宫攻功公弓工

　　[54] 滚巩拱汞

　　[35] 棍贡

k'oŋ [33] 空落空

　　[54] 捆恐孔

　　[35] 空有空

goŋ[35] 共供

xoŋ[33] 烘

　　[54] 哄哄骗

　　　　　[35] 哄起哄　　　　　　　　　　ʑioŋ[13] 熊

ɣoŋ[13] 洪宏弘鸿红虹　　　　　　　ioŋ[33] 晕用运

oŋ [33] 瓮□□□ʑioŋ¹³.oŋ: 单间屋子　　　　　[13] 匀雄融熔蓉容荣茸

　　　　　[54] 稳　　　　　　　　　□□□ʑioŋ¹³.oŋ: 单间屋子

　　　　　[35] 五人　　　　　　　　　　　[54] 允勇拥

　　　　　　　　　　　　　　　　　　　[35] 云熊绒

　　　　　　　　～ioŋ

nioŋ[13] 脓浓农　　　　　　　　　　　　　　　ṃ

dʑioŋ[35] 穷菌裙　　　　　　　　ṃ [13] 姆姆妈: 妈妈

ɕioŋ[33] 胸兄凶

六、石期市音和北京音的比较

（一）声母的比较

东安石期市土话 27 个声母，北京话 22 个声母。

比较而言，p、pʻ、m、f、t、tʻ、n、l、ts、tsʻ、s、k、kʻ、x、ø 等 15 个声母是两者共有的，且音值相同。

tɕ、tɕʻ、ɕ 3 个声母在土话中可拼齐齿呼和撮口呼韵母，拼单元音韵母 i 时，实际音值为舌叶音，拼 i 以外的齐齿呼以及撮口呼韵母音值为舌面前音，与北京话一致。

土话中有 9 个浊音声母：v、b、d、g、dʑ、ʐ、z、ɣ、ŋ。北京话没有或只在音变中出现。北京话的 tʂ、tʂ、ʂ、ʐ 4 个声母在土话中没有发现。

下面从声母所辖字的情况进行具体比较，以进一步观察两者的差异。比较时，先列石期市音，再列北京音，最后是例字。

p	p	比补包八把兵搬边摆杯保表本冰崩
pʻ	pʻ	批铺泡拍票派配抛漂潘偏拼
	p	泊雹遍鄙庇醭
	f	匪甫辅赴飞
b	p	鼻步稗白病伴别败备被部簿拔背鲍
	pʻ	盘培脾平旁牌排菩爬盆枇皮蒲嫖便便宜

	f	浮肥罚乏凡繁范房犯帆孵防烦凤缝
	∅	味望未亡唯惟维袜文闻
m	m	每面买妹毛帽苗棉名摸木墨磨马麻
	∅	耳尾误悟蚊忘杏梧袜晚
f	f	发福非分粉方放风奋封富废丰法愤
	x	火喝欢挥虎呼货灰悔贿慧徽慌荒婚
	k'	窠棵糠
v	f	服饭伏
	b	薄
	x	狐盒合禾
	∅	物万芋
t	t	点刀搭多低赌带兜钓丢堆跌单钉短剁对
	tʂ	猪竹胀长_{生长}涨着砧
	tɕ	车_{车马炮}
t'	t'	天塔脱剃土态讨偷铁碳汤痛滩添太
d	t'	谈弹图驼腾亭谭途屠徒涂特抬逃陶
	t	达杜度独舵读夺谍到贷代待队
	l	隶
n	n	脑闹拿你男南难泥奶嫩糯尿年拈念能
	l	论伦轮
	ʐ	热燃日
	∅	二验严研迎
l	l	老辣烂鲁李林零两亮辆龙郎落罗来懒
	n	努奴内
	t'	董藤筒台塘田填甜淘桃铜桐
	t	动豆袋垫簟断毒
ts	ts	早组租足最总宗资紫灶走糟枣簪钻
	ts'	次刺雌此侧侈疵
	tʂ	壮只罩追纸志盏抓智桌争痣锥芝眨
	tɕ	节届鲫截尖剪箭
	tʂ'	翅齿耻
ts'	ts'	草醋菜猜错厕窜催翠操粗仓惨寸村凑糙

	tʂʻ	楚初戳炒铲叉差撑窗拆差彩蔡喘吵
	ts	造
	tɕʻ	千浅砌切
s	s	四三伞扫缩诉塞桑送锁思素梭司死
	ʂ	梳数诗湿师试施屎史蔬溯栓刷沙生
	ɕ	先鲜细洗癣西
	tsʻ	赐
z	ʂ	事是柿属谁示士时侍市视
	s	随寺饲颂诵嗣巳祀
	tʂ	赚镯状站骤痔寨助仲
	ts	坐昨自字杂在择罪暂座贼族脏凿皂
	tsʻ	才财曹蚕残枞层藏惭槽词磁裁材存
	tʂʻ	橙撞茶锄查搽床重重复愁垂豉匙惩崇
	ʐ	辱瑞褥
	ɕ	续旬循巡嫌
	tɕʻ	前
	tɕ	贱渐
tɕ	tɕ	鸡菊矩句剧据甲街姐溅井蒋镜颈姜
	tʂ	转战张章炙只职株占寄朱主著正整
	k	鬼贵
	ts	嘴醉斋
	ɕ	吸匣
	tʂʻ	颤
	tɕʻ	券
tɕʻ	tɕʻ	气七区取清抢亲鹊牵且圈劝缺巧撬
	tʂʻ	尺出处吹插车厂唱赤撤彻穿串超抽
	tsʻ	擦
	ɕ	膝斜
	k	跪
	kʻ	亏
	tʂ	拄
dʑ	tɕ	局集杰轿就旧件菌绝

	tɕʻ	茄祁奇晴桥荞拳权全颧乔侨球
	tʂ	丈直赵兆召住苎宙昼杖仗重重量
	tʂʻ	锤槌厨船传椽潮朝酬仇绸常场虫成尘长长短
	ɕ	穴徐旋
	ʂ	寿售殊韶
	k	柜
ɕ	ɕ	小习喜希惜戏雪血选瞎星箱姓写掀
	ʂ	筛晒书输水杀声赊舍扇设涉摄税烧
	s	髓岁粟
	ʐ	乳软染绕饶嚷壤攘冉
	tɕ	酵
	kʻ	块
	ø	腋
ʐ	ɕ	谢象详降降伏寻
	ʂ	社石勺鳝善舌熟薯树蛇射受睡上着睡着
	ʐ	如柔揉然让仍润闰
	tʂʻ	柴豺尝
	tɕʻ	墙
	tɕ	嚼
k	k	哥古赶关桂革鸽果盖改棍公歌个跟
	tɕ	讲角减家江嫁窖间教界监鉴介届结
	ɕ	械
	kʻ	奎
kʻ	kʻ	裤科磕阔客苦开快卡库枯空孔筷
	tɕʻ	掐敲确
	k	概溉刽
	ø	皖
g	k	共逛癸供贡
	kʻ	逵葵狂
	n	牛
	f	伏
	ø	鱼饿鹅牙芽眼咬

	x	核
ŋ	∅	恩欧殴藕偶安案岩按熬爱俄轧
x	x	花黑好化薅霍豁哄海哈鹤耗汉鼾
	ɕ	虾孝_{带孝}懈蟹
	tɕʻ	去
	kʻ	壳
ɣ	x	红弘合衡后猴贺杭韩含旱厚害豪
	ɕ	闲衔项限咸下
	t	大
∅	∅	一屋雨亚我月外歪武远盐要煨碗
	x	还还钱回汗华或活换画坏怀户秽猾
	ɕ	行学熊效校刑型形雄
	ʐ	荣茸容融扰绒榕
	ʂ	食
	tɕʻ	铅

（二）韵母的比较

东安石期市土话韵母 33 个，北京话韵母 39 个。比较而言，ɿ、i、u、y、a、ia、ua、o、uo、ie、ye、ai、uai、ei、uei、au、iau、əu、iəu、an、ian、uan、yan、ən、in、uən、yn、oŋ、ioŋ 等 29 个韵母是两者共有的，且音值相同。

土话的 ya、io、e、ue4 个韵母北京话没有，北京话的 ʅ、ɛ、ɤ、ɚ、aŋ、əŋ、uəŋ、iaŋ、uaŋ、iŋ 土话没有。

下面从韵母所辖字的情况进行具体比较，以进一步观察两者的差异。比较时，先列石期市音，再列北京音，最后是例字。

ɿ	ʅ	支枝肢纸智时是尸诗市十翅齿只痣
	ɿ	紫资咨梓四思死字饲赐肆丝私寺撕
	i	脐荠
	uo	做
	u	诉
	ɤ	厕
i	i	比迷抵力毕皮批必匹笔鼻匕一姨椅

	ei	飞匪备眉被
	uei	味尾未唯惟维
	ʅ	质职汁智制治稚栀置迟池日适室式
	iau	脚
	ən	婶
	əʳ	二
	uo	着_着衣
u	u	补朴步母木胡土组姑裤乌鲁图吴箍
	uaŋ	忘黄壮光
	ɤ	窠棵喝合盒禾鹅饿鸽
	o	破婆磨
	uo	火伙货多躲剁朵拖落螺脶桌捉戳错
	au	凿
	aŋ	郎塘
	y	续芋
y	y	驴区局徐旅取聚虚于玉愉具墟曲举
	u	株朱著珠殊处厨竖输书舒乳如入出
	uei	贵跪鬼醉吹锤槌髓水睡秽喂柜亏
	i	役疫
a	a	打它霸帕爬法达大纳铡闸扎炸哈阿_{阿爸}
	au	包豹泡猫茅罩炒抄潲饱
	an	慢反绊饭单伞山谈盏烂懒翻板滩拦
	uan	万
	uo	脱
	o	钵
	uei	蜕
	iaŋ	讲江
	ɤ	哥壳
	iau	角觉教窖敲咬
	ian	眼晏苋间
ia	ia	贾加辖厦亚佳瞎嘉压_{压力}甲雅夏霞家_{家庭}假_{放假}
	a	八拔辣插擦杀

	ai	摆牌稗卖买筛晒矮斋柴豺奶带拜
	i	滴
	ie	斜芥街爹 爹爹：祖父 疥
	uai	块
	ian	舔粘溅
ua	ua	抓刮刷耍寡剐跨夸垮蛙华挖猾滑桦画
	uan	栓闩赚关湾弯还
	ɤ	轭
	uo	括啄
ya	y	挗
	ye	瘸
o	o	坡泼莫末膜墨魄泊波伯玻菠博
	a	把疤靶坝耙怕马麻码粑
	ei	背北
	ai	白百柏拍麦脉
io	iŋ	兵饼坪平醒病名命钉鼎顶订岭井轻
	i	壁锡笛提
	ʅ	赤尺只炙石
	aŋ	长胀涨厂唱丈尝上樟
	iaŋ	两娘梁量辆蒋姜抢枪香箱响羊养秧
	ye	学约岳雀鹊觉削
	əŋ	正声整
	ən	诊
	ie	夜野茄写泄借姐 姐夫
	ɤ	遮赊舍
	iau	嚼药
	au	勺着 睡着
	uo	弱
uo	an	担胆男南淡
	uo	椭托夺罗坐骆我左搓嗦琐昨镯郭琢作
	iŋ	听
	ai	拆

	ɤ	坼隔科可课客俄蛾吓鹤何荷贺和
	ua	瓜寡挂卦花化话画划
	ia	假嫁价家牙芽虾下哑鸭鸦桠
	a	答搭塔眨叉权差阿阿弟沙纱岔
	ye	乐确
	əŋ	冷争撑生甥梗横
	uan	暖卵
	uaŋ	霜
	ian	咸
e	an	半搬盘伴拌满
	ian	点垫簟癫添甜田煎剪千浅前钱先线
	a	拿
	ɤ	色克咳得厕策测册革格核
	ai	宅
ie	ie	憋别鳖撇篾蔑且蝶谍业孽聂猎
	ian	边扁匾变骗便面棉肩
	iau	票庙鸟雕吊调钓腰椒浇桥荞轿笑要跳
	au	烧少
	i	米逼僻乙蜜
	an	占扇
	ɤ	彻撤折哲浙摄设舍舌射麝
	ʅ	直织
ue	uan	短乱圝断钻窜酸算蒜冠官管灌惯换
	ian	镰尖腌
	i	砌
	yan	癣
	an	干竿肝赶汗
	uo	国或活
	ua	瓦
	uei	锥
ye	uan	砖转串穿船椽软丸完
	yan	卷券圈劝拳权颧选旋园院远

	ye	倔掘决诀蕨缺穴绝靴雪血薛月越粤阅
	uei	岁税
	uo	说
ai	ai	派败埋呆戴苔胎泰太来崽再差_{出差}腮财
	ie	跌帖贴节截接切介结铁械届界
	ia	挟_{挟菜}
	i	泥低剃细洗西
	ɿ	虱
	ʅ	热侧
uai	uai	歪淮槐坏怀甩帅率拐怪筷快会_{会计}
	uei	桧傀刽
	uan	喘
ei	ei	碑悲杯赔背肥辈美妹肺媒梅没每配飞
	au	保宝抱帽毛刀到倒老淘早骚高告靠
	uei	挥慧辉贿徽灰悔
	u	浮孵
	y	鱼锯去
uei	uei	堆碓退褪兑对队追最催翠吹炊崔粹
	ai	盖开
	au	扫糟_{酒糟}
	ei	累类内雷
au	au	爆嫂跑雹鲍锚矛卯牢貌逃稻道劳吵
	əu	逗斗瘦馊狗勾够口扣喉后呕偷头楼
	iau	酵搅孝
	iəu	有牛庵
	ei	黑贼
	uən	□蹲
iau	iau	表票瞄秒貂了胶巧邀摇校效蕉娇交
	au	招昭沼超朝潮兆赵召邵绍
əu	əu	谋否兜抖透投邹皱奏沟抠寇猴候
	u	牡肚赌土兔露路租粗初醋畜数梳
	au	贸茂

	uo	缩
iəu	iəu	丢六刘流柳溜究九韭酒旧球修秀油
	əu	肉周粥咒丑臭抽售酬仇宙绸手守
	u	猪竹煮苎鼠树粟熟住烛
	y	女绿蛆絮觑
	uei	嘴
an	an	班般潘盼判叹摊暂簪参蚕安汉含兰敢
	aŋ	帮胖莽方狼浪朗赃仓康桑藏丧刚钢
	uaŋ	慌荒亡
	ən	闷盆份分跟根门粉
	əŋ	梦风灯等凳藤层枫蜂
	ian	艰奸减监鉴舰限闲衔陷
	iaŋ	项巷
	uən	蚊
	oŋ	动冻痛筒铜棕桶聋笼桐送虹东东西
ian	ian	辫篇眠电典店研念免欠缅辩殿仙连
	an	战颤展陕闪善
	iaŋ	良将奖酱腔想厢
	aŋ	掌樟章帐账昌倡常商伤场畅赏尚让
uan	uan	团锻缎棺观馆罐贯冠款
	an	珊删
	uaŋ	庄桩疮闯创爽广匡狂况矿旷王汪往
yan	yan	捐娟鹃犬全泉宣喧元圆原愿缘袁卷试卷
	uan	专川传
	ian	铅
ən	ən	纷奋愤衬参渗恩恳垦很恨狠痕森根根本
	uən	文闻婚吞吨盾顿村损笋存遵尊
	yn	旬循逊荀殉巡
	əŋ	能腾邓省惩橙更庚耿耕吭哼衡恒
in	in	彬斌品聘民敏林临吝金信心新银引
	iŋ	槟槟榔瓶鸣停亭迎另警京劲景性影英营
	əŋ	蒸征证症政成城呈程乘胜盛剩正正好

	ən	真珍侦针震枕振镇尘陈臣阵身审肾砧
	oŋ	虫种肿重_{重量}
uən	uən	昆坤困温瘟混馄
yn	yn	均军君群勋训韵孕熨讯
	in	尹
	uən	准蠢顺舜闰润纯
	ioŋ	永泳
	iŋ	倾
oŋ	oŋ	冬董童龙总宗聪松颂诵宋公空哄同
	əŋ	崩鹏朋蒙孟凤峰棚彭碰蓬猛讽缝冯
	ən	嫩人
	uo	糯
	uən	寸棍滚捆稳孙
	u	五
ioŋ	ioŋ	穷兄熊胸用勇拥雄
	oŋ	浓侬农茸容绒蓉荣熔溶
	yn	云运晕菌裙匀熏薰

石期市土话和北京话的韵母对应关系可谓纷纭复杂。从土话的角度来看，韵母对应的数量少则 1 对 2，多至 1 对 13。土话的 uən 韵只对应北京话的 uən 韵，看起来相对单一，但北京话的 uən 韵其实对应了土话的 oŋ、yn、an、ən 、au 等韵，而北京话的 au 韵更是对应了土话的 a、io、ie、ei、uei、iau、əu 等韵，由上可见石期市土话和北京话的差异之大。

（三）声调的比较

东安石期市土话声调有阴平、阳平、上声、阴去、阳去、入声 6 个调类，北京话是阴平、阳平、上声、去声 4 个调类。它们的对应关系如下表。

表 2-13　石期市土话和北京话声调比较表

石期市 ＼ 北京	阴平 55	阳平 35	上声 214	去声 51
阴平 33	天高包三 干东风官			用帽漏梦 绿六肉目
阳平 13		神徐唐寒 人南腾层		
上声 54			好管等整 请古土女	
阴去 35		人南藤层		盖醉送放 去半叫嫁
阳去 24		白着熟		病大树住 饭旧万厚
入声 22	七八喝拍 屋只刮脱	活竹节贼	尺百铁血 甲塔雪北	促束赤壁 麦客吓

从表上看来，石期市土话中的阴平对应北京话的阴平和部分去声字，其中去声字包括来源于次浊的部分去声字以及来源于次浊的部分入声字。

石期市土话中的阳平对应北京话的阳平。

石期市土话中的上声对应北京话的上声。

石期市土话中的阴去对应北京话的部分去声字以及部分阳平字。

石期市土话中的阳去对应北京话的部分去声字及来源于入声的部分阳平字。

石期市土话中的入声对应北京话的部分阴平、阳平、上声和去声。

七、石期市音和中古音的比较

石期市音是指现代东安石期市土话的语音系统，下称今音；中古音是指《切韵》《广韵》所代表的语音系统，下称古音。

比较是从中古语音系统（以《汉语音韵讲义》为依据）出发，看从古到今石期市土话语音的演变。

（一）声母的古今比较

1. 声母古今比较

声母的古今比较见下表。

表 2-14　古今声母比较表

组	洪细	清				全浊 平		全浊 仄
帮组		帮	包 pa³³	滂	破 p'u³⁵	並	牌 bia³⁵	稗 bia²⁴
非组		非	反 fa⁵⁴ 飞 p'i³³	敷	翻 fa⁵⁴ 捧 p'an⁵⁴	奉	符 vu¹³ 肥 bei¹³	妇 u³⁵ 凤 boŋ³⁵
端泥组		端	多 tu³³	透	拖 t'u³³	定	头 lau³⁵ 驼 du³⁵	袋 lai²⁴ 电 dian³⁵
精组	今洪	精	煎 tse³³	清	浅 ts'e⁵⁴	从	坐 zu³⁵	罪 zuei³⁵
精组	今细	精	姐 tɕio⁵⁴	清	亲 tɕ'io³⁵	从	全 dʑyan¹³	捷 dʑie¹³
知组	今洪	知	中 tsoŋ³³	彻	戳 ts'u²²	澄	茶 zuo³⁵	赚 zua²⁴
知组	今细	知	猪 tiəu³³ 株 tɕy³³	彻	抽 tɕ'iəu³³	澄	除 dʑy¹³	住 dʑiəu²⁴
庄组	今洪	庄	阻 tsu⁵⁴	初	初 ts'əu²²	崇	锄 zəu³⁵	事 zɿ²⁴
庄组	今细	庄	斋 tɕia³³	初	插 tɕ'ia²²	崇	柴 ʑia³⁵	铡 tsa²²
章组	今洪	章	钟 tsoŋ³³	昌	铳 ts'oŋ³⁵	船		赎 zu¹³
章组	今细	章	肿 tɕin⁵⁴	昌	尺 tɕ'io²²	船	船 dʑye³⁵ 蛇 ʑio³⁵	射 ʑie³⁵
日母	今洪							
日母	今细							
见晓组	今洪	见	哥 ka³³	溪	靠 k'ei³⁵	群	狂 guan¹³	柜 guei³⁵ dʑy²⁴
见晓组	今细	见	街 tɕia³³	溪	亏 tɕ'y³³	群	拳 dʑye³⁵	旧 dʑiəu²⁴
影组		影	爱 ŋai³⁵ 一 i³³ 丫 uo³³ 域 y³³					

次浊		清		全浊			
				平	仄		
明	买 mia⁵⁴						帮组
微	武 u⁵⁴ 尾 mi⁵⁴ / 味 bi³⁵ 万 va²⁴						非组
泥	脑 nei⁵⁴	来	路 ləu³³			今洪	端泥组
	女 niəu⁵⁴		癞 lia³³			今细	
		心	锁 su⁵⁴	邪	祠 z¹³ / 续 zu¹³	今洪	精组
			岁 çye³⁵		旋 dzye³⁵ 寻 zin³⁵ / 谢 zie³⁵	今细	
						今洪	知组
						今细	
		生	梳 səu³³			今洪	庄组
			晒 çia³⁵			今细	
		书	湿 sʅ²²	禅	时 zʅ¹³ / 是 zʅ³⁵	今洪	章组
			少 çie⁵⁴		仇 dziəu¹³ / 树 ziəu²⁴	今细	
日	儿 e¹³ 热 nai³³ / 如 ʐy¹³ 软 çye⁵⁴					今洪	日母
	日 ni³³ 茸 ioŋ¹³					今细	
疑	饿 gu²⁴ 瓦 ue⁵⁴ 碍 ŋai³⁵	晓	火 fu⁵⁴ 虾 xuo³³	匣	何 yuo¹³ 和 vu¹³ / 后 yau²⁴	今洪	见晓组
	艺 ni³⁵ 月 ye³³ 银 in¹³		晓 çie⁵⁴		完 ye³⁵ 贤 ian¹³ 鞋 ia³⁵ / 汗 ue³³ 县 ian³⁵ 穴 dzye¹³ 学 io³³	今细	
云	握 u³³ 云 ioŋ³⁵ / 于 y¹³ / 有 au³⁵		野 io⁵⁴ / 以 匋 ie⁵⁴ / 阅 ye³³				影组

2. 声母古今对应说明

帮母字今读 [p]。读 [pʻ] 的有"谱、遍、鄙、卜、迫、痹、臂"。读 [b] 的有"别、爆、扮"。

滂母字今读 [pʻ]。读 [p] 的有"玻、钯、怖、扳、姘"。读 [f] 的有"喷"。

并母字今读 [b]。读 [pʻ] 的有"捕、佩、叛、雹、辟、瀑、仆"。读 [p] 的有"弼"。读 [v] 的有"薄"。

明母字今读 [m]。读 [n] 的有"骂、谬"。读 [ø] 的有"戊"。

非母字今读 [f] 和 [pʻ]。读 [pʻ] 的有"甫、脯、飞、痱、藩"。

敷母字今读 [f] 和 [pʻ]。读 [pʻ] 的有"讣、赴、蜂、捧"。

奉母字今读 [b]、[v] 和 [ø]。读 [f] 的有"复、翡"。

微母字今读 [m]、[b]、[v] 和 [ø]。读 [m] 的有"微、尾、晚、蚊、问、忘、袜、蔓、网、芒"。读 [b] 的有"亡、望、文、纹、闻、未、味"。读 [v] 的有"物万无"。 读 [ø] 的有"妄、吻、刎、挽、巫、诬、武、舞、侮、鹉、雾、务"。

端帮母字今读 [t]。读 [d] 的有"店、锻、断决断"。

透母字今读 [tʻ]。读 [d] 的有"贷"。读 [dʐ] 的有"挑"。

定母字今读 [d] 和 [l]。读 [ɣ] 的有"大"。读 [t] 的有"肚、弟、逗、诞、敌"。读 [tʻ] 的有读"跳、突、挺、艇、苔"。[dʐ] 的有"提、题、第、地、笛"。

泥母字今读 [n]。读 [l] 的有"内"。

来母字今读 [l]。读 [n] 的有"论、伦"。读 [d] 的有"隶"。

精母字今洪音读 [ts],细音读 [tɕ]。读 [tɕʻ] 的有"雀"。

清母字今洪音读 [tsʻ],细音读 [tɕ]。读 [ts] 的有"雌、此、刺、疵、次"。

从母字今洪音读 [z],细音读 [dʐ]。读 [z] 的有"嚼"。读 [ø] 的有"匠"。 读 [tɕ] 的有"剂"。

心母字今洪音读 [s],细音读 [ɕ]。读 [tsʻ] 的有"碎"。

邪母字今洪音读 [z],细音读 [z] 和 [dʐ]。读 [s] 的有"穗、俗、遂、隧"。

知母字今洪音读 [ts],细音读 [t] 和 [tɕ]。

彻母字今洪音读 [tsʻ],细音读 [tɕʻ]。读 [ts] 的有"耻"。

澄母字今洪音读 [z],细音读 [dʐ]。读 [tɕ] 的有"蛰"。读 [z] 的有"术"。读 [t] 的有"着、瞪"。

庄母字今洪音读 [ts] ,细音读 [tɕ]。

初母字今洪音读 [tsʻ],细音读 [tɕʻ]。

崇母字今洪音读 [z],细音读 [z]。读 [ts] 的有"炸、闸、铡、撰"。

生母字今洪音读 [s],细音读 [ɕ]。读 [tɕ] 的有"涩"。

章母字今洪音读 [ts],细音读 [tɕ]。读 [dʐ] 的有"胗"。

昌母字今洪音读 [tsʻ],细音读 [tɕʻ]。读 [ɕ] 的有"枢"。读 [ts] 的有"侈齿"。

船母字今洪音读 [z]，细音读 [dʑ] 和 [ʐ]。读 [ɕ] 的有"实、蚀、食"。读 [d] 的有"盾"。读 [ø] 的有"食"。

书母字今洪音读 [s]，细音读 [ɕ]。读 [ts] 的有"翅"。读 [ts'] 的有"舂"。读 [z] 的有"娠"。

禅母字今洪音读 [z]，细音读 [dʑ] 和 [ʐ]。读 [ɕ] 的有"署、邵、绍、涉、十、拾"。读 [s] 的有"淑"。

日母字今洪音读 [n] 和 [ø]，细音读 [ɕ]、[z]、[n] 和 [ø]。读 [m] 的有"耳"。

见母字今洪音读 [k]，细音读 [tɕ]。读 [k'] 的有"概、溉、会会计、刽、桧"。读 [dʑ] 的有"俱"。读 [x] 的有"懈"。读 [ø] 的有"蜗"。

溪母字今洪音读 [k']，细音读 [tɕ']。读 [f] 的有"窠、棵"。读 [x] 的有"去、抠、壳"。读 [g] 的有"奎"。读 [dʑ] 的有"企、跨"。读 [ɕ] 的有"墟"。

群母字今洪音读 [g]，细音读 [dʑ]。读 [tɕ'] 的有"跪"。

疑母字今洪音读 [ŋ]、[g]、[m] 和 [ø]，细音读 [n] 和 [ø]。读 [m] 的有"误、梧、蜈、悟"。

晓母字今洪音读 [x] 和 [f]，细音读 [ɕ]。读 [tɕ] 的有"吸"。读 [ø] 的有"歪"。

匣母字今洪音读 [ɣ]、[v] 和 [ø]，细音读 [z]、[dʑ] 和 [ø]。读 [k] 的有"械、解、汞、艦、虹"。读 [x] 的有"蟹、酣、鹤"。读 [ɕ] 的有"系、奚、现、辖、峡、协"。读 [g] 的有"溃、核"。读 [f] 的有"慧、缓、晃"。读 [z] 的有"嫌"。读 [k'] 的有"皖"。读 [tɕ] 的有"茎"。

影母字今读 [ø] 和 [ŋ]。读 [m] 的有"杳"。

云母字今读 [ø]。读 [v] 的有"芋"。

以母字今读 [ø]。读 [d] 的有"锐"。读 [tɕ] 的有"卷"。读 [b] 的有"唯、维、惟"。

3. 声母特点

（1）石期市土话声母保留了比较完整的浊音系统，古平上去入四声的全浊声母字大部分今读浊音声母，塞音、塞擦音、擦音除舌尖前组外都清浊相配，整个格局是：

p　p'—b　　t　t'—d　　k　k'—g　　tɕ　tɕ'—dʑ

f—v ɕ—ʑ x—ɣ s—z

（2）非组有一些口语常用字读重唇，如：飞 p'i³³/ 赴 p'u³³/ 浮 bei³⁵/ 文 bən¹³。口语中少数非组字读如重唇的现象，属于一种存古的性质，可以一直追溯到"古无轻唇音"的上古时代。"飞和赴"分属非母和敷母，石期市土话今读送气清音 p'，暗示了非、敷母与上古滂母的关系；"浮和文"分属奉母和微母，石期市土话今读不送气的浊音，与并母的表现一致，暗示了奉、微母与上古并母的关系。

（3）知组三等的几个口语常用字读如端组 [t]，如：猪 tiəu³³/ 爹 tia³³/ 长 tio⁵⁴/ 胀 tio³⁵/ 着~衣 ti²²。这是"古无舌上音"的遗存。即石期市土话里，在知三的口语中保留了来自上古汉语晚期 [t] 的读法。这是一种白读现象。我们知道，中古知组的二、三等字分别由上古端组的二、三等演变而来，所以我们可以推测，知三因为保留上古舌尖塞音的音值而与端组合为一体。因此，今天石期市土话中知三读如端组的现象应属于存古的性质。

（4）晓母的合口字有今读 f 声母而混入非组的现象，如：火 fu⁵⁴/ 货 fu³⁵/ 荒 fan³³。晓组 h 声母在合口韵前，由于介音 u 的影响，上齿和下唇得以接近而摩擦，便产生 f 声母，这属于一种唇化现象。

（5）精组、知组、照组在细音前读 tɕ、tɕ'、ɕ 及相应浊音，洪音前读 ts、ts'、s、z。如：

精组字：借 tɕio³⁵ 秋 tɕ'iəu³³ 知组字：猪 tiəu³³ 除 dʑy¹³
　　　　彩 ts'ai⁵⁴ 早 tsei⁵⁴　　　　　茶 zuo³⁵ 拆 ts'uo²²
照组字：筛 ɕia³³ 厂 tɕ'io⁵⁴
　　　　霜 suo³³ 搜 sau³³

（6）不少定母字念 [l]，如桃 li³⁵/ 淘 lei³⁵/ 头 lau³⁵/ 铜、桐、筒 lan³⁵/ 田、甜 le³⁵，同类现象在湖南的江永桃川话、江华白芒营土话、沅陵乡话中也存在。定母字读 [l] 应当是属于浊声母的弱化。

（7）有疑母字念 [g] 的现象，如：牙 [guo³⁵]、饿 [gu²⁴]、鱼 [gei³⁵]、眼咬 [ga²⁴]。

（二）韵母的古今比较

1.韵母古今比较

韵母的古今比较见下表。

表 2-15　古今韵母比较表之一

		一等			二等			
		帮系	端系	见系	帮系	泥组	知庄组	见系
果	开		u uo a	u uo a				
	合	o u	u uo	u uo				
假	开				o a	e	uo a	uo ia
	合						a ua	uo ua
遇	合	u o	u əu	u				
蟹	开	ei	ai ia	ai uei	ia ai	ia	ia	ai ia
	合	ei	uei	uei uai			u	uai uo
止	开							
	合							
效	开	au ei	au ei	au ei	au a	au	au a ua	iau a
流	开	u au əu	au əu	au əu				
咸舒	开		an uo	an			an ua uo	an uo
	合							
深舒	开							
山舒	开		an a	an ue	a an		a an	a an
	合	an e	uan ue	uan ue ye			uan ua	uan ua
臻舒	开		ən	an ən				
	合	an ən	ən oŋ	uən oŋ				
宕舒	开	an	an u	an u				
	合			u uan				
江舒	开				an		u uan	a an ian
曾舒	开	an oŋ	an ən	ən				
	合			oŋ				
梗舒	开				oŋ an	uo	uo ən	ən in
	合							uo oŋ uan
通舒	合	oŋ	an oŋ	oŋ				
咸入	开		uo a	u			uo ia a	uo ia
	合							
深入	开							
山入	开		a ia	ua uo	ia a		ia a	ia a
	合	a o e	uo a	ua ue uo			ua	ua
臻入	开							
	合	u ei	u	u ue e				
宕入	开	u o	u uo	u uo				
	合			uo				
江入	开				a u o au		u uo	u io a iau
曾入	开	o au	au e	au e				
	合			ue				
梗入	开				o e au		uo e	uo e
	合							ua
通入	合	u	u au	u				

帮系	端组	泥组	精组	庄组	知章组	日母	见系	开合	摄
							io	开	果
							ye	合	
			ie io		ia io ie			开	假
								合	
u		y iəu	y iəu	əu u	y iəu	y	y iəu ei	合	遇
i	i ai	i ai	i ai		i		i	开	蟹
ei			uei ye		uei ye		uei	合	
i ei	i	i y		ia	i	ai e i	i	开	止
ei i		uei	y uei iəu	uai	y uei		y uei	合	
iau ie	iau ie	iau	iau ie		iau ie i	iau	iau ie	开	效
iau au u əu		iəu iau	iəu io	au əu	iəu	iəu	iəu au	开	流
ie	ian ie	ian e	ian ue		ian ie	ie	ian ie e	开	咸舒
an								合	
in		in	in	an ən	in	in	in	开	深舒
ian ie	ian e	ian e	ian e		ian ie	e ian	ian ie	开	山舒
an a		ian	yan ye		yan ye	ye	yan ye ian	合	
in		in	in	ən	in	in oŋ	in	开	臻舒
an ən		ən	ən in	yn oŋ ən	yn		yn ioŋ	合	
		ian io	ian io	u uan	ian io	ian	ian io	开	宕舒
an u							uan	合	
								开	江舒
								合	
in		in			in ən		in	开	曾舒
								合	
io in		io in	io in		io in		io in	开	梗舒
							yn ioŋ in	合	
an oŋ		oŋ	oŋ	oŋ	in oŋ	ioŋ	oŋ ioŋ	合	通舒
	ai ie	ie	ai ie		ie		ai ie	开	咸入
a								合	
		i	i	ia	i	y	i	开	深入
i ie	ai	ie	ai ye ie		ie	ai	ai ie	开	山入
a		ie	ye		ye	ye	ye	合	
i		i	i io	ai	i	i	i ie	开	臻入
u		y	y	uai	y		y ye	合	
		io	io		io i	io	io i	开	宕入
u								合	
								开	江入
i		i	ai i	ai e	ie i	in	i	开	曾入
							y	合	
io i	io i		i		io ie i	i y		开	梗入
							y	合	
u		iəu	u	əu	u iəu əu	iəu ioŋ	y	合	通入

以下表格中文读音表示与当地官话同音，一般文白对举，没有对举意味着只有文读或只有白读，文读音若声母白读则用声母下划线表示。

表 2-16　古今韵母比较表之二

		一等			二等			
		帮系	端系	见系	帮系	泥组	知庄组	见系
果开	例字		拖大	个哥				
	文		t'uo da	kuo kuo				
	白		t'u ɣa	ku ka				
果合	例字	破菠						
	文	p'o po						
	白	p'u						
假开	例字				把耙	拿	沙茶	家街
	文				pa	na	sa za	tɕia ia
	白				po bo	ne	suo zuo	kuo
假合	例字						傻耍	化瓦
	文						sa sua	xua ua
	白							xuo ue
遇合	例字	布	赌做					
	文	pu	tu tsuo					
	白		təu tsɿ					
蟹开	例字	贝	态带	开	排	奶	豺	戒
	文	ei	t'ai tai	k'ai	bai	nai	zai	kai
	白		tia	k'uei	bia	nia	zia	tɕia
蟹合	例字	杯	对	会外				乖话
	文	mei	tuei	uei uai				kuai ua
	白							uo
止开	例字							
	文							
	白							
止合	例字							
	文							
	白							
效开	例字	毛	刀	高	包	闹	炒稍	教
	文	mau	tau	kau	pau	nau	ts'au sau	tɕiau
	白	mei	tei	kei	pa		ts'a	ka

三四等									
帮系	端组	泥组	精组	庄组	知章组	日母	见系		
							茄	例字	果开
							dʑie	文	
							dʑio	白	
							瘸	例字	果合
							dʑye	文	
								白	
			姐		社		夜	例字	假开
			tɕie		ʑie		ie	文	
			tɕio		ʑio		io	白	
								例字	假合
								文	
								白	
		女吕	絮序	梳	猪书	如	举鱼	例字	遇合
		ȵy ly	ɕy ʑy	su	tɕy ɕy	ʑy	tɕy y	文	
		niəu	ɕiəu	səu	tiəu		gei	白	
蔽米	低	例泥	祭西		世		艺	例字	蟹开
pi mi	ti	li ni	tɕi ɕi		ɕi		ni	文	
mie	tai	nai	sai					白	
废			岁		税		桂	例字	蟹合
fei			suei		suei		kuei	文	
			ɕye		ɕye			白	
碑披	地	尼	四	师	知是	儿二耳	寄	例字	止开
pei pʻi	<u>dʑi</u>	ni	sɿ	sɿ	tɕi zɿ	e ai e	tɕi	文	
						ni mi		白	
非飞		垒	醉	帅	水		亏挥	例字	止合
fei fei		luei	tsuei	suai	suei		kʻuei fei	文	
pʻi			tɕy		ɕy		tɕʻy	白	
苗	钓	燎	笑		照	绕	轿	例字	效开
miau	tiau	liau	ɕiau		tɕiau	ɕiau	dʑiau	文	
mie	tie		ɕie		tɕie		dʑie	白	

表 2-17　古今韵母比较表之三

		一等			二等			
		帮系	端系	见系	帮系	泥组	知庄组	见系
流开	例字	戊某贸	偷	后				
	文	vu məu mau	t'əu	ɣəu				
	白		t'au	ɣau				
咸舒开	例字		胆	甘			赚杉	减咸
	文		tan	kan			zuan san	kan ɣan
	白		tuo				zua suo	ɣuo
咸舒合	例字							
	文							
	白							
深舒开	例字							
	文							
	白							
山舒开	例字		单伞	干寒	板		山	眼间
	文		tan san	kan ɣan	pan		san	ian kan
	白		ta sa	kue	pa		sa	ga ka
山舒合	例字	半叛	短	官			栓	关
	文	pan p'an	tuan	kuan			suan	kuan
	白	pe	tue	kue			sua	kua
臻舒开	例字		吞	根				
	文		t'ən	kən				
	白			kan				
臻舒合	例字	本	墩	棍				
	文	pən	tən	kuən				
	白	pan	toŋ	koŋ				
宕舒开	例字	帮	汤桑	糠				
	文	pan	t'an san	k'an				
	白		t'u	fu				
宕舒合	例字			光				
	文			kuan				
	白			ku				
江舒开	例字				绑		双	讲降
	文				pan		suan	kan tɕian
	白						su	ka

三四等									
帮系	端组	泥组	精组	庄组	知章组	日母	见系	例字	
浮矛	丢	流	酒	搜	手	柔	牛九	例字	流开
u mau	tiəu	liəu	tɕiəu	səu	ɕiəu	ziəu	niəu tɕiəu	文	
bei				sau			gau	白	
贬	甜	廉拈	尖		占	染	欠嫌	例字	咸舒开
pian	dian	lian nian	tɕian		tɕian	ɕian	tɕʻian zian	文	
pie	le	ne	tsue		tɕie	zie	ze	白	
犯								例字	咸舒合
ban								文	
								白	
品		林	心	篸森	枕婶	任	禁	例字	深舒开
pʻin		lin	ɕin	tsan sən	tɕin ɕi	zin	tɕin	文	
								白	
面	田	连年	钱		扇	燃	谚牵	例字	山舒开
mian	dian	lian nian	zian		ɕian	zian	nian tɕʻian	文	
mie	le	ne	ze		ɕie	ne	tɕʻie	白	
反		恋	选		砖	软	卷渊	例字	山舒合
fan		lian	ɕyan		tɕyan	ɕyan	tɕyan yan	文	
fa			ɕye		tɕye	ɕye	tɕye	白	
宾		邻	信	衬	真诊	人	紧	例字	臻舒开
pin		lin	ɕin	tsʻən	tɕin tɕin	zin	tɕin	文	
					tɕio	oŋ		白	
分		轮	旬		春	润	菌	例字	臻舒合
fən		nən	zən		tɕʻyn	zyn	dzyn	文	
fan					tsʻoŋ		dzioŋ	白	
		两	蒋	床	长	让	香	例字	宕舒开
		lian	tɕian	zuan	tɕian	zian	ɕian	文	
		lio	tɕio	zu	tio		ɕio	白	
放							匡	例字	宕舒合
fan							kʻuan	文	
fu								白	
								例字	江舒开
								文	
								白	

表 2-18　古今韵母比较表之四

		一等			二等			
		帮系	端系	见系	帮系	泥组	知庄组	见系
曾舒开	例字	崩朋	等层	肯				
	文	poŋ pʻoŋ	təŋ zəŋ	kʻən				
	白	pan	tan zan	kʻan				
曾舒合	例字			弘				
	文			ɣoŋ				
	白							
梗舒开	例字				猛盲	冷	生	更行
	文				moŋ man	ləŋ	səŋ	kən in
	白					luo	suo	
梗舒合	例字				横宏矿			
	文				uən ɣoŋ kʻuan			
	白				ɣuo			
通舒合	例字	蒙	冻送	公				
	文	moŋ	toŋ soŋ	koŋ				
	白		tan san					
咸入开	例字		答杂	喝			眨插	夹鸭
	文		ta za	xuo			tsa tsʻa	ka ia
	白		tuo	fu			tsuo tɕʻia	tɕia uo
咸入合	例字							
	文							
	白							
深入开	例字							
	文							
	白							
山入开	例字		达辣撒	割	八		杀铡	瞎
	文		da la sa	kuo	pa		sa tsa	xa
	白		lia	kua	pia		çia	çia
山入合	例字	钵末	掇脱	聒阔活			刷	刮
	文	po me	tuo tʻuo	kua kʻuo ue			sua	kua
	白	pa	tʻa					

	帮系	端组	泥组	精组	庄组	知章组	日母	见系		
三四等										
例字	冰		陵			蒸橙	仍	兴凝孕	例字	曾舒开
文	pin		lin			tɕin zən	zin	ɕin ni yn	文	
白									白	
例字									例字	曾舒合
文									文	
白									白	
例字	兵	顶	岭	井		声		轻	例字	梗舒开
文	pin	tin	lin	tɕin		ɕin		tɕʻin	文	
白	pio	tio	lio	tɕio		ɕio		tɕʻio	白	
例子						兄永颖			例子	梗舒开
文						ɕioŋ yn in			文	
白									白	
例字	梦		龙	嵩	崇	重	茸	弓用	例字	通舒合
文	mən		loŋ	soŋ	zoŋ	zoŋ	ioŋ	koŋ ioŋ	文	
白	man					dʑin			白	
例字		跌	聂	接捷		涉		页挟	例字	咸入开
文		tie	nie	tɕie dʑie		ɕie		ie ka	文	
白		tai		tsai				kai	白	
例字	法								例字	咸入合
文	fa								文	
白									白	
例字			立	习	涩	十执	入	急	例字	深入开
文			li	ɕi	tɕia	zʅ tɕi	ny	tɕi	文	
白									白	
例字	别闭	铁	列	节泄		哲舌	热	孽结	例字	山入开
文	bie bi	tʻie	lie	tsai ɕie		tɕie zie	nai	nie tɕie	文	
白		tʻai						kai	白	
例字	发袜		劣	雪		说		月血	例字	山入合
文	fa ba		lie	ɕye		ɕye		ye ɕye	文	
白	mie								白	

表 2-19　古今韵母比较表之五

		一等			二等			
		帮系	端系	见系	帮系	泥组	知庄组	见系
臻入开	例字	不没	突	骨忽				
	文	pu mei	t'u	ku fe				
	白			kue				
臻入合	例字							
	文							
	白							
宕入开	例字	博薄	托索	各				
	文	po bo	t'uo suo	k'uo				
	白	vu	su	k'u				
宕入合	例字			郭				
	文			kuo				
	白							
江入开	例字				剥朴		桌	壳学
	文				po p'u		tsuo	k'uo io
	白				pa		tsu	xa
曾入开	例字	北墨	德贼	刻黑				
	文	pe me	te ze	k'e xe				
	白	po mau	zau	xau				
曾入合	例字			国				
	文			kue				
	白							
梗入开	例字				百		拆责	客
	文				pe		ts'e tse	k'e
	白				po		ts'uo	k'uo
梗入合	例字							划获
	文							ua ue
	白							
通入合	例字	木	秃毒	谷				
	文	mu	t'u du	ku				
	白		lau					

三四等									
帮系	端组	泥组	精组	庄组	知章组	日母	见系	例字	
笔		栗	七膝	虱	质	日	吉乙	例字	臻入开
pi		li	tɕ'i ɕi	ɕi	tɕi	ʑi	tɕi ie	文	
			tɕ'io	sai		ni		白	
物		率	恤	率	出		橘倔	例字	臻入合
Vu		ly	ɕy	suai	tɕ'y		tɕy tɕye	文	
								白	
		略	雀		酌着	弱	脚	例字	宕入开
		lio	tɕ'io		tɕio	ʑio	tɕio	文	
					ti		tɕi	白	
								例字	宕入合
								文	
								白	
								例字	江入开
								文	
								白	
逼		力	鲫	侧	食		亿	例字	曾入开
pie		li	tɕi	ts'e	ɕi		i	文	
			tsai	tsai	i			白	
							域	例字	曾入合
							y	文	
								白	
碧			惜		只		易剧	例字	梗入开
pi			ɕi		tɕi		i tɕy	文	
			ɕio		tɕio			白	
							疫	例字	梗入合
							y	文	
								白	
目		六	肃	缩	竹粥	肉	菊	例字	通入合
mu		lu	su	su	tsu tsu	zu	tɕy	文	
		liəu		səu	tiəu tɕiəu	niəu		白	

2. 韵母古今对应说明

下面按 16 摄顺序先说明古今韵母的对应关系，后指出例外情况。

果摄　　开合口一等今读 [u]、[uo]、[o] 和 [a]（其中 [o] 韵限于帮组，[a] 韵字只有大、哥、阿、那、哪，另"糯"字今读 [oŋ]），开口三等今读 [io]，合口三等今读 [ye]。

假摄　　开口二等 [uo]、[o] 韵白读（[o] 韵限于帮组），[a、ia] 韵文读。开口三等 [io] 韵白读，[ie] 韵文读。合口二等 [uo]、[ue] 韵白读，[ua]、[a] 韵文读。

遇摄　　合口一等帮非两组字今读 [u] 韵，帮非组以外声母字 [u]、[əu] 两韵，例外字"做诉 [ɿ]、五 [oŋ]"。合口三等今读 [y]、[iəu]、[əu] [ei]，[iəu]、[əu]、[ei] 为白读，[y] 为文读。

蟹摄　　开口一等帮母字今读 [ei]，端、泥、精、晓、影组声母字今读 [ai]、[ia]（[ai] 韵文读，[ia] 韵白读），见组声母字今读 [ai]、[uei]（[ai] 韵文读，[uei] 韵白读）。开口二等今读 [ai]、[ia]。开口三等今读 [i]。开口四等今读 [i]、[ai]，另"米"字韵 [ie]，"砌"字韵 [ue]，"髻"字韵 [iəu]。合口一等今读 [ei]、[uei] [uai]（[ei] 韵限拼帮组字），"块"字韵 [ia]。"回"字韵 [ua]。合口二等今读 [uai]、[uo]。合口三等今读 [ei] [uei]、[ye]，（[ei] 韵限拼帮组字），[ei]、[uei] 为文读，[ye] 为白读。合口四等今读 [uei]。

止摄　　开口三等帮组今读 [i] [ei]，端组泥今读 [i]，见晓影组字今读 [i]、[ɿ]，精庄章组字今读 [ɿ]，庄组"筛"今读 [ia] 韵，日母"儿、尔、而、饵"今读 [e] 韵，日母"二"今文读 [ai] 韵，白读 [i] 韵。合口三等非组今读 [i]、[ei]，其中 [i] 为白读，[ei] 为文读。非组以外各组字今读 [uei]、[y]，[uei] 文读，[y] 白读。另"嘴"字韵 [iəu]，"泪"字韵 [io]，"季"字韵 [i]。

效摄　　开口一等今读 [au]、[ei]，[au] 文读，[ei] 白读，"扫"字韵 [uei]。开口二等今读 [a] [au]、[iau]，[au]、[iau] 文读，[a] 白读。开口三、四等字今读 [ie]、[iau]，[iau] 文读，[ie] 白读，"朝"字韵 [i]。

流摄　　开口一等今读帮组 [u]、[au]、[əu]，其余声组 [au] [əu]（[au] 韵白读，[əu] 韵文读）。开口三等非组今读 [u]、[au]、[əu]，庄组今读 [au]、[əu]（"漱"字韵 [u]），端、泥、精、知、章、日、晓组字今读 [iəu]（"锈"字韵 [io]，"廖"字韵 [iau]），见影组今读 [au]、[iəu]。

咸摄_舒　开口一等端泥精组字今读 [an]、[uo]，见晓影组字今读 [an]（[an] 文读，[uo] 白读，二等字见组字今读 [an]，庄晓组字今读 [an]、[uo]（[an] 文读，[uo] 白读，"赚"字韵 [ua]）。开口三等今读 [ian]、[ie]、[ian] 文读，[ie] 白读，"尖"字韵 [ue]。开口四等今读 [ian]，[e]、[ian] 文读，[e] 白读。合口三等今读 [an]。

深摄_舒　开口三等庄组今读 [an]、[ən]，其余声组今读 [in]。"婶"字韵 [i]。

山摄_舒　开口一等端泥精组字今读 [an]、[a]，其中 [a] 为白读，[an] 为文读，见晓组字今读 [an]、[ue]，其中 [ue] 为白读，[an] 为文读，影母字今读 [an]。开口二等今读 [an]、[a]，其中 [a] 为白读，[an] 为文读。开口三等帮知章晓组字今读 [ian]、[ie]，其中 [ie] 为白读，[ian] 为文读，精组日母字今读 [ian]、[e]，其中 [e] 为白读，[ian] 为文读，泥见影组字今读 [ian]。"溅"字韵 [ia]。开口四等帮见影组字今读 [ie]、[ian]，端泥组字今读 [e]、[ian]，晓组字今读 [ian]，其中 [e] [ie] 为白读，[ian] 为文读。合口一等今读 [e]、[ue]、[uan]、[an]（[e]、[an] 韵限拼帮组字），[e]、[ue] 为白读，[uan]、[an] 为文读，另"完"字韵 [ye]，"绊"字韵 [a]，"卵"字韵 [uo]，"拼"字韵 [in]。合口二等今读 [uan]、[ua]，[ua] 为白读，[uan] 为文读。合口三等非组字今读 [an]、[a]，泥组今读 [ian]，其余声组今读 [yan]、[ye]，[an]、[yan] 为文读，[a]、[ye] 为白读，"挽"字韵 [uan]，"喘"字韵 [uai]。合口四等今读 [yan]，"县"字韵 [ian]。

臻摄_舒　开口一等今读 [an]、[ən]（[an] 韵白读，[ən] 韵文读）。开口三等今读 [in]。"抿"字韵 [i]，"衬"字韵 [ən]，"诊"字韵 [io]，"人"字韵 [oŋ]。合口一等帮组今读 [ən]、[an]，端泥精组今读 [ən]、[oŋ]，见晓影组今读 [uən]、[oŋ]，[ən]、[uən] 为文读，[an]、[oŋ] 为白读。"蹲"字韵 [au]。合口三等非组今读 [ən]、[an]，泥精组今读 [ən]，知章见晓影组今读 [oŋ]、[yn]、[ioŋ]，[ən]、[yn] 为文读，[an]、[oŋ]、[ioŋ] 为白读。

宕摄_舒　开口一等今读 [an]、[u]，[an] 为文读，[u] 为白读。开口三等庄组今读 [uan]、[u]。其余声组今读 [ian]、[io]，[uan]、[ian] 为文读，[io]、[u] 为白读。合口一等今读 [uan]、[u]，[uan] 为文读，[u] 为白读。合口三等非组字今读 [an]、[uan]、[u]，（[u] 韵限拼非组字），[uan]、[an] 为文读，[u] 为白读，见晓影组今读 [uan]。

江摄_舒　开口二等帮晓组今读 [an]（唯"降"字韵 [ian]），知庄

组今读 [uan]、[u]，见组今读 [ian]、[a]、[an]，[u]、[a] 为白读，[ian]、[an]、[uan] 为文读（唯"虹"字 [kaŋ³⁵] 为白读）。

曾摄_舒 开口一等今读 [ən]、[oŋ]、[an]，[ən]、[oŋ] 为文读，[an] 为白读。"朋"字韵。开口三等知组今读 [ən]、[in]，其余声组今读 [in]。"凝"字韵 [i]。"孕"字韵 [yn]。合口一等今读 [oŋ]。

梗摄_舒 开口二等帮组今读 [oŋ]、[an]，泥知庄组今读 [uo]、[ən]，见晓影组今读 [ən]、[in]，[uo] 为白读韵，其余为文读韵。"打"字韵 [a]。开口三等帮泥精章见影组四等帮端精组今读 [in]、[io]（[in] 为文读，[io] 为白读），开口三等知组四等帮见晓组今读 [in]。合口二等今读 [uo]、[uan]、[oŋ]。合口三等今读 [yn] [ioŋ] [in]。合口四等今读 [in]。

通摄_舒 合口一等帮见晓影组字今读字 [oŋ]，合口一等端泥精组合口三等的非组字今读 [oŋ]、[an]，[oŋ] 为文读，[an] 为白读。合口三等泥精庄见组今读 [oŋ]，知章组字今读 [oŋ]、[in]（[oŋ] 为文读，[in] 为白读），另"中"字今白读韵为 [io]。日晓影组今读 [ioŋ]。

咸摄_入 开口一等端泥组今读 [a]、[uo]（[uo] 为白读，[a] 为文读），精组今读 [a]，见晓组今读 [u]、[uo]（[u] 为白读，[uo] 为文读）。开口二等知组今读 [a]，庄组今读 [uo]、[a]、[ia]，见晓组今读 [ia]，影母今读 [uo]（[uo] 韵为白读，[ia]、[a] 两韵文读）。开口三等"接"读为 [ai]，其余今读均为 [ie]。开口四等今读 [ai]、[ie]，[ie] 文读，[ai] 白读。合口三等今读 [a]。

深摄_入 开口三等今读 [i] 为常，庄组字"涩"韵 [ia]，章组字"湿、十"韵 [ʅ]，日母字"入"韵 [y]。

山摄_入 开口一等端组今读 [a]，泥精组今读 [ia]、[a]，[ia] 为白读，[a] 为文读。见组字今读 [ua]、[uo]（[ua] 白读，[uo] 文读）。开口二等帮晓组今读 [ia]（"抹"字韵 [a]），庄影组今读 [a]。开口三等今读 [ie]（"薛"字韵 [ye]，"热"字韵 [ai] 为白读）。开口四等帮泥影组今读 [ie]（"闭"字韵 [i]），端精组今读 [ai]，见组今读 [ai]、[ie]，（[ai] 白读，[ie] 文读）。合口一等帮组今读 [o]、[a]（[o] 文读，[a] 白读），端组今读 [uo] [a] [uo] 文读，[a] 白读），泥组今读 [ya]，见组今读 [ua]、[uo]，晓组今读 [ue]。合口二等今读 [ua]。合口三等非组今读 [a]、[ie]（[a] 韵文读，[ie] 韵白读，"发"字韵 [an]），泥组今读 [ie]，精章见影组今读 [ye]。合口四等今读 [ye]。

臻摄入　开口三等今读 [i]、[ie] 为文读韵，"膝"字韵 [io] 和"虱"字韵 [ai] 均为白读韵。合口一等今读 [ei]、[u]、[ue]（[ei]、[ue] 韵白读，[u] 韵文读）。合口三等非组今读 [u]，泥知章见组今读 [y]，见组"倔掘"字韵 [ye]，为文读。

宕摄入　开口一等今读 [u]、[uo]、[o]（[o] 韵限拼帮组字），[u] 为白读，[uo]、[o] 为文读。开口三等今读 [i]、[io]（[i] 为白读，[io] 为文读）。合口一等今读 [uo]。

江摄入　开口二等今读 [a]、[u]、[iau]、[io]、[uo]（[iau]、[io] [uo] 为文读，[a]、[u] 为白读）。

曾摄入　开口一等今读 [o]、[e]、[ie]、[au]，[o]、[e]、[ie] 为文读，[au] 为白读。开口三等帮组今读 [ie]，泥章见影组今读 [i]，知组今读 [i] [ie]（[i] 韵文读，[ie] 韵白读），庄组今读 [e]、[ai]（[e] 韵文读，[ai] 韵白读），精组今读 [i]、[ai]（[i] 韵文读，[ai] 韵白读）。合口一等今读 [ue]。合口三等今读 [y]。

梗摄入　开口二等今读 [o]、[uo]、[e]（[o] 韵限拼帮组字），[o] [uo] 为白读，[e] 为文读，另"轭"字韵 [ua]。开口三等四等今读 [i]、[io]（[io] 韵白读，[i] 韵文读。另"剧"字韵 [y]，"滴"字韵 [ia]）。合口二等今读 [ua]、[ue]。合口三等今读 [y]。

通摄入　合口一等端组今读 [u]、[au]（[u] 韵文读，[au] 韵白读），其余声组今读 [u]。合口三等非精组今读 [u]，泥知庄章日今读 [u]、[iəu] [əu]，见晓影组今读 [y]，[u]、[y] 为文读，[iəu]、[əu] 为白读。

3. 韵母特点

（1）果摄字今读有 [o]、[u] 两韵，如：鹅 gu^{35}/ 饿 gu^{24}/ 可 k'o^{54}/ 贺 γo^{35}。中古果摄字绝大多数来自上古的歌部，带有韵尾 [i]，中古时 [i] 尾丢失，主要元音后化为 [ɑ]，之后 [ɑ] 逐渐高化为 [ɔ]，现代北京话果摄字的主要元音是 [o]，这样的一个演变轨迹让我们看到果摄字韵母主要元音的不断高化。石期市土话里没有见到带 [i] 尾的例子，主要元音念成 [a] 的情况也只出现在"哥、大"等少数几个字上。至于 [o]、[u] 两韵，笔者认为 [u] 韵才是果摄的底层，因为读 u 韵的字均为常用字的白读音，而读 [o] 韵的字音与当地通用语西南官话相同，可能是在接触当中，土话吸收了官话的读音。与此类似的还有：假摄开口三等字的 [io]、[ia] 层次

较 [ie] 古老，合口二等的 [o] 较 [ua] 古老；蟹摄开口二等的 [ia] 较 [ai] 古老，效摄开口一等的 [ei] 比 [au] 古老，开口二等的 [a] 比 [au] 古老，开口三、四等的 [ie] 比 [iau] 古老。

（2）效摄豪韵与流摄侯韵的部分字相混，读 [au]，如：套 = 透 t'au³⁵/ 糙 = 凑 ts'au³⁵/ 稿 = 狗 kau⁵⁴/ 考 = 口 k'au⁵⁴/ 滔 = 偷 t'au³³。这里值得一提的是，豪韵字读音与当地通用官话相同，侯韵字与官话里相应的字读音不同。所以，虽然效摄字与流摄字在上古时期就关系密切，但笔者认为石期市土话效摄与流摄部分字的今读出现相混的现象用语言接触导致混同更合理一些。

（3）遇摄字的主要元音到中古时已经由 [a] 和 [ɔ] 演变为 [u]，在近代音系乃至现代音系基本上停止不变，仅有部分合口三等字在北京话音系中演变为 [y]。在石期市土话里，遇摄除了读 [u] 韵或 [y] 韵的字外，合口一等的端泥精组有读 [əu] 韵的字，如土、粗、路；合口三等鱼韵泥精知章组有读 [iəu] 韵的，如女、絮；见组部分字读 [ei] 韵，如鱼、去、锯；庄组有的读 [əu] 韵，如初、梳、锄；合口三等虞韵也有读 [əu] 韵和 [iəu] 韵的，如住、数、树，可见在这种土话里同时存在 [əu]、[iəu]、[ei]、[u]、[y] 等韵。

据笔者观察，读 [əu]、[iəu]、[ei] 韵的字要比 [u]、[y] 两韵的字更底层一些，也就是说 [əu]、[iəu]、[ei] 韵要早于 [u]、[y] 两韵。汉语元音的主要演变方式是反时针方向运动，另外还有破裂为复合元音、辅音化、舌尖化等特殊演变方式。如果说 [u]、[y] 早于 [əu]、[iəu]、[ei]，[əu]、[iəu]、[ei] 韵是由 [u]、[y] 两韵破裂而成的复合元音，理论上是可以成立的，这种情况下的 [u]、[y] 两韵得早于 [əu]、[iəu]、[ei] 韵，读这些韵的字要更底层，但事实并非如此，发音合作人明确告诉我们，那些读 [u] 或 [y] 韵的字音与官话相同，包括声母和声调，由此我们可以排除这种说法。

所以我们可以推测：石期市土话本身的遇摄字或者已经历过由单元音破裂成复合元音的过程，在土话中已不存在单元音韵母，后因交际及读书的需要，受当地官话的影响，久而久之，[u]、[y] 两韵逐渐进入到土话里来，形成这样一个多个韵母的复杂局面。

（4）目前在学术界基本赞同这种观点：蟹摄字韵尾丢失和主要元音演变成 [a]，对假摄产生一定的推挤，使舌位高化为 [o]，再由 [o] 的推挤作用，果摄发生了变化，高化为 [u]，由此推动遇摄字部分复音化。在石期市土话中，蟹摄二等字确实丢失了韵尾 [i]，但没有单元音化，而是读为 [ia] 韵（其他与官话同音的读为 [ai] 韵）。另外效摄二等字有丢失韵尾而单元音化为 [a] 的现象，如：包 [pa³³] 饱 [pa⁵⁴] 豹 [pa³⁵] 罩 [tsa³⁵] 敲 [k'a³³] 咬 [ga²⁴] 等。笔者据此推测，在石期市土话里对假摄产生推挤作用的不仅仅是蟹摄二等字的 [ia] 韵，还有效摄二等字的 [a] 韵。

（5）部分阳声韵的常用字有今读阴声韵的现象，这在"咸、山、宕、江、梗"等摄中均有反映，如：

咸摄：	甜 le³⁵	南 nuo³⁵	点 te⁵⁴	添 t'e³³
山摄：	变 pie³⁵	山 sa³³	眼 ga²⁴	慢 ma³³
宕摄：	光 ku³³	两 lio⁵⁴	唱 tɕ'io³⁵	香 ɕio³³
江摄：	桌 tsu²²	窗 ts'u³³	江 ka³³	
梗摄：	病 bio²⁴	颈 tɕio⁵⁴	青 tɕ'io³³	井 tɕio⁵⁴

在宕、梗摄中有文白读音的字较多，白读音一般是阴声韵，如：名 mio³⁵/min¹³、乡 ɕio³³/ɕian³³、明 mio³⁵/min¹³。古阳声韵一般不可能直接演变成阴声韵，中间一定要经过鼻化韵的阶段。但今天的石期市土话中并不存在鼻化韵，是因为在语音演变过程中，鼻化韵已经变成了阴声韵。阳声韵转化为阴声韵大致有两种方向，一种是和已有的阴声韵合流，如咸摄读 o 韵的字，与假摄韵同；山摄读 [a] 韵，与果摄开口一等，效摄二等部分字同韵。另一种是自成韵母，如咸摄读 e、ue 韵的，宕、梗摄读 io 韵的，不同于其他任何韵摄。

（6）入声韵尾 -p、-t、-k 都已经消失，混入了阴声韵。

（7）齐、萧、添、先、青 5 个纯四等韵里均有今读洪音的现象。如：细 sai³⁵/ 砌 ts'ue³⁵/ 点 te⁵⁴/ 甜 le³⁵/ 天 t'e³³ / 听 t'uo³⁵。这些都是白读音，历史层次应较为古老。

（三）声调的古今比较

1. 声调古今比较

声调的古今比较见下表。

表 2-20　古今声调比较表

古声调＼今声调		阴平	阳平	上声	阴去	阳去	入声
古平声	清	天飞三疤					
	次浊		神寒徐唐		难人鹅麻		
	全浊		文模埋梅		平床牌锄		
古上声	清			走短草土			
	次浊			老买女鲁	五有染	咬眼	
	全浊				社近柱坐	动厚	
古去声	清				盖醉变送		
	次浊	漏帽用路			迈妹谜外		
	全浊				共阵助谢	大病树豆	
古入声	清	责革郭国					跌眨塔鸭
	次浊	六绿肉目		哕	玉育		
	全浊		局舌			毒贼熟服	

2. 声调古今对应说明

古平声清声母字今读阴平；古平声次浊声母、全浊声母字部分今读阳平，部分今读阴去。

古上声清声母字今读上声；古次浊声母字今读有三个去向：上声、阴去或阳去，其中以上声为主；古全浊声母字今读阳去，部分同阴去调值。

古去声清声母字今读阴去；古次浊声母字今读有阴平和阴去；古全浊声母字今读有两种调值，部分同阴去，部分读阳去。

古入声清声母字部分今读保留入声，部分今读阴平，个别读上声；古次浊声母字今读阴平，部分读阴去；古全浊声母字今读阳去，部分读阳平。

3. 声调特点

（1）古全浊声母平声字有文、白两读，如：楼 lau^{35} / 常 ʑian^{13} / 毛 mei^{35} / 豪 ɣau^{13}。这里表现出不同的历史层次，35 调是白读层，13 调则是与西南官话的影响有关的比较晚起的文读层。但这里的白读层 35 调与阴去调值相同，其中原因有待进一步研究。

（2）全浊声母上声字读阳去，但有部分字变读为阴去调，如祸 ɣo^{35} / 社 ʑio^{35} / 技 dʑi^{35} / 舅 dʑiəu^{35}。这类字在官话中调值均为 35，土话中当读阳去却读为阴去的字可能是受了西南官话的影响。

（3）入声保留。古清声母部分入声字白读保留入声调，全浊声母入声字今读多为阳去，次浊声母入声字今读多为阴平，如：出 tɕ'y^{22} / 切 ts'ai^{22} / 白 bo^{24} / 绿 liəu^{33}。

第三章　词　汇

一、词汇特点

石期市土话的词汇同普通话词汇比较，总的说来，是大同小异，但触及构词、词义等，则与普通话词汇有明显的不同。

（一）单纯词

石期市土话的单纯词，与普通话单纯词几乎没有什么两样，只是普通话词汇的部分多音语素词在石期市土话中依然是单音节，表现出古汉语的词汇特征。例如：

普通话　　　　　彩虹　　闪电

石期市土话　　　虹　　　闪

最具地方特色的是，石期市土话有一些北京话没有的叠音单纯名词，如：

□ □ $[pa^{22}pa^{22}]$（蛋）　　　　　□ □ $[po^{54}po^{54}]$（小的圆形物件）

（二）合成词

1. 复合式

石期市土话用复合构词方式构成的词语同普通话没有多大差别，稍不同的是，个别词语语素的排列顺序与普通话相反，意义跟普通话词语相同。如：

普通话　　　　　　热闹　公鸡　纸钱

石期市土话　　　　闹热　鸡公　钱纸

2. 重叠式

（1）少数单音节语素重叠构成的名词，语义和感情色彩跟单音词无区别。如：

把把（柄）　　　　叉叉（工具；叉形符号）

（2）重叠形式的语义和感情色彩跟单音词有区别。如：

崽崽（粒状物、植物的种子）　粑粑（饼类食物）　角角（角落）

崽（儿子）　　　　　　　　　粑（黏在某物上）　角（头上长的角）

（3）一些单音节带"子"缀或"叽"缀的词，也可说成单音节语素重叠，语义、感情色彩无区别。如：

棍棍　套套　牌牌　口口　杆杆　本本　壳壳（硬性外皮）

3. 附加式

（1）附加前缀，普通话常见的前缀"初、第、小、阿、老"等，石期市土话也有。"阿"只出现在对人的特定称谓里，如"阿公、阿婆"（女子丈夫父母的他称）；中年以上的人有称母亲为"阿姐"的。另有"梆、拉、捞、崭、瘪、焦"等前缀，不能独立成词，表示被修饰词的程度高，相当于普通话的"很"。如：梆紧（很紧）、拉粗（很粗）、捞轻（很轻）、崭新（很新）、瘪淡（很淡）、焦湿（很湿）等。

（2）附加后缀，普通话里能充当后缀的语素比较丰富，石期市土话有"子、崽、叽、家、头、手、巴、古"等几个（见语法一章的详细分析）。

（三）内部屈折

"屈折"是指词内部的语音形式变化，所以也叫内部屈折。石期市土话存在不少内部屈折现象，即通过词的内部声、韵、调的变换与音素的增减来构词和表示语法意义。例如：

例词	读音	语法性质		范例
头	lau^{35}	名词		头发
	.la	中缀	敲	拳头古
	.lau	后缀		食头（吃头）
起	tɕʻi^{54}	动词		起床

	.ɕi	助词	着起（穿上）
角	ka^{22}	名词	脑壳高子长咖角（头上长了角）
	tɕio^{22}	量词	一角钱

（四）构词语素及音节数量与普通话的差异

1. 与普通话对应词的语素有部分相同或完全相同。如：

石期市土话	普通话	石期市土话	普通话
黑日饭 [xau^{22}ni$^{33-54}$va$^{24-21}$]	晚饭	索哳衣 [su^{22}.ta i^{33}]	毛衣
淅水 [sa^{35}ɕy^{54}]	泔水	辈分 [pei^{35}fən$^{35-21}$]	辈分
面灰 [mie^{33}fei$^{33-21}$]	面粉	裤脚 [k'u^{35}tɕi^{22}]	裤腿
扫杆星 [suei^{35}kuo^{54}ɕio^{33}]	彗星	奶奶 [ne^{33}ne$^{33-54}$]	奶奶
柜哳 [dʐy^{24}.ta]	柜子	星哳 [ɕio^{33}.ta]	星星
食饭 [i^{33}va^{24}]	吃饭	月亮 [ye^{33}lio$^{33-54}$]	月亮
姨娘 [i^{13}nian$^{13-54}$]	姨妈	石头古 [ʑio^{24}.la.ku]	石头
锄头 [zəu^{35}.lau]	锄头	担杆 [tuo^{35}kue^{54}]	扁担
猫狙 [ma^{35}niəu^{54}]	猫	豺狗 [ʑia^{35}kau^{54}]	豺狼
泥鳅 [nai^{35}tɕ'iəu$^{33-54}$]	泥鳅	抽箱 [tɕ'iəu^{33}ɕio$^{33-54}$]	抽屉
□剪 [ka^{33}tse^{54}]	剪刀	脑壳 [nei^{54}.xa]	脑袋

2. 与普通话对应词的语素完全不同。如：

石期市土话	普通话	石期市土话	普通话
路家 [ləu^{33}kuo$^{33-54}$]	妻子	颈嗓 [tɕio^{54}suo$^{54-21}$]	脖子
黑日 [xau^{22}ni$^{33-54}$]	晚上	热热虎 [nai^{33}nai3^{-54}fu$^{54-21}$]	太阳
巴巴头 [po^{33}po$^{33-54}$lau$^{35-21}$]	发髻	羊哳 [io^{35}.ta]	淋巴结
调羹 [diau^{13}kən$^{33-54}$]	勺子	帕子 [p'a^{35}.tsɿ]	毛巾
□醒 [xa^{54}ɕin$^{54-21}$]	傻子	虫线 [dʐin^{35}ɕie$^{35-54}$]	蚯蚓
莳田 [zɿ^{13}le^{35}]	插秧	□慈 [ma^{35}zɿ$^{13-21}$]	荸荠
□丝 [pu^{33}sɿ$^{33-21}$]	蜘蛛	呹呹哳 [nu^{35}nu^{35}.ta]	蜻蜓
□日 [e^{35}ni$^{33-54}$]	早上	鼓鼻 [ku^{54}bi^{24}]	打呼
羊哳风 [io^{35}.ta fan^{33}]	癫痫	酒子 [tɕiəu^{54}.tsɿ]	粉刺
阿□哳 [uo^{33}lai^{54}.ta]	小男孩	索哳 [su^{22}.ta]	绳子
郎崽 [lu^{35}tsai^{54}] 女婿		气 [t'au^{54}.tɕ'i^{35}]	休息

3. 石期市土话中部分词的音节少于普通话对应词的音节。如：

石期市土话	普通话	石期市土话	普通话
屋 [u^{22}]	房子	闪 [ɕian^{54}]	闪电
禾 [u^{35}]	水稻	垱 [tu^{35}]	地方
虹 [kan^{35}]	彩虹	蒙 [moŋ^{13}]	遮盖
蓬 [boŋ^{13}]	蓬松	猛 [moŋ^{54}]	莽撞
屙 [u^{33}]	排泄	簟 [le^{35}]	席子

4. 石期市土话中部分词的音节多于普通话对应词的音节。如：

石期市土话	普通话	石期市土话	普通话
虾公 [xuo^{33}koŋ$^{33\text{-}54}$]	虾	热热虎 [nai^{33}nai$^{33\text{-}54}$fu$^{54\text{-}21}$]	太阳
巴巴头 [po^{33}po$^{33\text{-}54}$lau$^{35\text{-}21}$]	发髻	呶呶咑 [nu^{35}nu$^{35\text{-}54}$.ta]	蜻蜓
羊咑风 [io^{35}.ta fan^{33}]	癫痫	索咑衣 [su^{22}.tai^{33}]	毛衣
扫杆星 [suei^{35}kuo^{54}ɕio^{33}]	彗星	石头古 [ʐio^{24}.la .ku]	石头
绵软 [mie^{54}ɕye^{54}]	软	檐老鼠 [ie^{35}lei^{54}ɕiəu^{54}]	蝙蝠

（五）词义特色

1. 有些词的意义广狭和普通话不同，有的完全不同。

普通话"吃""喝""吸"三者用在不同场合，不用"食"，石期市土话"食饭""食烟"等都是"食"，"食酒""喝酒"在土话中都可以说。

"蚊子"，普通话不包括苍蝇，石期市土话兼指蚊蝇，如"蚊子"（指咬人的）、饭蚊子、蛆虫蚊子（绿头蝇）。

"醒"，石期市土话里鸡蛋坏了，叫"醒蛋"，普通话里没有这个义项。

有些词语词义在石期市土话中发生了转化，与普通话的含义只存在部分的联系，有的甚至难以联系。例如"爹爹"在普通话中指父亲，在石期市土话中则指祖父。

2. 石期市土话在词汇方面的又一特色是同义词丰富。同一个意思常有好几个词可选用，其中有带方言色彩的词，又有来自普通话的词。下面各组同义词，短横前的是带方言色彩的词，短横后的是来自普通话的词：

苞谷—玉米	背时—倒霉、不走运	食酒—喝酒
标致—漂亮	掇—把	造孽—可怜
日头—太阳	养牲—鸡（鸭、鹅、猪等）	屋里—家里

（六）其他

1."崽崽"的使用

崽崽在石期市土话中表义丰富。

（1）做名词，相当于北京话的"籽儿"，表示"植物的种子"。例如：

丝瓜崽崽	sʅ³³kuo³³⁻⁵⁴tsai⁵⁴.tsai	丝瓜籽儿
白菜崽崽	bo²⁴ts'ai³⁵⁻²¹tsai⁵⁴.tsai	白菜籽儿
辣椒崽崽	lia³³tɕie³³⁻⁵⁴tsai⁵⁴.tsai	辣椒籽儿
李叻树崽崽	li⁵⁴.ta ʑiəu²⁴tsai⁵⁴.tsai	李子籽儿
花生崽崽	xuo³³sən³³⁻⁵⁴ʑiəu²⁴tsai⁵⁴.tsai	花生籽儿

（2）叠音词尾"崽崽"，构成名词，词义同单音词相同而略有变化，一般含"小"意，且多带喜爱意味。如：

人崽崽	oŋ³⁵tsai⁵⁴.tsai	动画、剪纸等上小小的人像
猪崽崽	tiəu³³tsai⁵⁴.tsai	小猪
牛崽崽	gau³⁵tsai⁵⁴.tsai	小牛
鸡崽崽	tɕi³³tsai⁵⁴.tsai	小鸡
糖崽崽	dan¹³tsai⁵⁴.tsai	颗粒糖
刀崽崽	tei³³tsai⁵⁴.tsai	小刀
凳崽崽	tan³⁵tsai⁵⁴.tsai	小凳
鱼叻崽崽	gei³⁵.tatsai⁵⁴.tsai	小鱼

（3）形容词，表事物的状态，表示"小小的"，修饰事物名词。例如：

崽崽人	tsai⁵⁴.tsai oŋ³⁵	动画、剪纸等上小小的人像
崽崽猪	tsai⁵⁴.tsai tiəu³³	小猪
崽崽牛	tsai⁵⁴.tsai gau³⁵	小牛
崽崽鸡	tsai⁵⁴.tsai tɕi³³	小鸡
崽崽糖	tsai⁵⁴.tsai dan¹³	颗粒糖
崽崽刀	tsai⁵⁴.tsai tei³³	小刀
崽崽凳	tsai⁵⁴.tsai tan³⁵	小凳
崽崽鱼叻	tsai⁵⁴.tsai gei³⁵.ta	小鱼

有趣的是，（2）的"ABB"式名词，倒过来成了（3）的"BBA"式，BB由名词词尾变成了形容词，但语义和感情色彩不变。

名词性"崽崽"与形容词性"崽崽"表义相关，但不等同。前者指颗粒状的植物种子，后者是形容物体的小小的状态。

"名＋崽崽"形式有两种情况，可以用"崽崽"的位置变化加以区别。一种不能改变语序，即表"颗粒状的植物种子"时，崽崽提前会改变语义，例如："丝瓜崽崽"指丝瓜子儿，"崽崽丝瓜"指小小的丝瓜。另一种不能改变语序，即表"小小的"时，崽崽提前不会改变语义，例如："牛崽崽""崽崽牛"均指小牛。

2. 古语词举例

石期市土话中，留存了一些古语词，举例说明如下：

食：i^{33}　　　　吃：我还有食饭我还没有吃饭。《广韵》入声职韵乘力切：吃饭、进餐。《增韵》肴馔也。又茹也，啖也。

面：mie^{33}　　　　脸：他在洗面他在洗脸。《广韵》去声线韵弥箭切：头的前部。《说文·面部》：颜前也。

著：ti^{22}　　　　穿：快掇衣著起快把衣服穿上。《广韵》入声药韵张略切："服衣于身"。《类篇》：附也。

伊：ai^{33}　　　　这：伊本书是我噜这本书是我的。《广韵》平声脂韵於脂切。《正韵》於宜切，□音。彼也。

索：su^{22}　　　　绳子：拿条索叮来拿根绳子来。《广韵》入声铎韵苏各切。《说文》：草有茎叶，可作绳索。

炙：tɕio^{22}　　　　烤：太冷咖，炙下火太冷了，烤一下火。《广韵》入声昔韵之石切。《说文·炙部》炮肉也。从肉在火上。

倚：dʑi^{35}　　　　站：他总是倚倒门口他总是站在门口。《广韵》上声纸韵羊吏渠绮切"立也"。

拥：y^{22}　　　　折：你掇纸盒叮拥一下你把纸盒子折一下。《广韵》入声月韵鱼厥切，《说文》："折也"。

猋：piau^{33}　　　　跑：他一下叮就猋咖他一下就跑走了。《广韵》平声宵韵甫遥切，《说文》："犬走貌"。

㪷：t'au^{54}　　　　休息：㪷一下再走休息一下再走。《集韵》上声厚韵他口切。

狭：ia^{22}　　　　窄：间子太狭咖房间太窄了。《广韵》入声洽韵侯夹切：隘狭。

□：tɕ'i^{22}　　　　靠近仔细看：到边边叮□靠近边上看。

薅：xau^{33}　　　　拔去杂草：你去不去薅田啊你去不去田里拔去杂草啊？《说文·艸部》："薅，拔去田草也。"《广韵》平声豪韵呼毛切。

□：lia^{54}　　　　在火上烤：他不小心□着手了。《说文·炙部》："□，炙也。"

搊：ts'au^{33}　　用手托起向上用力、执持、端：搊屎、搊尿。《集韵》上声有韵侧九切："持也。"

淋：lin^{13}　　浇：掇菜淋点水给菜浇点儿水。《说文》："以水沃也。"《广韵》平声侵韵力寻切：让水或其他液体自上落下。

圞：lue^{35}　　圆的，完整的：月饼食圞噜月饼吃整的。《广韵》平声桓韵落官切："团圞，圆也。"

茅茨：mau^{35}.ʂ　　厕所。《广韵》脂韵疾资切："茨，茅茨。""茅茨"本为"茅屋"义，厕所多为简陋茅屋。

掐：ua^{54}　　指以器具取物：掐点米来舀点米来。《集韵》上声马韵乌瓦切：吴俗谓手爬物曰掐。

借问：tɕio^{22}man$^{33-21}$　　问：你去借问他你去问他。

搂：lau^{54}　　用手或工具把东西向自己跟前聚集：掇柴搂过来把柴火聚过来。搜刮（钱财）：东西全部搂咖走咖东西全部被搜刮走了。《广韵》平声侯韵落侯切。

漓：li^{35}　用滴的方式使水分离出去：青菜洗咖漓干后再下锅青菜洗了干了水分之后再下锅。《广韵》平声支韵吕支切：沾湿或渗滴貌。

抱：bei^{24}　　禽鸟伏卵：菢鸡崽崽孵小鸡。《广韵》去声号韵薄报切：孵。此义古作"抱"，后起字为"菢"。

滗：bi^{35}　　挡住渣滓或泡着的东西把液体倒出来：水太多咖，滗点出去水太多了，倒点出去。《广韵》入声质韵鄙密切：去汁也。

晏：ŋan^{35}　　比预定的时间晚：你来晏咖你来晚了。《广韵》去声谏韵乌涧切，《玉篇》：晚也。

簟：le^{35}　　竹席：我买咖一条竹簟回来我买了一床竹席子回来。《广韵》入声昔韵祥易切。《说文·竹部》："簟，竹席也。"

细风：sai^{35}fan^{33}　　微风：吹起细风来咖吹起微风来了。唐代已见"细风"指微风。杜甫《王十五前阁会》"楚岸收新雨，春台引细风。"

浞：zua^{24}　　淋，使湿：淋（雨）：雨好大，一身浞湿了雨很大，一身都淋湿了。《广韵》入声觉韵士角切。

二、分类词表

说明：

（一）本词表收录的词语主要根据中国社会科学院语言研究所方言组《方言调查词汇表》调查整理所得。结合方言实际，某些范围有扩充，某些范围有缩减。

（二）每条词语先写出汉字，然后用国际音标注音，用上标数字标调。轻声字前加轻声点。

（三）音标一般不加方括号。

（四）较难理解的词语，在标音后加以简单的注释，注释与例子里用"~"替代本词语。不止一个义项的，不同义项分别用圆圈数码表示。

（五）同义词或近义词排列在一起，第一条顶格排列，其他各条缩一格另行排列。

（六）文白异读的音节，按发音人的实际读音记音。

（七）有音无字或暂时未考出本字，用同音字代替，在同音字的下面加"一"，没有合适的同音字则用"□"表示。

（八）分类词表目录

1. 天文	2. 地理	3. 时令、时间
4. 农业	5. 植物	6. 动物
7. 房舍	8. 器具、用品	9. 称谓
10. 亲属	11. 身体	12. 疾病、医疗
13. 衣服、穿戴	14. 饮食	15. 红白大事
16. 日常生活	17. 讼事	18. 交际
19. 商业、交通	20. 文化教育	21. 文体活动
22. 动作	23. 位置	24. 代词等
25. 形容词	26. 副词、介词等	27. 量词
28. 附加成分等	29. 数字等	

（一）天文

1. 日、月、星

热热虎　　nai^{33}nai$^{33-54}$fu$^{54-21}$ 太阳

热热虎地　$nai^{33}nai^{33-54}fu^{54-21}dʑi^{24}$　　太阳照到的地方

向阳　$ɕian^{35}ian^{13}$

背阴　$bei^{35}in^{33}$

荫垱吲　$in^{33}tu^{35}.ta$　荫凉地

天狗食热热虎　$t'e^{33}kau^{54}i^{33}nai^{33}nai^{33-54}fu^{54-21}$

热热虎带箍吲　$nai^{33}nai^{54}fu^{54-21}tai^{35}ku^{33}.ta$　　日晕

阳光　$ian^{13}kuan^{33-21}$

月亮　$ye^{33}lio^{33-54}$

月亮地　$ye^{33}lio^{33-54}dʑi^{24}$　　月亮照到的地方

天狗食月亮　$t'e^{33}kau^{54}i^{33}ye^{33}lio^{33-54}$

月亮长毛　$ye^{33}lio^{33-54}tio^{54}mei^{35}$　　月晕

月亮带箍吲　$ye^{33}lio^{33-54}tai^{35}ku^{33}.ta$

星吲　$ɕio^{33}.ta$　星星

北斗星　$pe^{33}təu^{54}ɕin^{33}$

启明星　$tɕ'i^{54}min^{13-21}ɕin^{33}$

银河　$in^{13}ɣuo^{13-21}$

流星　$liəu^{13}ɕin^{33-21}$　（名词）

扫杆星　$suei^{35}kuo^{54}ɕio^{33-21}$　　彗星

2. 风、云、雷、雨

风　fan^{33}

大风　$ɣa^{24}fan^{33}$

狂风　$guan^{13}foŋ^{33}$

台风　$dai^{13}foŋ^{33}$

细风　$sai^{35}fan^{33}$　小风

转转风　$tɕye^{35}tɕye^{35-54}fan^{33}$　　旋风

顶风　$tin^{54}fan^{33}$

顺风　$ʐyn^{35}fan^{33}$

刮风　$kua^{22}fan^{33}$

风停咖　$fan^{33}din^{13}.kau$　　风停了

云　$ioŋ^{35}$

黑云　$xau^{22}ioŋ^{35}$

白云　$bo^{24}ioŋ^{35}$

霞　ia^{13}

雷　$luei^{35}$

雷公　$luei^{35}koŋ^{33-54}$

打雷　$ta^{54}luei^{35}$

雷打咖　$luei^{35}ta^{54}.kau$

闪　$ɕian^{54}$　闪电

雨　y^{54}

落雨　$lu^{22}y^{54}$　下雨

细雨　$sai^{35}y^{54}$

毛毛雨　$mei^{35}mei^{35-54}y^{54}$

大雨　$ɣa^{24}y^{54}$

暴雨　$bau^{35}y^{54}$

雷阵雨　$luei^{13}dʑin^{35}y^{54}$

生雨　$suo^{33}y^{54}$

飘雨　$p'iau^{33}y^{54}$

雨水　$y^{54}ɕy^{54}$

雨停咖　$y^{54}din^{13}.kau$

虹　kan^{35}　彩虹

淀雨　$zua^{24}y^{54}$　淋雨

3. 冰、雪、霜、露

冰	pin³³	
凌钩子	lin³⁵kau³³.tsʅ	冰锥
结冰	tɕie³³pin³³	
冰雹	pin³³p'au³⁵⁻²¹	雹子
雪	ɕye²²	
落雪	lu³³ɕye²²	
铺雪	p'u³³ɕye²²	鹅毛雪
米头古	mie⁵⁴.la.ku	
		米粒状的雪
雨夹雪	y⁵⁴tɕia²²ɕye²²	
雪化咖	ɕye²²xuo³⁵.kau	
露水	ləu³³ɕy⁵⁴	
打露水	ta⁵⁴ləu³³ɕy⁵⁴	下露水
霜	sue³³	
打霜	ta⁵⁴sue³³	下霜
雾	u³⁵	
起雾	tɕ'i⁵⁴u³⁵	下雾

4. 气候

天气	t'e³³tɕ'i³⁵⁻²¹	
天晴	t'e³³dʑio³⁵	
阴天	in³³t'e³³⁻²¹	
落雨天	lu³³y⁵⁴t'e³³⁻²¹	
热	nai³³	
冷	luo⁵⁴	
伏天	vu¹³t'e³³	
起伏	tɕ'i⁵⁴vu¹³	入伏
头伏	lau³⁵vu¹³	
二伏	ni³³vu¹³	
三伏	suo³³vu¹³	
天干	t'e³³kue³³	天旱

涝	lau³³	

（二）地理

1. 地

平原	bin¹³yan¹³⁻²¹	
地	dʑi²⁴	旱地
田	le³⁵	水田
秧田	io³³le³⁵	
菜地	ts'ai³⁵dʑi²⁴⁻²¹	
荒地	fan³³dʑi²⁴⁻²¹	
沙土地	suo³³t'əu⁵⁴dʑi²⁴⁻²¹	
坡地	p'o³³dʑi²⁴⁻²¹	
滩	t'a³³	
山土	sa³³t'əu⁵⁴	
		山上的农业用地

2. 山

山	sa³³	
山腰	sa³³ie³³	
山底脚	sa³³tai⁵⁴tɕi²²	
山坳	sa³³ŋau³⁵	
		山间的平地
冲	ts'oŋ³³	山谷
		两山之间低凹的地方
涧	kan³⁵	山涧：两山夹水
山陡古	sa³³tau⁵⁴.ku	山坡
山顶顶	sa³³tio⁵⁴.tio	
		山的顶部

3. 江、河、湖、海、水

江	ka³³	
		石期市土话中河即江

江□头	ka^{33}y^{54}.lau	河里	
渠道	dʑʻy^{13}dau$^{35-21}$	水渠	
□	tsoŋ^{35}	小水沟	
湖	vu^{13}		
潭	dan^{13}		
塘	lu^{35}	水池	
水塘古	ɕy^{54}lu^{35}.ku	水坑	
海	xai^{54}		
堤	ti^{33}		
	沿河或沿海防水的		
	建筑物		
坝	po^{35}		
	河中拦水的建筑物		
洲子	tɕiəu^{33}.tsɿ		
	水中陆地		
滩	tʻa^{33}	河滩	
水	ɕy^{54}		
清水	tɕʻio^{33}ɕy^{54}		
杂水	za^{13}ɕy^{54}	浑水	
雨水	y^{54}ɕy^{54}		
洪水	yoŋ^{13}ɕy^{54}		
发大水	fa^{33}ya^{24}ɕy^{54}		
洪峰	yoŋ^{13}foŋ$^{33-21}$		
	涨达最高水位的洪水		
冷水	luo^{54}ɕy^{54}	凉水	
井水	tɕio^{54}ɕy^{54}	泉水	
热水	nai^{33}ɕy^{54}	热水	
温热水	uən^{33}nai^{33}ɕy^{54}	温水	
开水	kʻuei^{33}ɕy^{54}	煮沸的水	

4. 石沙、土块、矿物

石头古	ʑio^{24}.la.ku	石头	
大石头古	ya^{24}ʑio^{24}.la.ku		
	大石块		
细石头古	sai^{35}ʑio^{24}.la.ku		
	小石块		
石板	ʑio^{24}pa^{54}		
	板状的石块		
马头古	mo^{54}.la.ku		
	鹅卵石		
沙子	suo^{33}.tsɿ		
沙土	suo^{33}tʻəu^{54}		
	含沙很多的土		
沙滩	sa^{33}tʻan^{33}		
土坯	tʻəu^{54}pʻei^{33}		
土砖	tʻəu^{54}tɕye^{33}		
砖坯子	tɕye^{33}pʻei^{33}.tsɿ		
砖	tɕye^{33}		
砖头古	tɕye^{33}.la.ku		
赤砖	tɕʻio^{22}tɕye^{33}		
	赤砖头古		
	tɕʻio^{22}tɕye^{33}.la.ku		
瓦	ue^{54}		
明瓦	min^{13}ue^{54}		
灰尘	fei^{33}dʑin$^{13-21}$		
泥巴	nai^{35}po$^{33-54}$		
烂泥巴巴	la^{33}nai^{35}po$^{33-54}$.po		
	淤泥		
干泥巴巴	kue^{33}nai^{35}po$^{33-54}$.po		
	干的泥土		
泥土	nai^{35}tʻəu^{54}	干的	
金	tɕin^{33}		
银	in^{13}		
铜	lan^{35}		

铁	t'ai²²
锡	ɕio²²
煤	mei¹³
煤油	mei¹³iəu³⁵⁻²¹
汽油	tɕ'i³⁵iəu³⁵⁻²¹
石灰	ʑio²⁴fei³³⁻⁵⁴
水泥	suei⁵⁴ni¹³⁻²¹
磁铁	zɿ¹³t'ai²²⁻²¹
玉	y³⁵
木炭	mu³³t'a³⁵⁻²¹

5. 城乡处所

| 垱吔 | du³⁵.ta　　地方 |
| 城市 | dʑin¹³zɿ³⁵⁻²¹ |

对乡村而言

城墙	dʑin¹³dʑian¹³
壕沟	ɣau¹³kəu³³
城内	dʑin¹³luei³⁵
城外	dʑin¹³uai³⁵
城门	dʑin¹³man³⁵
巷子	ɣan³⁵.tsɿ　　胡同
乡里	ɕio³³li⁵⁴ 对城市而言
农村	noŋ¹³ts'ən³³⁻²¹
山沟沟	sa³³kəu³³kəu³³⁻⁵⁴

偏僻的山村

家乡	tɕia³³ɕian³³
赶社	kue⁵⁴ʑio³⁵ （赶）集
街上	tɕia³³io³⁵⁻⁵⁴
路	ləu³³
大路	ɣa²⁴¹əu³³
细路	sai³⁵¹əu³³

（三）时令、时间

1. 季节

春天	ts'oŋ³³t'e³³⁻²¹
夏天	ia³⁵t'e³³⁻²¹
热天	nai³³t'e³³⁻²¹
秋天	tɕiəu³³t'e³³⁻²¹
冬天	toŋ³³t'e³³⁻²¹
立春	li³³tɕ'yn³³
夹春	ka³³ts'oŋ³³
雨水	y⁵⁴ɕy⁵⁴
惊蛰	tɕin³³tɕi³⁵
春分	tɕ'yn³³fən³³
清明	tɕ'io³³mio³⁵⁻⁵⁴
谷雨	ku²²y⁵⁴
立夏	li³³ia³⁵
小满	ɕiau⁵⁴man⁵⁴
芒种	man¹³tsoŋ⁵⁴
夏至	ia³⁵tsɿ³⁵⁻²¹
小暑	ɕiau⁵⁴ɕy⁵⁴
大暑	da³⁵ɕy⁵⁴
立秋	li³³tɕ'iəu³³
处暑	tɕ'y⁵⁴ɕy⁵⁴
白露	be¹³lu³⁵
秋分	tɕ'iəu³³fən³³
寒露	ɣan¹³lu³⁵
霜降	suan³³tɕian³⁵
立冬	li³³toŋ³³
小雪	ɕiau⁵⁴ɕye²²
大雪	da³⁵ɕye²²
冬至	toŋ³³tsɿ³⁵⁻²¹
小寒	ɕiau⁵⁴ɣan¹³

大寒	da³⁵ɣan¹³		年初	ne³⁵tsʻəu³³	
历书	li³³ɕy³³		年头	ne³⁵lau³⁵	
农历	noŋ¹³li³³⁻²¹	阴历	年中	ne³⁵tsoŋ³³	
阳历	ian¹³li³³⁻²¹	公历	年底	ne³⁵tai⁵⁴	
			年尾	ne³⁵uei⁵⁴	

2. 节日

年尾 对应后...

		头半年	lau³⁵pe³⁵ne³⁵⁻²¹	
除夕	dʐy¹³ɕi³³⁻²¹	上半年		
（大）年初一		下半年	ɣuo³⁵pe³⁵ne³⁵⁻²¹	
	（ɣa²⁴)ne³⁵tsʻəu³³i³³	一年	i³³ne³⁵	整年
拜年	pia³⁵ne³⁵			
元宵节	yan¹³ɕiau³³⁻²¹tɕie³³⁻²¹	**4. 月**		
端午日	tue³³·u⁵⁴ni³³	正月	tɕio³³ye³³⁻⁵⁴	
中秋节	tsoŋ³³tɕʻiəu³³⁻²¹	腊月	la³³ye³³	
	tɕie³³⁻²¹	闰月	ʐyn³⁵ye³³	
七夕	tɕʻi²²ɕi³³	月初	ye³³tsʻəu³³	
中元节	tsoŋ³³yan¹³⁻²¹	月头	ye³³lau³⁵	
	tɕie³³⁻²¹	月半	ye³³pe³⁵	
重阳节	dzoŋ¹³ian¹³⁻²¹	月底	ye³³tai⁵⁴	
	tɕie³³⁻²¹	一个月	i³³ku³⁵⁻²¹ye³³	
寒食节	yan¹³ɕi³³⁻²¹tɕie³³⁻²¹	前（头）个月		
	清明前一天		dʑian¹³（lau³⁵).ku ye³³	
		上个月	ʑian³⁵.ku ye³³⁻²¹	
		伊个月	ai³³.ku ye³³⁻²¹	这个月
3. 年		下个月	ɣuo³⁵.ku ye³³⁻²¹	
今年	tɕin³³ne³⁵⁻⁵⁴	每月	mei⁵⁴ye³³	
□年	kuo²²ne³⁵⁻⁵⁴	去年	上旬	ʑian³⁵ʐyn¹³
明年	mio³⁵ne³⁵⁻⁵⁴	中旬	tsoŋ³³ʐyn¹³	
前年	ze³⁵ne³⁵⁻⁵⁴	下旬	ia³⁵ʐyn¹³	
大前年	ɣa²⁴ze³⁵ne³⁵⁻⁵⁴	大月	ɣa²⁴ye³³	
往年	uan⁵⁴nian¹³	大建（农历三十天		
后年	ɣau³⁵ne³⁵⁻⁵⁴	的月份）		
大后年	ɣa²⁴ɣau³⁵ne³⁵⁻⁵⁴			
每年	mei⁵⁴ne³⁵	细月	sai³⁵ye³³	

小建（农历二十九
天的月份）

5. 日、时

今□日 tɕin³³man⁵⁴ni³³ 今天
昨□日 zo¹³man⁵⁴ni³³ 昨天
□□日 n³⁵ka⁵⁴ni³³ 明天
后日巴 ɣau³⁵ni³³⁻⁵⁴.po 后天
大后日巴 ɣa²⁴ɣau³⁵ni³³⁻⁵⁴.po
前日巴 ze³⁵ni³³⁻⁵⁴.po 前天
大前日巴 ɣa²⁴ze³⁵ni³³⁻⁵⁴.po
前几日 ze³⁵tɕi⁵⁴ni³³
礼拜日 li⁵⁴pai³⁵⁻²¹ni³³ 星期天
一个礼拜 i³³ku³⁵⁻²¹li⁵⁴pai³⁵⁻²¹ 一星期
一日 i³³ni³³ 整天
每日 mei⁵⁴ni³³
十几日 zɹ¹³tɕi⁵⁴ni³³
上□日 ʑio²⁴man⁵⁴ni³³
下□日 ɣuo³⁵man⁵⁴ni³³
半日 pe³⁵ni³³
大半日 ɣa²⁴pe³⁵⁻²¹ni³³
清早 tɕʻin³³tsei⁵⁴ 日出前后的一段时间
□日 e³⁵ni³³⁻⁵⁴ 早上
中午 tsoŋ³³u⁵⁴
白日正咘 bo²⁴ni³³⁻⁵⁴tɕio³³.ta
午后 u⁵⁴ɣəu³⁵
白日 bo²⁴ni³³⁻⁵⁴ 白天
黄昏 uan¹³fen³³
黑边咘 xau²²pie³³⁻²¹.ta

黑日 xau²²ni³³⁻⁵⁴ 夜晚
半夜 pe³⁵io³³
头半夜 lau³⁵pe³⁵⁻²¹io³³ 上半夜
后半夜 ɣau³⁵pe³⁵⁻²¹io³³ 下半夜
一夜 i³³io³³ 整夜
每日黑日 mei⁵⁴ni³³xau²²ni³³⁻⁵⁴ 每天晚上

6.其他时间概念

年份 ne³⁵ban¹³⁻²¹
月份 ye³³fən³⁵⁻²¹
日子 ni³³.tsɹ 日期
哪咖时候 ni⁵⁴.ka sɹ¹³ɣəu¹³⁻²¹
先头 se³³lau³⁵ 先前
后头 ɣau²⁴.dau 后来
现在 ɕian³⁵zai³⁵
□□ ne³⁵tɕi⁵⁴ 现在

（四）农业

1. 农事

春耕 tɕʻyn³³kən³³
夏收 ia³⁵ɕiəu³³
秋收 tɕʻiəu³³ɕiəu³³
整地 tɕio⁵⁴dʑi²⁴
下种 ɣuo³⁵tɕin⁵⁴
莳田 zɹ¹³le³⁵ 插秧
薅田 xau³³le³⁵ 给水稻的植株松土 除草

禾线	u³⁵ɕie³⁵⁻⁵⁴	稻穗
割禾	kua²²u³⁵	割稻子
割麦哆	kua²²mo³³.ta	
挖土	ua²²təu⁵⁴	
锄地	zəu³⁵dʑi²⁴	
松土	soŋ³³təu⁵⁴	
施肥	sɿ³³bei¹³	
浇□	tɕie³³y³³	浇粪
拈□	ne³³y³³	拾粪
出牛栏	tɕʻy²²gau³⁵la³⁵⁻⁵⁴ 清理牛圈里牛粪	
牛屎	gau³⁵sɿ⁵⁴	
狗屎	kau⁵⁴sɿ⁵⁴	
鸡屎	tɕi³³sɿ⁵⁴	
猪屎	tiəu³³sɿ⁵⁴	
化肥	fa³⁵bei¹³	
浇水	tɕie³³ɕy⁵⁴	
灌水	kue³⁵ɕy⁵⁴	
排水	bai¹³ɕy⁵⁴	
打水	ta⁵⁴ɕy⁵⁴ 从井里或河里取水	
井眼	tɕio⁵⁴ga²⁴⁻²¹ 水井	

2. 农具

水桶	ɕy⁵⁴tʻan⁵⁴
索哆	su²².ta
水车	ɕy⁵⁴tɕʻio³³⁻²¹
土车子	tʻəu⁵⁴tɕʻio³³.tsɿ 农村用的独轮手推车
车滚子	tɕʻio³³koŋ⁵⁴.tsɿ 车轮子
大车	ɣa²⁴tɕʻio³³

牛轭	gau³⁵ua⁵⁴ 套在牛脖子用劲
牛笼古	gau³⁵loŋ³⁵.ku 牛笼嘴
鼻孔栓哆	bi²⁴xan³³⁻⁵⁴sua³³.ta 穿在牛鼻子里的木棍儿或铁环
犁	lai³⁵
犁身	lai³⁵ɕin³³
犁把	lai³⁵po³⁵
耙	bo³⁵ 耙子
风车	fan³³tɕʻio³³⁻²¹ 扇车(使米粒跟谷壳分离的农具)
石磙子	ʑio²⁴koŋ⁵⁴.tsɿ (圆柱形,用来轧谷物,平场地)
擂子	luei³⁵.tsɿ 脱去稻谷外皮的农具
磨	mu³⁵ 石磨
磨盘	mu³⁵ban¹³
磨把把	mu³⁵po³⁵po³⁵⁻⁵⁴ 磨把儿
磨心	mu³⁵ɕin³³ 磨脐儿(磨扇中心的铁轴)
筛哆	ɕia³³.ta 筛子
圈筛	lue³⁵ɕia³³⁻²¹ 罗(筛粉末状细物用的器具)
碓	tui³⁵
挂扳	kuo³⁵pan³³⁻²¹ 钉耙
镐	kau⁵⁴

锄头　　　zəu³⁵.lau

铡刀　　　tsa²²tei³³

割禾刀吖　kua²²u³⁵tei³³.ta
　　　　　　　　　　　镰刀

柴刀　　　ʑia³⁵tei³³

砍刀（用来劈开或剁
断木柴的刀）

□　　　　tse³³　　　　木锨

铲吖　　　ts'a⁵⁴.ta
　　　　　　铁锨（口是平的）

簸箕　　　pu³⁵tɕie³³⁻⁵⁴
　　　　　　　　盛粮食用

撮箕　　　ts'u²²tɕie³³⁻²¹
　　　　　　　　撮垃圾用

□□　　　ei³³tsei³³⁻⁵⁴　垃圾

□　　　　kau³³
用竹子编的底方上
圆的器具

箩　　　　lu³⁵

担杆　　　tuo³⁵kue⁵⁴　　扁担

挑担子　　die¹³tuo³⁵.tsɿ

扫梗　　　suei³⁵kuo⁵⁴　　扫帚

竹扫梗　　tiəu²²suei³⁵kuo⁵⁴

高粱扫梗　kau³³lian¹³⁻⁵⁴suei³⁵
kuo⁵⁴
（用高粱穗等绑成，
扫地用）

（五）植物

1. 农作物

庄稼　　　tsuan³³tɕia³⁵⁻²¹

粮食　　　lian¹³ɕi³³⁻²¹

五谷　　　u⁵⁴ku²²

麦吖　　　mo³³.ta

荞麦　　　dʑie³⁵mo³³⁻⁵⁴

麦子莵莵　mo³³.ta tau³³tau³³⁻⁵⁴
　　　　　　　　　　　麦茬儿

粟米　　　ɕiəu²²mie⁵⁴　小米

苞谷　　　pau³³ku²²⁻²¹　玉米

高粱　　　kau³³lian¹³⁻⁵⁴

禾　　　　u³⁵　　　谷的植株

谷　　　　ku²²　　　指子实

早稻　　　tsau⁵⁴dau³⁵⁻²¹

晚稻　　　uan⁵⁴dau³⁵⁻²¹

秕子　　　bia²⁴.tsɿ

瘪谷　　　pie²²ku²²　　秕子

米　　　　mie⁵⁴

糯米　　　noŋ³³mie⁵⁴

饭米　　　va²⁴mie⁵⁴
　　　　　　　相对糯米而言

早稻米　　tsau⁵⁴dau³⁵⁻²¹mie⁵⁴

晚稻米　　uan⁵⁴dau³⁵⁻²¹mie⁵⁴

糙米　　　ts'au³⁵mie⁵⁴
　　　　　　未舂碾过的米

白米　　　bo²⁴mie⁵⁴
　　　　　　经过舂碾的米

棉花　　　mie³⁵xuo³³⁻⁵⁴

棉花球吖　mie³⁵xuo³³⁻⁵⁴dʑiəu³⁵.ta
　　　　　　　　　　　棉花桃儿

苎麻　　　dʑiəu³⁵ mo³⁵⁻⁵⁴

麻吖　　　mo³⁵.ta脂麻（芝麻）

向阳红　　ɕian³⁵ian¹³⁻²¹ɣoŋ¹³
　　　　　　　　　　　向日葵

葵花子	guei¹³xuo³³.tsๅ		菜瓜	ts'ai³⁵kuo³³⁻⁵⁴
瓜子咧	kuo³³tsๅ⁵⁴.ta		丝瓜	sๅ³³kuo³³⁻⁵⁴
	葵花子儿		苦瓜	k'u⁵⁴kuo³³⁻⁵⁴
西瓜子咧	sai³³kuo³³⁻⁵⁴tsๅ⁵⁴.ta		南瓜	nuo³⁵kuo³³⁻²¹
薯	ʑiəu³⁵		冬瓜	tan³³kuo³³⁻²¹
红薯	ɣoŋ¹³ʑy¹³⁻²¹　白薯		葫芦瓜	vu¹³lu¹³⁻⁵⁴kuo³³⁻²¹
马铃薯	ma⁵⁴lin¹³⁻²¹ʑy¹³⁻²¹		水瓜	çy⁵⁴kuo³³⁻²¹　瓠瓜
凉薯	lian¹³ʑy¹³⁻²¹		白瓜	bo²⁴kuo³³⁻²¹
脚板薯	tçi²²pa⁵⁴ʑiəu³⁵		葱	ts'oŋ³³
芋头	vu²⁴.lau		火葱	fu⁵⁴ts'oŋ³³⁻²¹
香芋	çian³³y³⁵⁻²¹		四季葱	sๅ³⁵tçi³⁵⁻²¹ts'oŋ³³⁻²¹
□慈	ma³⁵zๅ¹³⁻²¹　荸荠		香葱	çian³³ts'oŋ³³⁻²¹
淮山	uai¹³san³³⁻²¹　山药		水葱	çy⁵⁴ts'oŋ³³⁻²¹
藕	ŋəu⁵⁴		洋葱	ian¹³ts'oŋ³³
莲子	lian¹³.tsๅ 莲蓬的子		葱□叶	ts'oŋ³³mi³³ie³³⁻⁵⁴
			葱白	ts'oŋ³³bo²⁴

2. 豆类、菜蔬

豆咧	lau²⁴.ta　豆子		大蒜	ɣa¹³sue³⁵⁻²¹
黄豆咧	u³⁵lau²⁴.ta		蒜头	sue³⁵lau³⁵
绿豆咧	liəu³³lau²⁴.ta			蒜的鳞茎，由蒜瓣
黑豆咧	xau²²lau²⁴.ta			构成
赤豆咧	tç'io²²lau²⁴.ta		蒜苗	sue³⁵miau¹³
	红豆子			（蒜的花茎）
饭豆咧	va²⁴lau²⁴.ta		青蒜	tç'io³³sue³⁵
豌豆	uan³³dəu³⁵⁻²¹			（嫩的蒜梗和蒜叶）
豆豇	lau²⁴kan⁵⁴　长豆角		蒜泥	sue³⁵ni¹³
扁豆	pian⁵⁴dəu³⁵⁻²¹		韭菜	tçiəu⁵⁴ts'ai³⁵⁻²¹
蚕豆	zan¹³dəu³⁵⁻²¹		韭黄	tçiəu⁵⁴uan¹³
刀把豆	tau³³pa⁵⁴dəu³⁵⁻²¹		苋菜	ɣa²⁴ts'ai³⁵⁻²¹
滚豆	kuən⁵⁴dəu³⁵⁻²¹　川豆		西红柿	çi³³ɣoŋ¹³⁻²¹zๅ³⁵
茄咧	dʑio³⁵.ta　茄子		生姜	suo³³tçio³³⁻⁵⁴　姜
			子姜	tsๅ⁵⁴tçian³³⁻²¹
黄瓜	u³⁵kuo³³⁻⁵⁴		柿咧	zๅ³⁵.ta　柿子

辣椒	lia³³tɕie³³⁻⁵⁴	茭瓜	tɕiau³⁵kua³³⁻²¹ 茭白
青辣椒	tɕʻio³³lia³³tɕie³³⁻⁵⁴	油菜	iəu³⁵tsʻai³⁵⁻²¹
赤辣椒	tɕʻio²²lia³³tɕie³³⁻⁵⁴		（做蔬菜用）
	红辣椒	油菜苔	iəu³⁵tsʻai³⁵⁻²¹dai¹³
朝天子	dʑiau¹³tʻian³³⁻²¹.tsʅ	油菜子	iəu³⁵tsʻai³⁵⁻²¹tsʅ⁵⁴
	辣椒的一种，小，		（榨油用）
	尖向上	空心菜	kʻoŋ³³ɕin³³⁻²¹tsʻai³⁵⁻²¹
肉辣椒	niəu³³lia³³tɕie³³⁻⁵⁴		蕹菜
芥菜	tɕia³⁵tsʻai³⁵⁻²¹	荠菜	tse⁵⁴tsʻai³⁵⁻²¹
胡椒	vu¹³tɕiau³³⁻²¹	花菜	xuo³³ tsʻai³⁵⁻²¹
菠菜	po³³tsʻai³⁵⁻²¹	雪里蕻	ɕye²²li⁵⁴ɣoŋ¹³
白菜	bo²⁴tsʻai³⁵⁻²¹	薤头	dʑie³⁵.lau
包菜	pau³³tsʻai³⁵⁻²¹	厚菜	ɣai²⁴tsʻai³⁵⁻²¹
	叶子卷成球状的	木耳菜	mu²²e⁵⁴tsʻai³⁵⁻²¹
细白菜	sai³⁵bo²⁴tsʻai³⁵⁻²¹	菜苔	tsʻai³⁵dai¹³
	小白菜	菜薹薹	tsʻai³⁵tau³³tau³³⁻⁵⁴
莴笋	uo³³sən⁵⁴		
莴笋脑壳	uo³³sən⁵⁴nei⁵⁴.xa		3. 树木
	（指茎部）	树	ʑiəu²⁴
莴笋□叶	uo³³sən⁵⁴mi³³ie³³⁻⁵⁴	树林	ʑy³⁵lin¹³
生菜	sən³³tsʻai³⁵⁻²¹	树苗吶	ʑiəu²⁴mie³⁵ .ta
芹菜	dʑin¹³tsʻai³⁵⁻²¹	树干	ʑy³⁵kan³³
芫荽	yan¹³ɕy³³⁻²¹　香菜	树正身	ʑiəu²⁴tɕio³⁵ɕin³³
娃娃菜	ua¹³ua¹³⁻⁵⁴tsʻai³⁵⁻²¹	树身子	ʑiəu²⁴ɕin³³.tsʅ
萝卜	lu³⁵.pi	树尾巴	ʑiəu²⁴mi⁵⁴.po　树梢
萝卜空心	lu³⁵.pi kʻoŋ³³ɕin³³	树根	ʑiəu²⁴kan³³
	萝卜糠了	树□叶	ʑiəu²⁴mi³³ie³³⁻⁵⁴
萝卜缨子	lu³⁵.pi in³³.tsʅ	树卡枝	ʑiəu²⁴ka⁵⁴tɕi³³⁻²¹
萝卜干	lu³⁵.pi kan³³		树枝
红萝卜	ɣoŋ¹³luo¹³.pu	栽树	tsai³³ʑiəu²⁴ 种树（动宾）
芥蓝头	kai³⁵lan¹³⁻²¹dəu¹³	剁树	tu³⁵ʑiəu²⁴
	苤蓝		砍树（动宾）

松树　　　　zoŋ³⁵ʑiəu²⁴⁻²¹

松树须　　　zoŋ³⁵ʑiəu²⁴ɕy³³ 松针

松树球球　　zoŋ³⁵ʑiəu²⁴dʑiəu¹³

　　　　　　dʑiəu¹³⁻⁵⁴

松香　　　　soŋ³³ɕian³³

杉树　　　　suo³³ʑiəu²⁴⁻²¹

杉树刺　　　suo³³ʑiəu²⁴⁻²¹tsʅ³⁵

　　　　杉针

杉条　　　　suo³³diau¹³　　杉篙

桑叶树　　　suo³³ie³³⁻²¹ʑiəu²⁴

桑叶□咓　　suo³³ie³³⁻²¹pʻu³³.ta

　　　　桑葚儿

桑叶　　　　suo³³ie³³⁻²¹

杨树　　　　ian¹³ʑiəu²⁴⁻²¹

柳树　　　　liəu⁵⁴ʑiəu²⁴⁻²¹

荆条　　　　tɕin³³diau¹³

桐子树　　　lan³⁵.tsʅ ʑiəu²⁴

　　　　桐油树

桐子　　　　lan³⁵.tsʅ

桐油　　　　lan³⁵iəu³⁵⁻²¹

苦楝子树　　kʻu⁵⁴lian³⁵.tsʅʑiəu²⁴⁻²¹

茶子树　　　zuo³⁵.tsʅ ʑiəu²⁴⁻²¹

竹咓　　　　tiəu²².ta

笋咓　　　　sən⁵⁴.ta

冬笋　　　　toŋ³³sən⁵⁴

春笋　　　　tsʻoŋ³³sən⁵⁴

笋壳咓　　　sən⁵⁴xa²².ta　　笋壳

竹竿　　　　tiəu²²kue⁵⁴

竹咓□叶　　tiəu²².ta mi³³ie³³⁻⁵⁴

　　　　竹叶子

篾　　　　　mie³³

　　　　竹子劈成的薄片

篾片　　　　mie³³pʻian³⁵⁻²¹

篾丝　　　　mie³³sʅ³³⁻²¹

白篾　　　　bo²⁴mie³³⁻²¹　　篾黄

青篾　　　　tɕʻio³³mie³³⁻²¹　　篾青

4. 瓜果

水果　　　　ɕy⁵⁴kuo⁵⁴

桃咓　　　　li³⁵.ta桃子

杏子　　　　ʑin³⁵.tsʅ

李咓　　　　li⁵⁴.ta李子

苹果　　　　bin¹³kuo⁵⁴

枣子　　　　tsau⁵⁴.tsʅ　　枣儿

梨　　　　　li¹³.tsʅ

枇杷　　　　bi¹³.pa

柿咓　　　　zʅ³⁵.ta柿子

柿饼　　　　zʅ³⁵pio⁵⁴

石榴　　　　ɕi¹³liəu¹³⁻²¹

柚子　　　　iəu³⁵.tsʅ

柑子　　　　kan³³.tsʅ

蜜橘　　　　mie³³tɕy³³⁻²¹

金橘子　　　tɕin³³tɕy³³.tsʅ

广柑　　　　kuan⁵⁴kan³³⁻²¹

橙子　　　　zən¹³.tsʅ

甜橙　　　　dian¹³zən13

木瓜　　　　mu³³kua³³

桂圆　　　　kuei³⁵yan¹³⁻²¹　　龙眼

桂圆肉　　　kuei³⁵yan¹³⁻²¹niəu³³

荔枝　　　　li³⁵tɕi³³⁻²¹

芒果　　　　man¹³kuo⁵⁴

菠萝　　　　po³³luo¹³⁻²¹

橄榄　　　　kan⁵⁴lan⁵⁴

银杏　　　　in¹³ʑin³⁵

板栗	pan⁵⁴li³⁵⁻²¹	栗子
毛栗吶	mei³⁵li³⁵⁻²¹.ta	
核桃	ɣe¹³dau¹³⁻²¹	
西瓜	sai³³kuo³³⁻⁵⁴	
瓜子吶	kuo³³tsɿ⁵⁴.ta	
香瓜	ɕian³³kuo³³⁻²¹	
酱瓜	tɕian³⁵kuo³³⁻⁵⁴	
甜瓜	le³⁵kuo³³	
甘蔗	kan³³tɕie³⁵⁻⁵⁴	
落花生	luo³³fa³³⁻⁵⁴sən³³⁻²¹	

落花生崽崽
  luo³³fa³³⁻⁵⁴sən³³⁻²¹tsai⁵⁴.tsai

落花生肉吶
  luo³³fa³³⁻⁵⁴sən³³⁻²¹niəu³³.ta
                 花生米

落花生皮皮
  luo³³fa³³⁻⁵⁴sən³³⁻²¹bi³⁵bi³⁵
       花生米外面的红皮

落花生壳吶
  luo³³fa³³⁻⁵⁴sən³³⁻²¹xa²².ta

5. 花草、菌类

桂花	kuei³⁵xuo³³
菊花	tɕy³³xuo³³
梅花	mei¹³xuo³³
荷花	ɣuo¹³xuᵃ³³
荷叶	ɣuo¹³ie³³
莲蓬	lian¹³boŋ¹³
水仙（花）	suei⁵⁴ɕian³³（xua³³）
茉莉花	me³³li³⁵⁻²¹xua³³
含羞草	ɣan¹³ɕiəu³³ts'au⁵⁴
喇叭花	la⁵⁴pa³³⁻²¹xuo³³

		牵牛花
杜鹃花	du³⁵tɕyan³³⁻²¹xua³³	
芙蓉花	vu¹³ioŋ¹³⁻²¹xua³³	
		木芙蓉
万年青	uan³⁵nian¹³tɕ'in³³	
仙人掌	ɕian³³zin¹³tɕian⁵⁴	
花苞苞	xuo³³pau³³.pau	

       花蕾（没有开放的花）

花瓣	xua³³ban³⁵	
花芯	xuo³³ɕin³³	花蕊
芦苇	lu¹³uei⁵⁴	
香菇	ɕian³³ku³³	
菌	dʑioŋ³⁵	蘑菇
冬菇	toŋ³³ku³³	
青苔	tɕ'io³³dai¹³	

（六）动物

1. 牲畜

畜生	ts'əu²²suo³³⁻⁵⁴	牲口
公马	koŋ³³mo⁵⁴	
母马	mu⁵⁴mo⁵⁴	
牛公	gau³⁵koŋ³³	公牛
牛婆	gau³⁵u³⁵	母牛
黄牛	u³⁵gau³⁵⁻²¹	
水牛	ɕy⁵⁴gau³⁵⁻²¹	
牛崽崽	gau³⁵tsai⁵⁴.tsai	
		牛犊
驴子	ly¹³.tsɿ	
公驴	koŋ³³ly¹³	
母驴	mu⁵⁴ly¹³	
骡子	luo¹³.tsɿ	

骆驼　　luo¹³duo¹³⁻²¹

羊咓　　io³⁵.ta

羊牯子　io³⁵ ku³³⁻⁵⁴.tsʅ

羊婆　　io³⁵u³⁵

绵羊　　mian¹³ian¹³

山羊　　san³³ian¹³

羊崽崽　io³⁵tsai⁵⁴.tsai
　　　　　　　　羊羔

狗　　　kau⁵⁴

狗公　　kau⁵⁴koŋ³³　　公狗

狗婆　　kau⁵⁴u³⁵　　　母狗

狗崽崽　kau⁵⁴tsai⁵⁴.tsai
　　　　　　　　小狗

哈巴狗　xa³³.pa kau⁵⁴

猫□　　ma³⁵niəu⁵⁴　　猫

公猫□　koŋ³³ma³⁵niəu⁵⁴

猫□婆子 ma³⁵niəu⁵⁴u³⁵.tsʅ

猪　　　tiəu³³

豮猪　　ban³⁵tiəu³³　　公猪

脚猪公　tɕi²²tiəu³³koŋ³³⁻²¹
　　　　　　　　种猪

猪婆　　tiəu³³u³⁵　　　母猪

猪崽崽　tiəu³³tsai⁵⁴.tsai

草猪　　tsʻei⁵⁴tiəu³³⁻²¹

兔咓　　təu³⁵.ta　　　兔子

鸡　　　tɕi³³

鸡公　　tɕi³³koŋ³³
　　　　成年的打鸣的叫鸡

叫鸡公　tɕie³⁵tɕi³³⁻²¹koŋ³³
　　　　　　　　公鸡

阉鸡　　ian³³tɕi³³⁻²¹
　　　　　　阉过的公鸡

鸡婆　　tɕi³³u³⁵ 母鸡

菢崽崽鸡
　　　　bei²⁴tsai⁵⁴.tsai tɕi³³⁻²¹
　　　　　正在孵蛋的母鸡

鸡□　　tɕi³³tsa³⁵
　　　　　未成年的小母鸡

鸡崽崽　tɕi³³tsai⁵⁴.tsai
　　　　　　　　小鸡儿

鸡□□　tɕi³³pa²²pa²²　鸡蛋

生□□　suo³³pa²²pa²²　下蛋

黄咓　　u³⁵.ta　　　蛋黄

白咓　　bo²⁴.ta　　　蛋白

菢　　　bei²⁴

鸡冠子　tɕi³³kuan³³.tsʅ
　　　　　　　　鸡冠

鸡爪子　tɕi³³tsau⁵⁴.tsʅ

鸭咓　　uo²².ta 鸭

鸭公　　uo²²koŋ³³　　公鸭

鸭婆　　uo²²u³⁵　　　母鸭

鸭崽崽　uo²²tsai⁵⁴.tsai
　　　　　　　　小鸭子

鸭咓□□ uo²².ta pa²²pa²²
　　　　　　　　鸭蛋

鹅　　　gu³⁵

鹅崽崽　gu³⁵tsai⁵⁴.tsai
　　　　　　　　小鹅儿

2. 鸟、兽

野兽　　ie⁵⁴ɕiəu³⁵

狮子　　sʅ³³.tsʅ

老虎　　lei⁵⁴.fu

母老虎　mu⁵⁴lei⁵⁴.fu

猴子　　ɣəu¹³.tsʅ

熊　　　ioŋ³⁵

豹哟　　pa³⁵.ta

豺狗　　ʑia³⁵kau⁵⁴　　豺狼

狐狸　　vu¹³li⁵⁴

黄鼠狼　uan¹³ɕy⁵⁴lan¹³

老鼠　　lei⁵⁴ɕiəu⁵⁴⁻²¹

蛇　　　ʑio³⁵

狗毛蛇哟 kau⁵⁴mei³⁵⁻⁵⁴ʑio³⁵.ta
　　　　　　　　　　蜥蜴

鸟哟　　tie⁵⁴.ta　　鸟儿

老鸦　　lei⁵⁴uo²²　　乌鸦

喜鹊　　ɕi⁵⁴tɕʻio²²

麻丝鸟哟 ma³⁵sʅ³³tie⁵⁴.ta
　　　　　　　　　　麻雀

燕子　　ian³⁵.tsʅ

大鸟　　ɣa²⁴tie⁵⁴　　大雁

斑鸡鸟哟 pan³³tɕi³³tie⁵⁴.ta
　　　　　　　　　　斑鸠

鸽哟　　ku²².ta　　鸽子

鹌鹑　　ŋan³³dʑyn¹³

鹧鸪　　tɕie³⁵ku³³

布谷鸟哟 pu³⁵ku²²⁻²¹tie⁵⁴.ta

啄木鸟　tsuo²²mu³³⁻²¹niau⁵⁴

猫□鸟哟 ma³⁵niəu⁵⁴tie⁵⁴.ta
　　　　　　　　　　猫头鹰

鹦鹉　　in³³u⁵⁴

八鸽鸟哟 pia²²ku²²⁻⁵⁴tie⁵⁴.ta
　　　　　　　　　　八哥儿

鹤　　　xuo²²

山鹰　　sa³³ie³³⁻⁵⁴　　老鹰

野鸡　　io⁵⁴tɕi³³

野鸭哟　io⁵⁴uo²².ta　　野鸭

鸬鹚　　ləu³⁵zʅ¹³⁻²¹

鹭鸶　　lu³⁵sʅ³³

檐老鼠　ie³⁵lei⁵⁴ɕiəu⁵⁴
　　　　　　　　　　蝙蝠

翅杆　　tsʅ³⁵kue⁵⁴　　翅膀

嘴　　　tɕiəu³⁵　　鸟类之嘴

鸟哟窠　tie⁵⁴.ta fu³³　　鸟窝

3. 虫类

蚕　　　zan¹³

蚕蛹　　zan¹³ioŋ⁵⁴

蚕茧　　zan¹³tɕian⁵⁴

蚕屎　　zan¹³sʅ⁵⁴
　　　　　　蚕沙（家蚕的屎）

□丝　　pu³³sʅ³³⁻²¹　　蜘蛛

蚂蚁子　mie⁵⁴i⁵⁴⁻²¹.tsʅ　蚂蚁

土鳖　　tʻəu⁵⁴pie²²　　可入药

虫线　　dʑin³⁵ɕie³⁵⁻⁵⁴　蚯蚓

蜗牛　　uo³³niəu¹³

屎壳郎　sʅ⁵⁴kʻuo³³lan¹³⁻²　蜣螂

蜈蚣叉　u³⁵koŋ³³⁻⁵⁴tsʻuo³³

蝎子　　ɕie²².tsʅ

瘪壳蛇哟 pie²²xa²²⁻²¹ʑio³⁵.ta
　　　　　　　　　　壁虎

虫哟　　dʑin³⁵.ta

毛古虫哟 mei³⁵ku⁵⁴dʑin³⁵.ta
　　　　　　　　　　毛虫

米虫哟　mie⁵⁴dʑin³⁵.ta
　　　　　肉虫（米里的米色虫）

蚜虫　　ia¹³zoŋ¹³

蚊子　　man³⁵.tsʅ

苍蝇和蚊子的总称

绿蚊子	liəu³³man³⁵.tsŋ	
饭蚊子	va¹³man³⁵.tsŋ	
夜蚊子	io³³man³⁵.tsŋ	
沙虫咿	suo³³dʑin³⁵.ta	子孓
虱	sai²²	虱子
臭虫咿	tɕʻiəu³⁵dʑin³⁵.ta	
狗虱	kau⁵⁴sai²²	跳蚤
牛蚊子	gau³⁵man³⁵.tsŋ	牛虻
兔狗咿	tʻəu³⁵kau⁵⁴.ta	蝼蛄
馊狗婆	sau³³kau⁵⁴u³⁵⁻²¹	蟑螂
走蚂	tsau⁵⁴mo⁵⁴	蝗虫
螳螂	dan¹³lan¹³⁻²¹	
叫丝虫咿	tɕie³⁵sŋ³³dʑin³⁵.ta	
		蝉
蜜蜂咿	mie³³fan³³.ta	
鬼头蜂	tɕy⁵⁴.lau fan³³	马蜂
蜇人	tɕia²²oŋ³⁵	
蜂窝（窠）fan³³uo³³（fu³³）		
蜂蜜	foŋ³³mi³³	
打屁虫咿	ta⁵⁴pʻi³⁵⁻²¹dʑin³⁵.ta	
		臭大姐
飞狗咿	pʻi³³kau⁵⁴.ta	灯蛾
蝴蝶	vu¹³die¹³⁻²¹	
洋咪咪	ian¹³mi³³.mi	蜻蜓
呦呦咿	nu³⁵nu³⁵.ta	

4. 鱼虾类

鱼咿	gei³⁵.ta	鱼儿
鲤鱼	li⁵⁴gei³⁵⁻²¹	
鲫鱼咿	tsai²²gei³⁵⁻²¹.ta	
鳊鱼	pie⁵⁴gei³⁵⁻²¹	

草鱼	tsʻei⁵⁴gei³⁵⁻²¹	
黄鱼	uan¹³y¹³⁻²¹	
比目鱼	pi⁵⁴mu³³y¹³⁻²¹	
鳜鱼	kuei³⁵y¹³⁻²¹	
鳗鱼	man³⁵y¹³⁻²¹	
带鱼	dai³⁵y¹³⁻²¹	
鲈鱼	lu¹³y¹³⁻²¹	
鲇鱼	nian¹³y¹³⁻²¹	
白鱼	bo²⁴gei³⁵⁻²¹	
黑鱼	xau²²gei³⁵⁻²¹	
墨鱼	me³³y¹³⁻²¹	
鱿鱼	iəu¹³y¹³⁻²¹	
重鱼	zoŋ³⁵gei³⁵⁻²¹	胖头鱼
金鱼	tɕin³³y¹³⁻²¹	
泥鳅	nai³⁵tɕʻiəu³³⁻⁵⁴	
鳝鱼	zie³⁵gei³⁵⁻²¹	
鱼咿鳞	gei³⁵.ta lin³⁵	鱼鳞
鱼咿刺	gei³⁵.ta tsŋ³⁵	
鱼泡咿	gei³⁵pʻa³³.ta	
		鱼鳔儿
鱼咿腮壳 gei³⁵.ta sai³³.xa		
		鱼腮
鱼子咿	gei³⁵tsŋ⁵⁴.ta	
		鱼子（鱼的卵）
鱼花咿	gei³⁵xuo³³.ta	鱼苗
钓鱼咿	tie³⁵gei³⁵.ta	
钓鱼咿竿子		
	tie³⁵gei³⁵.ta kan⁵⁴.tsŋ	
		钓鱼竿
钓鱼咿钩钩		
	tie³⁵gei³⁵.ta kau³³kau³³⁻⁵⁴	
鱼咿篓篓 gei³⁵.ta lau⁵⁴.lau		

鱼篓

鱼吖网	gei^{35}.ta mu^{54}	
虾公	xuo^{33}koŋ$^{33-54}$	虾
虾仁	ɕia^{22}ʑin^{13}	
（干）虾公	（kue^{33}）xuo^{33}koŋ$^{33-54}$	

（干）虾米

虾公子吖　xuo^{33}koŋ$^{33-54}$tsʅ^{54}.ta

虾子

虾的卵，干制后做

调味品

乌龟	u^{33}kuei$^{33-54}$	龟
王八	uan^{13}pa$^{33-21}$	
团鱼	lue^{35}gei$^{35-21}$	鳖
螃蟹	ban^{13}xa$^{35-54}$	
麻拐	mo^{35}kue^{54}	青蛙
蝌蚪	k‘uo^{33}təu^{54}	
癞皮麻拐	lia^{33}bi$^{35-21}$mo^{35}kue^{54}	

蟾蜍

蚂蟥	mo^{54}.oŋ 水蛭	
螺丝	lu^{35}sʅ$^{33-21}$	
田螺丝	le^{35}lu^{35}sʅ$^{33-21}$	
蚌壳	ban^{35}.xa	蚌

（七）房舍

1. 房子

住房	dʐy^{35}ban$^{13-21}$	住宅
起屋	ɕi^{54}u^{22}	造（房子）
屋	u^{22}	（整座）房子
院子	yue^{33}.tsʅ	
院墙	yue^{35}dʑian^{13}	
照壁	tɕie^{35}pio^{22}	影壁

间子	kan^{35}.tsʅ	
	（单间）屋子	
□□	ʑioŋ^{13}.oŋ	
外头间子	k‘uo^{54}.lau kan^{35}.tsʅ	
	外间	
□头间子	y^{54}.lau kan^{35}.tsʅ	
	里间	
正间子	tɕio^{35}kan^{35}.tsʅ	
	正房	
厢房	ɕian^{33}ban$^{13-21}$	
客厅	k‘e^{22}t‘in$^{33-21}$	
挑屋	t‘iau^{33}u$^{22-21}$	
□□	tɕ‘io^{33}.oŋ	
平房	bin^{13}ban$^{13-21}$	
楼房	ləu^{13}ban$^{13-21}$	
洋房	ian^{13}ban$^{13-21}$	
	旧指新式楼房	
楼高子	lau^{35}kei^{33}.tsʅ　楼上	
楼底脚	lau^{35}tai^{54}tɕi^{22}　楼下	
楼□	lau^{35} t‘an^{54}	
板楼□	pa^{54}lau^{35}t‘an^{54}	

木板做的固定在某
处的楼梯

单楼□　ta^{33}lau^{35}t‘an^{54}

可移动的楼梯

阳台	ian^{13}dai^{13}	
晒台	ɕia^{35}dai^{13}	
草屋	ts‘ei^{54}u^{22}	

用茅草搭起的房子

2. 房屋结构

屋脊	u^{22}tɕi^{33}	房脊
屋顶	u^{22}tio^{54}	房顶

屋檐	u²²ian¹³	房檐儿
梁	lio³⁵	
檩子	lin³⁵.tsʅ	
	架在梁头位置的沿	
	建筑面阔方向的水	
	平构件檩	
椽皮	dʑye³⁵bi³⁵⁻²¹	椽子
柱廊	dʑiəu²⁴lan¹³⁻⁵⁴	柱
磉柱	san³³dʑy³⁵⁻²¹	柱下石
台阶	dai¹³kai³³	
天花板	tʼe³³xuo³³⁻²¹pan⁵⁴	
大门	ɣa²⁴man³⁵⁻²¹	
正门	tɕio³⁵man³⁵⁻²¹	
后头门	ɣau²⁴.dau man³⁵⁻²¹	
	后门	
耳门	e⁵⁴man³⁵⁻²¹	边门儿
门坎	man³⁵kʼan⁵⁴	
门后头	man³⁵ɣau²⁴.dau	
	（门扇的后面）	
门栓吔	man³⁵sua³³.ta	门栓
锁	su⁵⁴	
钥匙	su⁵⁴.zʅ	
窗子	tsʼu³³.tsʅ	
窗台	tsʼuan³³dai¹³⁻²¹	
走廊	tsəu⁵⁴lan¹³⁻²¹	
走道	tsəu⁵⁴dau³⁵⁻²¹	
楼板	lau³⁵pa⁵⁴	
天井	tʼe³³tɕio⁵⁴	

3. 其他设施

火笼	fu⁵⁴loŋ¹³⁻²¹	厨房
灶	tsei³⁵	

茅茨	mau³⁵.sʅ	厕所
磨房	mu³⁵ban¹³	
马棚	mo⁵⁴boŋ¹³	
牛栏	gau³⁵la³⁵⁻⁵⁴	牛圈
猪栏	tiəu³³la³⁵⁻⁵⁴	猪圈
潲桶	sa³⁵tʼan⁵⁴	
狗窠	kau⁵⁴fu³³	
鸡窠	tɕi³³fu³³	
鸡笼	tɕi³³lan³⁵	
鸡罩罩	tɕi³³tsa³⁵tsa³⁵⁻⁵⁴	
	竹子编的，罩鸡的	
	器具	
柴草堆	ʑia³⁴tsʼei⁵⁴tuei³³	
	柴草垛	

（八）器具、用品

1. 一般家具

家具	tɕia³³dʑy³⁵⁻²¹	
柜吔	dʑy²⁴.ta	
大衣柜	ɣa³⁵i³³guei³⁵	
碗柜	ue⁵⁴guei³⁵	
扎口	tsa⁵⁴kuo⁵⁴	
	木板做的用于放碗	
	的旧式碗柜	
书柜	ɕy³³dʑy²⁴⁻²¹	
台板	lai³⁵pe⁵⁴	桌子
圞桌子	lue³⁵tsu²².tsʅ	
方桌子	fan³³tsu²².tsʅ	
条桌	diau¹³tsu²²	
	条案（一种狭长的桌）	
办公桌	ban³⁵koŋ³³tsu²²	

饭桌子　va²⁴tsu²².tsʅ

抽箱桌子　tɕʻiəu³³ɕio³³⁻⁵⁴tsu²².tsʅ
　　　　　带抽屉的桌子

台板布　lai³⁵pe⁵⁴pu³⁵
　　　　铺在桌面上的布

抽箱　tɕʻiəu³³ɕio⁵⁴　抽屉

椅叮　i⁵⁴.ta　椅子

躺椅　tʻan⁵⁴i⁵⁴

椅叮背　i⁵⁴.ta bei³⁵

椅子撑撑　i⁵⁴.tsʅ tsʻuo³³tsʻuo³³⁻⁵⁴

凳　tan³⁵

方凳　fan³³tan³⁵

细凳　sai³⁵tan³⁵　小板凳儿

圈凳　lue³⁵tan³⁵　　圆凳

高凳　kei³³tan³⁵

帆布凳　fan³³pu³⁵⁻²¹tan³⁵
　　　　　　　　　马扎

蒲团　bu¹³duan¹³

2. 卧室用具

床　zu³⁵

铺板　pʻu³³ pa⁵⁴
　　　一块块的木板，用
　　　来拼搭床铺

绷子　poŋ³³.tsʅ

棕绷　tsoŋ³³poŋ³³

竹叮床　tiəu²².ta zu³⁵

罩子　tsa³⁵.tsʅ　帐子

帐子钩钩　tsa³⁵.tsʅ kau³³kau³³⁻⁵⁴
　　　　　　　　　帐钩

毯子　tʻan⁵⁴.tsʅ　床单

被窠　bi²⁴fu³³⁻²¹　被子

被窠里子　bi²⁴fu³³⁻²¹li⁵⁴.tsʅ
　　　　　　　　　　被里

包被　pau³³bi²⁴⁻²¹　被面

絮被　ɕiəu³⁵bi²⁴⁻²¹
　　　　棉花胎（棉被的胎）

垫被　le³⁵bi²⁴⁻²¹　褥子

簟　le³⁵　席子的总称

草簟　tsʻei⁵⁴le³⁵⁻²¹
　　　　　　草编的席子

竹簟　tiəu²²le³⁵⁻²¹
　　　　　　竹蔑编的席子

枕头　tɕin⁵⁴.lau

枕套　tɕin⁵⁴tʻau³⁵

枕芯　tɕin⁵⁴ɕin³³　枕头心儿

梳妆台　su³³tsuan³³dai¹³

镜　tɕio³⁵　　镜子

箱叮　ɕio³³.ta　箱子的总称

手提箱　ɕiəu⁵⁴di¹³ɕio³³

衣架子　i³³kuo³⁵.tsʅ
　　　　　立在地上的衣架

晒衣架　ɕia³⁵i³³kuo³⁵　晾衣架

马桶　ma⁵⁴tʻoŋ⁵⁴

尿壶　niau³⁵vu¹³　夜壶

手炉　ɕiəu⁵⁴lu¹³

火盆　fu⁵⁴ban³⁵⁻²¹

炭盆　tʻa³⁵ban³⁵⁻²¹

烘罩罩　xoŋ³³tsa³⁵tsa³⁵⁻⁵⁴

热水瓶　zie⁵⁴suei⁵⁴bin¹³
　　　　　　　　　暖水瓶

3. 炊事用具

风箱　　foŋ³³ɕian³³

通条　　tʰoŋ³³diau¹³
　　　　通炉子的铁条

火夹夹　fu⁵⁴tɕia²².tɕia　火钳

火筷子　fu⁵⁴kʰuai³⁵⁻²¹.tsʅ

火铲　　fu⁵⁴tsʰa⁵⁴
　　　　铲炉灰用的铲子

柴火　　ʑia³⁵fu⁵⁴　　柴草

草　　　tsʰei⁵⁴

稻秆　　dau³⁵kan⁵⁴

麦叮杆子　mo³³.ta kan⁵⁴.tsʅ
　　　　　麦秸

高粱秆子　kau³³lian¹³⁻⁵⁴kan⁵⁴.tsʅ
　　　　　高粱秆儿

豆叮杆子　lau²⁴.ta kan⁵⁴.tsʅ
　　　　　豆秸

锯木丝　kei³⁵mu³³sʅ³³　锯末

推把丝　tʰuei³³pa⁵⁴sʅ³³　刨花

洋火　　ian¹³fu⁵⁴　火柴

锅烟子　ku³³ie³³.tsʅ

烟囱　　ian³³tsʰoŋ³³

锅　　　ku³³

鼎锅　　tio⁵⁴ku³³　圆柱形
铁锅，底部尖形，用于烧水或煮饭

囗锅　　bo³⁵ku³³　圆形
铁锅，用于炒菜或煮饭

铝锅　　ly⁵⁴ku³³

沙锅　　suo³³ku³³

大锅　　ɣa²⁴ku³³

细锅　　sai³⁵ku³³　小锅

锅盖盖　ku³³kuei³⁵ kuei³⁵⁻⁵⁴

锅铲　　ku³³tsʰa⁵⁴

水壶　　ɕy⁵⁴vu¹³
　　　　烧开水用的壶

碗　　　ue⁵⁴

海碗　　xai⁵⁴ue⁵⁴

杯子　　pei³³.tsʅ

茶杯　　zuo³⁵pei³³⁻²¹
　　　　瓷的带把儿的杯子

碟子　　die¹³.tsʅ

饭勺子　va²⁴ʑio²⁴.tsʅ
　　　　盛饭用的

调羹　　diau¹³kən³³⁻⁵⁴
　　　　羹匙（瓷的，小的）

筷子　　kʰuai³⁵.tsʅ

筷篮子　kʰuai³⁵luo³⁵.tsʅ
　　　　筷笼（放筷子用的）

茶托　　za¹³tʰuo³³
　　　　瓷的碟形的托承盘

盖碗　　kuei³⁵ue⁵⁴
　　　　喝茶用，有盖不带把
　　　　儿，下有茶托儿

酒杯　　tɕiəu⁵⁴pei³³

盘叮　　be³⁵.ta　盘子

酒壶　　tɕiəu⁵⁴vu¹³

酒坛叮　tɕiəu⁵⁴duo³⁵.ta
　　　　①盛酒的坛子②酒
　　　　量大又爱喝酒的人

坛叮　　duo³⁵.ta　坛子

罐子　　kuan³⁵.tsʅ

水筲　　ɕy⁵⁴tu³³
　　　　（舀水用的）瓢

漏斗　　ləu³⁵təu⁵⁴

笊笊	tɕiau⁵⁴.tɕiau	笊篱	墨斗线	mau³³tau⁵⁴se³⁵	
瓶子	bin¹³.tsʅ		钉咑	tio³³.ta	钉子
瓶子盖盖	bin¹³.tsʅkuei³⁵kuei³⁵⁻⁵⁴		钳子	dʑian¹³.tsʅ	
	瓶盖儿		老虎钳子	lei⁵⁴.fu dʑian¹³.tsʅ	
瓶子□□	bin¹³.tsʅ tɕy⁵⁴tɕy⁵⁴			老虎钳（用来起钉	
	瓶塞			子或夹断铁丝）	
菜刀	tsʻai³⁵tei³³		钉锤	tio³³dʐy³⁵⁻²¹	
砧板	tin³³pan⁵⁴		镊子	nie³³.tsʅ	
案板	ŋan³⁵pan⁵⁴		索咑	su²².ta	绳子
	做面食用的面板		合叶	ɣo¹³ie³³⁻²¹	
水桶	ɕy⁵⁴tʻan⁵⁴ 挑水用的		砌子	tsʻue³⁵.tsʅ	
碾子	nian⁵⁴.tsʅ		砌刀	tsʻue⁵⁴tei³³	瓦刀
	研船（铁制研药材		探子	tʻan³⁵.tsʅ	
	用具，船形）			抹子（瓦工用来抹	
饭桶	va²⁴tʻan⁵⁴ 装饭的桶			灰泥的器具）	
蒸笼	tɕin³³lan³⁵		灰兜子	fei³³təu³³⁻²¹.tsʅ	
箅子	bi³⁵.tsʅ 蒸食物用的			从石灰里筛出来的	
水瓮	ɕy⁵⁴oŋ³³ 水缸			大小不匀的颗粒	
滗水缸	sa³⁵ɕy⁵⁴kan³³ 泔水缸		灰桶咑	fei³³tʻan⁵⁴.ta	
滗水	sa³⁵ɕy⁵⁴ 泔水			泥水匠盛泥灰的器具	
抹布	ma³³pu³⁵⁻²¹		錾子	zan³⁵.tsʅ	
拖把	tʻuo²²pa⁵⁴		锉刀	tsʻu³⁵tei³³	
			剃头刀咑	tʻai³⁵¹au³⁵tei³³.ta	
	4. 工匠用具		推子	tʻuei³³.tsʅ	
推把	tʻuei³³pa⁵⁴	刨子	推剪	tʻuei³³tse⁵⁴	
斧头	fu⁵⁴.lau	斧子	剪子	tse⁵⁴.tsʅ	理发剪
锯	kei³⁵	锯子	□剪	ka³³tse⁵⁴	剪刀
凿子	zu¹³.tsʅ		梳咑	səu³³.ta	梳子
尺	tɕʻio²²	尺子	鐾刀布	bei³⁵tei³³pu³⁵	
曲尺	tɕʻy³³tɕʻi³³		缝纫机	boŋ¹³in³⁵⁻²¹tɕi³³	
卷尺	tɕye⁵⁴tɕʻi³³		熨斗	yn³⁵tau⁵⁴	
墨斗	mau³³tau⁵⁴		烙铁	lu³³tʻai²²	

弓子　　　koŋ³³.tsʅ　弹棉花用

纺车　　　fan⁵⁴tɕʰio³³⁻²¹

织布机　　tɕi²²pu³⁵tɕi³³

织布梭　　tɕi²²pu³⁵suo³³

5.其他生活用品

东西　　　tan³³se³³⁻⁵⁴

洗面水　　sai⁵⁴mie³³ɕy⁵⁴

　　　　　　　　洗脸水

面盆　　　mie³³ban³⁵⁻²¹　脸盆

面盆架子　mie³³ban³⁵⁻²¹kuo³⁵.tsʅ

　　　　　　　　脸盆架

香皂　　　ɕian³³zau³⁵⁻²¹

肥皂　　　bei¹³zau³⁵⁻²¹

洗衣粉　　sai⁵⁴i³³fan⁵⁴

手巾　　　ɕiəu⁵⁴tɕin³³⁻²¹　毛巾

脚盆　　　tɕi²²ban³⁵⁻²¹　洗脚用的

擦脚布　　tɕʰia²²tɕi²²pu³⁵

气灯　　　tɕʰi³⁵tan³³⁻²¹

蜡烛　　　luo³³tsu²²

煤油灯　　mei¹³iəu¹³tan³³

　　　　煤油灯（有玻璃罩的）

灯心　　　tan³³ɕin³³

灯罩　　　tan³³tsa³⁵

灯盏　　　tan³³tsa⁵⁴

灯草　　　tan³³tsʰei⁵⁴

灯油　　　tan³³iəu³⁵

灯笼　　　tən³³loŋ¹³⁻²¹

手提包　　ɕiəu⁵⁴di¹³pau³³

钱包　　　ze³⁵pau³³

印章　　　in³⁵tɕian³³

　　　　图章（私人用的）

章子　　　tɕian³³.tsʅ

望远镜　　ban³⁵yan⁵⁴tɕin³⁵

浆糊　　　tɕian³³vu¹³

抵手　　　ti⁵⁴ɕiəu⁵⁴

　　　　顶针儿

针鼻孔　　tɕin³³bi²⁴xan⁵⁴

　　　　针鼻儿（针上引线

　　　　的孔）

针□□　　tɕin³³tɕy⁵⁴.tɕy　针尖

针子　　　tɕin³³.tsʅ　　针脚

穿针　　　tɕʰye³³tɕin³³

锥子　　　tsue³⁵.tsʅ

耳子　　　e⁵⁴.tsʅ　　　耳挖子

洗衣板　　sai⁵⁴i³³pa⁵⁴

棒锤　　　ban³⁵dʐy³⁵⁻²¹　棒槌

鸡毛掸子　tɕi²²mei³⁵⁻²¹tan⁵⁴.tsʅ

扇　　　　ɕie³⁵　　　　扇子

蒲扇　　　bu¹³ɕie³⁵⁻²¹

拐棍　　　kuai⁵⁴koŋ³⁵⁻²¹

　　　　　　拐杖（中式的）

文明棍　　uen¹³min¹³koŋ³⁵

　　　　　　手杖（西式的）

解手纸　　tɕia⁵⁴ɕiəu⁵⁴⁻²¹tsʅ⁵⁴

　　　　　　　　手纸

（九）称谓

1.一般称谓

男人家　　nuo³⁵oŋ³⁵⁻²¹.kuo

　　　　　　男人的总称

男的　　　nuo³⁵.lu

女人家	niəu⁵⁴oŋ³⁵⁻²¹.kuo 女人的总称		客人	kʻuo²²oŋ³⁵⁻²¹	
女的	niəu⁵⁴.lu		老庚	lau⁵⁴kən³³　同庚	
□咖哒	tiau⁵⁴.ka.ta 小孩		老同	lau⁵⁴doŋ¹³	
细细人哒	sai³⁵sai³⁵⁻⁵⁴oŋ³⁵⁻²¹.ta 小孩儿		内行	luei³⁵ɣan¹³	
阿俫哒	uo³³lai⁵⁴.ta 男孩儿		外行	uai³⁵ɣan¹³	

女人家　niəu⁵⁴oŋ³⁵⁻²¹.kuo
　　　　　女人的总称
女的　niəu⁵⁴.lu
□咖哒　tiau⁵⁴.ka.ta　小孩
细细人哒　sai³⁵sai³⁵⁻⁵⁴oŋ³⁵⁻²¹.ta
　　　　　小孩儿
阿俫哒　uo³³lai⁵⁴.ta
　　　　　男孩儿
阿妹哒　uo³³mei³⁵⁻⁵⁴.ta
　　　　　女孩儿
老人家　lei⁵⁴oŋ³⁵⁻²¹.kuo
　　　　　老头儿
老头子　lei⁵⁴dau¹³.tsɿ
老太婆　lei⁵⁴tʻai³⁵bo¹³⁻²¹
后生家　ɣau³⁵sən³³⁻⁵⁴.kuo
　　　　　小伙子
城市人　dʑin¹³zɿ³⁵⁻²¹oŋ³⁵⁻²¹
　　　　　城里人
农村人　noŋ¹³tsʻən³³⁻²¹oŋ³⁵⁻²¹
　　　　　乡下人
乡巴佬　ɕian³³.pa.lau
　　　　　（带贬意）
一窠人　i³³fu³³oŋ³⁵
　　　　　一家子（同宗同姓的）
外地人　uai³⁵di³⁵⁻²¹oŋ³⁵⁻²¹
本地人　pən⁵⁴di³⁵⁻²¹oŋ³⁵⁻²¹
外国人　uai³⁵kue³³⁻²¹oŋ³⁵⁻²¹
自家人　zɿ²⁴kuo³³⁻⁵⁴oŋ³⁵⁻²¹
　　　　　自己人
□头人　kʻuo⁵⁴lau⁵⁴⁻²¹oŋ³⁵⁻²¹
　　　　　外人（不是自己人）

客人　kʻuo²²oŋ³⁵⁻²¹
老庚　lau⁵⁴kən³³　　同庚
老同　lau⁵⁴doŋ¹³
内行　luei³⁵ɣan¹³
外行　uai³⁵ɣan¹³
半瓶子醋　pe³⁵bin¹³.tsɿ　tsʻəu35
　　　　　半瓶醋（比喻性说法）
□醒　xa⁵⁴ɕin⁵⁴⁻²¹　　傻瓜
中心人　tio³³ɕin³³⁻⁵⁴oŋ³⁵⁻²¹
　　　　　荐头（介绍佣人、奶妈等的介绍人）
单身古子　ta³³ɕin³³⁻⁵⁴ku⁵⁴.tsɿ
　　　　　单身汉
老姑娘　lei⁵⁴ku³³⁻²¹nian¹³⁻²¹
童养媳　doŋ¹³ian⁵⁴ɕi³³
寡妇　kuo⁵⁴.u
婊子　piau⁵⁴.tsɿ
野路家　io⁵⁴ləu³³　kuo³³⁻⁵⁴
　　　　　野老婆
野男人　io⁵⁴nuo³⁵oŋ³⁵⁻²¹
野老公　io⁵⁴lau⁵⁴koŋ³³
私生子　sɿ³³sən³³⁻²¹.tsɿ
犯人　ban³⁵oŋ³⁵⁻²¹　　囚犯
暴发户　bau³⁵fa³³u³⁵⁻²¹
小气鬼　ɕiau³³tɕʻi³⁵⁻²¹kuei⁵⁴
　　　　　吝啬鬼
背时鬼　bei³⁵zɿ¹³tɕy⁵⁴
　　　　　倒霉的、不走运的人
败家子　bai³⁵tɕia³³⁻²¹.tsɿ
告化子　kau³⁵xua⁵⁴.tsɿ　乞丐

走江湖噜 tsau⁵⁴tɕian³³vu¹³⁻²¹.lu　　朋友 boŋ¹³iəu⁵⁴

骗子 pʻian³⁵.tsɿ　　兵 pio³³

二流子 ai³⁵liəu¹³⁻²¹.tsɿ 流氓　　警察 tɕin⁵⁴tsʻa³³⁻²¹

水老倌 ɕy⁵⁴lau⁵⁴kuan³³⁻²¹　　医师 i³³sɿ³³⁻²¹　　医生

拐子 kuai⁵⁴.tsɿ　　开车噜 kʻuei³³tɕio³³.lu 司机

　　专门拐带小孩的人　　做手艺噜 tsɿ³⁵ɕiəu⁵⁴ni³⁵⁻²¹.lu

土匪 tʻəu⁵⁴fei⁵⁴　　　　手艺人

强头 dʑian³⁵.lau 强盗　　木工师傅 mu³³koŋ³³⁻²¹sɿ³³.u

贼 zau²⁴　　　　木匠师傅

扒手 ba¹³ɕiəu⁵⁴ 小偷　　砌匠师傅 tsʻue³⁵.io sɿ³³.u

工作 koŋ³³tsuo³³⁻²¹　　　　（砌墙、抹墙的）

工人 koŋ³³zin¹³⁻²¹　　　　瓦匠

雇工 ku³⁵koŋ³³⁻²¹　　锡匠 ɕi²²dʑian³⁵⁻²¹

长工 dʑian¹³koŋ³³⁻²¹　　铜匠 doŋ¹³dʑian³⁵⁻²¹

短工 tue⁵⁴koŋ³³⁻²¹　　铁匠 tʻai²²dʑian³⁵⁻²¹

零工 lio³⁵koŋ³³⁻²¹　　补锅噜 pu⁵⁴kuo³³.lu

农民 noŋ¹³min¹³⁻²¹　　整洋铁壶噜

做生意噜 tsɿ³⁵sən³³i³⁵.lu　　　 tɕio⁵⁴ian¹³tʻai²²vu¹³.lu

　　做买卖的　　　　焊洋铁壶的

老板 lau⁵⁴pan⁵⁴　　裁缝师傅 zai³⁵boŋ¹³⁻²¹sɿ³³.u

东家 toŋ³³tɕia³³⁻²¹　　　　做衣服的

老板娘 lau⁵⁴pan⁵⁴nian¹³　　剃头发噜 tʻai³⁵lau³⁵fan³³⁻⁵⁴.lu

伙计 fu⁵⁴tɕi³⁵⁻²¹　　　　理发员

　　店员或长工　　杀猪噜 ɕia²²tiəu³³.lu 屠户

徒弟 dəu³⁵di³⁵⁻²¹ 学徒　　搬东西噜 pe³³tan³³se³³⁻⁵⁴.lu

顾客 ku³⁵kʻe³³⁻²¹　　　　脚夫（搬运夫的旧

小贩 ɕiau⁵⁴fan³⁵　　　　称）

摊贩 tʻan⁵⁴fan³⁵　　挑担子噜 die³³tuo³⁵.tsɿ.lu 挑夫

教书噜 ka³⁵ɕy³³.lu 教书的　　抬轿子噜 dai¹³dʑie³⁵.tsɿ.lu

老师 lau⁵⁴sɿ³³　　　　轿夫

学生 io³³sən³³⁻²¹　　划船噜 uo³³dʑye³⁵.lu 艄公

同学 doŋ¹³io³³　　管事噜 kue⁵⁴zɿ²⁴.lu

管家

大师傅	$ɣa^{24}sɿ^{33}.u$	厨师
放牛噜	$fu^{35}gau^{35}.lu$	
放鸭哷噜	$fu^{35}uo^{22}.ta .lu$	
奶妈	$nai^{54}ma^{33-21}$	
佣人	$ioŋ^{35}ʑin^{13-21}$	仆人
女佣人	$niəu^{54}ioŋ^{35}ʑin^{13}$	女仆
丫头	$uo^{33}.lau$	
	丫环 $ia^{13}uan^{13-21}$	
接生婆	$tsai^{22}suo^{33}u^{35-21}$	
和尚师傅	$u^{35}io^{35-54}sɿ^{33}.u$	和尚
尼姑	$ni^{13}ku^{33-21}$	
道士	$dau^{35}zɿ^{35-21}$	
	①出家的道教徒	
	②火居的道教徒	

（十）亲属

1. 长辈

长辈	$tɕian^{54}pei^{35-21}$	
太公	$t'ai^{35}koŋ^{33-54}$	曾祖父
太太	$t'ai^{35}t'ai^{35-54}$	曾祖母
爹爹	$tia^{33}tia^{33-54}$	祖父
奶奶	$ne^{33}ne^{33-54}$	祖母
外公	$uai^{35}koŋ^{33-54}$	外祖父
外外	$uai^{35}uai^{33-54}$	外祖母
阿爸	$a^{33}pa^{35-54}$	父亲
姆妈	$m^{33}ma^{33-54}$	母亲
阿娘	$uo^{33}nio^{35-54}$	
阿姐	$a^{33}tɕie^{54}$	
岳父老子	$io^{22}u^{35-21}lei^{54}.tsɿ$	

岳父

岳母娘	$io^{22}mu^{54}nian^{13-21}$	岳母
阿公老子	$uo^{33}koŋ3^{3-54}lei^{54}.tsɿ$	
	公公（夫之父）	
阿婆	$uo^{33}u^{35-21}$	
	婆婆（夫之母）	
后爸	$ɣəu^{35}pa^{35-21}$	继父
后妈	$ɣəu^{35}ma^{33-21}$	继母
伯伯	$po^{22}po^{22}$	伯父
女伯伯	$niəu^{54}po^{22}po^{22}$	伯母
晚晚	$man^{54}.man$	
	叔父、姑夫	
婶婶	$ɕi^{54}.ɕi$	叔母
舅舅	$dʑiəu^{35}dʑiəu^{35-54}$	舅父
舅娘	$dʑiəu^{35}nian^{35-54}$	舅母
姑姑	$ku^{33}ku^{33-54}$	姑妈
姨娘	$i^{13}nian^{13-54}$	姨妈
姨爹	$i^{13}tie^{33-54}$	姨夫
亲家爷	$tɕ'in^{35}ka^{33-54}ie^{13-21}$	
	弟兄姐妹的岳父	
亲家娘	$tɕ'in^{35}ka^{33-54}nian^{13-21}$	
	弟兄姐妹的岳母	
姑奶奶	$ku^{33}ne^{33}.ne$	父之姑母
姨奶奶	$i^{13}ne^{33}.ne$	父之姨母

2. 平辈

平辈	$bin^{13}pei^{35-21}$	
两狗婆	$nio^{54}kau^{54}u^{35-21}$	
	两口子	
男人	$nuo^{35}oŋ^{35-21}$	丈夫
细路家	$sai^{35}ləu^{33}kuo^{33-54}$	
	小老婆	

小叔子	ɕiau⁵⁴su³³.tsɿ 夫之弟			表姊妹	piau⁵⁴tsɿ⁵⁴mei³⁵⁻²¹	
大姑子	ɣa²⁴ku³³.tsɿ 夫之姐			表姐	piau⁵⁴tɕie⁵⁴	
细姑子	sai³⁵ku³³.tsɿ 夫之妹			表妹	piau⁵⁴mei³⁵	
内兄弟	luei³⁵ɕioŋ³³di³⁵⁻²¹					

妻之兄弟

3. 晚辈

内兄	luei³⁵ɕioŋ³³		晚辈	uan⁵⁴pei³⁵⁻²¹	
内弟	luei³⁵di³⁵⁻²¹		崽女	tsai⁵⁴niəu⁵⁴ 子女	
大姨子	ɣa²⁴i¹³.tsɿ		崽	tsai⁵⁴ 儿子	
细姨子	sai³⁵i¹³.tsɿ		大崽	ɣa²⁴tsai⁵⁴ 大儿子	
弟兄家	di³⁵ɕioŋ³³⁻⁵⁴kuo³³⁻²¹		细崽	sai³⁵tsai⁵⁴ 小儿子	
姊妹	tsɿ⁵⁴mei³⁵⁻²¹		晚崽	man⁵⁴tsai⁵⁴ 小儿子	
哥哥	ka³³ka³³⁻⁵⁴ 兄、夫之兄		养子	ian⁵⁴.tsɿ	
	老兄 lau⁵⁴ɕioŋ³³		新妇	ɕin³³u³⁵⁻²¹ 儿媳妇	
嫂嫂	sau⁵⁴.sau 嫂子		女	niəu⁵⁴ 女儿	
阿弟	uo³³ta³⁵⁻⁵⁴ 弟弟		大女	ɣa²⁴niəu⁵⁴ 大女儿	
	老弟 lau⁵⁴ di³⁵		细女	sai³⁵niəu⁵⁴ 小女儿	
阿弟新妇	uo³³la³⁵⁻⁵⁴ɕin³³u³⁵⁻²¹		晚女	man⁵⁴niəu⁵⁴ 小女儿	
	弟媳		郎崽	lu³⁵tsai⁵⁴ 女婿	
姐姐	tɕie⁵⁴.tɕie		孙崽	soŋ³³tsai⁵⁴ 孙子	
姐夫	tɕio⁵⁴.fu		孙新妇	soŋ³³ɕin³³u³⁵⁻²¹ 孙媳妇	
妹妹	mei³⁵mei³⁵⁻⁵⁴		孙女啲	soŋ³³niəu⁵⁴.ta 孙女	
妹夫	mei³⁵.fu		孙郎崽	soŋ³³lu³⁵tsai⁵⁴ 孙女婿	
堂兄弟	dan¹³ɕioŋ³³.di³⁵⁻²¹		重孙崽	zoŋ¹³soŋ³³tsai⁵⁴ 重孙	
堂兄	dan¹³ɕioŋ³³		重孙女	zoŋ¹³soŋ³³ niəu⁵⁴	
堂弟	dan¹³di³⁵⁻²¹			重孙女	
堂姊妹	dan¹³tsɿ⁵⁴mei³⁵⁻²¹		外孙	guei²⁴suo³³⁻⁵⁴ 女之子	
堂姐	dan¹³tɕie⁵⁴		外孙女	guei²⁴suo³³⁻⁵⁴niəu⁵⁴	
堂妹	dan¹³mei³⁵			女之女	
表兄弟	piau⁵⁴ɕioŋ³³di³⁵⁻²¹		外甥	guei²⁴suo³³⁻⁵⁴	
表兄	piau⁵⁴ɕioŋ³³			姐妹之子	
表嫂	piau⁵⁴sau⁵⁴		外甥女	guei²⁴suo³³⁻⁵⁴niəu⁵⁴	
表弟	piau⁵⁴di³⁵			姐妹之女	

侄女崽　dʑi¹³niəu⁵⁴tsai⁵⁴　侄子

侄女吶　dʑi¹³niəu⁵⁴.ta　侄女

4. 其他

连襟　lian¹³tɕin³³

亲家　tɕ'io³⁵ka³³⁻⁵⁴

　　子之岳父、女之公公

阿公老子　uo³³koŋ³³⁻⁵⁴lei⁵⁴.tsʅ

　　　　公公

亲家母　tɕ'io³⁵ka³³⁻⁵⁴mu⁵⁴⁻²¹

　　子之岳母、女之婆婆

亲戚　tɕ'in³³tɕ'i³³⁻²¹

走亲戚　tsau⁵⁴tɕ'in³³tɕ'i³³⁻²¹

正亲　tɕio³⁵tɕ'in³³

　　婚礼婚宴上女方的
　　亲戚

外家　guei²⁴kuo³³⁻⁵⁴　娘家

婆家　bo¹³tɕia³³⁻²¹

男方　nuo³⁵fan³³⁻²¹

女方　niəu⁵⁴fan³³⁻²¹

外外屋里　uai³⁵uai³⁵⁻⁵⁴u²².li

　　　　姥姥家

岳父屋里　io²²u³⁵⁻²¹u²².li

　　　　丈人家

（十一）身体

1. 五官

身子　ɕin³³.tsʅ　　身体

身材　ɕin³³zai¹³⁻²¹

衣架子　i³³ko³⁵⁻²¹.tsʅ

脑壳　nei⁵⁴.xa　　头

大脑壳　ɣa¹³nei⁵⁴.xa

　　　　①大脑袋
　　　　②大人物

暴脑壳　pau³⁵nei⁵⁴.xa

　　奔儿头（前额生得
　　向前突）

啄脑壳　tsua³⁵nei⁵⁴.xa

光头　kuan³³lau³⁵⁻²¹

　　①光脑壳
　　②秃头（头发掉光
　　了的头）

秃顶　t'u³³tin⁵⁴

　　掉了大量头发的头

脑壳顶顶　nei⁵⁴.xa tio⁵⁴.tio

　　　　头顶

后脑壳　ɣau²⁴nei⁵⁴.xa

　　后脑勺子

颈嗓　tɕio⁵⁴suo⁵⁴⁻²¹　颈

颈嗓窝窝吶

tɕio⁵⁴suo⁵⁴⁻²¹uo³³uo³³⁻⁵⁴.ta

　　后脑窝子（颈后凹
　　处）

头发　lau³⁵fan³³⁻⁵⁴

少白头　ɕiau³⁵be¹³dəu¹³

跌头发　tai²²lau³⁵fan³³⁻⁵⁴

　　掉头发（动宾）

额头　guo¹³.lau

□□　ɕy³⁵mau⁵⁴　卤门

辫子　bian³⁵.tsʅ

髻　tɕiəu²²

刘海　liəu¹³xai⁵⁴

面古　　mie³³.ku　　脸

当面骨头　tan³³mie³³⁻⁵⁴kue²².lau
　　　　　　　　　　颧骨

酒窝　　tɕiəu⁵⁴uo³³

人中　　ʑin¹³tsoŋ³³

腮帮子　sai³³pan³³.tsʅ

眼睛　　ga²⁴tɕio³³⁻⁵⁴

眼睛眶眶
ga²⁴tɕio³³⁻⁵⁴kʻuan³³kʻuan³³⁻⁵⁴
　　　　　　　　　　眼眶

眼睛珠子　ga²⁴tɕio³³⁻⁵⁴tɕy³³.tsʅ
　　　　　　　　眼珠儿

白眼睛珠子
　　　bo²⁴ga²⁴tɕio³³⁻⁵⁴tɕy³³.tsʅ
　　　　　　　　白眼珠儿

黑眼睛珠子
　　　xau²²ga²⁴tɕio⁵⁴tɕy³³.tsʅ
　　　　　　　　黑眼珠儿

瞳孔　　doŋ¹³kʻoŋ⁵⁴　瞳仁儿

眼睛角吖　ga²⁴tɕio⁵⁴ka²².ta
　　　　　　眼角儿（上下眼睑
　　　　　　的接合处）

眼圈　　ian⁵⁴tɕʻyan³³

眼口水　ga²⁴lio⁵⁴ɕy⁵⁴　眼泪

眼口屎　ga²⁴lio⁵⁴.ʂʅ　眼哆

眼睛皮子　ga²⁴tɕio³³⁻⁵⁴bi³⁵.tsʅ
　　　　　　　　眼皮儿

单眼皮　ta⁵⁴ga²⁴bi³⁵⁻²¹

双眼皮　su³³ga²⁴bi³⁵⁻²¹

眼睛毛　ga²⁴tɕio³³⁻⁵⁴mei³⁵
　　　　　　　　眼睫毛

眉毛　　mi¹³.mau

眼毛　　ga²⁴mei³⁵⁻²¹　睫毛

皱眉头　tsəu³⁵mi¹³.dəu

鼻孔　　bi²⁴xan⁵⁴　　鼻子

鼻孔水　bi²⁴xan⁵⁴ɕy⁵⁴
　　　　　　　鼻涕（液体）

鼻孔屎　bi²⁴xan⁵⁴ʂʅ⁵⁴
　　　　　　干鼻涕（鼻垢）

鼻孔毛　bi²⁴xan⁵⁴mei³⁵　鼻毛

鼻孔尖尖 bi²⁴xan⁵⁴tsue³³tsue³³⁻⁵⁴
　　　　　鼻子尖儿（鼻子顶
　　　　　端）

鼻孔灵　bi²⁴xan⁵⁴lin³⁵
　　　　　鼻子尖（嗅觉灵敏）

鼻孔杠杠　bi²⁴xan⁵⁴kan³⁵kan³⁵⁻⁵⁴
　　　　　　　　　　鼻梁

酒糟鼻孔
　　　tɕiəu⁵⁴tsuei⁵⁴⁻²¹bi²⁴xan⁵⁴
　　　　　　　　　　酒糟鼻

嘴　　　tɕiəu³⁵

嘴皮　　tɕiəu³⁵bi³⁵⁻²¹　嘴唇儿

口水　　kʻau⁵⁴ɕy⁵⁴　　唾沫

舌头　　ʑie¹³.lau

舌苔　　ʑie¹³tʻai³³

大舌头　ɣa²⁴ʑie¹³.lau
　　　　　　　　口齿不清

牙子　　guo³⁵.tsʅ　　　牙

板牙　　pan⁵⁴guo³⁵⁻²¹　臼齿

虎牙　　fu⁵⁴guo³⁵⁻²¹

大牙子　ɣa²⁴guo³⁵⁻²¹.tsʅ　大牙

牙子屎　guo³⁵.tsʅ ʂʅ⁵⁴　牙垢

牙龈　　ia¹³in¹³　牙床

虫牙　　dʑin³⁵guo³⁵⁻²¹

耳朵　　　mi⁵⁴.tu

大拇指

耳朵眼古 mi⁵⁴.tu ɡa²⁴.ku

食指　　　ɕi³³tsʅ⁵⁴

　　　　　　　　耳朵眼儿

中手指头 tsoŋ³³ɕiəu⁵⁴tsʅ⁵⁴.lau

耳朵屎　 mi⁵⁴.tusʅ⁵⁴　耳屎

　　　　　　　　中指

耳朵聋起 mi⁵⁴.tu lan³⁵.ɕi

无名指　 vu¹³min¹³tsʅ⁵⁴

　　　　　　耳背（听不清）

细手指头 sai³⁵ɕiəu⁵⁴tsʅ⁵⁴.lau

下巴　　 ɣuo³⁵po³³⁻⁵⁴

　　　　　　　　小拇指

喉咙　　 ɣau³⁵lan¹³⁻⁵⁴

手指壳咧 ɕiəu⁵⁴tsʅ⁵⁴xa²².ta 指甲

喉结　　 ɣəu¹³tɕie²²

拳头古　 dʐye³⁵.la.ku　拳头

胡子　　 u³⁵.tsʅ

手掌　　 ɕiəu⁵⁴tɕian⁵⁴

络腮胡子 lau³⁵sai³³u³⁵.tsʅ

巴掌　　 po³³tɕie⁵⁴

八字胡子 pia²²zʅ²⁴u³⁵.tsʅ

手心　　 ɕiəu⁵⁴ɕin³³

手背　　 ɕiəu⁵⁴bei³⁵

　2.手、脚、胸、背

脚杆子　 tɕi²²kue⁵⁴.tsʅ

□肩　　 po²²tɕie³³⁻⁵⁴　肩膀

　　　　　　　　腿（整条腿）

□肩骨头 po²²tɕie³³⁻⁵⁴kue²².lau

大腿　　 ɣa²⁴tʰui⁵⁴

　　　　　　　　肩胛骨

大腿根　 ɣa²⁴tʰui⁵⁴kan³³

溜□肩　 liəu³³po²²tɕie³³⁻⁵⁴

小腿　　 ɕiau⁵⁴tʰui⁵⁴

手把子　 ɕiəu⁵⁴po³⁵.tsʅ　胳膊

羊巴肚子 ie³⁵pa³³⁻⁵⁴təu⁵⁴.tsʅ

手杆子　 ɕiəu⁵⁴kue⁵⁴.tsʅ

　　　　　　　　腿肚子

拄拄骨头 tɕʻy⁵⁴tɕʻy⁵⁴kue²².lau

膝头骨　 tɕʻio²².la.ku　膝盖

　　　　　　　胳膊肘儿

胯骨　　 kʰua⁵⁴ku³³⁻²¹

□肢眼咧 tɕʻio²²tɕi³³⁻⁵⁴ɡa²⁴.ta

裆　　　 tan³³　两条腿的中间

　　　　　　　　腋窝

屁股　　 pʻi³⁵.ku

手腕　　 ɕiəu⁵⁴uan⁵⁴　手腕子

屁眼　　 pʻi³⁵.ku ɡa²⁴.ta

左手　　 tsuo⁵⁴ɕiəu⁵⁴

　　　　　　　　肛门

右手　　 iəu³⁵ɕiəu⁵⁴

尾骨　　 uei⁵⁴ku³³

手指头　 ɕiəu⁵⁴tsʅ⁵⁴.lau 手指

屌咧　　 tiau⁵⁴.ta

关节　　 kuan³³tɕie³³⁻²¹

　　　　　　鸡巴（男阴）

手指缝　 ɕiəu⁵⁴tsʅ⁵⁴boŋ³⁵

屌屌　　 tiau⁵⁴.tiau

手跰　　 ɕiəu⁵⁴tɕian⁵⁴ 手跰子

　　　　　　鸡鸡（赤子阴）

大手指头 ɣa²⁴ɕiəu⁵⁴tsʅ⁵⁴.lau

屄　　　 pi³³　　女阴

麻□　　　mo³⁵p'i³³

入屎　　　zι²⁴pi³³　　　交合

精子　　　tɕin³³.tsι　　　精液

脚腕子　　tɕi²²uan⁵⁴.tsι 脚腕子

螺丝骨头　lu³⁵sι³³⁻²¹kue²².lau

　　　　　　　　　踝骨

脚　　　　tɕi²²

赤脚　　　tɕʻio²²tɕie²²⁻⁵⁴

脚背　　　tɕi²²bei³⁵

脚板子　　tɕi²²pa⁵⁴.tsι 脚掌

脚板心　　tɕi²²pa⁵⁴ɕin³³ 脚心

脚趾头　　tɕi²²tsι⁵⁴.lau

脚趾壳哟　tɕi²²tsι⁵⁴xa²².ta

脚后跟　　tɕi²²ɣau²⁴kan³³⁻⁵⁴

脚印子　　tɕi²²in³⁵.tsι 脚印儿

鸡眼　　　tɕi²²ian⁵⁴ 一种脚病

心口　　　ɕin³³kʻau⁵⁴

胸脯　　　ɕioŋ³³bu¹³⁻²¹

肋身骨头　lie³³ɕin³³kue²².lau

奶哟　　　nia⁵⁴.ta　　　乳房

奶水　　　nia⁵⁴ɕy⁵⁴　　　奶汁

肚子　　　təu⁵⁴.tsι　　　腹部

细肚子　　sai³⁵təu⁵⁴.tsι 小腹

瘪脐眼哟　pie²²zι¹³ga²⁴.ta

　　　　　　　　　肚脐眼

腰子　　　ie³³.tsι　　①腰②肾

背身　　　bei³⁵ɕin³³⁻⁵⁴ 脊背

背身骨头　bei³⁵ɕin³³⁻⁵⁴kue²².lau

　　　　　　　　　脊梁骨

3. 其他

旋　　　　dʐye³⁵　　　头发旋儿

双旋　　　suo³³dʐye³⁵

指纹　　　tsι⁵⁴ben¹³⁻²¹

朒　　　　lu³⁵　　　圆形的指纹

筛哟　　　ɕia³³.ta

　　　　　　簸箕形的指纹

寒毛　　　ɣan³⁵mei³⁵⁻²¹

寒毛眼古　ɣan³⁵mei³⁵⁻²¹ga²⁴.ku

　　　　　　　　　寒毛眼儿

痣　　　　tsι³⁵

骨　　　　kue²²

筋　　　　tɕin³³

血　　　　ɕye²²

血管　　　ɕye²²kuan⁵⁴

脉　　　　mo³³

五脏　　　u⁵⁴zan³⁵⁻²¹

心　　　　ɕin³³

肝花　　　kue³³xuo³³⁻⁵⁴　　肝

肺　　　　fei³⁵

胆　　　　tuo⁵⁴

脾　　　　bi¹³

胃　　　　uei³⁵

肠子　　　dʑian¹³.tsι　　　肠

大肠　　　ɣa²⁴dʑian¹³⁻²¹

细肠　　　sai³⁵dʑian¹³⁻²¹ 小肠

盲肠　　　man¹³dʑian¹³⁻²¹

（十二）疾病、医疗

1. 一般用语

病咖　　　bio²⁴.kau　　　病了

病人　　　bio²⁴oŋ³⁵⁻²¹

细病　　　sai³⁵bio²⁴　　　小病

重病	dʑin³⁵bio²⁴		搽药膏	zo³⁵io³³kau³³⁻²¹
发癫	fa³³te³³		上药	ʑio³⁵io³³（动宾）
癫子	te³³.tsʅ 疯子		发汗	fa³³ue³³
发神经	fa³³ʑin¹³tɕin³³		去风	tɕʻy³⁵fan³³
	神经病发作		去火	tɕʻy³⁵fu⁵⁴
病壳咑	bio²⁴xa²².ta		消湿	ɕie³³sʅ²² 去湿
	体弱多病的人		去毒	tɕʻy³⁵du¹³
病轻咖	bio²⁴tɕʻio³³.kau		扎银针	tsa³³in¹³tɕin³³⁻²¹ 扎针
	病轻了		打火罐	ta⁵⁴fu⁵⁴kuan³⁵⁻²¹
病好咖	bio²⁴xei⁵⁴.kau			拔火罐子
	病好了		刮痧	kua²²suo³³
请医师	tɕʻio³³i³³sʅ³³⁻²¹ 请医生			
诊	tɕio⁵⁴ 医（病）		2. 内科	
觑病	tɕʻiəu³⁵bio²⁴ 看病		泻肚子	ɕio³⁵təu⁵⁴.tsʅ 泻肚
把脉	pa⁵⁴me³³ 号脉		屙肚子	u³³təu⁵⁴.tsʅ
开单子	kʻuei³³ta³³.tsʅ		打尜枪	ta⁵⁴piau³³tɕʻian³³
	开药方子		发热	fa³³nai³³ 发烧
单方	ta³³fan³³⁻²¹		发冷	fa³³luo⁵⁴
	偏方儿		胃寒	uei³⁵ɣan¹³
拈药	ne³³io³³ 抓药〔中药〕		起鸡皮疙瘩	
买药	mia⁵⁴io³³（西药）			tɕʻi⁵⁴tɕi³³bi³⁵⁻²¹ke³³.ta
药铺	io³³pʻu³⁵⁻²¹（中）药铺		伤风	ɕian³³foŋ³³
药店	io³³dian³⁵⁻²¹		咳嗽	kʻe³³sau³⁵
	药房（西药）		出气不赢	tɕʻy²²tɕʻi³⁵pu³³io³⁵⁻²¹
药引子	io³³in⁵⁴.tsʅ			气喘
药罐子	io³³kuan³⁵.tsʅ		气管炎	tɕʻi³⁵kuan⁵⁴ian¹³
煎药	tse³³io³³（动宾）		闭痧	bi³⁵suo³³ 中暑
药膏	io³³kau³³（西药）		发痧	fa³³suo³³
膏药	kau³³io³³⁻²¹（中药）		上火	ʑio³⁵fu⁵⁴
毒药	du¹³io³³⁻²¹		肚子痛	təu⁵⁴.tsʅ tʻan³⁵ 肚子疼
药粉子	io³³fan⁵⁴.tsʅ		心口痛	ɕin³³ kʻau⁵⁴tan³⁵ 胸口疼
	药面儿（药粉）		脑壳晕	nei⁵⁴.xa ioŋ³³ 头晕

脑壳痛　　nei⁵⁴.xa t‘an³⁵ 头痛　　　　　　　　　　　　蹭破皮儿

晕车　　　ioŋ³³tɕ‘io³³　　　　　　破咖口子　p‘u³⁵.ka k‘au⁵⁴.tsʅ

闷车　　　man³³tɕ‘io³³　　　　　　　　　　　　　　　刺个口子

晕船　　　ioŋ³³dʑye³⁵　　　　　　　出血　　　tɕ‘y²²ɕye²²

闷船　　　man³³dʑye³⁵　　　　　　　瘀血　　　y³³ɕye²²⁻²¹

作反　　　tsu³³fa⁵⁴　　　　　　　　肿起　　　tɕin⁵⁴.ɕi　　红肿

　　　　恶心（要呕吐）　　　　　灌脓　　　kue³⁵noŋ¹³　　溃脓

做呕　　　tsʅ³⁵au⁵⁴　　　　　　　结痂作　　tɕie³³kuo²² tsuo²²⁻²¹

反胃　　　fan⁵⁴uei³⁵　　　　　　　　　　　　　　　　　结痂

呕咖　　　au⁵⁴.kau　　　　　　　　疤哳　　　po³³.ta　　　　疤

　　　　吐了（呕吐）　　　　　　腮腺炎　　sai³³ɕian³⁵ian¹³

打哕　　　ta⁵⁴ye⁵⁴　　　干哕　　　生疮　　　suo³³ts‘uan³³

疝气　　　san³⁵tɕ‘i³⁵⁻²¹　　　　　　　　　　长疮（动宾）

出豆哳　　tɕ‘y²²lau²⁴.ta 出水痘　　生疔　　　suo³³tio³³

出麻子　　tɕ‘y²²mo³⁵.tsʅ　　　　　　　　　　长疔（动宾）

打摆子　　ta⁵⁴pai⁵⁴.tsʅ　　　　　　羊哳　　　io³⁵.ta　　淋巴结

　　　　　疟疾发作　　　　　　　生羊哳　　suo³³io³⁵.ta

霍乱　　　xuo²²luan³⁵　　　　　　风坨　　　fan³³duo¹³⁻²¹ 荨麻疹

水痘哳　　ɕy⁵⁴lau²³.ta　　水痘　　痔疮　　　zʅ³⁵ts‘uan³³⁻²¹

出喜字　　tɕ‘y²²ɕi⁵⁴zʅ²⁴（出）天花　癞子　　　lia³³.tsʅ　　疥疮

伤寒　　　ɕian³³ɣan¹³　　　　　　　癣　　　　ɕye⁵⁴

肝炎　　　kan³³ian¹³　　　　　　　痧痱子　　suo³³p‘i³⁵⁻⁵⁴.tsʅ 痱子

肺炎　　　fei³⁵ian¹³　　　　　　　痣　　　　tsʅ³⁵

胃病　　　uei³⁵bio²⁴⁻²¹　　　　　　酒子　　　tɕiəu⁵⁴.tsʅ　　粉刺

盲肠炎　　man¹³dʑian¹³ian¹³　　　　雀斑　　　tɕ‘io³³pan³³

痨病　　　lau³³bio²⁴⁻²¹　　　　　　狐臭　　　vu¹³tɕ‘iəu³⁵⁻²¹

　　　　（中医指结核病）　　　　口臭　　　k‘au³⁵tɕ‘iəu³⁵

　　　　　　　　　　　　　　　　大颈嗓　　ɣa²⁴tɕio⁵⁴suo⁵⁴⁻²¹

　　　　3. 外科　　　　　　　　　大脖子（甲状腺肿
　　　　　　　　　　　　　　　　大）
跌伤咖　　tai²²ɕian³³.kau　跌伤

碰伤咖　　p‘oŋ³⁵ɕian³³.kau 碰伤　　鼻孔毋灵 bi²⁴xan⁵⁴a³⁵lin³⁵

破咖皮子　p‘u³⁵.ka bi³⁵.tsʅ　　　　　鼻子不灵（嗅觉不

灵）

水蛇腰	suei⁵⁴ʑie¹³iau³³
鸭公嗓子	uo²²koŋ³³⁻⁵⁴san⁵⁴.tsʅ
	公鸭嗓儿（嗓音沙哑）
鸭吅喉咙	uo²².ta ɣau³⁵lan¹³⁻⁵⁴
独眼龙	du¹³ian⁵⁴loŋ¹³
	一只眼睛是瞎的
近视眼	dʑin³⁵zʅ³⁵⁻²¹ga²⁴⁻²¹
远视眼	yuan⁵⁴zʅ³⁵⁻²¹ga²⁴⁻²¹
老花眼	lau⁵⁴xua³³ian⁵⁴
泡泡眼睛	p'au³³p'au³³⁻⁵⁴ga²⁴tɕio⁵⁴
	鼓眼泡儿
对子眼	tuei³⁵.tsʅ ian⁵⁴
	斗鸡眼儿（内斜视）
怕亮	p'o³⁵lio³³ 羞明
飘针	p'iau³³tɕin³³ 麦粒肿

4.残疾等

羊吅风	io³⁵.ta fan³³ 癫痫
暴羊吅风	pa³⁵io³⁵.ta fan³³
	癫痫病发作
惊风	tɕin³³foŋ³³（小儿病）
抽风	tɕ'iəu³³foŋ³³
中风	tsoŋ³⁵foŋ³³
瘫子	t'a³³.tsʅ 瘫痪的人
瘫咖	t'a³³.kau
瘸子	dʑye¹³.tsʅ
跛子	pia³³.tsʅ
驼子	du³⁵.tsʅ 罗锅儿
聋子	lan³⁵.tsʅ
哑子	uo⁵⁴.tsʅ 哑巴

结巴	tɕie³³.pa
瞎子	ɕia²².tsʅ
口醒	xa⁵⁴ɕin⁵⁴⁻²¹ 傻子
光头	kuan³³.lau
	秃子（头发脱光的人）
光脑壳	kuan³³nei⁵⁴.xa
麻子	mo³⁵.tsʅ
	①脸上有麻子的人
	②人出天花后留下的疤痕
缺子	tɕ'ye²².tsʅ 豁唇子
缺牙子	tɕ'ye²²guo³⁵⁻²¹.tsʅ
	豁牙子
六指老	liəu³³tsʅ⁵⁴.lau 六指儿
左撇子	tsuo⁵⁴p'ie³³.tsʅ
左拐子	tsuo⁵⁴kuai⁵⁴.tsʅ

（十三）衣服、穿戴

1.服装

穿戴	tɕ'yan³³dai³⁵⁻²¹
打扮	ta⁵⁴ban³⁵⁻²¹
衣	i³³
	衣服（内外衣、内外裤总称）
制服	tɕi³⁵vu¹³⁻²¹
西装	ɕi³³tsuan³³⁻²¹
长衫	dʐio³⁵san³³
长袍子	dʐio³⁵bau¹³.tsʅ
马褂	ma⁵⁴kua³⁵⁻²¹
旗袍	dʑi¹³bau¹³⁻²¹ （女装）

絮衣 $ɕiəu^{35;33-21}$ 棉衣

皮袄 $bi^{13}ŋau^{35-21}$

大衣 $da^{35}i^{33-21}$

短大衣 $tue^{54}da^{35}i^{33-21}$

衬衣 $ts'ən^{35}i^{33-21}$ 衬衫

外衣 $uai^{35}i^{33-21}$

内衣 $luei^{35}i^{33-21}$

里衣 $li^{54}i^{33-21}$

背心 $bei^{35}ɕin^{33-54}$ 汗背心

衣襟 $i^{33}tɕin^{33}$ 上衣、袍子前面的部分

下摆 $ia^{35}pai^{54}$

领子 $lio^{54}.tsʅ$

袖子 $dʑiəu^{24}.tsʅ$

衣手子 $i^{33}ɕiəu^{54}.tsʅ$

长袖子 $dʑio^{35}dʑiəu^{24}.tsʅ$ 长袖

长衣手子 $dʑio^{35}i^{33}ɕiəu^{54}.tsʅ$

短袖子 $tue^{54}dʑiəu^{24}.tsʅ$ 短袖

短衣手子 $tue^{54}i^{33}ɕiəu^{54}.tsʅ$ 裙子

裙 $dʑioŋ^{35}$

衬裙 $ts'ən^{35}dʑyn^{13-21}$

裤子 $k'u^{35}.tsʅ$

单裤 $ta^{33}k'u^{35-21}$

内裤 $luei^{35}k'u^{35-21}$ 裤衩儿（贴身穿的）

短裤 $tue^{54}k'u^{35-21}$ 穿在外面的

连脚裤 $lian^{13}tɕio^{33}k'u^{35-21}$

开裆裤 $k'ai^{33}tan^{33}k'u^{35-21}$

圈裆裤 $lue^{35}tan^{33}k'u^{35-21}$ 相对开裆裤而言

灯笼裤 $tən^{35}loŋ^{13}k'u^{35-21}$

踩脚裤 $ts'ai^{54}tɕio^{33}k'u^{35-21}$

裤裆 $k'u^{35}tan^{33}$

裤腰 $k'u^{35}iau^{33}$

裤带哵 $k'u^{35}tia^{35}.ta$

裤腰带 $k'u^{35}iau^{33}tia^{35}$

裤腿 $k'u^{35}t'uei^{54}$

袋哵 $lai^{24}.ta$ 兜儿（衣服上的口袋）

扣子 $k'au^{35}.tsʅ$ 纽扣（中式的）

襻哵 $p'an^{35}.ta$ 扣襻（中式的）

扣眼 $k'au^{35}ŋan^{54}$ 扣眼儿（西式的）

暗扣 $ŋan^{35}k'au^{35-21}$

2. 鞋帽

鞋 ia^{35}

踏踏 $t'a^{22}.t'a$ 拖鞋

絮鞋 $ɕiəu^{35}ia^{35-21}$ 棉鞋

皮鞋 $bi^{35}ia^{35-21}$

毛皮鞋 $mei^{35}bi^{13}ia^{35-21}$

布鞋 $pu^{35}ia^{35-21}$

草鞋 $ts'ei^{54}ia^{35-21}$

球鞋 $dʑiəu^{13}ia^{35-21}$

鞋底底 $ia^{35}tai^{54}.tai$ 鞋底儿

鞋帮子 $ia^{35}pan^{33}.tsʅ$ 鞋帮儿

鞋楦子 $ia^{35}ɕuan^{33}.tsʅ$

鞋拔子 $ia^{35}bia^{24}.tsʅ$

雨鞋 $y^{54}ia^{35-21}$ 橡胶做的

木屐	mu³³tɕi³³⁻²¹		项圈	ɣan³⁵tɕ‘ye³³
鞋带吔	ia³⁵tia³⁵.ta 鞋带儿		百家锁	pe³³tɕia³³su⁵⁴
水袜	ɕy⁵⁴.mie 袜子			小儿佩戴的锁状饰物
丝袜	sʐ³³ba¹³⁻²¹		别针	pie²²tɕin³³⁻²¹
长水袜	dʐio³⁵ɕy⁵⁴.mie 长袜		簪子	tsan³³.tsʐ
短水袜	tue⁵⁴ɕy⁵⁴.mie 短袜		耳环	e⁵⁴uan¹³⁻²¹
水袜带吔	ɕy⁵⁴.mie tia³⁵.ta		胭脂	ian³³tsʐ³³⁻⁵⁴
	袜带		香粉	ɕio³³fan⁵⁴
弓鞋	koŋ³³ia³⁵⁻²¹			

弓鞋（旧时裹脚妇女穿的鞋）

4. 其他穿戴用品

裹脚布	kuo⁵⁴tɕi²²pu³⁵		围裙	uei¹³dʐyn¹³⁻²¹
	裹脚（旧时妇女裹脚的布）		围兜兜	uei¹³təu³³təu³³⁻⁵⁴ 围嘴儿
绑腿	pan⁵⁴t‘uei⁵⁴		片子布	p‘ian³³.tsʐ pu³⁵ 尿布
	裹腿（军人用的）		手帕	ɕiəu⁵⁴p‘a³⁵⁻²¹ 手绢儿
帽子	mei³³.tsʐ		围巾	uei¹³tɕin³³⁻⁵⁴（长条的）
皮帽子	bi³⁵mei³³.tsʐ 皮帽		手套	ɕiəu⁵⁴t‘au³⁵⁻²¹
礼帽	li⁵⁴mau³⁵⁻²¹		眼镜	ian⁵⁴tɕin³⁵⁻²¹
瓜皮帽	kua³³bi¹³mau³⁵		伞	sa⁵⁴
军帽	tɕyn³³mau³⁵⁻²¹		蓑衣	su³³i³³⁻²¹
草帽子	ts‘ei⁵⁴mei³³.tsʐ		雨衣	y⁵⁴i³³⁻²¹ （新式的）
□□	y³³lau⁵⁴ 斗笠		手表	ɕiəu⁵⁴piau⁵⁴
帽子啄啄	mei³³.tsʐ tsua³⁵tsua³⁵⁻⁵⁴ 帽檐儿			

（十四）饮食

3. 装饰品

1. 伙食

首饰	ɕiəu⁵⁴ɕi³⁵⁻²¹		食饭	i³³va²⁴ 吃饭
手镯子	ɕiəu⁵⁴zuo²⁴.tsʐ 镯子		□日饭	e³⁵ni³³⁻⁵⁴va²⁴⁻²¹ 早饭
戒指	kai³⁵tɕi⁵⁴⁻²¹		白日饭	bo²⁴ni³³⁻⁵⁴va²⁴⁻²¹ 午饭
项链	ɣan³⁵lian³⁵⁻²¹		黑日饭	xau²²ni³³⁻⁵⁴va²⁴⁻²¹ 晚饭
			打底子	ta⁵⁴tai⁵⁴.tsʐ 途中吃点东西

食物　çi^{33}vu$^{13\text{-}21}$

零食　lio^{35}çi$^{33\text{-}21}$

点心　te^{54}çin$^{33\text{-}21}$　　糕饼之类食品

夜宵　ie^{35}çiau$^{33\text{-}21}$

消夜　çiau^{33}ie^{35}　吃夜宵

2. 米食

米饭　mie^{54}va$^{24\text{-}21}$

糯米饭　noŋ^{33}mie^{54}va$^{24\text{-}21}$

蒸饭　tçin^{33}va^{24}

烂巴饭　la^{33}pa$^{33\text{-}54}$va$^{24\text{-}21}$

剩饭　ʑin^{24}va$^{24\text{-}21}$

饭烧咖　va^{24}çi^{33}.kau　饭煳了

饭馊咖　va^{24}sau^{33}.kau　饭馊了

焦锅　tçi^{33}ku$^{33\text{-}21}$　　锅巴

粥饭　tçiəu^{22}va$^{24\text{-}21}$　　粥

米汤水　mie^{54}tʰu^{33}çy^{54}　米汤（煮饭灌出来的）

米糊糊　mie^{54}vu^{13}vu$^{13\text{-}54}$　米糊（用米磨成的粉做的糊状食物）

米粉　mie^{54}fan$^{54\text{-}21}$

粽子　tsan^{35}.tsʅ

粑粑　po^{33}po$^{33\text{-}54}$

3. 面食

面灰　mie^{33}fei$^{33\text{-}21}$　　面粉

面　mie^{33}　　面条儿

挂面　kuo^{35}mie$^{33\text{-}21}$　像线状的干面条

干切面　kan^{33}tçʰie^{33}mian^{35}　机制的宽的干面条

汤圻面　tʰu^{33}.ta mie^{33}　带汤的面条

躁子　sau^{33}.tsʅ　肉末

面片　mie^{33}pʰian$^{35\text{-}21}$　用面做成的片状食物，吃法与汤面同

面糊糊　mie^{33}vu^{13}vu$^{13\text{-}54}$　用面做成的糊状食物

馒头　man^{13}.dəu

包子　pau^{33}.tsʅ

油条　iəu^{13}diau$^{13\text{-}21}$

烧饼　çiau^{33}pin^{54}

烙饼　luo^{33}pin^{54}　　名词

卷子　tçyan^{54}.tsʅ

花卷　xuo^{33}tçyan^{54}

饺子　tçiau^{54}.tsʅ　饺子的总称

心子　çin^{33}.tsʅ（饺子）馅儿

馄饨　uən^{13}.duən

烧卖　çiau^{33}mai$^{35\text{-}21}$

蛋糕　dan^{35}kau$^{33\text{-}21}$

烘糕　xoŋ^{33}kau$^{33\text{-}21}$

元宵　yan^{13}çiau$^{33\text{-}21}$　用干粉淋水反复多次摇成，有馅

汤圆　tʰan^{33}yan$^{13\text{-}21}$　用湿粉团搓成的，有的有馅，有的无馅

月饼　ye^{33}pio^{54}

饼干　pin^{54}.kan

黄巧肉　　uan¹³tɕ'iau³³zu¹³　　　　　　　　带毛状物的那种

　　　　　糯米粉、面粉、鸡蛋、　　牛肚子　gau³⁵təu⁵⁴.tsʅ

　　　　　甜酒、肉调和在一　　　　　　　　（光滑的那种）

　　　　　起，分成若干份，　　肝化　　kue³³xuo³⁵⁻⁵⁴ 肝(动物的)

　　　　　油炸而成。　　　　　　鸡杂　　tɕi³³za¹³

饼药　　　pio⁵⁴io³³　　　　　　鸡肫　　tɕi³³dʑioŋ³⁵

　　　　　酵子（发酵用的面团）　鸡把　　tɕi³³po³⁵　　　鸡腿

　　　　　　　　　　　　　　　　猪血　　tiəu³³ɕye²²

　　　　4. 肉、蛋　　　　　　　鸡血　　tɕi³³ɕye²²

肉丁　　　niəu³³tin³³　　　　　炒□□　ts'a⁵⁴pa²²pa²² 炒鸡蛋

肉片　　　niəu³³p'ian³⁵⁻²¹　　　荷包蛋　ɣuo¹³pau³³dan³⁵

肉丝　　　niəu³³sʅ³³　　　　　　　　　　（油炸的）

肉皮　　　niəu³³bi³⁵　　　　　　闑□□　lue³⁵pa²²pa²²

肉松　　　niəu³³soŋ³³　　　　　　　　　　煮鸡子儿（连壳煮

壮肉　　　tsu³⁵niəu³³⁻²¹　　　　　　　　的鸡蛋）

瘦肉　　　sau³⁵niəu³³⁻²¹　　　　蒸□□　tɕin³³pa²²pa²²

肘子　　　tɕiəu⁵⁴.tsʅ　　　　　　　　　　蛋羹（加水调匀蒸的）

　　　　　猪腿靠近身体的部位　皮蛋　　bi¹³dan³⁵⁻²¹　松花蛋

猪脚　　　tiəu³³tɕi²²　　猪蹄儿　盐水□□ie³⁵ɕy⁵⁴pa²²pa²²

里脊肉　　li⁵⁴tɕi²²niəu³³　　　　香肠　　ɕian³³dʑian¹³⁻²¹

蹄筋　　　di¹³tɕin³³　　　　　　鱼咧冻　gei³⁵.ta tan³⁵

牛舌头　　gau³⁵ʑie¹³.lau

猪舌头　　tiəu³³ʑie¹³.lau　　　　　　　5. 菜

下水　　　ɣuo³⁵ɕy⁵⁴　　　　（下饭的）菜　　ts'ai³⁵

　　　　　（猪牛羊的内脏）　　素菜　　su³⁵ts'ai³⁵⁻²¹

肺　　　　fei³⁵　　（猪的）　　荤菜　　fən³³ts'ai³⁵⁻²¹

肠碎　　　zuo¹³suei³⁵⁻⁵⁴　　　　咸菜　　ɣuo³⁵ts'ai³⁵⁻²¹

　　　　　肠子（猪的）　　　　小菜　　ɕiau⁵⁴ts'ai³⁵⁻²¹　蔬菜

脆骨　　　ts'uei³⁵ku³³⁻²¹　　　　豆腐　　lau²⁴.u

排骨　　　bai¹³ku³³⁻²¹　（猪的）豆腐皮子 lau²⁴.u bi³⁵.tsʅ

牛百叶　　niəu¹³pe³³ie³³　　　　　　　　可以用来做腐竹的

草肚　　　ts'ei⁵⁴təu⁵⁴.tsʅ　　　　千张　　tɕ'ian³³tɕian³³

	薄的豆腐干片	颜色	ian¹³se³³⁻²¹
香干子	ɕian³³kan³³.tsʅ	猪油	tiəu³³iəu³⁵⁻²¹　荤油
	豆腐干儿	板油	pa⁵⁴iəu³⁵⁻²¹
豆腐脑子	lau²⁴.u nei⁵⁴.tsʅ	花生油	xuo³³sən⁵⁴iəu³⁵⁻²¹
	豆腐脑儿	茶油	zuo³⁵iəu³⁵⁻²¹
豆浆	təu³⁵tɕian³³	菜籽油	tsʻai³⁵.tsʅ iəu³⁵⁻²¹
霉豆腐	mei¹³lau²⁴.u 豆腐乳	麻咧油	mo³⁵.ta iəu³⁵⁻²¹
粉	fan⁵⁴	脂麻油	tsʅ³³.ma iəu³⁵⁻²¹
粉丝	fən⁵⁴sʅ³³⁻²¹	盐	ie³⁵
	绿豆做的、细条的	粗盐	tsʻəu³³ie³⁵
粉条	fən⁵⁴diau¹³⁻²¹	精盐	tɕin³³ie³⁵
	白薯做的，粗条的	酱油	tɕian³⁵iəu¹³⁻²¹
粉皮	fən⁵⁴bi¹³⁻²¹	脂麻酱	tsʅ³³.ma tɕian³⁵
	绿豆做的，片状的	甜酱	le³⁵tɕian³⁵　甜面酱
薯粉	ʐiəu³⁵fan⁵⁴	豆瓣酱	dəu³⁵ban³⁵tɕian³⁵
	红薯粉		豆瓣儿酱
面筋	mie³³tɕin³³	辣椒酱	lia³³tɕie³³⁻⁵⁴tɕian³⁵　辣酱
凉粉	lio³⁵fan⁵⁴	醋	tsʻəu³⁵
	绿豆做的、凝冻状的	料酒	liau³⁵tɕiəu⁵⁴
藕粉	ŋəu⁵⁴fən⁵⁴	蔗糖	tɕie³⁵dan¹³⁻²¹　红糖
豆豉	lau²⁴zʅ²⁴⁻²¹	大蔗糖	da³⁵tɕie³⁵⁻⁵⁴dan¹³
芡粉	tɕʻian³⁵fan⁵⁴		块状红糖
木耳	mu³³e⁵⁴	白糖	be¹³dan¹³⁻²¹
银耳	in¹³e⁵⁴	冰糖	pin³³dan¹³⁻²¹
黄花菜	uan¹³xua³³tsʻai³⁵⁻²	纸包糖	tsʅ⁵⁴pau³³dan¹³⁻²¹
金针菇	tɕin³³tɕin³³⁻⁵⁴ku³³⁻²¹		一块块用纸包装好
海参	xai⁵⁴sən³³⁻²¹		的糖
海带	xai⁵⁴tai³⁵	花生糖	xuo³³sən³³⁻⁵⁴dan¹³⁻²¹
		麦芽糖	me³³ia¹³dan¹³⁻²¹
	6. 油盐作料	配料	pʻei³⁵liau³⁵⁻²¹　作料
味道	bi³⁵.dau 吃的滋味	八角	pa³³kuo³³⁻⁵⁴
气味	tɕʻi³⁵uei³⁵⁻²¹ 闻的气味	桂皮	kuei³⁵bi¹³⁻²¹

花椒	xua³³tɕiau³³⁻²¹	
胡椒粉	vu¹³tɕiau³³fən⁵⁴	
茴香	uei¹³ɕian³³⁻²¹	

白酒	bo²⁴tɕiəu⁵⁴	
甜酒	le³⁵tɕiəu⁵⁴	江米酒
壶酿酒	u³⁵nio⁵⁴tɕiəu⁵⁴	
黄酒	u³⁵tɕiəu⁵⁴	
谷酒	ku²²tɕiəu⁵⁴	
甜酒糟	le³⁵tɕiəu⁵⁴tsuei³³⁻²¹	

7. 烟、茶、酒

烟	ie³³
烟口叶	ie³³mi³³ie³³⁻⁵⁴ 烟叶
烟丝	ie³³sɿ³³
香烟	ɕian³³ie³³⁻²¹
纸烟	tsɿ⁵⁴ie³³⁻²¹
黄烟	u³⁵ie³³⁻²¹
水烟袋	ɕy⁵⁴ie³³dai³⁵
水烟	ɕy⁵⁴ie³³⁻²¹
	装在水烟袋里吸的烟
旱烟袋	ɣan³⁵ie³³dai³⁵
	（细竹杆儿做的烟具）
旱烟	ɣan³⁵ie³³⁻²¹
	装在旱烟袋里吸的烟
烟盒吋	ie³³vu³⁵.ta 烟盒
烟油子	ie³³iəu¹³.tsɿ
烟灰	ie³³fei³³
火镰子	fu⁵⁴lian³⁵.tsɿ
	旧时取火用具
打火砖	ta⁵⁴fu⁵⁴tɕye³³⁻²¹
	火石（用火镰打的
	石头）
纸媒子	tsɿ⁵⁴mei¹³.tsɿ 纸媒儿
茶	zuo³⁵
茶叶	zuo³⁵ie³³⁻⁵⁴
开水	kʻuei³³ɕy⁵⁴
泡茶	pʻa³⁵zuo³⁵ 沏茶（动宾）
倒茶	tei⁵⁴zuo³⁵

（十五）红白大事

1. 婚姻、生育

亲事	tɕʻin³³zɿ²⁴⁻²¹	
做媒	tsɿ³⁵me³⁵	
做介绍	tsɿ³⁵kai³⁵ɕiau³⁵⁻²¹	
媒人	mei³⁵oŋ³⁵⁻²¹	
谢媒人	zie³⁵mei³⁵oŋ³⁵⁻²¹	
觑亲	tɕʻiəu³⁵tɕʻin³³	
	相亲男女双方见面、	
	看是否合意	
觑垱吋	tɕʻiəu³⁵du³⁵.ta	
相貌	ɕian³⁵mau³⁵⁻²¹	
年纪	ne³⁵tɕi³⁵⁻²¹	年龄
定婚	din³⁵fən³³	
定婚礼	din³⁵fən³³li⁵⁴	定礼
喜期	ɕi⁵⁴dʑi¹³⁻²¹	
	结婚的日子	
喜酒	ɕi⁵⁴tɕiəu⁵⁴	
陪嫁	bei¹³kuo³⁵	过嫁妆
讨路家	tʻei⁵⁴ləu³³kuo³³⁻⁵⁴	
	（男子）娶亲	
出嫁	tɕʻy²²kuo³⁵	
	（女子）出嫁	

嫁女	kuo³⁵niəu⁵⁴	嫁闺女	
结婚	tɕie²²fən³³		
做喜事	tsʅ³⁵ɕi⁵⁴zʅ²⁴		
轿子	dʑie³⁵.tsʅ		
花轿	xuo³³dʑie³⁵⁻²¹		
拜堂	pia³⁵dan¹³		
新郎公	ɕin³³lan¹³koŋ³³	新郎	
新妇娘	ɕin³³⁻³⁵⁻²¹u nian¹³⁻²¹		
	新娘		
洞房	doŋ³⁵ban¹³⁻²¹		
交杯酒	tɕiau³³pei³³tɕiəu⁵⁴		
回门	ua³⁵man³⁵		
还二嫁	ɣai¹³ni³³kuo³⁵⁻²¹		
	女子再婚		
填房	dian¹³ban¹³⁻²¹		
驼肚	duo¹³təu⁵⁴	怀孕	
怀毛毛	ua³⁵mau¹³mau¹³⁻⁵⁴		
四眼人	sʅ³⁵ŋa⁵⁴oŋ³⁵⁻²¹	孕妇	
流产	liəu¹³tsʻan⁵⁴	小产	
生细细人咓			
	suo³³sai³⁵sai³⁵⁻⁵⁴oŋ³⁵⁻²¹.ta		
	生孩子		
接生	tsai²²suo³³		
衣包	i³³pa³³⁻⁵⁴	胎盘	
坐月子	zu³⁵ye³³.tsʅ		
打三朝	ta⁵⁴suo³³ti³³⁻²¹		
满月	me⁵⁴ye³³		
初生子	tsʻəu³³sən³³⁻²¹.tsʅ		
头胎	lau³⁵tʻai³³⁻²¹		
双生子	su³³sən³³⁻²¹.tsʅ 双胞胎		
打胎	ta⁵⁴tʻai³³	人工流产	
刮毛毛	kua²²mau¹³mau¹³⁻⁵⁴		

背父生	bei³⁵u³⁵sən³³		
遗腹子（父亲死后 才出生的）			
食奶	i³³nia⁵⁴	吃奶	
奶头	nia⁵⁴lau³⁵	乳头	
尿床	niau³⁵zu³⁵		

2.寿辰、丧葬

生日	suo³³ni³³⁻²¹		
做生日	tsʅ³⁵suo³³ni³³⁻²¹		
做整生	tsʅ³⁵tɕin⁵⁴sən³³⁻²¹		
做阴生	tsʅ³⁵in³³sən³³⁻²¹		
长尾巴	tio⁵⁴mi⁵⁴.po		
祝寿	tsu³³ʑiəu³⁵		
做寿	tsʅ³⁵ʑiəu³⁵		
寿星	ʑiəu³⁵ɕin³³⁻²¹		
丧事	san³³zʅ²⁴⁻²¹		
白喜事	bo²⁴ɕi⁵⁴zʅ²⁴⁻²¹		
奔丧	pən³³san³³		
断咖气	lue³⁵.ka tɕʻi³⁵	死了	
灵床	lin¹³zuan¹³⁻²¹		
寿木	ʑiəu³⁵ mu³³		
生前预制的棺材			
棺材	kuan³³zai¹³⁻²¹		
千年屋	tsʻe³³ne³⁵⁻²¹u²²		
入材	zy¹³zai¹³	入殓	
灵堂	lin³⁵dan¹³⁻²¹		
守夜	ɕiəu⁵⁴io³³		
守灵	ɕiəu⁵⁴lin³⁵		
做七	tsʅ³⁵tɕʻi²²		
守孝	ɕiəu⁵⁴ɕiau³⁵		
带孝	tai³⁵xau³⁵		

孝衣　　xau³⁵i³³

祠堂　　zղ¹³dan¹³⁻²¹

孝子　　ɕiau³⁵tsղ⁵⁴

佛龛　　vu¹³k'an³³

孝孙　　ɕiau³⁵sən³³

香案　　ɕio³³ŋan³⁵

上山　　ʑio³⁵sa³³　　出殡

上供　　ʑio³⁵koŋ³⁵

送上山　san³⁵ʑio³⁵sa³³　送葬

烛台　　tɕiəu²²dai¹³⁻²¹

纸扎　　tsղ⁵⁴tsa³³

蜡烛　　luo³³tɕiəu²²⁻⁵⁴

　　　　用纸扎的人、马、
　　　　房子等

　　　　　　　　敬神的蜡烛

线香　　se³⁵ɕio³³⁻⁵⁴ 敬神的香

钱纸　　ze³⁵tsղ⁵⁴

香炉子　ɕio³³lu¹³.tsղ　香炉

祖山　　tsəu⁵⁴sa³³⁻²¹　坟墓

烧香　　ɕiau³³ɕian³³

碑　　　pei³³　不单指墓碑

求签　　dʑiəu¹³tɕ'ian³³

墓碑　　mu³⁵pei³³

打卦　　ta⁵⁴kua³⁵

上祖山　ʑio³⁵tsəu⁵⁴sa³³⁻²¹ 上坟

阴卦　　in³³kua³⁵⁻²¹

自杀　　zղ³⁵sa³³

　　　　　　　　两面都朝下

跳水　　t'ie³⁵ɕy⁵⁴ 投水（自尽）

阳卦　　ian¹³kua³⁵⁻²¹

吊颈　　tie³⁵tɕio⁵⁴　　上吊

　　　　　　　　两面都朝上

尸骨　　sղ³³ku³³⁻²¹

圣卦　　ʑin³⁵kua³⁵⁻²¹

骨灰坛咿　ku³³fei³³duo³⁵.ta

　　　　　　　　一正一反

　　　　　　骨灰坛子

庙会　　miau³⁵uei³⁵⁻²¹

做道场　tsղ³⁵dau³⁵dʑian¹³⁻²¹

3. 迷信

念经　　nian³⁵tɕin³³

天老爷　t'e³⁵lei⁵⁴ie¹³⁻²¹

测字　　ts'e²²zղ²⁴

灶公菩萨 tsei³⁵koŋ³³⁻⁵⁴vu¹³sa³⁵⁻⁵⁴

觑风水　tɕ'iəu³⁵foŋ³³ɕy⁵⁴

　　　　　　灶王爷

　　　　　　　　看风水

佛　　　vu¹³

算命　　sue³⁵mio³³

菩萨　　vu¹³sa³⁵⁻⁵⁴

算命先生 sue³⁵mio³³ɕian³³.sən

观音菩萨 kuan³³in³³vu¹³sa³⁵⁻⁵⁴

觑相噜　tɕ'iəu³⁵ɕian³⁵.lu

　　　　　　观世音

　　　　　　　　看相的

土地庙屋 t'əu⁵⁴ti³⁵⁻²¹mie³³u²²

觑八字　tɕ'iəu³⁵pia²²zղ²⁴⁻²¹

土地菩萨 t'əu⁵⁴ti³⁵⁻²¹vu¹³sa³⁵⁻⁵⁴

巫婆　　u³³bo¹³⁻²¹

关帝庙　kuan³³ti³⁵⁻²¹miau³⁵

许愿　　ɕy⁵⁴ye³⁵

阎王　　ian¹³.uan

还愿　　ua³⁵ye³⁵

（十六）日常生活

1. 衣

着衣	ti^{22}i^{33}	穿衣服
脱衣	t'a^{22}i^{33}	脱衣服
脱鞋	t'a^{22}ia^{35}	
量衣	lio^{35}i^{33}	量衣服
做衣	tsʅ^{35}i^{33}	做衣服
贴边	t'ai^{22}pie^{33}	
	缝在衣服里子边上	
	的窄条	
滚边	koŋ^{54}pie^{33}	
	在衣服、布鞋等的	
	边缘特别缝制的一	
	种圆棱的边儿	
绞边	tɕiau^{54}pie^{33}	缲边儿
打鞋底	t'a^{54}ia^{35}tai^{54}	纳鞋底子
钉扣子	tio^{35}k'au^{35}.tsʅ	
绣花	ɕiəu^{35}xuo^{33}	
打补丁	ta^{54}pu^{54}tio$^{33-21}$	
做被窠	tsʅ^{35}bi^{24}fu$^{33-21}$	
洗衣	sai^{54}i^{33}	洗衣服
洗一水	sai^{54}i^{33}ɕy^{54}	
摆衣	pai^{54}i^{33}	
	投（用清水漂洗）	
晒衣	ɕia^{35}i^{33}	晒衣服
熨衣	yn^{35}i^{33}	熨衣服

2. 食

发火	fa^{33}fu^{54}	生火
烧火	ɕi^{33}fu^{54}	

做饭	tsʅ^{35}va^{24}	
淘米	lei^{35}mie^{54}	
发面	fa^{33}mie^{33}	
和面	vu^{13}mie^{33}	
揉面	ʑiəu^{13}mie^{33}	
擀面	kan^{54}mie^{33}	擀面条
蒸馒头	tɕin^{33}man^{13}.dəu	
择菜	zuo^{24}ts'ai^{35}	
做菜	tsʅ^{35}ts'ai^{35}	
开汤吶	k'uei^{33}t'u^{33}.ta	做汤
打汤吶	ta^{54}t'u^{33}.ta	
饭好咖	va^{24}xei^{54}.kau	好了
夹生	tɕia^{22}suo^{33}	（饭）生
开饭	k'uei^{33}va^{24}	
舀饭	ie^{54}va^{24}	盛饭
食饭	i^{33}va^{24}	吃饭
食长饭	i^{33}tio^{54}va$^{24-21}$	
搛菜	ke^{33}ts'ai^{35}	夹菜
舀汤吶	ie^{54}t'u^{33}.ta	
食口日饭	i^{33}e^{35}ni$^{33-54}$va$^{24-21}$	
		吃早饭
食白日饭	i^{33}bo^{24}ni3$^{3-54}$va$^{24-21}$	
		吃午饭
食黑日饭	i^{33}xau^{22}ni$^{33-54}$va$^{24-21}$	
		吃晚饭
吃零食	i^{33}lio^{35}ɕi$^{33-21}$	
拿筷子	ne^{54}k'uai^{35}.tsʅ	使筷子
肉毋烂	niəu^{33}a^{35}la^{33}	
嚼不动	ʑio^{13}.pu lan^{24}	
噎着咖	ie^{22}.tɕi.kau	
	（吃饭）噎住了	
打饱嗝	ta^{54}pa^{54}ge$^{13-21}$	

打隔儿（吃饭后）

胀着咖　tio³⁵.tɕi.kau
　　　（吃得太多了）撑着了

嘴□淡　tɕiəu³⁵pie³³luo³⁵
　　　　　　没味儿

喝茶　fu³³zuo³⁵

喝酒　fu²²tɕiəu⁵⁴

食烟　i³³ie³³　　抽烟

饿着咖　gu²⁴tɕi.kau　饿了

3. 住

□起　dʑio²⁴.ɕi　　起床

洗手　sai⁵⁴ɕiəu⁵⁴

洗面　sai⁵⁴mie³³　　洗脸

涮口　sua³⁵kʻau⁵⁴　　漱口

刷牙子　sua²²guo³⁵.tsɿ　刷牙

梳头发　səu³³lau³⁵fan³³⁻⁵⁴　梳头

梳辫子　səu³³bian³⁵.tsɿ

梳巴巴头　səu³³po³³po³³⁻⁵⁴lau³⁵⁻²¹
　　　　　　梳髻

剪手指壳吖

　　tse⁵⁴ɕiəu⁵⁴.tsɿ xa²².ta
　　　　　　剪指甲

挖耳朵屎　ua²²mi⁵⁴.tu sɿ⁵⁴
　　　　　　掏耳朵

洗身□　sai⁵⁴ɕin³³tɕie⁵⁴　洗澡

擦身□　tɕʻia²²ɕin³³tɕie⁵⁴　擦澡

屙尿　u³³niau³⁵　　拉小便

屙屎　u³³sɿ⁵⁴　　拉大便

敲凉　tʻau⁵⁴lio³⁵　　乘凉

晒热热虎

　　ɕia³⁵nai³³nai³³⁻⁵⁴fu⁵⁴⁻²¹

晒太阳

炙火　tɕio²²fu⁵⁴　　烤火

点灯盏　te⁵⁴tan³³tsa⁵⁴　点灯

熄灯盏　ɕi³³tan³³tsa⁵⁴

鼓气　　tʻau⁵⁴tɕʻi³⁵

歇歇（休息一会儿）

打哈欠　ta⁵⁴xa³³.tɕian

睡眼闭　ʐy²⁴ga²⁴bi³⁵⁻²¹

铺床　pʻu³³zu³⁵

睡下去　ʐy²⁴ɣuo³⁵.xei　躺下

睡着咖　ʐy²⁴ʐio²⁴.kau

鼓鼻　ku⁵⁴bi²⁴　　打呼

睡不着　ʐy²⁴.pu ʐio²⁴

睡白日觉　ʐy²⁴bo²⁴ni³³⁻⁵⁴ka³⁵
　　　　　　睡午觉

向天睡　ɕian³⁵tʻe³³ʐy²⁴　仰面睡

侧着睡　tse²².tɕi ʐy²⁴

□着睡　kʻu²².tɕi ʐy²⁴　趴着睡

落枕　lu³³tɕio⁵⁴

抽筋　tɕʻiəu³³tɕin³³

做梦　tsɿ³⁵man³³

发梦冲　fa³³moŋ³⁵tsʻoŋ³³⁻²¹

讲梦话　tsɿ³⁵man³³uo³³⁻²¹
　　　　　　说梦话

熬夜　ŋau¹³io³³

开夜车　kʻai³³ie³⁵tɕʻie³³⁻²¹

4. 行

下地　ɣuo³⁵dʑi²⁴
　　　（去地里干活）

出工　tɕʻy²²koŋ³³　　上工

收工	ɕiəu³³koŋ³³		供	goŋ³⁵
出去咖	tɕʻy²²xei³⁵⁻²¹.kau		同谋	doŋ¹³məu¹³
	出去了		故犯	ku³⁵ban³⁵⁻²¹
回去咖	ua³⁵xei³⁵⁻⁵⁴.kau		误犯	mu³⁵ban³⁵⁻²¹
	回家了		犯法	ban³⁵fa³³
逛街	guan¹³tɕia³³		犯罪	ban³⁵zuei³⁵
散步	san³⁵bu³⁵		诬告	u³³kau³⁵⁻²¹
			保释	pau⁵⁴ɕi³³⁻²¹

（十七）讼事

			取保	tɕʻy⁵⁴pau⁵⁴
			抓起来	tsua²².ɕi.lai
				逮捕
打官司	ta⁵⁴kue³³.sɿ			
告状	kei³⁵zu³⁵	动宾	赃官	tsan³³kuan³³⁻²¹
原告	yan¹³kau³⁵⁻²¹		受贿	ʑiəu³⁵fei³⁵
被告	bi³⁵kau³⁵⁻²¹		行贿	in¹³fei³⁵
状子	zu³⁵.tsɿ		罚款	ba¹³kʻuan⁵⁴
坐堂	zu³⁵dan¹³		罚钱	ba¹³ze³⁵
退堂	tʻuei³⁵dan¹³		枪毙	tɕʻian³³bi³⁵⁻²¹
过堂	ku³⁵dan¹³		标子	piau³³.tsɿ
证人	tɕin³⁵oŋ³⁵⁻²¹		斩条（插在死囚背	
人证	ʑin¹³tɕin³⁵⁻²¹		后验明正身的木条）	
物证	vu¹³tɕin³⁵⁻²¹		拷打	kʻau⁵⁴ta⁵⁴
对质	dui³⁵tɕi³³		打屁股	ta⁵⁴pʻi³⁵.ku
刑事	in¹³zɿ³⁵⁻²¹			（旧时刑罚）
民事	min¹³zɿ³⁵⁻²¹		手铐	ɕiəu⁵⁴kʻau³⁵⁻²¹
家务事	kuo³³u³⁵zɿ²⁴		脚铐	tɕi²²kʻau³⁵⁻²¹ 脚镣
律师	ly³³sɿ³³⁻²¹		绑起来	pan⁵⁴.ɕi.lai
服	vu¹³		关起来	kua³³.ɕi.lai
毋服	a³⁵vu¹³			囚禁起来
上诉	ʑio³⁵su³⁵		坐牢	zu³⁵lau³⁵
宣判	ɕyan³³pʻan³⁵⁻²¹		探监	tʻan³⁵kan³³
招认	tɕiau³³ʑin³⁵⁻²¹		越狱	ye³³y³³
口供	kʻou⁵⁴goŋ³⁵⁻²¹		立字	li³³zɿ²⁴ 立字据

画押	uo³⁵ia³³		客人	kʻuo²²oŋ³⁵⁻²¹
按手印	ŋan³⁵ɕiəu⁵⁴in³⁵⁻²¹		请客	tɕʻio⁵⁴kʻuo²²
捐税	tɕyan³³ɕye³⁵		招待	tɕiau³³dai³⁵⁻²¹
地租	di³⁵tsu³³		男客	no³⁵kʻuo²²⁻²¹
地契	di³⁵tɕʻi³⁵⁻²¹		女客	niəu⁵⁴kʻuo²²⁻²¹
交税	tɕiau³³ɕye³⁵ 纳税		送礼	san³⁵li⁵⁴
执照	tɕi³³tɕiau³⁵⁻²¹		礼物	li⁵⁴vu¹³⁻²¹
告示	kei³⁵zʅ³⁵⁻²¹		人情	ʑin¹³dʑin¹³⁻²¹
通知	tʻoŋ³³tɕi³³⁻²¹		做客	tsʅ³⁵kʻuo²²
路条	ləu³³diau¹³⁻²¹		招呼客	tɕiau³³fu³³kʻuo²² 待客
命令	min³⁵lin³⁵⁻²¹		陪客	bei¹³kʻuo²² （动宾）
章子	tɕian³³.tsʅ		送客	san³⁵kʻuo²²
印	in³⁵ 官方图章		毋送	a³⁵san³⁵
私访	sʅ³³fan⁵⁴			不送了（主人的客
交代	tɕiau³³dai³⁵⁻²¹			气话）
	把经手的事务移交		谢谢	ʑie³⁵.ʑie
	给接替的人		毋客气	a³⁵kʻuo²².tɕʻi
上任	ʑian³⁵in³⁵		莫客气	mo³³kʻuo²².tɕʻi
卸任	ɕie³⁵in³⁵			别讲客气
罢免	ba³⁵mian⁵⁴		摆酒席	pia⁵⁴tɕiəu⁵⁴dʑi¹³⁻²¹
案卷	ŋan³⁵tɕyan³⁵⁻⁵⁴		一桌酒席	i³³tsu²²tɕiəu⁵⁴dʑi¹³⁻²¹
传票	dʑyan¹³pʻie³⁵⁻²¹		请帖	tɕʻio⁵⁴tʻai²²⁻²¹
			下请帖	ɣuo³⁵tɕʻio⁵⁴tʻai²²⁻²¹
			入席	ʑy¹³dʑi¹³
			上席	ʑian³⁵dʑi¹³⁻²¹
	（十八）交际		上菜	ʑio³⁵tsʻai³⁵
			斟酒	tɕio²²tɕiəu⁵⁴ 斟酒
应酬	in³⁵dʑiəu¹³⁻²¹		劝酒	tɕʻye³⁵tɕiəu⁵⁴
来往	lai¹³uan⁵⁴		干杯	kan³³pei³³
觑人	tɕʻiəu³⁵oŋ³⁵		号拳	au²²dʑye³⁵ 行酒令
	看人（去看望人）		合不来	vu¹³.pu lai³⁵
拜访	pai³⁵fan⁵⁴		毋和	a³⁵vu¹³
回拜	uei¹³pia³⁵			

对头	duei³⁵.lau	冤家	开铺子	kʻuei³³pʻu³⁵.tsʅ	
不平	pu³³pin¹³	路见~	铺面	pʻu³⁵mie³³⁻²¹	
冤枉	yan³³.uan				商店的门面
插嘴	tɕʻia²²tɕiəu³⁵		摆摊子	pia³³tʻan³³.tsʅ	
□筋	dʑia¹³tɕin³³	吹毛求疵	做生意	tsʅ³⁵sən³³.i	
做作	tsuo³⁵tsuo²²⁻²¹		旅社	ly⁵⁴zie³⁵⁻²¹	旅店
故意	ku³⁵i³⁵⁻²¹	假装	伙铺	fu⁵⁴pʻu³⁵⁻²¹	
摆格	pia⁵⁴ke³³	摆架子	酒店	tɕiəu⁵⁴dian³⁵⁻²¹	
耍牌子	sua⁵⁴bia³⁵.tsʅ				条件较好规模较大
装糊涂	tsuan³³vu¹³du³⁵⁻²¹	装傻			的旅店
出洋相	tɕʻy²²ian¹³ɕian³⁵⁻²¹		饭馆子	va²⁴kuan⁵⁴.tsʅ	
丢人	tiəu²²oŋ³⁵		下馆子	yuo³⁵kuan⁵⁴.tsʅ	
现世	ɕian³⁵ɕi³⁵	丢人	布铺	pu³⁵pʻu³⁵⁻²¹	布店
巴结	pa³³.tɕie		百货店	pe³³xuo³⁵⁻²¹dian³⁵	
串门	tɕʻye³⁵man³⁵		杂货铺	za¹³xuo³⁵⁻²¹pʻu³⁵	
摸罗拐	mo³³luo¹³kuai⁵⁴				杂货店
套近乎	tʻau³⁵dʑin³⁵.fu		油盐铺	iəu³⁵ie³⁵⁻²¹pʻu³⁵	
斗把	tau³⁵po³⁵	对着干			油盐店
觑得起	tɕʻiəu³⁵.la ɕi⁵⁴	看得起	粮店	lian¹³dian³⁵	
觑不起	tɕʻiəu³⁵.pu ɕi⁵⁴	看不起	瓷器店	zʅ¹³tɕʻi³⁵⁻²¹dian³⁵	
合伙	vu¹³fu⁵⁴	合伙儿	文具店	bən¹³dzy³⁵⁻²¹dian³⁵	
答应	tuo²²in³⁵⁻²¹		茶馆	dza¹³kuan⁵⁴	茶馆儿
毋答应	a³⁵tuo²²in³⁵⁻²¹		理发店	li⁵⁴fa³³dian³⁵	
□出去	luei³³tɕʻy²²xei³⁵⁻²¹	撵出去	剃头发	tʻai³⁵lau³⁵fan³³⁻⁵⁴	理发
			刮面古	gua²²mie³³.ku	刮脸
			刮胡子	gua²²u³⁵.tsʅ	

（十九）商业、交通

		肉铺	nʻiəu³³pu³⁵⁻²¹	
		杀猪	ɕia²²tiəu³³	
### 1.经商行业		当铺	dan³⁵pʻu³⁵⁻²¹	
字号	zʅ²⁴au³⁵	租屋	tsəu³³u²²	租房子
	商店的名称	煤铺	mei¹³pʻu³⁵⁻²¹	
招牌	tɕiau³³bai¹³⁻²¹	煤球	mei¹³dʑiəu¹³	
广告	kuan⁵⁴kau³⁵⁻²¹			

蜂窝煤　foŋ³³uo³³mei¹³

2. 经营、交易

开张　kʻuei³³tɕian³³

开业　kʻuei³³nie³³

停业　din¹³nie³³

盘底　ban¹³ti⁵⁴　　盘点

柜台　guei³⁵dai¹³⁻²¹

开价钱　kʻuei³³kuo³⁵ze³⁵⁻²¹ 开价

还价钱　uai³⁵kuo³⁵ze³⁵⁻²¹

便宜　bie³⁵ni³³⁻²¹ 价钱便宜

贵　tɕy³⁵

公道　koŋ³³dau³⁵⁻²¹ 价钱公道

包圝噜　pa³³lue³⁵.lu

　　　　剩下的全部买了

生意好　sən³³.i xei⁵⁴ 买卖好

生意毋好　sən³³.i a³⁵xei⁵⁴

　　　　买卖清淡

工钱　koŋ³³ze³⁵⁻²¹

本钱　pan⁵⁴ze³⁵⁻²¹

保本　pau⁵⁴pan⁵⁴

赚钱　zua²⁴ze³⁵

亏本　kʻuei³³pan⁵⁴

路费　ləu³³fei³⁵⁻²¹

利息　li³⁵.ɕi

运气好　ioŋ³³tɕʻi3⁵⁻²¹xei⁵⁴

欠　tɕʻian³⁵

差　tsʻuo³³

押金　ia³³tɕin³³⁻²¹

3. 账目、度量衡

账房　tɕian³⁵ban¹³⁻²¹

开支　kʻai³³tsʅ³³　　开销

收账　ɕiəu³³tɕian³⁵

出账　tɕʻy²²tɕian³⁵

欠账　tɕʻian³⁵tɕian³⁵

讨账　tʻei⁵⁴tɕian³⁵

要账　ie³⁵tɕian³⁵

烂账　la³³tɕian³⁵⁻²¹

　　　　要不来的账

水牌　ɕy⁵⁴bia³⁵⁻²¹

　　　　临时记账用的木牌

　　　　或铁牌

发票　fa³³pʻie³⁵⁻²¹

收据　ɕiəu³³tɕy³⁵⁻²¹

存款　zən¹³kʻuan⁵⁴

整钱　tɕin⁵⁴ze³⁵⁻²¹

　　　　如十元、百元的钱

零钱　lio³⁵ze³⁵⁻²¹

票子　pʻie³⁵.tsʅ　　钞票

零角子　lin¹³kuo³³.tsʅ　硬币

毫子　ɣau¹³.tsʅ　　硬币

铜钱　doŋ¹³ze³⁵⁻²¹　铜板儿

银元　in¹³yan¹³⁻²¹

一分钱　i³³fan³³ze³⁵⁻²¹

一角钱　i³³tɕio²²ze³⁵⁻²¹

一块钱　i³³ɕia³⁵ze³⁵⁻²¹

十块钱　zʅ¹³ɕia³⁵⁻²¹ze³⁵⁻²¹

一百块钱　i³³po²²ɕia³⁵⁻²¹ze³⁵⁻²¹

一张票子　i³³tɕian³³pʻie³⁵.tsʅ

一只铜钱　i³³tɕio²²doŋ¹³ze³⁵⁻²¹

　　　　一个铜子儿

算盘　sue³⁵ban¹³⁻²¹

天平　tʻian³³bin¹³⁻²¹

戥子　tən⁵⁴.tsʅ
最大单位为两的一
种秤

秤　tɕʰin³⁵

磅秤　pan⁵⁴tɕʰin³⁵⁻²¹

秤盘　tɕʰin³⁵ban¹³

秤钩钩　tɕʰin³⁵kau³³kau³³⁻⁵⁴

秤星唭　tɕʰin³⁵ɕio³³.ta 秤星儿

够秤　kau³⁵tɕʰin³⁵⁻²¹
斤两足，秤杆尾端
朝上

绵秤　mie³⁵ɕʰin³⁵⁻²¹
斤两不足，秤杆尾
端朝下

打秤　ta⁵⁴tɕʰin³⁵
物体比重大，压秤

秤杆子　tɕʰin³⁵kan⁵⁴.tsʅ
秤杆儿

秤砣砣　tɕʰin³⁵duo¹³.duo

秤锤唭　tɕʰin³⁵dzy³⁵.ta

秤毫　tɕʰin³⁵ɣau¹³

刮板　kua²²pan⁵⁴

4. 交通

铁路　tʰai²²ləu³³⁻²¹

铁轨　tʰai²²kuei⁵⁴

火车　fu⁵⁴tɕʰio³³⁻²¹

火车站　fu⁵⁴tɕʰio³³zan³⁵

马路　mo⁵⁴ləu³³⁻²¹　公路

汽车　tɕʰi³⁵tɕʰio³³⁻²¹

客车　kʰuo²²tɕʰio³³⁻²¹

货车　fu³⁵tɕʰio³³⁻²¹

公共汽车　koŋ³³goŋ³⁵tɕʰi³⁵tɕʰio³³⁻²¹

细车子　sai³⁵tɕʰio³³.tsʅ 小轿车

摩托车　mo¹³tʰuo³³tɕʰio³³⁻²¹

三轮车　san³³nən¹³tɕʰio³³⁻²¹

踩士　tsʰai⁵⁴zʅ³⁵⁻²¹

单车　ta³³tɕʰio³³⁻²¹　自行车

船　dzye³⁵

帆　ban¹³

篷　boŋ¹³

桅杆　uei³³kan⁵⁴

舵　duo³⁵

橹　lu⁵⁴

桨　tɕian⁵⁴

篙　kau³³

跳板　tʰie³⁵pa⁵⁴　上下船用

帆船　ban¹³dzye³⁵⁻²¹

舢板　ɕian³³pan⁵⁴

鱼唭船　gei³⁵.ta dzye³⁵⁻²¹

口船　ləu³³dzye³⁵⁻²¹　渡船

轮船　nən¹³dzye³⁵⁻²¹

摆渡　pia⁵⁴du³⁵
过摆渡（坐船过河）

渡口　du³⁵kʰau⁵⁴

（二十）文化教育

1. 学校

学堂　io³³dan¹³⁻²¹　学校

上学　zio³⁵io³³
开始上小学、去学
校上课

放学　fu³⁵io³³ 上完课回家

散学　san³⁵io³³

逃学　dau¹³io³³

幼儿园　iəu³⁵e¹³yan¹³

托儿所　tʻuo³³e¹³suo⁵⁴

义务学校　ni³⁵u³⁵io³³iau³⁵⁻²¹

私塾　sɿ³³zu¹³⁻²¹

学费　io³³fei³⁵⁻²¹

放假　fu³⁵tɕia⁵⁴

暑假　ɕy⁵⁴tɕia⁵⁴

寒假　ɣan¹³tɕia⁵⁴

请假　tɕʻio⁵⁴tɕia⁵⁴

2. 教室、文具

教室　tɕiau³⁵ɕi³⁵⁻²¹

上课　ʐio³⁵kʻuo³⁵

下课　ɣuo³⁵kʻuo³⁵

讲台　tɕian⁵⁴dai¹³⁻²¹

黑板　xau²²pan⁵⁴⁻²¹

粉笔　fan⁵⁴pi³³⁻²¹

黑板刷　xau²²pan⁵⁴sua²²　黑板擦儿

点名册　te⁵⁴mio³⁵tsʻe²²

戒尺　tɕia³⁵tɕʻio²²⁻²¹

笔记本　pi³³tɕi³⁵⁻²¹pan⁵⁴

书　ɕy³³　课本

铅笔　tɕʻian³³pi³³⁻²¹

擦擦　tɕia²².tɕʻia　橡皮

卷笔刀　tɕyan⁵⁴pi³³tei³³

圆规　yan¹³kuei³³

三角板　san³³kuo³³pan⁵⁴

作文本子　tsuo²²bən¹³pan⁵⁴.tsɿ

大字本子　ɣa²⁴zɿ²⁴pan⁵⁴.tsɿ

赤模子　tɕʻio²²mo¹³.tsɿ　红模子

水笔　ɕy³³pi³³⁻²¹　钢笔

毛笔　mau¹³pi³³⁻²¹

笔帽子　pi³³mei³³.tsɿ　保护毛笔头的

笔筒古　pi³³lan³⁵.ku　笔筒

笔套子　pi³³tʻau³⁵.tsɿ

笔尖尖　pi³³tsue³³tsue³³⁻⁵⁴

砚池　nian³⁵dʑi¹³⁻²¹　砚台

磨墨　mu³⁵mau³³　研墨（动宾）

墨盒叼　mau³³vu³⁵.ta　墨盒儿

墨汁　mau³³tɕi³³

墨水　mau³³ɕy⁵⁴

书包　ɕy³³pau³³⁻²¹

3. 读书识字

读书人　du¹³ɕy³³oŋ³⁵⁻²¹

识得字噜　ɕie²².la zɿ²⁴.lu

识不得字噜　ɕie²².pu.la zɿ²⁴.lu　不识字的

读书　du¹³ɕy³³

背书　bei³⁵ɕy³³

报考　bao³⁵kʻau⁵⁴

考场　kʻau⁵⁴dʑian¹³⁻²¹

进场　tɕin³⁵dʑian¹³　进考场

考试　kʻau⁵⁴sɿ³⁵⁻²¹

卷子　tɕyan³⁵.tsɿ　试卷

满分　me⁵⁴fan³³⁻²¹

零分　lin¹³fan³³⁻²¹

出榜　　tɕʻy²²pan⁵⁴　　发榜

头名　　lau³⁵mio³⁵⁻²¹　第一名

尾名　　uei⁵⁴mio³⁵⁻²¹　末名

毕业　　pi³³nie³³

肄业　　i³⁵nie³³⁻²¹

文凭　　bən¹³bin¹³⁻²¹

4. 写字

大楷　　da³⁵kʻai⁵⁴

小楷　　ɕiau⁵⁴kʻai⁵⁴

字帖　　zɿ²⁴tʻai²²⁻²¹

临帖　　lin¹³tʻai²²

涂咖　　du¹³.kau　　涂了

写白字　ɕio⁵⁴bo²⁴zɿ²⁴⁻²¹

写倒字　ɕio⁵⁴tau³⁵zɿ²⁴⁻²¹
　　　　　　（笔顺不对）

跌字　　tai²²zɿ²⁴　　掉字

草稿　　tsʻau⁵⁴kau⁵⁴

打草稿　ta⁵⁴tsʻau⁵⁴kau⁵⁴

誊正　　dən¹³tɕin³⁵　誊清

一点　　i³³te⁵⁴

一横　　i³³uən¹³

一竖　　i³³dʑy³⁵

一撇　　i³³pʻie³³

一捺　　i³³la³³

一勾　　i³³kau³³

一挑　　i³³tʻiau³³

一笔　　i³³pi³³　　　一画

偏旁　　pʻian³³ban¹³⁻²¹

单人旁　tan³³ʑin¹³ban¹³⁻²¹
　　　　　　　　立人儿

双人旁　suan³³ʑin¹³ban¹³⁻²¹

双立人儿

弯弓张　uan³³koŋ³³tɕian³³

立早章　li³³tsau⁵⁴tɕian³³

禾口程　ɣuo¹³kʻəu⁵⁴dʑin¹³
　　　　　　　　禾旁程

四方框框
　　sɿ³⁵fan³³⁻⁵⁴kʻuan³³kʻuan³³⁻⁵⁴

宝盖头　pau⁵⁴kai³⁵dəu¹³
　　　　　　　　宝盖儿

秃宝盖　tʻu²²pau⁵⁴kai³⁵

竖心旁　dʑy³⁵ɕin¹³ban¹³⁻²¹

反犬旁　fan⁵⁴tɕʻyan⁵⁴ban¹³⁻²¹

单耳旁　tan³³e⁵⁴ban¹³⁻²¹
　　　　　　　　单耳刀儿

双耳旁　suan³³e⁵⁴ban¹³⁻²¹
　　　　　　　　双耳刀儿

反文旁　fan³³uən¹³ban¹³⁻²¹

斜王旁　zie¹³uan¹³ban¹³⁻²¹
　　　　　　　　斜玉儿

提土旁　di¹³tʻu⁵⁴ban¹³⁻²¹

竹字头　tsu³³zɿ³⁵⁻²¹dəu¹³⁻²¹
　　　　　　　　竹字头儿

火字旁　fu⁵⁴zɿ³⁵⁻²¹ban¹³⁻²¹

四点　　sɿ³⁵tian⁵⁴

三点水　san³³tian⁵⁴suei⁵⁴

两点水　nian⁵⁴tian⁵⁴suei⁵⁴

病字旁　bin³⁵zɿ³⁵⁻²¹ban¹³⁻²¹

走之底　tsəu⁵⁴tsɿ³³tʻi⁵⁴

绞丝旁　tɕiau⁵⁴sɿ³³ban¹³⁻²¹

提手旁　di¹³ɕiəu⁵⁴ban¹³⁻²¹

草字头　tsʻau⁵⁴zɿ³⁵⁻²¹dəu¹³⁻²¹

放鞭炮

烟火	ian³³xuo⁵⁴
放花炮	fu³⁵fa³³p'au³⁵⁻²¹

（二十一）文体活动

1. 游戏、玩具

风筝	foŋ³³tsən³³⁻²¹	
躲□□	tu⁵⁴tɕia³⁵tɕia³⁵⁻⁵⁴	捉迷藏
□毽子	təu⁵⁴tɕian³⁵.tsʅ	踢毽儿
打弹子	ta⁵⁴tan³⁵.tsʅ	弹球儿
打水漂	ta⁵⁴ɕy⁵⁴p'iau³³⁻²¹	打水漂儿
打□螺	ta⁵⁴te²².luo	打陀螺
跳房子	t'ie³⁵ban¹³.tsʅ	
翻花	fa³³xuo³³	翻绳（两人轮换翻动手指头上的细绳，变出各种花样）
划拳	uo³³dʑye³⁵	
出谜子	tɕy²²mi³⁵.tsʅ	出谜语
猜谜子	ts'ai³³mi³⁵.tsʅ	猜谜儿
不倒翁	pu³³tau⁵⁴oŋ³³	
骨牌	ku³³bia³⁵⁻²¹ 牌九	
麻将	ma¹³tɕian³⁵⁻²¹	
摇色	iao¹³se²² 掷色子	
押宝	uo²²pei⁵⁴	
炮烟	p'au³⁵ian³³⁻²¹ 爆竹	
放炮烟	fu³⁵p'au³⁵ian³³	

2. 体育

象棋	ʑian³⁵dʑi¹³⁻²¹	
下棋咧	ɣuo³⁵dʑi³⁵.ta	
将	tɕian³⁵	
帅	suai³⁵	
士	zʅ³⁵	
象	ʑian³⁵	
相	ɕian³⁵	
车	tiəu³³	
马	mo⁵⁴	
炮	p'au³⁵	
兵	pio³³	
卒	tsu³³	
拱卒咧	koŋ⁵⁴tsu³³.ta 拱卒	
上士	ʑio³⁵zʅ³⁵ 士走上去	
下士	ɣuo³⁵zʅ³⁵ 士走下来	
飞象	fei³³ʑian³⁵	
收象	ɕiəu³³ʑian³⁵ 落象	
将军	tɕian³³tɕyn³³	
围棋	uei¹³dʑi¹³⁻²¹	
黑子	xau²²tsʅ⁵⁴	
白子	bo²⁴tsʅ⁵⁴	
平棋	bio³⁵dʑi¹³⁻²¹ 和棋	
拔河	ba¹³ɣuo³⁵	
游泳	iəu¹³yn³⁵	
仰泳	nian⁵⁴yn³⁵	
蛙泳	ua³³yn³⁵	
自由泳	zʅ³⁵iəu¹³yn³⁵	

□子　mi³⁵.tsʅ　　　潜水

打球　ta⁵⁴dʑiəu¹³

赛球　sai³⁵dʑiəu¹³

乒乓球　pʻin³³pʻan³³dʑiəu¹³⁻²¹

篮球　lan¹³dʑiəu¹³⁻²¹

排球　bai¹³dʑiəu¹³⁻²¹

足球　tsu³³dʑiəu¹³⁻²¹

羽毛球　y⁵⁴mau¹³⁻²¹dʑiəu¹³⁻²¹

跳远　tʻie³⁵ye⁵⁴

跳高　tʻie³⁵kei³³

3. 武术、舞蹈

打斤斗　ta⁵⁴tɕin³³tau⁵⁴

　　　　　　翻跟头

连得打斤斗

　　lian¹³.te ta⁵⁴tɕin³³tau⁵⁴

　　　　　打车轮子（连续翻

　　　　　好几个跟头）

倒立　tei³⁵li³³

舞狮子　u⁵⁴sʅ³³.tsʅ

高跷　kau³³tɕʻiau³³⁻²²

□高脚　nau³³kei³³tɕi²²

　　　　　　踩高跷

对刀　tuei³⁵tei³³

耍刀　sua⁵⁴tei³³

对枪　tuei³⁵tɕʻio³³

耍枪　sua⁵⁴tɕʻio³³

耍流星　sua⁵⁴liəu¹³ɕin³³⁻²¹

扭秧歌　niəu⁵⁴ian³³kuo³³⁻²¹

打腰鼓　ta⁵⁴iau³³ku⁵⁴

跳舞　tʻie³⁵u⁵⁴

4. 戏剧

木偶戏　mu³³ŋəu⁵⁴ɕi³⁵⁻²¹

皮影戏　bi¹³in⁵⁴ɕi³⁵⁻²¹

大戏　ya²⁴ɕi³⁵⁻²¹

　　　　（大型戏曲，角色多、

　　　　乐器多、演唱内容

　　　　复杂）

京剧　tɕin³³tɕy³⁵⁻²¹

话剧　ua³⁵tɕy³⁵⁻²¹

戏院　ɕi³⁵yan³⁵⁻²¹

戏台　ɕi³⁵dai¹³⁻²¹

演员　ian⁵⁴yan¹³⁻²¹

唱戏噜　tɕʻio³⁵ɕi³⁵.lu

耍把戏　sua⁵⁴pa⁵⁴ɕi³⁵⁻²¹　魔术

讲书　ka⁵⁴ɕy³³　　　说书

花脸　xuo³³lian⁵⁴

小丑　ɕiau⁵⁴tɕʻiəu⁵⁴

老生　lau⁵⁴sən³³⁻²¹

小生　ɕiau⁵⁴sən³³⁻²¹

武生　u⁵⁴sən³³⁻²¹

刀马旦　tau³³ma⁵⁴dan³⁵⁻²¹

老旦　lei⁵⁴dan³⁵⁻²¹

青衣　tɕʻin³³i³³⁻²¹

花旦　xua³³dan³⁵⁻²¹

小旦　ɕiau⁵⁴dan³⁵⁻²¹

跑龙套噜　bau²⁴loŋ¹³tʻau³⁵⁻²¹.lu

（二十二）动作

1. 一般动作

徛　　dʑi³⁵　　　　站

□　　tsau³³　　　　蹲

跌着咖　tai²².tɕi .kau

　　　　　　　　跌倒了

爬起来　ba¹³.ɕi. lai

摇脑壳　iau¹³nei⁵⁴.xa　摇头

点脑壳　te⁵⁴nei⁵⁴.xa　 点头

抬起脑壳　dai³⁵.ɕi nei⁵⁴.xa

　　　　　　　　　抬头

低脑壳　tai³³nei⁵⁴.xa 低头

脑壳转过来

　　　nei⁵⁴.xa tɕye³⁵ku³⁵.lai

　　　　　　　　　回头

面古转过去

　　　mie³³.ku tɕye³⁵ku³⁵.xei

　　　　　　　　脸转过去

□起眼睛 kua⁵⁴.ɕi ga²⁴tɕio³³⁻⁵⁴

　　　　　　　　　睁眼

鼓起眼睛 ku⁵⁴.ɕi ga²⁴tɕio³³⁻⁵⁴

　　　　　　　　　瞪眼

眯着眼睛 mi³³.tɕi ga²⁴tɕio³³⁻⁵⁴

　　　　　　　　　闭眼

挤眼睛　tɕi⁵⁴ga²⁴tɕio³³⁻⁵⁴

　　　　　　　　　挤眼儿

眨眼睛　tsuo²²ga²⁴tɕio³³⁻⁵⁴

　　　　　　　　　眨眼

碰着　　p'oŋ³⁵.tɕi　遇见

觑　　　tɕ'iəu³⁵　　　看

眼睛乱转 ga²⁴tɕio³³⁻⁵⁴lue³³tɕye³⁵

流眼□　liəu¹³ga²⁴lio⁵⁴

　　　　　　　　流眼泪

□嘴　　tɕia²²tɕiəu³⁵　张嘴

闭嘴　　bi³⁵tsuei⁵⁴

努嘴　　lu⁵⁴tɕiəu³⁵

噘嘴　　tɕye³³tɕiəu³⁵

举手　　tɕy⁵⁴ɕiəu⁵⁴

摆手　　pai⁵⁴ɕiəu⁵⁴

撒手　　sa³³ɕiəu⁵⁴

伸手　　ɕin³³ɕiəu⁵⁴

动手　　lan²⁴ɕiəu⁵⁴

　　　只许动口，不许动手

拍手　　p'o²²ɕiəu⁵⁴

背起手　bei³⁵.ɕi ɕiəu⁵⁴

　　　　　　　　背着手儿

叉起手　ts'uo³³.ɕi ɕiəu⁵⁴

　　　　　　两手交叉在胸前

笼起手　loŋ⁵⁴.ɕi ɕiəu⁵⁴

　　　　　双手交叉伸到袖筒里

拨　　　pa²²　　　　拨拉

蒙着　　moŋ¹³.tɕi　捂住

搊　　　ts'au³³用手托着向上

搊屎　　ts'au³³sɿ⁵⁴　　把屎

搊尿　　ts'au³³niau³⁵　把尿

扶着　　vu¹³.tɕi　　扶着

弹手指头 dan¹³ɕiəu⁵⁴tsɿ⁵⁴.lau

　　　　　　　　　弹指头

捏起拳头古

　　　nie³³.ɕi dʑye³⁵.la.ku

　　　　　　　　攘起拳头

蹬脚杆子 tən³⁵tɕi²²kue⁵⁴.tsɿ

　　　　　　　　　跺脚

顶起脚　tin⁵⁴.ɕi tɕi²²

　　　　　　　　　踮脚

跷起二郎腿

　　tɕ'iau³⁵.ɕi ai³⁵lan¹³t'uei⁵⁴

　　　　　　　　跷二郎腿

勾起腿　kau³³.ɕi tʻuei⁵⁴　蜷腿

抖脚　təu⁵⁴tɕi²²　踢腿

弯腰子　ua³³ie³³.tsʅ　弯腰

伸腰子　ɕin³³ie³³.tsʅ　伸腰

撑腰（支持）　tsʻuo³³ie³³

翘屁股　tɕiau³⁵pi³⁵⁻²¹.ku　撅屁股

捶背　dʐy³⁵bei³⁵

□　xoŋ³³　按住鼻孔出气，使鼻涕排出吸；溜鼻涕。

打喷枪　ta⁵⁴pʻən³⁵tɕʻio³³⁻²¹　打喷嚏

闻　ben¹³

讨嫌　tʻei⁵⁴ze³⁵　讨厌

□　ia²²　哭

□嘴　ia²²tɕiəu³⁵

拽　tsuai⁵⁴　扔

讲　ka⁵⁴　说

借问　tɕio²²man³³⁻²¹

跑　bau²⁴

走　tsau⁵⁴

放　fu³⁵

搀　tsʻan³³

拈　ne³³　收拾（东西）

选择　ɕyan⁵⁴ze¹³⁻²¹

提起　tio²².ɕi

拈起　ne³³.ɕi　捡起来

擦咖　tɕʻia²².ka　擦掉

□咖　ʑie¹³.kau　丢失

寻着咖　ʑin³⁵.tɕi .kau　找着了

藏　zan¹³　把东西藏起来

躲　tu⁵⁴　人藏起来

码起来　mo⁵⁴.ɕi .lai

敲　kʻa³³

2. 心理活动

晓得　ɕie⁵⁴.la　知道

懂咖　toŋ⁵⁴.kau　懂了

晓得咖　ɕie⁵⁴.la.kau　会了

认得　ni³³.la

认不得　ni³³.pu.la　不认得

识得字　ɕie²².la zʅ²⁴　识字

想下咧　ɕian⁵⁴.ɣuo.ta　想想

想一下　ɕian⁵⁴.i ɣuo³⁵⁻²¹

估计　ku³³tɕi³⁵⁻²¹　估量

打主意　ta⁵⁴tɕy⁵⁴i³⁵⁻²¹　想主意

□注意　xa⁵⁴tɕy⁵⁴i³⁵⁻²¹　蠢主意

猜想　tsʻai³³ɕian⁵⁴

谅　lian³⁵　料定

怕　pʻo³⁵　害怕、担心、也许

也许　ie⁵⁴ɕy⁵⁴

主张　tɕy⁵⁴tɕian³³⁻²¹

相信　ɕian³³ɕin³⁵⁻²¹

怀疑　uai¹³ni¹³

考虑　kʻau⁵⁴ly³³⁻²¹　思考

默神　me³³ʑin¹³

犹豫　iəu¹³y³⁵⁻²¹　犹疑

小心　ɕiau⁵⁴ɕin³³⁻²¹　留神

担心　tan³³ɕin³³　害怕

吓人　xuo²²oŋ³⁵

吓着咖　xuo²².tɕi.kau

吓着了

着急	tɕio²²tɕi²²	
挂	kuo³⁵	挂念
放心	fu³⁵ɕin³³	
宽心	kʻue³³ɕin³³	
操空心	tsʻau³³kʻoŋ³⁵ɕin³³⁻²¹	
盼	pʻan³⁵	盼望
巴不得	po³³.pu.la	
记得	tɕi³⁵.te 记着（不要忘）	
忘记咖	mu³⁵.tɕi.kau	

忘记了

想起来咖	ɕian⁵⁴.ɕi.lai.kau	

想起来了

眼红	ian⁵⁴ɣoŋ¹³	嫉妒
恨	ɣən³⁵	
羡慕	ɕian³⁵mu³⁵⁻²¹	
偏心	pʻian³³ɕin³³	
忌妒	tɕi³⁵du³⁵⁻²¹	
怄气	ŋəu³⁵tɕʻi³⁵	
抱怨	bau³⁵yan³⁵⁻²¹	
憋气	pie³³tɕʻi³⁵	
恼气	nau⁵⁴tɕʻi³⁵	生气
爱惜	ŋai³⁵ɕi³³⁻²¹	
心痛	ɕin³³tʻan³⁵	

（对人）疼爱

喜欢	ɕi⁵⁴fan³³⁻²¹	
感谢	kan⁵⁴ʑie³⁵⁻²¹	
惯起	kuan³⁵.ɕi	娇惯
将就	tɕian³³dʑiəu³⁵⁻²¹ 迁就	
让	ʑian²⁴	

3.语言动作

讲话	ka⁵⁴uo³³	说话
讲白话	ka⁵⁴bo²⁴uo³³	聊天
搭腔	tuo³³tɕʻian³³	搭茬儿
毋做声	a³⁵tsʐ³⁵ɕio³³	不吭声
哄	xoŋ⁵⁴	

骗（我~你玩的不是真的）

告口	kei³⁵sʐ⁵⁴	告诉
抬杠	dai¹³kan³⁵	
顶嘴	tin⁵⁴tɕʻiəu³⁵	
闹口	nau³⁵ka³³	吵架
打口	ta⁵⁴ka³³	
骂	nio³³	
撩倒骂	liau³³.te nio³³ 挨骂	
叮嘱	tin³³.zu	嘱咐
撩倒讲	liau³³.te ka⁵⁴	

挨说（挨批评）

啰嗦	luo³³.suo	叨唠
号	au³³ 喊（号他来）	

（二十三）位置

高子	kei³³.tsʐ	上面
底脚	tai⁵⁴tɕi²²	底下面
地高子	dʑi²⁴kei³³.tsʐ	地下
地底脚	dʑi²⁴tai⁵⁴tɕi²²	地上
天高子	tʻe³³kei³³.tsʐ	天上
山高子	sa³³kei³³.tsʐ	山上
路高子	ləu³³kei³³.tsʐ	路上
街上	tɕia³³.io	
墙基高子	dʑio³⁵tɕi³³kei³³.tsʐ	

		墙上	山后头	sa³³ɣau²⁴.dau	山后
门高子	man³⁵kei³³.tsɿ	门上	屋子后头	u²².tsɿ ɣau²⁴.dau	
台板高子	lai³⁵pe⁵⁴kei³³.tsɿ				房后
		桌上	背后	bei³⁵ɣəu³⁵	
椅吖高子	i⁵⁴.ta kei³³.tsɿ		原先	yan¹³ɕian³³	以前
		椅子上	以后	i⁵⁴ɣəu³⁵	
边边吖	pie³³pie³³⁻⁵⁴.ta		以上	i⁵⁴ʑio³⁵	
		边儿上	以下	i⁵⁴ɣuo³⁵	
□头	y⁵⁴.lau	里面	□□	san⁵⁴ne⁵⁴	
□头	kʰuo⁵⁴.lau	外面		后来（指过去某事之后）	
手里	ɕiəu⁵⁴.li				
心里	ɕin³³li⁵⁴		从今以后	zoŋ¹³tɕin³³i⁵⁴ɣəu³⁵	
野外	ie⁵⁴uai³⁵			（将来）	
大门□头	ɣa²⁴man³⁵⁻²¹kʰuo⁵⁴.lau		从伊□以后		
		大门外		zoŋ¹³ai³³tsai⁵⁴i⁵⁴ɣəu³⁵	
门□头	man³⁵⁻²¹kʰuo⁵⁴.lau		东	toŋ³³	
		门外	西	sai³³	
墙基□头	dʑio³⁵⁻²¹tɕi³³kʰuo⁵⁴.lau		南	nuo³⁵	
		墙外	北	po²²	
窗子□头	tsʰu³³.tsɿ kʰuo⁵⁴.lau		东南	toŋ³³nan¹³	
		窗户外头	东北	toŋ³³pe³³	
车子高子	tɕʰio³³.tsɿ kei³³.tsɿ		西南	ɕi³³nan¹³	
		车上	西北	ɕi³³pe³³	
车子□头	tɕʰio³³.tsɿ kʰuo⁵⁴.lau		路边吖	ləu³³pie³³.ta	路边儿
		车外	中心	tio³³ɕin³³⁻⁵⁴	中间
车子头里	tɕʰio³³.tsɿ lau³⁵li⁵⁴		床底脚	zu³⁵tai⁵⁴tɕi²²	床底下
		车前	楼底脚	lau³⁵tai⁵⁴tɕi²²	
车子后头	tɕʰio³³.tsɿ ɣau²⁴.dau				楼底下
		车后	脚底脚	tɕi²²tai⁵⁴tɕi²²	
头里	lau³⁵li⁵⁴	前边			脚底下
后头	ɣau²⁴.dau	后边	碗底底	ue⁵⁴tai⁵⁴.tai⁵⁴	
山头里	sa³³lau³⁵li⁵⁴	山前			碗底儿

锅底底	ku³³tai⁵⁴.tai⁵⁴	
	锅底儿	
缸底底	kan³³tai⁵⁴.tai⁵⁴	
	缸底儿	
旁边	ban¹³pie³³	
附近	fu³⁵dʑin³⁵	
边边哷	pie³³pie³³⁻⁵⁴.ta	
□咖垱	ni⁵⁴.ka du³⁵	
	什么地方	
左边	tsuo⁵⁴pie³³⁻²¹	
右边	iəu³⁵pie³³⁻²¹	
朝□头走	dʑiau¹³y⁵⁴.lau tsau⁵⁴	
	望里走	
朝□头走	dʑiau¹³kʰuo⁵⁴.lau tsau⁵⁴	
	望外走	
朝东走	dʑiau¹³toŋ³³tsau⁵⁴	
	望东走	
朝西走	dʑiau¹³sai³³tsau⁵⁴	
	望西走	
往回走	uan⁵⁴uei¹³tsau⁵⁴	
	望回走	
往前走	uan⁵⁴dʑian¹³tsau⁵⁴	
	望前走	
…以东	i⁵⁴toŋ³³	
…以西	i⁵⁴sai³³	
…以南	i⁵⁴nuo³⁵	
…以北	i⁵⁴po²²	
…以内	i⁵⁴luei³⁵	
…以外	i⁵⁴uai³⁵	
…以来	i⁵⁴lai¹³	
…之后	tsʅ³³ɣəu³⁵	
…之前	tsʅ³³dʑian¹³	

…之外	tsʅ³³uai³⁵	
…之内	tsʅ³³luei³⁵	
…之间	tsʅ³³kan³³	
…之上	tsʅ³³ʑio³⁵	
…之下	tsʅ³³ɣuo³⁵	

（二十四）代词等

吾	uo³⁵	我
你	ni⁵⁴	
□	u³⁵	他
□侬人	ɣoŋ¹³nan³⁵⁻⁵⁴oŋ³⁵	
		我们
你侬人	ni⁵⁴nan³⁵⁻⁵⁴oŋ³⁵	你们
□侬人	u³⁵nan³⁵⁻⁵⁴oŋ³⁵	他们
吾噜	uo³⁵.lu	我的
别个	bie¹³ku³⁵⁻⁵⁴	别人
大□	ɣa²⁴ɕi⁵⁴	大家
几个	tɕi⁵⁴.ku	谁
伊个	ai³³.ku	这个
那个	ni³⁵.ku	
几个	tɕi⁵⁴.ku	哪个
伊喃	ai³³.nan	这些
那喃	ni³⁵.nan	那些
几喃	tɕi⁵⁴.nan	哪些
伊头	ai³³.lau	这里
那头	ni³⁵.lau	那里
几头？	tɕi⁵⁴.lau	哪里
伊□	ai³³.na	这么
那□	ni³⁵.na	那么
几□	tɕi⁵⁴.na	怎么
几□做	tɕi⁵⁴.na tsʅ³⁵	怎么办

做哪咖	tsɿ³⁵ni⁵⁴.ka	做什么
哪咖	ni⁵⁴.ka	什么
好多	xei⁵⁴tu³³	多少（钱）
好 xei⁵⁴		多（久、高、大、厚、重）
□俩人	ɣoŋ¹³nio⁵⁴oŋ³⁵⁻²¹	我俩
你俩人	ni⁵⁴nio⁵⁴oŋ³⁵⁻²¹	你俩
□俩人	u³⁵nio⁵⁴oŋ³⁵⁻²¹	他俩
两夫妻	nio⁵⁴fu³³tɕi³³	夫妻俩
两狗婆	nio⁵⁴kau⁵⁴u³⁵⁻²¹	
两娘崽	nio⁵⁴nian¹³tsai⁵⁴	娘儿俩（母亲和子女）
两爷崽	nio⁵⁴ie¹³tsai⁵⁴	爷儿俩（父亲和子女）
两爷孙	nio⁵⁴ie¹³sən³³	爷孙俩
两□□	nio⁵⁴ɕio³³man⁵⁴	妯娌俩
两姑嫂	nio⁵⁴ku³³sau⁵⁴	姑嫂俩
两婆媳	nio⁵⁴bo¹³ɕi³³	婆媳俩
两兄弟	nio⁵⁴ɕioŋ³³di³⁵⁻²¹	兄弟俩
两姊妹	nio⁵⁴tsɿ⁵⁴mei³⁵⁻²¹	姐妹俩
两兄妹	nio⁵⁴ɕioŋ³³mei³⁵⁻²¹	兄妹俩
两姐弟	nio⁵⁴tɕie⁵⁴di³⁵⁻²¹	姐弟俩
两舅甥	nio⁵⁴tɕiəu³⁵sən³³	舅甥俩

两姑侄	nio⁵⁴ku³³dʑi¹³	姑侄俩
两叔侄	nio⁵⁴su³³dʑi¹³	叔侄俩
两师徒	nio⁵⁴sɿ³³du¹³	师徒俩
几哪人	tɕi⁵⁴na⁵⁴oŋ³⁵	那些人

（二十五）形容词

好	xei⁵⁴	
强	dʑian³⁵	
毋错	a³⁵tsʻu³⁵	不错
差不多	tsʻuo³³.pu tu³³	
毋怎么样	a³⁵tsən⁵⁴.mo ian³⁵	不怎么样
毋顶事	a³⁵tin⁵⁴zɿ²⁴	不顶用
坏	uai³⁵	
次	tsɿ³⁵	
凑合	tsʻəu³⁵ɣuo¹³⁻²¹	
好觑	xei⁵⁴tɕʻiəu³⁵	美
难觑	na³⁵tɕʻiəu³⁵	丑
要紧	ie³⁵tɕin⁵⁴	
显火	ɕian⁵⁴fu⁵⁴	厉害，凶
恶	u²²	
勤快	dʑin¹³kʻuai³⁵⁻⁵⁴	
新鲜	ɕin³³se³³⁻⁵⁴	
紧	tɕin⁵⁴	
松	soŋ³³	
造孽	zau²⁴nie³³	
闹□	nau³³y³³	热闹
扎实	tsa³³.ɕi	坚固
□	xa⁵⁴	硬
□软	mie⁵⁴ɕye⁵⁴⁻²¹	软
干净	kan³³dʑin³⁵⁻²¹	
□□	lɔu⁵⁴sui³³⁻²¹	脏（不干净）

□	tɕia²²	毋能干	a³⁵nən¹³kan³⁵⁻⁵⁴
	水果未熟时的味道	差火	ts'uo³³fu⁵⁴
焦	tɕi³³	要不得	ie³⁵.pu.la
	烧干了水分，焦咖	缺德	tɕ'ye²²te²²
咸	ɣuo³⁵	灵活	lin¹³ue³³⁻²¹　　机灵
淡	luo³⁵　　　　不咸	圆滑	yan¹³ua¹³
香	ɕio³³	灵巧	lin¹³tɕ'iau⁵⁴
臭	tɕ'iəu³⁵	糊涂	vu¹³.du
酸	sue³³	霸蛮	ba³⁵man¹³　死心眼儿
甜	le³⁵	宝	pau⁵⁴　　　　傻、傻子
苦	k'u⁵⁴	小气	ɕiau⁵⁴tɕ'i³⁵⁻²¹
辣	lia³³	小气鬼	ɕiau⁵⁴tɕ'i³⁵⁻²¹kuei⁵⁴
轻	tɕ'io³³ 稀（粥太~了）		吝啬鬼
酽	nian³⁵ 稠（粥太~了）	大方	ɣa²⁴fan³³
稀	ɕi³³　　　　不密	强旺	dʑian³⁵uain³⁵⁻⁵⁴
密	mi³³	圐	lue³⁵
壮	tsu³⁵		整（鸡蛋吃~的）
	肥（指动物也指人）	拱	koŋ⁵⁴　　　　　凸
	人还可说胖（p'an³⁵）	凹	ŋau³⁵
瘦	sau³⁵	凉清	lio³⁵tɕ'io³³⁻⁵⁴　凉快
舒服	ɕy³³vu¹³⁻²¹	偏静	p'ie³³dʑin³⁵　　偏僻
好过	xei⁵⁴ku³⁵	活动	ue²²doŋ³⁵⁻²¹
难受	na³⁵ʑiəu³⁵		活络（活动的、不
毋好过	a³⁵xei⁵⁴ku³⁵		稳固）
怕丑	p'o³⁵tɕ'iəu⁵⁴　腼腆	正宗	tɕin³⁵tsoŋ³³
乖	kuai³³		地道（~四川风味）
跳皮	t'iau³⁵bi¹³　　皮	木直	mu³³dʑie²⁴⁻²¹　整齐
蛮要得	man¹³ie³⁵.la	满意	man⁵⁴i³⁵　　　称心
	（这小伙子）真行	晏	ŋan³⁵　晚（来~了）
蛮能干	man¹³nən¹³kan³³⁻⁵⁴	多	tu³³
不行	pu³³ʑin¹³	少	ɕie⁵⁴
	（那个家伙）不行	大	ɣa²⁴

细	sai³⁵		漂白	p'iau³⁵bo²⁴
长	dʑio³⁵		灰	fei³³
短	tue⁵⁴		深灰	ɕin³³fei³³
宽	k'ue³³		浅灰	tɕ'ian⁵⁴fei³³
狭	ia²²	窄	银灰	in¹³fei³³
厚	ɣai²⁴		黄	u³⁵
薄	vu²⁴		杏黄	ʐin³⁵uan¹³
深	ɕin³³		深黄	ɕin³³uan¹³
浅	ts'e⁵⁴		浅黄	tɕ'ian⁵⁴uan¹³
高	kei³³		青	tɕ'io³³
低	tai³³		豆青	təu³⁵tɕ'in³³
矮	ia⁵⁴		藏青	tsan³⁵tɕ'in³³
正	tɕio³⁵		乌青	u³³tɕ'in³³
歪	uai³³		紫	tsɿ⁵⁴
斜	tɕ'ia³⁵		玫瑰紫	mei¹³kuei³³tsɿ⁵⁴
赤	tɕio²²	红	藕荷（色）	ŋəu⁵⁴ɣuo¹³
朱红	tɕy³³ɣoŋ¹³		古铜（色）	ku⁵⁴doŋ¹³
粉红	fən⁵⁴ɣoŋ¹³		黑	xau²²
深红	ɕin³³ɣoŋ¹³		墨黑	mau³³xau²²
浅红	tɕ'ian⁵⁴ɣoŋ¹³			
蓝	lan³⁵			

（二十六）副词、介词等

浅蓝	tɕ'ian⁵⁴lan¹³			
深蓝	ɕin³³lan¹³		才	zai¹³
天蓝	t'ian³³lan¹³		行动或情况发生在	
绿	liəu³³		不久以前	
草绿	ts'au⁵⁴ly³³		再	tsai³⁵
水绿	suei⁵⁴ly³³		刚好	kan³³xei⁵⁴
浅绿	tɕ'ian⁵⁴ly³³		①刚　②正是时候	
白	bo²⁴		正好	tɕin³⁵xei⁵⁴
灰白	fei³³bo²⁴		光	kuan³³
苍白	ts'an³³bo²⁴		表示单纯而没有别	

	的、只：~吃米，不吃面	
净	dʑin³⁵	
有点	au³⁵tian⁵⁴	有点儿
怕是	pʻo³⁵zʅ³⁵⁻²¹	
	也许：~要下雨	
怕	pʻo³⁵	
也许	ie⁵⁴ɕy⁵⁴	
	明天~要下雨	
差点咖达	tsʻuo³³tian⁵⁴.ka.ta	
	差点儿	
非……毋	fei³³…a³⁵	
	非到九点不开会	
马上	ma⁵⁴ʑian³⁵⁻²¹	~就来
趁早	tɕʻin³⁵tsei⁵⁴	~走吧
随时	suei¹³zʅ¹³	
觑倒	tɕʻiəu³⁵.te	眼看
多亏	tu³³kʻuei³³	幸亏
幸好	ʑin³⁵xei⁵⁴	
搭帮	tuo³³.pan	
当面	tan³³mie³³	有话~说
当倒	tan³³.te	
跟倒	kan³³.te	跟着，模仿
帮倒	pan³³.te	
照倒	tɕiau³⁵.te	
就倒	dʑiəu³⁵.te	
靠倒	kʻau³⁵.te	
等倒	tan⁵⁴.te	
快要	kʻuai³⁵ie³⁵	将要
光咧光	kuan³³.ta kuan³³	
	白，无效果	

莫咖	mo³³.ka	莫非，难道
都	tu³³	全部，强调
专门	tɕyan³³mən¹³⁻⁵⁴	
	专门，只	
迟早	dʑi³⁵tsei⁵⁴	
起码	tɕʻi⁵⁴ma⁵⁴	
反倒	fan⁵⁴.te	反过来
先头	se³³lau³⁵	原先
开头	kʻuei³³lau³⁵	
后头	ɣau²⁴.dau	后来
反正	fan⁵⁴tɕin³⁵⁻²¹	
背地	bei³⁵di³⁵⁻²¹	
	不要~说	
一起	i³³tɕʻi⁵⁴	一块儿
一路	i³³ləu³³	
一个人	i³³ku³⁵oŋ³⁵⁻²¹	
	自己：他~去	
顺便	ʐyn³⁵bian³⁵	
	~给我买本书	
故意	ku³⁵i³⁵⁻²¹	~捣乱
到底	tau³⁵ti⁵⁴	
根本	kən³³pən⁵⁴	
	压根儿（他~不知道）	
确实	tɕʻuo²²ɕi³³	
	实在（这人~好）	
快四十	kʻuai³⁵sʅ³⁵zʅ¹³	
	平四十（接近四十：这人已经~了）	
劳总	lau³³tsoŋ⁵⁴	
	一共（~才十个人）	
毋要	a³⁵ie³⁵	

慢慢儿走，~跑　　　　　　　　　　　　~这条大路一直走

白	be²⁴	顺倒	ʐyn³⁵.te
	不要钱：~吃；空：	朝	dʑiau¹³
	~跑一趟		~后头看看
偏	p'ie³³	帮	pan³³
	你不叫我去，我~去		替（你~我写封信）
偏要	p'ie³³ie³⁵	掇	tuo³³
乱	lue³³		给（~大家办事）
	胡（~搞~说）	掇吾	tuo³³uo³⁵
先	se³³　你~走		给我（虚用，加重
另外	lin³⁵uai³⁵		语气：你~吃干净
撩着	liau³³.tɕi		这碗饭！）
	被（~狗咬了一口）	和	yuo¹³
撩倒	liau³³.te		这个~那个一样
掇	tuo³³　~门关上	向	ɕian³⁵
对	duei³⁵ 你~他好，他就	掇……号	tuo³³……au³³
	~你好		管……叫……
对着	duei³⁵.tɕi	拿……当	ne⁵⁴……tan³³
	他~我直笑	从细	zoŋ¹³sai³⁵
到	tei³⁵		从小（他~就能吃
	~哪儿去，~哪天为止		苦）
在	zai³⁵	赶	kue⁵⁴
毋	a³⁵　　　　不		（你得天黑以前~到）
莫	mo³³　　别，不要		
蛮	man¹³　　很		
从	zoŋ¹³		

（二十七）量词

自从	zɿ³⁵zoŋ¹³		
照	tɕie³⁵ ~这样做就好	一把（椅子）	i³³po⁵⁴
用	ioŋ³³ 使（你~毛笔写）	一枚（奖章）	i³³mei¹³
搭早	tuo³³tsei⁵⁴　趁早	一本（书）	i³³pan⁵⁴
顺着	ʐyn³⁵.tɕi	一笔（款）	i³³pi²²
		一匹（马）	i³³p'i²²

一只（牛）	i³³tɕio²²	一粒（米）	i³³li³³
	一头牛	一块（砖）	i³³ɕia³⁵
一封（信）	i³³foŋ³³	一只（猪）	i³³tɕio²²
一副（药）	i³³fu³⁵	一位（人）	i³³u³⁵ 一个人
一帖（药）	i³³t'ai²²	两口子	nio⁵⁴k'au⁵⁴.tsɿ
一味（药）	i³³bi³⁵		（夫妻俩）
一道（题）	i³³dau³⁵	一只（铺子）	i³³tɕio²²
一只（帽子）	i³³tɕio²²	一只（飞机）	i³³tɕio²²
	一顶（帽子）	一只（间子）	i³³tɕio²²
一件（事）	i³³dʑian³⁵		一间（屋子）
	一档子（事）	一座（房子）	i³³zu³⁵
一朵（花儿）	i³³tuo⁵⁴	一块（衣）	i³³ɕia³⁵
一餐（饭）	i³³ts'an³³	一条（裤）	i³³di³⁵
一条（手巾）	i³³di³⁵	一套（衣）	i³³t'au³⁵
一部（车）	i³³bu³⁵	一行（字）	i³³ɣan¹³
	一辆（车）	一篇（文章）	i³³p'ian³³
一枝（花儿）	i³³tsɿ³³	一页（书）	i³³ie³³
一只（手）	i³³tɕio²²	一段（文章）	i³³duan³⁵
一只（灯盏）	i³³tɕio²²	一片（好心）	i³³p'ian³⁵
一张（桌子）	i³³tɕian³³	一块（肉）	i³³ɕia³⁵
一桌（酒席）	i³³tsu²²	一面（旗）	i³³mian³⁵
一场（雨）	i³³dʑian¹³	一层（纸）	i³³zan³⁵
一出（戏）	i³³tɕ'y²²	一股（香味儿）	i³³ku⁵⁴
一床（被子）	i³³zu³⁵	一座（桥）	i³³zu³⁵
一身（棉衣）	i³³ɕin³³	一盘（棋）	i³³be³⁵
一杆（枪）	i³³kan⁵⁴	一门（亲事）	i³³man³⁵
一支（笔）	i³³tsɿ³³⁻⁵⁴	一刀（纸）	i³³tei³³
一条（头发）	i³³di³⁵	一桩（事情）	i³³tsuan³³
一棵（树）	i³³fu³³	一水瓮（水）	i³³ɕy⁵⁴oŋ³³
一条（米）	i³³di³⁵		一缸（水）
	一颗（米）	一碗（饭）	i³³ue⁵⁴

一杯（茶）	i³³pei³³	一口	i³³pʻai⁵⁴
一把（米）	i³³po⁵⁴		两臂平伸两手伸直
一包（花生）	i³³pa³³		的长度
一卷（纸）	i³³tɕye⁵⁴	一指（长）	i³³tsʅ⁵⁴
一捆（行李）	i³³kʻoŋ⁵⁴	一成	i³³dʑin¹³
一担（米）	i³³tuo³⁵	一面古（土）	i³³mie³³.ku
一排（桌子）	i³³bia³⁵	一脸（土）	
一封（鞭炮）	i³³foŋ³³	一身（土）	i³³ɕin³³
一挂（鞭炮）		一肚子（气）	i³³tɵu⁵⁴.tsʅ
一句（话）	i³³tɕy³⁵	（吃）一餐	i³³tsʻan³³
一个（客人）	i³³ku³⁵	（吃）一顿	
一位客人		（走）一转	i³³tɕye³⁵
一双（鞋）	i³³su³³	（走）一趟	
一对（花瓶）	i³³duei³⁵	（打）一下	i³³ɣuo³⁵
一副（眼镜）	i³³fu³⁵	（看）一眼	i³³ga²⁴
一套（书）	i³³tʻau³⁵	（吃）一口	i³³kʻau⁵⁴
一种（虫子）	i³³tsoŋ⁵⁴	（谈）一下咧	i³³ɣuo³⁵.ta
一伙（人）	i³³fu⁵⁴	（谈）一会儿	
一帮（人）	i³³pan³³	（下）一阵（雨）	i³³dʑin³⁵
一批（货）	i³³pʻi⁵⁴	（闹）一场	i³³dʑian¹³
一拨（人）	i³³po³³	（见）一面	i³³mie³³
一个	i³³ku³⁵	一只（佛像）	i³³tɕio²²
一起	i³³tɕʻi⁵⁴	一尊（佛像）	
一窝（蜂）	i³³uo³³	一只（门）	i³³tɕio²²
一朵（葡萄）	i³³tuo⁵⁴	一扇（门）	
一柞	i³³dʑia¹³	一幅（画儿）	i³³fu³⁵
大拇指与中指张开		一堵（墙）	i³³tu⁵⁴
的长度		一瓣（花瓣）	i³³ban³⁵
一虎口	i³³fu⁵⁴kʻau⁵⁴	一个（地方）	i³³ku³⁵
大拇指与食指张开		一处（地方）	
的长度		一部（书）	i³³bu³⁵

一班（车）　　　　i³³pan³³

（洗）一水（衣裳）i³³ɕy⁵⁴

（烧）一炉（陶器）i³³lu¹³

一打（鸡蛋）　　　i³³ta⁵⁴

一坨（泥）　　　　i³³duo¹³

　　　　一团（泥）

一堆（雪）　　　　i³³tuei³³

一部（火车）　　　i³³bu³⁵

　　　　一列（火车）

一系列（问题）　　i³³ɕi³⁵lie³³

一路（公共汽车）i³³ləu³³

一师（兵）　　　　i³³sʅ³³

一旅（兵）　　　　i³³ly⁵⁴

一团（兵）　　　　i³³duan¹³

一营（兵）　　　　i³³in¹³

一连（兵）　　　　i³³lian¹³

一排（兵）　　　　i³³bai¹³

一班（兵）　　　　i³³pan³³

一组　　　　　　　i³³tsu⁵⁴

一把（毛）　　　　i³³po⁵⁴

　　　　一撮（毛）

（写）一手（好字）i³³ɕiəu⁵⁴

（写）一笔（好字）i³³pi³³

（开）一届（会议）i³³kai³⁵

（做）一任（官）　i³³ʑin³⁵

（下）一盘（棋）　i³³be³⁵

（请）一桌（客）　i³³tsu²²

（打）一圈（麻将）i³³tɕʻye³³

（唱）一台（戏）　i³³dai¹³

一丝（肉）　　　　i³³sʅ³³

一点（面粉）　　　i³³tian⁵⁴

一滴（雨）　　　　i³³tia³⁵

一盒（火柴）　　　i³³vu¹³

一箱唧（衣裳）　　i³³ɕio³³.ta

　　　　一箱子（衣裳）

一架子（小说）　　i³³kuo³⁵.tsʅ

一抽箱（文件）i³³tɕʻiəu³³ɕio³³⁻⁵⁴

一筐子（菠菜）　　i³³kʻuan³³tsʅ

一篮子（梨）　　　i³³luo³⁵.tsʅ

　　　　一篮子（梨）

一篓唧（炭）　　　i³³lau⁵⁴.ta

　　　　一篓子（炭）

一炉子（灰）　　　i³³lu¹³.tsʅ

一包（书）　　　　i³³pa³³

一袋唧（干粮）　　i³³lai²⁴.ta

　　　　一口袋（干粮）

一池子（水）　　　i³³dʑi¹³

一缸（金鱼）　　　i³³kan³³

一瓶子（醋）　　　i³³bin¹³.tsʅ

一罐子（荔枝）　　i³³kuan³⁵.tsʅ

一坛唧（酒）　　　i³³duo³⁵.ta

　　　　一坛子（酒）

一桶（汽油）　　　i³³tʻan⁵⁴

一盆唧（洗澡水）i³³ban³⁵.ta

　　　　一盆（洗澡水）

一壶（茶）　　　　i³³u³⁵

一锅（饭）　　　　i³³ku³³

一笼（包子）　　　i³³lan³⁵

一盘（水果）　　　i³³be³⁵

一碟（小菜）　　　i³³die¹³

一碗（饭）　　　　i³³ue⁵⁴

一杯（茶）　　　　i³³pei³³

一杯（烧酒）　i³³pei³³

　　　一盅（烧酒）

一瓢（汤）　i³³biau¹³

一勺子（汤）　i³³ʑio²⁴.tsʅ

只把两只　tɕio²².pa nio⁵⁴tɕio²²

　　　个把两个

百把来只　po²².pa.lai tɕio²²

　　　百把来个

千把人　ts'e²².pa oŋ³⁵

万把块钱　va²⁴.pa ɕia³⁵⁻²¹ze³⁵

里把路　li⁵⁴.pa ləu³³

里把二里路

　　li⁵⁴.pa nio⁵⁴li⁵⁴ləu³³

亩把二亩　məu⁵⁴.pa nio⁵⁴məu⁵⁴

（二十八）附加成分等

1. 后加成分

很　xən⁵⁴　　　热得~

要命　ie³⁵mio³³　　热得~

要死　ie³⁵sʅ⁵⁴　　热得~

不得了　pu³³.te liau⁵⁴

　　　　　热得~

以上后加成分均表程度高或深

头　.lau 名词后缀:

　　　苦~、甜~、锄~

手　.ɕiəu 名词后缀:

　　　食~、做~

家　.kuo 名词后缀:

　　老人~、女人~、姊妹~

古　.ku 名词后缀:

石头~、面~、膝头~、拳头~

呫　.ta 名词后缀

　（非本字）：李~、星~、鱼~

子　.tsʅ 名词后缀:

　　　　胖~、瘦~

喃　.nan 代词后缀,

　　表复数：伊喃（这些）

□　.na 相当于普通话

　"这样、那样"中的"样"

2. 前加成分

梆　pan³³　很紧：~紧

劳　lau³³　很松：~松

究　tɕiəu³⁵

□　tin³⁵　很酸：~酸

清　tɕ'in³³　很臭：~臭

喷　p'an³⁵　很香：~香

累　luei³³　很壮：~壮

崭　tsan⁵⁴　很新：~新

焦　tɕi³³　很枯：~枯

寡　kua⁵⁴　很淡：~淡

瘪　pie²²　很淡：~淡

滚　koŋ⁵⁴　很热：~热

墨　mau³³　很黑：~黑

霉　mei³³　很烂：~烂

以上为形容词前加成分，表程度深或高

阿　uo³³ 名词前缀，用在部分亲属称谓前：阿娘、阿弟、阿公

老　lei⁵⁴ 用于名词前：

　　　　老鼠、老鸦

　　lau⁵⁴ 用于数词前，表排行：

　　　老二

初	ts'əu³³ 用于数词前，表日期	初三	ts'əu³³suo³³
		初四	ts'əu³³sɿ³⁵
第	di²⁴ 用于数词前，表序数	初五	ts'əu³³oŋ³⁵
		初六	ts'əu³³liəu³³
		初七	ts'əu³³tɕ'i²²
虚字		初八	ts'əu³³pia²²
咖	.ka	初九	ts'əu³³tɕiəu⁵⁴
	表完成：去~	初十	ts'əu³³zɿ¹³
咖	.kau	老大	lau⁵⁴ɣa²⁴
	表完成：食~	大崽	ɣa²⁴tsai⁵⁴
得噜	.te.lu	老二	lau⁵⁴ai³⁵
	表正在进行：食~饭。	还二	ɣai¹³ni³³
倒	.te	老三	lau⁵⁴suo³³
	后接补语：热~要命	还三	ɣai¹³suo³³
噜	.lu	老四	lau⁵⁴sɿ³⁵
	表所属、性质等：我~、旧~	还四	ɣai¹³sɿ³⁵
		老五	lau⁵⁴oŋ³⁵
		还五	ɣai¹³oŋ³⁵
（二十九）数字等		老六	lau⁵⁴liəu³³
一号	i³³au³⁵	还六	ɣai¹³liəu³³
二号	ai³⁵au³⁵	老七	lau⁵⁴tɕ'i²²
三号	san³³au³⁵	还七	ɣai¹³tɕ'i²²
四号	sɿ³⁵au³⁵	老八	lau⁵⁴pia²²
五号	oŋ³⁵au³⁵	还八	ɣai¹³pia²²
六号	liəu³³au³⁵	老九	lau⁵⁴tɕiəu⁵⁴
七号	tɕ'i²²au³⁵	还九	ɣai¹³tɕiəu⁵⁴
八号	pia²²au³⁵	老十	lau⁵⁴zɿ¹³
九号	tɕiəu⁵⁴au³⁵	还十	ɣai¹³zɿ¹³
十号	zɿ¹³au³⁵	老幺	lau⁵⁴iau³³　老末儿
初一	ts'əu³³i³³		老晚 lau⁵⁴man⁵⁴
初二	ts'əu³³ni³³	大哥哥	ɣa²⁴ka³³ka³³⁻⁵⁴

二哥哥	ai³⁵ka³³ka³³⁻⁵⁴		第十	di³⁵zɿ¹³	

不二噜哥哥
ɣai¹³ni³³ka³³.lu ka⁵⁴

			还十	ɣai¹³zɿ¹³	
一只	i³³tɕio²²	一个	第一只	di³⁵i³³tɕio²²	第一个
			还头只	ɣai¹³lau³⁵tɕio²²	
两只	nio⁵⁴tɕio²²	两个	第二只	di³⁵ai³⁵tɕio²²	第二个
三只	suo³³tɕio²²	三个	还二只	ɣai¹³ni³³tɕio²²	
四只	sɿ³⁵tɕio²²	四个	第三只	di³⁵suo³³tɕio²²	第三个
五只	oŋ³⁵tɕio²²	五个	还三只	ɣai¹³suo³³tɕio²²	
六只	liəu³³tɕio²²	六个	第四只	di³⁵sɿ³⁵tɕio²²	第四个
七只	tɕʻi²²tɕio²²	七个	还四只	ɣai¹³sɿ³⁵tɕio²²	
八只	pia²²tɕio²²	八个	第五只	di³⁵oŋ³⁵tɕio²²	第五个
九只	tɕiəu⁵⁴tɕio²²	九个	还五只	ɣai¹³oŋ³⁵tɕio²²	
十只	zɿ¹³tɕio²²	十个	第六只	di³⁵liəu²²tɕio²²	第六个
第一	di³⁵i³³		还六只	ɣai¹³liəu³³tɕio²²	
	还头 ɣai¹³lau³⁵		第七只	di³⁵tɕʻi²²tɕio²²	第七个
第二	di³⁵ai³⁵		还七只	ɣai¹³tɕʻi²²tɕio²²	
	还二 ɣai¹³ni³³		第八只	di³⁵pia²²tɕio²²	第八个
第三	di³⁵suo³³		还八只	ɣai¹³pia²²tɕio²²	
	还三 ɣai¹³suo³³		第九只	di³⁵tɕiəu⁵⁴tɕio²²	第九个
第四	di³⁵sɿ³⁵		还九只	ɣai¹³tɕiəu⁵⁴tɕio²²	
	还四 ɣai¹³sɿ³⁵		第十只	di³⁵zɿ¹³tɕio²²	第十个
第五	di³⁵oŋ³⁵		还十只	ɣai¹³zɿ¹³tɕio²²	
	还五 ɣai¹³oŋ³⁵		十一	zɿ¹³i³³	
第六	di³⁵liəu³³		二十	ni³³zɿ¹³	
	还六 ɣai¹³liəu³³		两十	nio⁵⁴zɿ¹³	
第七	di³⁵tɕʻi²²		二十一	ni³³zɿ¹³i³³	
	还七 ɣai¹³tɕʻi²²		三十	suo³³zɿ¹³	
第八	di³⁵pia²²		三十一	suo³³zɿ¹³i³³	
	还八 ɣai¹³pia²²		四十	sɿ³⁵zɿ¹³	
第九	di³⁵tɕiəu⁵⁴		四十一	sɿ³⁵zɿ¹³i³³	
	还九 ɣai¹³tɕiəu⁵⁴		五十	oŋ³⁵zɿ¹³	

五十一　　oŋ³⁵zɿ¹³i³³

六十　　　liəu³³zɿ¹³

六十一　　liəu³³zɿ¹³i³³

七十　　　tɕʻi²²zɿ¹³

七十一　　tɕʻi²²zɿ¹³i³³

八十　　　pia²²zɿ¹³

八十一　　pia²²zɿ¹³i³³

九十　　　tɕiəu⁵⁴zɿ¹³

九十一　　tɕiəu⁵⁴zɿ¹³i³³

一百　　　i³³po²²

一千　　　i³³tsʻe³³

一百一　　i³³po²²i³³　一百一十

一百一十只 i³³po²²i³³zɿ¹³tɕio²²

　　　　　　一百一十个

一百一十一 i³³po²²i³³zɿ¹³i³³

一百一十二 i³³po²²i³³zɿ¹³ni³³

一百二　　i³³po²²ni³³　一百二十

一百三　　i³³po²²suo³³　一百三十

一百五　　i³³po²²oŋ³⁵　一百五

一百五十只 i³³po²²oŋ³⁵zɿ¹³tɕio²²

　　　　　　一百五十个

二百五　　ni³³po²²oŋ³⁵　二百五十

二百五　　ai³⁵pe²²u⁵⁴　（傻子）

二百五十只

　　　　ni³³po²²oŋ³⁵zɿ¹³tɕio²²

　　　　　　二百五十个

三百一　　suo³³po²²i³³　三百一十

三百三　　suo³³po²²suo³³

　　　　　　三百三十

三百六　　suo³³po²²liəu³³

　　　　　　三百六十

三百八　　suo³³po²²pia²²

　　　　　　三百八十

一千一　　i³³tsʻe³³i³³ 一千一百

一千一百只

　　　i³³tsʻe³³i³³po²²tɕio²²

　　　　　　一千一百个

一千九　　i³³tsʻe³³tɕiəu⁵⁴

　　　　　　一千九百

一千九百只

　　　i³³tsʻe³³tɕiəu⁵⁴tɕio²²

　　　　　　一千九百个

三千　　　suo³³tsʻe³³

五千　　　oŋ³⁵tsʻe³³

八千　　　pia²²tsʻe³³

一万　　　i³³va²⁴

一万二　　i³³va²⁴ni³³ 一万二千

一万二千只

　　　i³³va²⁴nio⁵⁴tsʻe³³tɕio²²

　　　　　　一万二千个

三万五　　suo³³va²⁴oŋ³⁵

　　　　　　三万五千

三万五千只

　　　suo³³va²⁴oŋ³⁵tsʻe³³tɕio²²

　　　　　　三万五千个

零　　　　lio³⁵

二斤（两斤）　nio⁵⁴tɕin³³

二两　　　nio⁵⁴lio⁵⁴

二钱（两钱）　nio⁵⁴ze³⁵

二分（两分）　nio⁵⁴fan³³

二厘（两厘）　nio⁵⁴li¹³

两丈（二丈）　nio⁵⁴ȡio³⁵

二尺（两尺）　nio⁵⁴tɕʻio²²

二寸（两寸）　nio⁵⁴tsʻoŋ³⁵

二分（两分）　nio⁵⁴fan³³

二里（两里）　nio⁵⁴li⁵⁴

两担（二担）　nio⁵⁴tuo³⁵

二斗（两斗）　nio⁵⁴tau⁵⁴

二升（两升）　nio⁵⁴ɕin³³

二合（两合）　nio⁵⁴kua²²

两项（二项）　nio⁵⁴ɣan³⁵

二亩（两亩）　nio⁵⁴məu⁵⁴

几只？　tɕi⁵⁴tɕio²²　　几个？

好多只？　xei⁵⁴tu³³tɕio²²

　　　　　　　　多少个？

好几只　xei⁵⁴tɕi⁵⁴tɕio²²

　　　　　　好几个

好喃　xei⁵⁴.nan　好一些

大喃　ɣa²⁴.nan　大一些

点咖哊　tian⁵⁴.ka.ta 一点儿

一点点　i³³tian⁵⁴tian⁵⁴

大点咖哊　ɣa²⁴tian⁵⁴.ka ta⁵⁴

十多只　zʅ¹³tu³³tɕio²²

　　　　（比十个多）

一百多只　i³³po²²tu³³tɕio²²

　　　　　一百多个

十来只　zʅ¹³.lai tɕio²²

　　　　（不到十个）

千把只　tsʻe³³pa⁵⁴tɕio²²

　　　　　大约一千个

百把只　po²²pa⁵⁴tɕio²²

　　　　　大约一百个

半只　pe³⁵tɕio²²　　半个

一半　　i³³pe³⁵

两半　　nio⁵⁴pe³⁵　　两半儿

半多　　pe³⁵tu³³　　多半儿

一大半　i³³ɣa²⁴pe³⁵

一只半　i³³tɕio²²pe³⁵

……上下　……ʑian³⁵ia³⁵

……左右　……tsuo⁵⁴iəu³⁵

成语

一来二去　i³³lai¹³ai³⁵tɕʻy³⁵

一清二白　i³³tɕʻin³³ai³⁵be¹³

一清二楚　i³³tɕʻin³³ai³⁵tsʻu⁵⁴

一干二净　i³³kan³³ai³⁵dʑin³⁵

一差三错　i³³tsʻa³³san³³tsʻuo³⁵

一刀两断　i³³tau³³nian⁵⁴duan³⁵

一举两得　i³³tɕy⁵⁴nian⁵⁴te³³

三番五次　san³³fan³³u⁵⁴tsʅ³⁵

三番两次　san³³fan³³nian⁵⁴tsʅ³⁵

三年两年　suo³³ne³⁵⁻²¹nio⁵⁴ne³⁵⁻²¹

三年五载　san³³nian¹³u⁵⁴tsai³⁵

三日两头　suo³³ni³³nio⁵⁴lau³⁵

　　　　　三天两头

三日三夜　suo³³ni³³suo³³io³³

　　　　　三天两夜

三长两短　san³³dʑian¹³nian⁵⁴tuan⁵⁴

三言两语　san³³ian¹³nian⁵⁴y⁵

三心二意　san³³ɕin³³ai³⁵i³⁵

三心两意　san³³ɕin³³nian⁵⁴i³⁵

三三两两　san³³san³³nian⁵⁴nian⁵⁴

四平八稳　sʅ³⁵bin¹³pa³³uən⁵⁴

四通八达　sʅ³⁵tʻoŋ³³pa³³da¹³

四面八方　sʅ³⁵mian³⁵pa³³fan³³

四邻八舍 sɿ³⁵lin¹³pa³³ɕie⁵⁴

四时八节 sɿ³⁵zɿ¹³pa³³tɕie²²

五零四散 u⁵⁴lin¹³sɿ³⁵san⁵⁴

五湖四海 u⁵⁴vu¹³sɿ³⁵xai⁵⁴

五花八门 u⁵⁴fa³³pa³³mən¹³

七上八下 tɕʻi²²ʑian³⁵pa³³ia³⁵

七颠八倒 tɕʻi²²tian³³pa³³tau⁵⁴

颠七倒八 tian³³tɕʻi³³tau⁵⁴pa³³

乱七八糟 luan³⁵tɕʻi³³pa³³tsau³³

七乱八糟 tɕʻi³³luan³⁵pa³³tsau³³

乌七八糟 u³³tɕʻi³³pa³³tsau³³

七长八短 tɕʻi³³dʑian¹³pa³³tuan⁵⁴

长七短八 ʑian¹³tɕʻi³³tuan⁵⁴pa³³

七拼八凑 tɕʻi³³pʻin³³pa³³tsʻəu³⁵

七手八脚 tɕʻi³³ɕiəu⁵⁴pa³³tɕio³³

七嘴八舌 tɕʻi³³tsuei⁵⁴pa³³ʑie¹³

七言八语 tɕʻi³³ian¹³pa³³y⁵⁴

千辛万苦 tɕʻian³³ɕin³³uan³⁵kʻu⁵⁴

千真万确 tɕʻian³³tɕin³³uan³⁵tɕʻio²²

千军万马 tɕʻian³³tɕyn³³uan³⁵ma⁵⁴

千人万马 tɕʻian³³ʑin¹³uan³⁵ma⁵⁴

千变万化 tɕʻian³³bian³⁵uan³⁵xua³⁵

千家万户 ɕʻian³³tɕia³³uan³⁵u³⁵

千门万户 tɕʻian³³mən¹³uan³⁵u³⁵

千言万语 tɕʻian³³ian¹³uan³⁵y⁵⁴

干支

甲　　　tɕia²²

乙　　　ie²²

丙　　　pin⁵⁴

丁　　　tin³³

戊　　　u³⁵

已　　　tɕi⁵⁴

庚　　　kən³³

辛　　　ɕin³³

壬　　　ʑin²⁴

癸　　　kuei³⁵

子　　　tsɿ⁵⁴

丑　　　tɕʻiəu⁵⁴

寅　　　in¹³

卯　　　mau⁵⁴

辰　　　dʑin¹³

巳　　　zɿ³⁵

午　　　u⁵⁴

未　　　uei³⁵

申　　　ɕin³³

酉　　　iəu⁵⁴

戌　　　ɕy³³

亥　　　ɣai³⁵

第四章 语法

一、词法特点

（一）实词

1.名词

（1）重叠

重叠是由两个相同的词根相叠而构成词的方式。在石期市土话中，重叠是构成名词的重要手段，因而存有大量的 AA 式名词，不像普通话的重叠式只有少数的几个。

石期市土话重叠式名词 AA 式从构成的语素来看，可分为以下几类：

①由单音节名词性语素重叠而成

单音节亲属称谓词重叠

普通话：　爷爷　叔叔　伯伯　姐姐　哥哥　外婆　太婆

石期市土话：　爹爹　晚晚　伯伯　姐姐　哥哥　外外　太太

表示亲属关系的单音节称谓名词，一般都不单独使用，和普通话一样要将其重叠后使用。

有些亲属称谓在普通话中不用重叠形式，而石期市土话却要用重叠式。例如外婆。

单音名词重叠，重叠后词义有的产生变化，有的不产生变化。例如：

根根　笊笊　牌牌　皮皮

天天　月月　年年

以上例词中的单音语素都可以独立成词，有的单音语素意义和重叠后的意义联系不大或没有任何联系。"牌"指扑克牌，"牌牌"指起标示作用的牌子。有的单音语素意义和重叠后的意义变化不大，重叠的语法作用是表小称，如"根"和"根根"，"笊"和"笊笊"。

"皮皮"指瓜果的无食用价值的外皮，如"西瓜皮皮、香蕉皮皮"，而包馄饨的皮儿一定要说"皮子"。这在普通话中好像正好相反，普通话称"西瓜皮""饺子皮儿"，大概是西瓜的外皮相对于其他水果的外皮来说不是那么小，包饺子的"皮子"相对于其他东西来说是比较小的。而石期市土话"皮皮"的小称义可能立足于"皮"在整个物体中的价值，"皮皮"是瓜果中无食用价值的部分，自然是"小"的，而"皮子"对于馄饨或饺子来说，是很重要的部分。

表示年、月、日的时间名词重叠，表示"每一"的意义，这一点和普通话相同。

②由动词性语素重叠而成

铲铲　盖盖　刷刷　夹夹　擦擦　箍箍　筛筛　罩罩

从语义特征上看，这类 AA 式名词的基式部分有的有相应的"哴"尾，如铲哴，筛哴。

③由形容词性语素重叠而成

尖尖

从语义特征上看，这类重叠式名词有小称的意味。"尖尖"专指"尖细的事物"。

④由量词性语素重叠而成

口口　点点　本本　把把　架架

从语义特征上看，这类词的基式有的可加"子尾"，如：本本—本子、口口—口子、把把（器物手握的部位）—把子，重叠式多为小称或专指，例如："点点"指碎点点、小的印迹。

（2）附加

运用词缀附加在词干上构成新词是汉语的一种构词方法，这种方法的运用，在汉语的一些方言中比在普通话中更为多样化。湖南东安石期市土话里有很多词就是用这种方法构成的，这是石期市土话的一个重要特征。

①后缀　　石期市土话的后缀有"唧、古、头、老、子、家"等。

"唧"（非本字，音近字"唧"记音。）

A　构词形式："唧"尾构词形式有 4 种。

名 + 唧—名词。

a 豆唧、麦唧、竹唧、麻唧、鱼唧

b 柜唧、厂唧、女唧、桶唧、盆唧

a 组词根不能独立，但一加"唧"尾，就都成为独立的名词了。b 组词根可以独立。如："拿几只桶来"和"拿几只桶唧来"在土话中都能成立。

动 + 唧—名词。如："筛唧、钉唧、锤唧、铲唧"，不加"唧"尾是动词，表示筛、钉、锤、铲的动作，加上"唧"尾就都成名词了，表示动作得以产生的工具。

形 + 唧—名词。如："黄唧、白唧"。词根"黄、白"是形容词，加上"唧"尾成了名词，"黄唧"专指蛋黄，"白唧"专指蛋白。

名 + 名 + 唧—名词。这类词较少，笔者了解到的只有"兔狗唧"，即蟋蟀。

B　双音节"唧"尾名词与普通话词的对应。

笔者将收集到的双音节"唧"尾词按不同的对应关系分成以下几组（每组词不一一例举）：

a 茄唧、椅唧、竹唧、麦唧、桃唧、柿唧、箱唧、盒唧

b 盆唧、柜唧、鸭唧、索唧

c 女唧、奶唧、泡唧、羊唧

d 麻唧、厂唧

e 鱼唧、鸟唧、窠唧、疤唧

f 梳唧、铲唧、锤唧、钉唧

a 组词对应普通话的"子尾词"，如："茄唧 = 茄子、竹唧 = 竹子、麦唧 = 麦子"。土话是用这个词根加上"唧"尾构成名词的，词根本身不能单独成词，必须带上"唧"尾。词的意义与普通话的"子尾词"相同。这是土话与普通话之间最普遍的对应关系。

b 组词根在土话里可单独使用，意义与"唧"尾词相同。如："索—索唧，柜—柜唧。"但在普通话里，这些词根不能单独使用，必须构成子尾词或儿化词方可用于句中。如土话中的"索唧、盆唧、柜唧"分别对应普通话中的"绳儿（绳子）、盆儿（盆子）、柜子"。

c 组词在土话里是多义的，如："女唧"可表示女儿（这是我女唧）

和未结婚的女性（那个女唧怎么样）。不同的意义又对应普通话不同的词："女儿"对应"女儿"；"未结婚的女性"对应"女孩"。与"女唧"同类的还有："奶唧"可表示普通话中"乳房"和"乳汁"之义；"泡唧"可表灯泡、水泡、气泡；"羊唧"可表动物"羊"及小瘤子。

d 组词的词根在土话里可组成"唧"尾词，也可构成"子"尾词，并表示不同的意义，对应不同的普通话词。如：

麻唧：指芝麻。

麻子：指脸上有麻子的人。

厂唧：遮蔽太阳或风雨的设备或简陋的房屋，对应"棚子"。"厂"读为 $[\text{tɕ}'\text{io}^{54}]$（白读）。

厂子：工厂。此处"厂"读 $[\text{tɕ}'\text{ian}^{54}]$（文读）。

e 组词根在普通话里单独做名词用，土话则必须带上唧尾才可使用，如"这条鱼唧有十斤"，组成唧尾词后，有的意义已经发生改变，与词根意义有所不同。如普通话单用"疤"是指疮口或伤口好后留下的痕迹，而土话的"疤唧"是指疮口或伤口。

f 组词对应普通话子尾词，但这些词根在土话、普通话中均单独使用，且都为表动作的动词。

C "唧"尾的功能：

石期市土话有很多单音节语素带"唧"尾的双音节词，而加上"唧"尾的许多词并不增加什么意义，如"柜唧＝柜、鸟唧＝鸟、索唧＝索、盆唧＝盆……"，吕叔湘先生在《现代汉语单双音节问题初探》中写道：单音节的活动受限制，结果是倾向于扩充为双音节。双音化的主要方式有两种：或者在前面或者在后面加上一个不增加多少意义的字；或者把两个意义相同或相近的字合起来用。加"唧"尾而不改变意义，正是单音节的双音化，这也是汉语发展的一种十分明显的趋势。但经过分析后，笔者认为"唧"不仅是一个构成双音节词的后缀，而且它具有附加性的词汇意义及语法意义。

首先，"唧"尾能使不成词的语素构成词。一个音节用一个字代表，这是汉语的普遍规则，但不是每个音节都是独立的词，有些只有和别的音节结合才能成词。但有些虽有几个音节也不能成词，石期市土话中的"唧"尾在这里起了很大的作用，它们可以使不成词的构成词。譬如：豹唧、壳唧、茄唧、李唧、桃唧、柿唧、麻唧、盒唧、箱唧、竹唧……

其次，"咡"尾能改变词性。"咡"尾能把动词变为名词，如梳咡、筛咡、锤咡。"筛"在土话中单用表动作——把东西放在器具里，来回摇动，使细碎的漏下去，粗的留在上面，加上"咡"后变名词，表"筛"这一动作得以产生的工具，意即用竹条、铁丝等编成的有许多小孔的器具。加上"咡"尾还能把形容词变为名词，形容词本身可以独立，但加上"咡"尾后，就变成一个新词，词性变成名词，意义也有变化。如前举例："黄"本指颜色，加上"咡"则专指蛋黄，形容词变成了名词。

再次，"咡"尾的爱称作用。使用石期市土话的人们常把"咡"加在人名后，特别是单名后，表亲昵，如军咡、燕咡。

第四，"咡"尾的小称作用。"咡"是否具有小称作用，笔者心存疑惑。因为，如果说"咡"尾具有普遍的小称作用，那么应该是不同事物的大小或同一事物的大小，通过加"咡"便能指称"小"物。但在土话中，不论是不同大小的事物，或同一事物的大或小，均可加"咡"，大如农村装几千斤谷子的"柜咡"，小如米粒般的"麻咡"。鱼不论是几十斤重的或小如几两的，都是"鱼咡"，而要表示大小鱼时，人们会加上形容词"大"或"细"来指称，如："今天我打咖一条大鱼咡，有十斤"或"这里有一条细鱼咡"，但在"点咡""点点咡""下咡"里，"咡"的确又含有细小、微小之意。"点咡"表微小，"点点咡"表极微小。如："盐少了，加点咡咾"（表示盐少了，要加适量的盐），而"差不多，加点点咡就可以了。"则表示不加也是可以的，若要加，只能是一点儿。

所以，应该说，"咡"主要是作为词的标志出现的，它的小称作用限于少数的几个词。

"古"

普通话	膝盖	拳头	山坡	量筒	鹅卵石	石头	眼	面	木
石期市土话	膝头古	拳头古	山陡古	筒古	马头古	石头古	眼古	面古	木头古

以上例词中，除"面"可单用，例如"洗面"，其余词中的"古"省去则不成词，可见"古"的主要作用是构词。

"家"

"家"在石期市土话中是一个名词词尾，普通话也有这个词尾，但石期市土话的用法更广泛一些，它在石期市土话中的作用是加在某些口语色彩浓厚的名词后而表示属于某一类人。例如：老人家、男人家、女人家，但不说军人家、工人家（这里的家不是家庭），原因在于这类词是书面语。上面的这些例子，去掉"家"后虽然不影响表意，但附加的意义没有了。

"头"

"头"在普通话中作为后缀时可以加在名词、动词、形容词词性成分后而构成名词，在石期市土话中语素加上"头"构成名词。可分为以下几种情况：

A 名语素 + 头：如砖头等，这种构词法和普通话差不多。

B 形语素 + 头：如甜头等，这种构词法也和普通话差不多。

C 代语素 + 头：如伊头、那头，相当于普通话的"这里、那里"。

D 动语素 + 头：如：看头、赚头、听头、吃头、想头、干头。这一类构词法具有较强的能产性。

"手""场"

用于动词之后，形成"动词 + 场"形式，表示"……的价值"，例如：觑场、食场、听场、走场、跳场、学场、喝场、讲场。"动词 + 场"构成的名词，在石期市土话中，通常充当"有"或"冇□"（没有）的宾语。例如：

那个电影冇□觑场。　　　你屋里卖的酒，冇□喝场。

普通话	吃头	看头	想头
石期市土话	食手	觑手	想场

② 前缀

石期市土话中的名词前缀有"老、阿、初、第"等，例如：

老鼠　老虎　老鸦（乌鸦）

阿弟（弟弟）　阿娘（母亲）　阿婆（夫之母）　阿公（夫之父）

初一　初二　第一　第二

土话中前缀"老、初、第"的使用情况大抵与普通话相近，只有"阿"主要加在亲属名称的前面，但限于以上所举几例，其余亲属名词没有加"阿"的说法。

2. 数词

（1）数词中的异读现象

①石期市土话里"二、三、五、六、七、八、十"均有文白异读现象，只有"一、四、九"没有文白之分，只一种读音。

②数数的时候，"一、四、九"的读音任何情况都没有变化，"二、三、五、六、七、八、十"单数时和两位以上数字读音不一样。从"一"到"十"不用白读音：

一 [i^{33}]　二 [ai^{35}]　三 [san^{33}]　四 [s$_{1}^{35}$]　五 [u^{54}]

六 [lu^{33}]　七 [tɕ'i^{33}]　八 [pa^{33}]　九 [tɕiəu^{54}]　十 [ʑi^{13}]

从"十一"开始，一般用白读音：

十一 [z$_{1}^{13}$i^{33}]　十二 [z$_{1}^{13}$ni^{33}]　十三 [z$_{1}^{13}$suo^{33}]

十五 [z$_{1}^{13}$oŋ^{35}]　十六 [z$_{1}^{13}$liəu^{33}]　十八 [z$_{1}^{13}$pia^{22}]

二十 [ni^{33}z$_{1}^{13}$]　三十 [suo^{33}z$_{1}^{13}$]　五十 [oŋ^{35}z$_{1}^{13}$]

八十 [pia^{22}z$_{1}^{13}$]　三百 [suo^{33}po^{22}]　五百 [oŋ^{35}po^{22}]

六百 [liəu^{33}po^{22}]　八百 [pia^{22}po^{22}]　一百二 [i^{33}po^{22}ni^{33}]

（2）"二"和"两"

①"二"用于下列场合：

A 数数（个数"二"用文读音 [ai^{35}]，十以上数中的"二"用白读音 [ni^{33}]。），"二十"可用"二"，也可用"两"。

二 [ai^{35}]　十二 [z$_{1}^{13}$ni^{33}]　二十 [ni^{33}z$_{1}^{13}$]　两十 [nio^{54}z$_{1}^{13}$]

B 表顺序

二号 [ai^{35}]　初二 [ni^{33}]　第二 [ai^{35}]　还二只（第二个）[ni^{33}]

老二 [ai^{35}]

C 成语

三心二意 [san^{33}ɕin^{33}ai^{35}i^{33}]　一清二楚 [i^{33}tɕ'in^{33}ai^{35}ts'u^{54}]

②"两"用于下列场合：

A "百、千、万"前可用"两"，不可用"二"。

B 所有量词前都可用"两"

两尺 [nio^{54}tɕ'io^{22}] 两钱 [nio^{54}ze^{35}]

两两 [nio^{54}lio^{54}] 两本 [nio^{54}pan^{54}]

（3）序数表达的特殊形式

在石期市土话中，一般可以用"第""初""还"等序数词加上数词表序数或用基数表序数。但当表示最前序列和最后序列时，口语中通常用形容词"头""细"加数量词或名词等特殊的表达形式来表示。

"头＋数量词"表示"第一"，在普通话中也存在，如"头条新闻""头届毕业生""头版头条"等，但使用的范围没有石期市土话广泛。石期市土话中几乎所有表"第一"的都可以用"头"来表达，例如："头个""头名""头本"分别表示"第一个""第一名""第一本"。

普通话中可用"末"来表示"最后"。石期市土话有时用"细"表示"最后"的意思。"细"相当于"小"。如"细姨娘"（最小的姨妈）。

3. 量词

（1）石期市土话量词举例

搭配对象	石期市土话量词	普通话量词
头发	条 [di^{35}]	根
树叶	皮 [bi^{35}]	片
绳子、皮带	条 [di^{35}]	根、条
歌	只 [tɕio^{22}]、首 [ɕiəu^{54}]	首、支
手、脚、眼	只 [tɕio^{22}]	只
羊、猫、鸭、鸡、牛	只 [tɕio^{22}]	只、头
人、朋友、凳子、桌子、床	只 [tɕio^{22}]	个、位
纸	张 [tɕian^{33}]	张
被子	床 [zu^{35}]	条、床
信	封 [foŋ^{33}]	封
柴	捆 [k'oŋ^{54}]	捆
饭、肉、衣	块 [ɕia^{35}]、坨 [duo^{13}]	块
苹果、橘子、梨	只 [tɕio^{22}]	个
碗、碟子	只 [tɕio^{22}]	个

从上面的比较中可以看到石期市土话在表示事物的形状、情状时更加直观、形象一些，有根状、条状、块状、坨状，显得生动活泼，令人产生联想。

石期市土话中的量词"坨"，表示成块或成堆的物体的量，运用的范围相当广泛，没有物体大小之分，如："一坨肉""一坨饭""一坨粑粑"。

量词"只"使用范围相当广泛。普通话中能用"个"的名词，在石期市土话中均可使用"只"，普通话中不能用"个"的名词，在石期市土话中部分也可使用"只"，如：一只歌、一只苹果、一只碗、一只朋友。

（2）量词结构的词缀

普通话里的量词一般是没有词缀的，而石期市土话里存在一些词缀与量词相结合的特殊量词结构，在表意上显得更加形象、活泼，具有独特的语法意义和色彩意义。

后缀"把""叻"，主要表现形式为："量词＋把＋名词""量词＋叻"。

角把钱　个把人　本把书　两次叻　一下叻

在量词单独使用的时候，后缀"把"常常会出现，相当于一个概数词，"约"或者"左右"的意思。"把"在这种格式下，很多时候还带有一种轻蔑的语气。如：

毋就是角把钱噜事嘛，有哪咖争场。（不就是一角钱的事嘛，有什么好争的。）

a^{35}ʥiəu^{24}z̩$^{35-21}$tɕio^{33}.pa ze$^{35-21}$.lu z̩^{24}.ma，au^{35}ni^{54}.ka tsuo^{33}.ʥian。

有时还会出现"量词＋把＋叻"的现象，如"个把叻""只把叻"。相当于一个概量词，是一个表大概的数字，表示数量很少。

（3）重叠式"量＋叻＋量"

石期市土话中量词的重叠有这样一种形式，即在两个重叠的量词中间有一个音 [ta]，近似土话中的上声，但听起来要轻一些。这是该土话中较有特色的地方。我们把这个音写作"叻"，重叠式记为"量＋叻＋量"。

① "量＋叻＋量"重叠式的构成及使用特点。

A 构成特点：

按音节分，量词有单音节量词和双音节量词，另加复合量词。在石期市土话中，这三种量词只有单音节量词可构成"量＋叻＋量"这种重叠式。例如：

□噜衣块叻块有补丁。（他每一件衣服都有补丁。）

u^{35}lu^{54};i^{33}ɕia^{35}.ta ɕia$^{35-21}$au^{35}pu^{54}tio$^{33-21}$。

个叻个是伊□个。（个个都是这样的。）

ku^{35}.ta ku$^{35-21}$z̩^{35}ai^{33}.na ku$^{35-21}$。

捆叻捆柴都有蛮重。（每一捆柴都很重。）

k'oŋ⁵⁴.ta k'oŋ⁵⁴ʑia³⁵⁻²¹tu³³au³⁵man¹³dʑin³⁵。

场哒场电影都好觑。（每一场电影都好看。）

dʑian¹³.ta dʑian¹³⁻²¹dian³⁵in⁵⁴tu³³xei⁵⁴tɕ'iəu³⁵⁻²¹。

双音节量词如"公里"不能构成"公里哒公里"，复合量词如"人次"不能构成"人次哒人次"，这种语言现象可用汉民族使用语言的习惯和心理来解释。汉人在长期运用语言的过程中，形成了运用语音形式简短的词语来交际的习惯，心理上倾向于选择简短的节奏形式。双音节及复合量词至少含两个音节，重叠再加上"哒"则至少有 5 个音节。显然，人们不会采取这种重叠式进行表达。

B 使用特点：

在使用中，"量+哒+量"重叠式形式上较为固定，不能在前面加"一"，也不能加其他任何数词，如"块哒块"可说，"一块哒块"则不能说；"包哒包"能说，"一包哒包"却不行。但是，若将此重叠式的"哒"去掉，就可在前面加"一"，如：

数不清啊？一只只来咾。（数不清啊？一个一个地数啊。）

səu⁵⁴.pu tɕ'in³³.a？i³³tɕio²²tɕio²²lai³⁵⁻²¹.lau。

这里要说明一点：土话中有"两箱哒两箱哒搬"这样的说法，看似为数量短语加"哒"的重叠，实际上，此句中的"哒"与"箱"构成名词"箱哒"，意同普通话中"箱子"，所以，在土话中，此句也可表示为：两箱两箱搬，与此类似的还有"柜、盒、篓"等语素。

普通话量词重叠式修饰名词时，两者之间不用结构助词"的"，我们只说"件件衣服，户户人家"，而不会说"件件的衣服，户户的人家"。石期市土话中，"量+哒+量"重叠式修饰名词时，既可加结构助词，也可不使用结构助词，例如："碗哒碗饭"和"碗哒碗噜饭"都可以说。"噜"是石期市土话中的结构助词，相当于普通话的"的"。

普通话量词重叠式不能在后边加上结构助词"的"构成"的"字结构，如不能说成"队队的是人"，只能说成"一队队的是人"。石期市土话量词重叠式有时可在后边加上结构助词"噜"构成"噜"字结构，作用相当于一个名词，例如：

张哒张噜是报纸。（一张一张的是报纸。）

tɕian³³.ta tɕian³³.lu zʅ³⁵pau³⁵tsʅ⁵⁴。

本哒本噜是书。（一本一本的是书。）

pan^{54}. ta pan^{54}. lu zη^{35}çy^{33}。

当然，这两个例句把"噜"字去掉也能成立，即："张吘张是报纸。本吘本是书。"但句义已发生了变化，详见下面的分析。

②"量+吘+量"重叠式的句法功能。

"量+吘+量"重叠式可修饰限制名词、动词、动词性短语，从而在句中可做主语、定语、状语、补语、谓语。

做定语（修饰名词）。如："只吘只鸡蛋是好噜。（tçio^{22}. ta tçio^{22}pa^{22}pa^{22}zη^{35}xei^{54}. lu。）"意为"所有鸡蛋都是好的。"其中的"只吘只"修饰后面的名词"鸡蛋"，在句中所做成分为定语。再如：班吘班学生都蛮多。（pan^{33}. ta pan^{33}io^{33}sən$^{33-21}$tu^{33}man^{13}tu^{33}。）土话中，上两个例句也可说成"只只鸡蛋是好噜。班班学生都蛮多。"但带"吘"的句子更为普遍。

做主语，如：排吘排都整齐。（每一排都整齐。）

bia^{35}. ta bia$^{35-21}$tu^{33}tçin^{54}dʑi$^{13-21}$。

杯吘杯都好食。（每一杯都好吃。）

ei^{33}. ta pei^{33}tu^{33}xei^{54}i^{33}。

这种句式实际上是一种省略，是主语中心语省略后的句式，省略的条件便是说、听双方都明白所指对象，不必再具体指出。若将省略成分补充出来，例句则成为："排吘排人（凳等）都整齐。杯吘杯饮料（酒）都好食。"

做状语（修饰动词），如：路要步吘步走（路要一步一步地走）。

ləu^{33}ie^{35}bu^{24}. ta bu^{24}tsau^{54}。

饭要口吘口食（饭要一口一口地吃）。

va^{24}ie^{35}k'au^{54}. ta k'au^{54}i^{33}。

量词短语用在句中做状语，多表方式，属限制性状语，说话者如此表达时，多为一种告诫性口气，如上两句意即：路要一步一步地走，饭要一口一口地吃，否则就会产生不良后果。

做补语，见例句：本吘本书撩倒撕咖张吘张。（一本一本的书被撕成一张一张的。）

pan^{54}. ta pan^{54}çy^{33}liau^{13}. te sη^{33}. ka tçian^{33}. ta tçian^{33}。

一块好衣撩倒剪咖片吘片。（一件好衣服被剪成一片一片的。）

i^{33}çia^{35}xei^{54}i^{33}liau^{13}. te tse^{54}. ka p'ian^{35}. ta p'ian^{35}。

这里的"张吘张""片吘片"分别做中心语"撕""剪"的补语，描写"书被撕、衣被剪"而呈现出来的状态，也就是说土话中的量词重叠形式"量＋叮＋量"在句中做补语时，是状态补语。

作谓语，例如：办公室噜报纸堆叮堆。（办公室的报纸一堆一堆的。）

ban^{35}koŋ^{33}ɕi^{33}.lu pau^{35}tsɿ^{54}tuei^{33}.ta tuei^{33}。

伊种米粒叮粒都蛮好。（这种米每一粒都很好。）

ai^{33}tsoŋ^{54}mie^{33}li^{33}.ta li^{33}tu^{33}man^{13}xei^{54}。

据我们观察，石期市土话中的"量＋叮＋量"重叠形式做谓语时对主语主要起描写作用。

③"量＋叮＋量"重叠式的附加意义。

石期市土话量词构成"量＋叮＋量"重叠式后产生了附加意义，附加意义随着在句中所做的成分不同而不同，概括起来有以下四种：

表示"数量多"，相当于普通话中量词重叠形式做定语时的意义。例如：

□喝咖瓶叮瓶噜酒。（他喝了很多瓶酒。）

u^{35}fu^{22}.ka bin^{13}.ta bin^{13}.lu tɕiəu^{54}。

黄瓜结咖条叮条。（黄瓜结了很多条。）

u^{35}kuo$^{33-54}$tɕie^{22}.ka di^{35}.ta di^{35}。

衣□套叮套失。（衣服他一套套地丢失了。）

i^{33}u^{35}t'au^{35}.ta t'au^{35}ʑie^{13}。

可见，"量＋叮＋量"做定语、补语、状语时均可能含有"许多"之意。

表示"每一、所有"，相当于普通话量词重叠式做定语或主语时的意义。例如："本叮本书都好觑。（pan^{54}.ta pan^{54}ɕy^{33}tu^{33}xei^{54}tɕ'iəu$^{35-21}$。）"即表示"每一本书都好看。"其他如"块叮块衣都好觑，包叮包书起咖霉（ɕia^{35}.ta ɕia^{35}i^{33}tu^{33}xei^{54}tɕ'iəu$^{35-21}$，pa^{33}.ta pa^{33}ɕy^{33}tɕ'i^{54}.ka mei^{13}）"，例中的量词结构均有"每一、所有"之义。

表示"逐一"，相当于普通话量词重叠式做状语时的意义。例如：在句子"听得讲去旅游，□拉早掇东西样叮样拈好响咖（t'uo^{35}.te ka^{54}xei^{35}ly^{54}iəu^{13}，u^{35}la^{33}tsei^{54}tuo^{33}tan^{33}se$^{33-54}$ian^{35}.ta ian^{35}ne^{33}xei^{54}.kau）"意为"听说去旅游，他早早地把东西一样一样收拾好了"，其中的"样叮样"表示按次序地进行，相当于"一样一样地"。再如："□□只叮只觑，才晓得几□是烂噜（pa^{22}pa^{22}tɕio^{22}.ta tɕio^{22} tɕ'iəu$^{35-21}$，zai^{13}ɕie^{54}.la tɕi^{54}.na zɿ^{33}la^{33}.lu）"意为（鸡蛋一个一个地看，才知道哪些是坏的），其中的"只叮只"表示鸡蛋要一个一个地看。

强调量词，此时重叠式后带有结构助词"噜"，这种用法常见于"是"

字句。两组例句：

a 盆叼盆噜是麦叼。（一盆一盆的是麦子。）

ban^{35}.ta ban^{35}.lu zη^{35}mo^{33}.ta。

b 碗叼碗噜是种谷。（一碗一碗的是种谷。）

ue^{54}.ta ue^{54}.lu zη^{35}tɕin^{54}ku^{22}。

c 盆叼盆是麦叼。（一盆盆都是麦子。）

ban^{35}.ta ban^{35}zη^{35}mo^{33}.ta。

d 碗叼碗是种谷。（一碗碗都是种谷。）

ue^{54}.ta ue^{54}zη^{35}tɕin^{54}ku^{22}。

句 a 和句 b 分别表示：麦子是用盆装的，种谷是用碗装的，强调"盆"和"碗"。句 c 和句 d 则分别表示：所有的盆装的都是麦子，所有的碗装的都是种谷。结构助词"噜"的有无使得"量＋叼＋量"结构有了不同的意义，一种是强调量词，如带"噜"的句子。另一种是表"每一／所有"之意，如不带"噜"的句子。但这种强调并非绝对地依靠结构助词"噜"才会产生。例如："套叼套衣比块叼块衣要贵喃。套叼套噜衣比块叼块噜衣要贵喃。"两句都强调量词"套""块"。

4. 代词

（1）人称代词

石期市土话的人称代词见下表。

表 4-1　人称代词

人称	单数	复数
第一人称	吾 uo^{35}	□侬人 ɣoŋ^{13} nan$^{35\text{-}54}$ oŋ^{35}
第二人称	你 ni^{54}	你侬人 ni^{54} nan$^{35\text{-}54}$ oŋ^{35}
第三人称	□ u^{35}	□侬人 u^{35} nan$^{35\text{-}54}$ oŋ^{35}
其他	大□（全称）ɣa^{24}ɕi^{54} 自家（自称）zη^{24}kuo$^{33\text{-}54}$ 别个（他称）bie^{13} ku$^{35\text{-}54}$	

说明：其他指除了基本人称以外的指称人的代词。

①大□（全称）ɣa^{24}ɕi^{54}：全称代词，义同北京话的"大家"，指代一定范围的全体人。

这里的"范围"，可以包括说话人，也可以不包括说话人，也可指较抽象的"集体""全体"。如：

不包括说话人：大□坐好，食饭。（大家坐好，吃饭。）

ɣa²⁴ɕi⁵⁴zu³⁵xei⁵⁴，i³³va²⁴。

包括说话人：大□都想你。（大家都想你。）

ɣa²⁴ɕi⁵⁴tu³³ɕian⁵⁴ni⁵⁴。

全体：伊个功劳是大□的。（这个功劳是大家的。）

ai³³.ku koŋ³³¹au³³⁻²¹ʐ̩³⁵ɣa²⁴ɕi⁵⁴.lu。

②别个 bie¹³ku³⁵⁻⁵⁴：他称代词，同北京话"人家""别人"。

莫相信别个。（不要相信别人。）

mo³³ɕian³³ɕin³⁵bie¹³ku³³⁻⁵⁴。

句中的"别个"也可换成"别人"。但"别个"也可以用来指说话人
自己，多带有责怪意味。如：

别个毋舒服，你晓不得？莫吵！（别人不舒服，你不知道？别吵。）

bie¹³ku³⁵⁻⁵⁴a³⁵ɕy³³vu¹³⁻²¹，ni⁵⁴ɕie⁵⁴.pu.la？mo³³tsʻau⁵⁴！

③自家 ʐ̩²⁴kuo³³⁻⁵⁴：反身代词，意义和用法均与北京话的"自己"相同。

（2）指示代词

指示代词的基本形式是近指的"伊"[ai³³]和远指的"那"[ni³⁵]，
在语义上分别对应北京话的"这"和"那"。

在与名词实现组合的可能性方面，"伊""那"要弱于"这""那"。
石期市土话的"伊""那"和名词组合时要加一个量词。"伊""那"与
名词的组合受限制，与量词的组合却几乎不受限制。如："伊书""那书"
不能说，加上量词"本"（"伊本书""那本书"）才能说。

正因为"伊""那"与量词之间具有极强的亲和力，当某些表示类型性
概念的量词经常与"伊""那"共现后，就形成了有固定意义的复合型指代词。

石期市土话常见的复合型指示代词见下表。

表 4-2　复合型指示代词

意义	近指	远指
人物	伊个 [ai³³.ku]（这个）	那个 [ni³⁵.ku]（那个）
处所	伊头 [ai³³.lau]（这里）	那头 [ni³⁵.lau]（那里）
时间	伊个时候 [ai³³.ku ʐ̩¹³ɣəu¹³⁻²¹]（这个时候）	那个时候 [ni³⁵.ku ʐ̩¹³ɣəu¹³⁻²¹]（那个时候）
性状	伊□ [ai³³.na]（这么）	那□ [ni³⁵.na]（那么）
种类	伊种 [ai³³tsoŋ⁵⁴]（这种）	那种 [ni³⁵ tsoŋ⁵⁴]（那种）

　　复合型指示代词在功能上的特点，就是它是一个自由程度极强的、能独立使用的名词性单位，可以出现在主语、宾语、定语的位置上代替名词。如：

　　伊头是几头？（这里是哪里？）

　　ai³³. lau zŋ³⁵tɕi⁵⁴. lau？

　　吾要到那头去。（我要到那里去。）

　　uo³⁵ie³⁵tei³⁵ni³⁵. lau xei³⁵。

　　但是，指示代词基本形式"伊／那"就缺乏这样的独立性和自由度，它们可以单独出现在主语的位置上，不能单独做宾语。

　　（3）疑问代词

　　石期市土话的疑问代词多为复合词。常见的如下所列：

问人	几个 [tɕi⁵⁴. ku]（谁）
问事物	哪咖 [ni⁵⁴.ka]（什么）
问地方	几头 [tɕi⁵⁴. lau]（哪里）
问时间	哪咖时候 [ni⁵⁴.ka zŋ¹³ɣəu¹³⁻²¹]（什么时候）
性状、原因	几哪 [tɕi⁵⁴. na]（怎么）
数量	好 [xei⁵⁴]（多）

　　例句：

　　你是几个？（你是谁？）　　　　ni⁵⁴zŋ³⁵tɕi⁵⁴. ku？

　　那是哪咖？（那是什么？）　　　　ni³⁵zŋ³⁵ ni⁵⁴. ka？

　　你在几头？（你在哪里？）　　　　ni⁵⁴zai³⁵tɕi⁵⁴. lau？

　　哪咖时候去？（什么时间去？ni⁵⁴. ka zŋ¹³ɣəu¹³⁻²¹xei³⁵？

　　几哪做？（怎么办？）　　　　　　tɕi⁵⁴. na tsŋ³⁵？

　　白菜好多钱一斤？（白菜多少钱一斤？）

　　bo²⁴tsʻai³⁵⁻²¹xei⁵⁴tu³³ze³⁵i³³ɕin³³？

（二）虚词

1. 副词

　　石期市土话的副词与普通话的副词相比，有自己突出的特点，本书对石期市土话副词的主要类型和用法进行描写，重点放在与普通话不同的词语及用法上。

（1）表程度的副词

① 石期市土话有而普通话没有的程度副词。

A 好 [xei⁵⁴]：读作上声，表程度，意义相当于普通话的"多、多么"。

a 问程度，如：株洲到长沙有好远？（株洲到长沙有多远？）

tɕy³³tɕiəu³³tei³⁵dʑian¹³sa³³au³⁵xei⁵⁴ye⁵⁴？

b 指某种程度，如：伊件事毋管好难吾都要做。（这件事不管多难我都要做。）

ai³³dʑian³⁵zɿ²⁴a³⁵kue⁵⁴xei⁵⁴na³⁵uo³⁵tu³³ie³⁵tsɿ³⁵？

c 感叹程度高，如：她好高！（她多么高！）　　　　u³⁵xei⁵⁴kei³³！

B 蛮 [man¹³]：表示程度高，相当于普通话的"很、非常、十分、极"等的意义，如：蛮甜、蛮胖、蛮高、蛮会讲、蛮漂亮、蛮好觑、蛮讲究。

② 石期市土话和普通话都有，但是用法不同的程度副词。

很 [xən⁵⁴]：表示程度高，是石期市土话和普通话都常用的程度副词，但石期市土话里，"很"还有不同于普通话的用法。"很"可以直接做补语，表超过了某种程度，显得过分了，过头了，如：走很咖，吾腰子酸。（走多了我就腰疼。） tsau⁵⁴xən⁵⁴.kau，uo³⁵ie³³.tsɿ sue³³。

（2）表范围的副词

①石期市土话和普通话都经常使用的范围副词有"都、总共、统统、只、光、也、一共"等。

②普通话常用而石期市土话口语基本不用的范围副词有："总、一律、单单、仅"等。

③石期市土话有而普通话没有的范围副词。

一下 [i³³ɣuo³⁵]：表示一次性全部的意思。

如：伊口钱一下掇把你。（这些钱一次性全部给你）

ai³³.na ze³⁵i³³ɣuo³⁵tuo³³pa⁵⁴ni⁵⁴。

你有意见，一下讲出来咾。（你有意见，一次性全部讲出来吧。）

ni⁵⁴au³⁵i³⁵tɕian³⁵⁻²¹，i³³ɣuo³⁵ka⁵⁴tɕʻy²².lai.lau。

表示一次总共的意思。

如：伊两块衣，一下用咖吾八百块钱。（这两件衣服，总共用了我八百元。）

ai³³nio⁵⁴çia³⁵⁻²¹i³³，i³³ɣuo³⁵ioŋ³³.ka uo³⁵pia²²po²²çia³⁵⁻²¹ze³⁵⁻²¹。

劳总 [lau³³tsoŋ⁵⁴]：表示数量不太多，相当于普通话的"总共才"。

如：吾劳总一本书，不能借把你。（我总共才一本书，不能借给你。）

uo³⁵lau³³tsoŋ⁵⁴ʔi³pan⁵⁴ɕy³³，pu³³nən¹³tɕio³⁵pa⁵⁴ni⁵⁴。

（3）表示时间和频率的副词

①石期市土话和普通话都经常使用的表时间和频率的副词有："正在、马上、已经、突然、终于、一直、再三、重新、从来、始终、才、就、又、再、还、在"等。

②石期市土话基本不用而普通话里经常使用的表时间和频率的副词有："立刻、曾经、常常、渐渐、顿时、仍旧、依然、时时、时常、往往、屡次、将要、总是、偶尔、便、总、老、常、已、将、曾"等。

③石期市土话有而普通话没有的表时间和频率的副词有：

是□ [zִ³⁵.na]：表示频率很高，有"常常"的意思。

如：□是□觑表。（他总是看表。）

u³⁵zִ³⁵.na tɕʻiəu³⁵piau⁵⁴。

拉早 [la³³tsei⁵⁴]：放在动词前做状语，表示一段较长时间之前，其意义相当于"早，早就"。

如：吾拉早就到咖。（我很早就到了。）

uo³⁵la³³tsei⁵⁴dʑiəu²⁴tei³⁵.kau。

□拉早冇□工作。（他早就没工作了。）

uo³⁵la³³tsei⁵⁴mei⁵⁴.na koŋ³³tsuo³³⁻²¹。

才将 [zai¹³tɕian³³⁻⁵⁴]：表示以前不久。

如：□才将还在。 u³⁵zai¹³tɕian³³⁻⁵⁴ɣai¹³zai³⁵。

紧 [tɕin⁵⁴]：意思是老、老是、总、一直。

如：雨紧落得，想出去耍都不行。（老是下雨，想出去玩都不行。）

y⁵⁴tɕin⁵⁴lu³³.te，ɕian⁵⁴tɕʻy²²xei³⁵⁻²¹sua⁵⁴tu³³pu³³zin¹³。

紧讲得。（老是说。） tɕin⁵⁴ka⁵⁴.te。

跟倒 [kan³³.te]：意思是"马上、立即"。

如：你走先，吾跟倒就来。（你先走，我马上就来。）

ni⁵⁴tsau⁵⁴se³³，uo³⁵kan³³.te dʑiəu²⁴lai³⁵。

觑倒 [tɕʻiəu³⁵.te]：意思是"很快、马上、眼看"。

如：屋价觑倒就要涨。（房价眼看就要涨。）

u²²kuo³⁵tɕʻiəu³⁵.te dʑiəu²⁴ie³⁵tio⁵⁴。

覷倒就要天亮。（眼看就要天亮。）

tɕ'iəu³⁵. te ʥiəu²⁴ie³⁵t'e³³lio³³。

④石期市土话与普通话都有而用法不同的表时间和频率的副词

再 [tsai³⁵]：除了普通话中的"再"的所有用法和意义以外，还表示别的意义。

表示绝对。如：再冇想到□做伊种事。（绝对没想到他会做这种事。）

tsai³⁵mei⁵⁴ɕian⁵⁴tei³⁵u³⁵tsŋ³⁵ai³³tsoŋ⁵⁴zŋ²⁴。

表示永远。如：吾再不得为伊□事恼气。（我永远不会为这些事生气。）

uo³⁵tsai³⁵pu³³. te uei³³ai³³. na zŋ²⁴nau⁵⁴tɕ'i³⁵。

（4）表情状的副词

①石期市土话和普通话都经常使用的表情状的副词有"互相、特意、亲自"等。

②普通话常用而石期市土话口语基本不用的表情状的副词有"肆意、竭力、相继、逐渐、猛然、公然、毅然、相继"等。

③石期市土话里常用而普通话里不用或极少用的表情状的副词有：

来不来 [lai³⁵.pu lai³⁵⁻²¹]：相当于"动不动"。

如：你先自家试一下，莫来不来就号吾。（你先自己试一试，不要动不动就喊我。）

ni⁵⁴se³³zŋ²⁴kuo³³⁻⁵⁴sŋ³⁵. i ɣuo³⁵，mo³³lai³⁵. pu lai³⁵⁻²¹ʥiəu²⁴au³³uo³⁵。

攒劲 [tsan⁵⁴tɕin³⁵]：表示尽力、努力、尽量。

如：你攒劲食。（你尽力吃。）ni⁵⁴tsan⁵⁴tɕin³⁵i³³。

攒劲读书。（努力读书。）tsan⁵⁴tɕin³⁵du¹³ɕy³³。

一路 [i³³ləu³³]：做副词时表示一起、一块儿的意思。

如：一路去读书。（一起去读书。）i³³ləu³³xei³⁵du¹³ɕy³³。

放肆 [fan³⁵sŋ³⁵⁻²¹]：表示肆意、竭力。

如：你可以放肆耍。（你可以肆意玩。）ni⁵⁴k'uo⁵⁴i⁵⁴fan³⁵sŋ³⁵⁻²¹sua⁵⁴。

你可以放肆讲。（你可以肆意讲话。）ni⁵⁴k'uo⁵⁴i⁵⁴fan³⁵sŋ³⁵⁻²¹ka⁵⁴。

好生 [xei⁵⁴sən³³⁻²¹]：相当于普通话的"好好儿地"。如：冇话好生讲。（有话好好说。）

au³⁵uo³³xei⁵⁴sən³³⁻²¹ka⁵⁴。

（5）表语气的副词

①石期市土话和普通话都经常使用的语气副词有："偏偏、大概、到底、千万、万万、只好、恰恰、明明、何必、竟然、反正、幸万、难怪、至少、真的、正好、刚好"等。

②石期市土话常用而普通话里没有的语气副词有：

硬 [ŋən³⁵]、硬是 [ŋən³⁵ʐ̩³⁵⁻²¹]：表示确实、的确、果真、执意要怎么样。

如：□硬是毋听话。（他执意不听话。）u³⁵ŋən³⁵ʐ̩³⁵⁻²¹a³⁵t'uo³⁵uo³³。

吾号□来，他硬毋来。（我喊他来，他就是不来。）

uo³⁵au³³u³⁵lai³⁵，u³⁵ŋən³⁵a³⁵lai³⁵。

表示一定、无论如何也。

如：□硬是要争个第一。（他一定要争个第一。）

u³⁵ŋən³⁵ʐ̩³⁵⁻²¹ie³⁵tsuo³³.ku ʥi²⁴i³³。

怕是 [p'o³⁵ʐ̩³⁵⁻²¹]：表示估计、推测，语气较强。相当于普通话中的"恐怕"。

如：□怕是冇食饱。（他恐怕没吃饱。）

u³⁵p'o³⁵ʐ̩³⁵⁻²¹mei⁵⁴i³³pa⁵⁴。

搭帮 [tuo²²pan³³⁻²¹]：表示多亏、幸亏。

如：搭帮你帮忙。（多亏你帮忙。）

tuo²²pan³³⁻²¹ni⁵⁴pan³³man¹³。

连 [lian¹³]：一般用在否定副词前，加强语气。

如：吾连毋喜欢伊块布。（我根本不喜欢这块布。）

uo³⁵lian¹³a³⁵çi⁵⁴fan³³⁻²¹ai³³çia³⁵⁻²¹pu³⁵。

连毋想食。（根本不想吃。）

lian¹³a³⁵çian⁵⁴i³³。

偏生 [p'ian³³sən³³⁻⁵⁴]：表示故意跟客观要求或客观情况相反。

如：□偏生要喝酒。

u³⁵p'ian³³sən³³⁻⁵⁴ie³⁵fu²²tɕiəu⁵⁴。

表示事实跟所希望或期待的恰恰相反。

如：□偏生过得蛮好。

u³⁵p'ian³³sən³³⁻⁵⁴ku³⁵.te man¹³xei⁵⁴。

生怕 [suo³³p'o³⁵⁻²¹]：意思是"恐怕"，表示估计兼担心。

如：□生怕你侬人毋同意。

u³⁵suo³³p'o³⁵⁻²¹ni⁵⁴nan³⁵⁻⁵⁴oŋ³⁵a³⁵doŋ¹³i³⁵。

（6） 表肯定和否定的副词

①石期市土话和普通话都经常使用的表肯定、否定的副词有："必须、必定、当然、的确、不、莫、没、不要、不许"等。

②普通话常用而石期市土话口语基本不用的肯定、否定副词有："准、别、莫、是否、不用、不曾"等。

③石期市土话有而普通话没有的肯定、否定副词有：

冇 [mei⁵⁴]：相当于普通话的"没，没有"。

如：天都黑咖，□还冇回来。（天都黑了，他还没回来。）

tʻe³³tu³³xau²². kau，u³⁵ɣai¹³mei⁵⁴ua³⁵lai³⁵⁻⁵⁴。

伊本书你觑咖冇？（这本书你看过没有？）

ai³³pan⁵⁴ɕy³³ni⁵⁴tɕʻiəu³⁵. ka mei⁵⁴？

毋大 [a³⁵da³⁵⁻²¹]：意思是"不太、不经常、不怎么"，可以修饰形容词、形容词短语、动词短语。如：□毋大出门。（他不太出门。）

u³⁵a³⁵da³⁵tɕʻy²²man³⁵。

□毋大讲话。（他不怎么讲话。）u³⁵a³⁵da³⁵ka⁵⁴uo³³。

毋了 [a³⁵liau⁵⁴]：意思是"不止"，表示超出某个数目或范围。如：

毋了食两碗饭。（不止吃两碗饭。） a³⁵liau⁵⁴i³³nio⁵⁴ue⁵⁴va²⁴。

□来噜次数毋了两次。（他来的次数不止两次。）

u³⁵lai³⁵. lu tsɿ³⁵su³⁵⁻²¹a³⁵liau⁵⁴nio⁵⁴tsɿ³⁵⁻²¹。

2. 介词

石期市土话介词的用法大体和北京话一样，即介词与它所介引的词语一起组成介宾短语，出现在谓词中心语的前面或后面，充当状语、补语，少数介宾短语可以做定语，有的介宾短语，还可以出现在句首做状语。下面我们着重介绍石期市土话有，北京话无或石期市土话、北京话都有，但石期市土话的用法北京话无的介词的具体用法。

（1）倒 [te]

引入动作达到的处所，相当于北京话的"到"。

吾走倒超市才想起冇带钱。（我走到超市才想起没有带钱。）

uo³⁵tsau⁵⁴. te tɕʻiau³³zɿ³⁵⁻²¹zai¹³ɕian⁵⁴. ɕi mei⁵⁴tai³⁵ze³⁵。

你跑倒几头去咖？（你跑到哪里去了？）

ni⁵⁴bau²⁴.te tɕi⁵⁴.lau xei³⁵.kau?

引入动作终止的时间，相当于"到"。

吾等倒黑日十点钟，□还有来。（我等到晚上十点钟，他还没有来。）

uo³⁵tan⁵⁴.te xau²²ni³³⁻⁵⁴z̩¹³te⁵⁴tsoŋ³³，u³⁵ɣai¹³mei⁵⁴lai³⁵。

□侬人讲话讲倒黑日。（我们讲话一直讲到晚上。）

ɣoŋ¹³nan³⁵⁻⁵⁴oŋ³⁵ka⁵⁴uo³³ka⁵⁴.te xau²²ni³³⁻⁵⁴。

引入动作发生的处所，相当于"在"。

你住倒几楼？ （你住在几楼？）

ni⁵⁴dʑiəu²⁴.te tɕi⁵⁴ləu¹³⁻²¹？

碗放倒桌子高子。（碗放在桌子上了。）

ue⁵⁴fan³⁵.te tsu²².ts̩ kei⁵⁴.ts̩。

上述用法的"倒"有一个共同点，即以它为标志的介宾短语都只能出现在动词后面做补语，而与它相当的北京话里以"到、在、给"为标志的介宾短语，既可以出现在动词后面做补语，也可以出现在动词前面做状语。这是石期市土话与北京话不同的地方。

（2）掇 [tuo³³]

石期市土话的介词"掇"可以用在动词前，引进动作所处置、致使、对付的对象，或者动作的处所、范围等。例如：

你掇衣着起！（你把衣服穿上！）

ni⁵⁴tuo³³i³³ti³³.ɕi。

石期市土话掇"青蛙"号至"麻拐"。（石期市土话把"青蛙"叫"麻拐"。）

zɿ¹³dʑi¹³zɿ³⁵t'əu⁵⁴uo³³tuo³³ "tɕ'in³³ua³³" au³³tɕi³⁵⁻⁵⁴ "mo³⁵kue⁵⁴"。

□掇身上搞倒到处是泥巴。（他把身上搞得到处是泥巴。）

u³⁵tuo³³ɕin³³.io kau⁵⁴.te tau³⁵tɕ'y⁵⁴zɿ³⁵nai³⁵.po。

这些用法和北京话是一致的，但石期市土话的"掇"还可用在表示交付、传递的动词后，引进动词所交付、传递的物品的接受者，相当于"给"。

吾送掇她好多书。（我送给她许多书。）

uo³⁵san³⁵tuo³³u³⁵xei⁵⁴tu³³ɕy³³。

在用作介词的同时，石期市土话的"掇"仍保留了动词的用法，意为"给"。

掇把□五块钱。（给了他五元钱。）

tuo³³pa⁵⁴u³⁵oŋ³⁵ɕia³⁵⁻²¹ze³⁵。

因为"把"兼有动词、介词的用法，所以有时候同一个句子里会出现两个用法不同的"把"字。例如：

你快点掇书掇□！（你快点把书给他！）

ni⁵⁴k'uai³⁵tian⁵⁴ tuo³³ɕy³³tuo³³u³⁵。

（3）过 [ku³⁵]

"过"在北京话里没有介词的用法，但在石期市土话里却可用作介词，其作用是引进后面动词所凭借的工具，相当于"用""拿"。

过尺量一下。（用尺子量一下。）　　ku³⁵tɕ'io²² lio³⁵.i ɣuo³⁵。

过称称一下。（用秤称一下。）　　ku³⁵tɕ'in³⁵tɕ'in³³.i ɣuo³⁵。

这类句子中，动词所针对的主语往往具有程度深（如"太长""太重"等）的特点，因而用常规办法难以对付。于是用"过"引出动作必须凭借的工具，这样才能达到目的。

（4）隔 [ke³³]

"隔"在石期市土话里可以做动词用，表示空间、时间的间隔。例如：

河东到河西，隔咖一条江。

ɣuo¹³toŋ³³tei³⁵ɣuo¹³ɕi³³，ke³³.ka i³³di³⁵ka³³。

□侬人隔开咖几年。

ɣoŋ¹³nan³⁵⁻⁵⁴oŋ³⁵ ke³³k'uei³³.ka tɕi⁵⁴ne³⁵。

同时，"隔"也发展出了介词的用法，可以用来引进与主语相距的另一个空间、时间或抽象事物，后面的中心语说明两者之间的距离。

吾屋里隔□屋里冇□好远。（我家离他家没有多远。）

uo³⁵u²².li ke³³u³⁵u²².li mei⁵⁴.na xei⁵⁴ye⁵⁴。

清明日隔五一节毋到一个月。（清明节离五一节不到一个月。）

tɕ'io³³mio¹³⁻⁵⁴ni³³ ke³³u⁵⁴i³³tɕie³³a³⁵tei³⁵i³³ku³⁵ye³³。

你现在噜表现隔吾噜要求还差得远。（你现在的表现离我的要求还差得远。）

ni⁵⁴ɕian³⁵zai³⁵.lu piau⁵⁴ɕian³⁵⁻²¹ ke³³uo³⁵.lu iau³³ȡiəu¹³⁻²¹yai¹³ts'uo³³.la ye⁵⁴。

石期市土话的介词"隔"北京话里没有，后者表示相同意思的介词是"离"，这个"离"石期市土话也用。由于"隔"和"离"意义相当，所以上述句子中的"隔"可以用"离"来代替，而且，由于受北京话的影响，石期市土话里用"离"的时候越来越多。

（5）紧 [tɕin⁵⁴]

"紧"在石期市土话里代表了两个不同的词。一个是形容词。例如：太紧咖。还有一个是介词，其用法如下：

引进指物的名词性短语，表示后面的动作优先考虑的对象。

她总是紧便宜噜东西买。（她总是挑便宜的东西买。）

u³⁵tsoŋ⁵⁴zʅ³⁵⁻²¹tɕin⁵⁴ bie³⁵ni³³⁻²¹.lu tan³³se³³⁻⁵⁴mia⁵⁴。

□侬人紧贵噜食。（我们挑贵的东西吃。）

ɣoŋ¹³nan³⁵⁻⁵⁴oŋ³⁵tɕin⁵⁴tɕy³⁵.lu i³³。

引进指物的定中短语，表示后面动作的极限范围。

只有伊□多钱，紧伊点钱买。（只有这么多钱，尽这点钱买。）

tsʅ⁵⁴au³⁵ai³³.na tu³³ze³⁵，tɕin⁵⁴ai³³.tian ze³⁵mia⁵⁴。

西瓜紧你噜量食，只要你食得下。（西瓜尽你的量吃，只要你吃得下。）

sai³³kuo³³⁻⁵⁴tɕin⁵⁴ni⁵⁴.lu lian³⁵i³³，tsʅ⁵⁴ie³⁵ni⁵⁴i³³.la ɣuo³⁵。

（6）撩倒 [liau¹³.te]

这是石期市土话里用来表示被动的介词，其作用是引进动作的施事，相当于"被""让"。

吾撩倒□打咖一下。（我被他打了一下。）

uo³⁵liau¹³.te u³⁵ta⁵⁴.ka i³³ɣuo³⁵。

□今□日撩倒摩托车碰咖一下。（他今天被摩托车撞了一下。）

u³⁵tɕin³³man⁵⁴ni³³liau¹³.te mo¹³tʻuo³³tɕʻio³³⁻²¹pʻoŋ³⁵.ka i³³ɣuo³⁵。

和北京话相比，石期市土话中格式大多用于表示令人不快的事情。

（7）挨倒 [ŋai³³.te]、粘倒 [nia³³.te]

常用于"坐、站、走、住、睡"等动词前面，引进动作所靠近的人或事物，表示动作的方式。

你莫怕，挨倒吾走就是。（你不要怕，挨着我走就是。）

ni⁵⁴mo³³pʻo³⁵,ŋai³³.te uo³⁵tsau⁵⁴dʑiəu²⁴zʅ³⁵⁻²¹。

你一身水，莫粘倒吾坐。（你一身水淋淋的，别紧挨着我坐。）

ni⁵⁴i³³ɕin³³ɕy⁵⁴,mo³³nia³³.te uo³⁵zu³⁵。

从意义上看，这几个介词都有"靠近"的意思，因而可以互相替换，但表示的程度不一。"粘倒"表示的距离近，"挨倒"次之。

（8）对 [duei³⁵]

石期市土话的"对"和北京话的"对"有相同的地方，即引进动作关涉的对象或目标，"对"后可以加"着"。

吾对你噜情况毋蛮了解。（我对你的情况不十分了解。）

uo³⁵duei³⁵ni⁵⁴.lu ʥin¹³k'uan³⁵⁻²¹a³⁵man¹³liau¹³kai⁵⁴。

□对着吾是□笑。（他朝着我不停地笑。）

u³⁵duei³⁵.tɕi uo³⁵zɿ³⁵.na ɕie³⁵。

不同的是，石期市土话的"对"还可以引进动作的方向或处所，相当于"往""朝"。

□对倒你侬人走咖过来。（他朝着你们走过来了。）

u³⁵duei³⁵.te ni⁵⁴nan³⁵⁻⁵⁴oŋ³⁵tsau⁵⁴.ka ku³⁵.lai。

吾拿起杯子对着壁高子拽，杯子烂咖。（我拿起杯子往地板上摔，杯子摔烂了。）

uo³⁵ne⁵⁴.ɕi pei³³.tsɿ duei³⁵.tɕi pio²²kei³³.tsɿ tsuai⁵⁴，pei³³.tsɿ la³³.kau。

3. 助词

（1）动态助词

动态助词是指动作或性状在变化过程中的情况。石期市土话的动态助词主要有：

①过 [ku] 较少使用，表示曾经做过某事，相当于普通话的"过"。

吾冇去过北京。（我没去过北京。）uo³⁵mei⁵⁴xei³⁵.ku pe³³tɕin³³⁻²¹。

②咖 [ka]

用于谓词后，表完成，或表示变化及出现新的情况。

表完成的"咖"的使用有三种不同的语法配置，可在句中或句末出现。

A　V+ 咖

这种格式中，动词V虽不带宾语，但V实际上却多为及物动词，而且语境中要涉及动作对象，单纯的"V+ 咖"不能自足。

饭要食咖。（饭要吃了。）　　va²⁴ie³⁵i³³.ka。

作业要做咖。（作业要做了。）tsuo³³nie³³ie³⁵tsɿ³⁵.ka。

掇那块衣撕咖！（把衣服扔了！）tuo³³ni³⁵ɕia³⁵⁻²¹i³³sɿ³³.ka。

B　V+ 咖 + 宾语

奶奶杀咖一只鸡。（奶奶杀了一只鸡。）

ne³³ne³³⁻⁵⁴ɕia³³.ka i³³tɕio²²tɕi³³。

□才走咖路。（他才走了路。）　　　　u³⁵zai¹³tsau⁵⁴ka. ləu³³。

头发白咖一半。（头发白了一半。）　lau³⁵fan³⁵⁻⁵⁴bo²⁴. ka i³³pe³⁵。

卖咖一座屋。（卖了一座房子。）　　mia³³. ka i³³zu³⁵u²²。

食咖饭就去。（吃了饭就来。）　　　i³³.ka va²⁴dʑiəu²⁴xei³⁵。

C　V+ 咖 + 补语

伊本书吾觑咖三道。（这本书我看了三遍。）

ai³³pan⁵⁴ɕy³³uo³⁵tɕ'iəu³⁵.ka suo³³dei³⁵。

吾食咖饭才去。（我吃了饭才去。）

uo³⁵i³³. ka va²⁴zai¹³xei³⁵。

表示变化及出现新的情况的"咖"用在句子末尾或句中停顿的地方，音变为［kau］，我们推测［kau］实为"咖"和"噢"的合音，因此本书将［kau］也记为"咖"。

细细人吆大咖。（小孩子大了。）　　sai³⁵sai³⁵⁻⁵⁴oŋ³⁵⁻²¹.ta ya²⁴.kau。

天黑咖。（天黑了。）　　　　　　　t'e³³xau²².kau。

面古赤咖。（脸红了。）　　　　　　mie³³.ku tɕ'io²².kau。

苹果烂咖。（苹果烂掉了。）　　　　bin¹³kuo⁵⁴la³³. kau。

头发剪完咖。（头发剪完了。）　　　lau³⁵fan³⁵⁻⁵⁴tse⁵⁴ye³⁵. kau。

③起［ɕi］

"起"附着在谓词后，表示动作所形成的状态或动作所形成的状态性结果的持续，相当于普通话的"着"。例如：

你好生坐起，吾要开车噢。（你好好坐着，我开车了。）

ni⁵⁴xei⁵⁴sən³³⁻²¹zu³⁵.ɕi, uo³⁵ie³⁵k'uei³³tɕ'io³³.au。

门是开起噜，你自家入去。（门开着，你自己进去。）

man³⁵zɹ³⁵k'uei³³.ɕi.lu, ni⁵⁴zɹ²⁴kuo³³⁻⁵⁴ny³³xei³⁵⁻⁵⁴。

灯盏还亮起噜。（灯还亮着的。）

tan³³tsa⁵⁴ɣai¹³lio³³.ɕi.lu。

"起"常出现于以下几种格式中。

格式一：V+ 起

"起"常附着在单音节谓词 V 上，如处祈使句末，其后还可带其他助词，如语气词"咾"等；如是陈述句，"起"后即句末必须有表确认的语气词"噜"，如下。

细细人啲背起咾。（小孩子背着吧。）祈使 sai³⁵sai³⁵⁻⁵⁴oŋ³⁵⁻²¹.ta pei³³.çi .lau。

大衣披起咾。　　　（大衣披着吧。）祈使 da³⁵i³³p'i³³.çi.lau。

细细人啲背起噜。（小孩子背着的。）陈述 sai³⁵sai³⁵⁻⁵⁴oŋ³⁵⁻²¹.ta po³³.çi .lu。

大衣披起噜。（大衣披着的。）陈述 da³⁵i³³p'i³³.çi.lu。

格式二：V+ 起 +o

V 是单音节动词或形容词，宾语有两类：一类是普通名词或名词性短语，句末可带助词；另一类是"量·名"组合（不能单用），句末一般不出现语气词。

着起絮衣。（穿着棉袄。）　　　　　　　ti²².çi çiəu³⁵i³³⁻²¹。

□背起阿弟噜。（他背着弟弟的。）　　　u³⁵po³³.çi uo³³ta³⁵⁻⁵⁴. lu。

□鼓起双眼睛，好吓人！（他瞪着一双眼睛，真吓人。）

u³⁵ku⁵⁴.çi su³³ga²⁴tçio³³⁻⁵⁴, xei⁵⁴xuo³³oŋ³⁵ !

格式三：V1+ 起（+o）+V2

V1 和 V2 是两个同时或先后进行的动作，有的 V1 是 V2 的方式，两种动作行为同时进行，V1 后通常带宾语，如前两例；有的 V2 是 V1 的目的，V1 后无宾语，直接带表目的的 V2，如后一例：

端起碗食。（端着碗吃。）

tue³³.çi ue⁵⁴i³³。

□戴起眼镜覬书。（他戴着眼镜看书。）

u³⁵ tai³⁵.çi ian⁵⁴tçin³⁵⁻²¹tç'iəu³⁵çy³³。

伊碗菜留起掇阿爸食噜。（这碗菜留着给爸爸吃的。）

u³⁵ue⁵⁴ts'ai³⁵liəu³⁵.çi tuo³³a³³pa³⁵⁻⁵⁴i³³.lu。

格式四：A+ 起

该结构中的 A 都由单音节形容词充当。"A+ 起"后一般有评价性后续句，句子含贬义色彩情况居多，也有褒义句。

例：眼睛瞎起，一点都覬不倒。（大意：眼睛是瞎的，一点都看不见。）

ga²⁴tçio³³⁻⁵⁴çia²².çi, i³³tian⁵⁴tu³³tç'iəu³⁵.pu tei⁵⁴。

脚杆子痛起，走不得。（脚痛，不能走。）

tçi²²kue⁵⁴.tsɿ t'an³⁵.çi, tsau⁵⁴.pu.la。

面古赤起，好好覬。（脸是红的，很好看。）

mie³³.ku tç'io²².çi, xei⁵⁴xei⁵⁴tç'iəu³⁵。

④起个 [.çi.ku]

石期市土话中"起个"是"起"和"个"组合而成的持续体形式。例如：

□着起（个）裙子，蛮好觑。（她穿着裙子，很好看。）

u^{35}ti^{22}.ci.ku dʑyn^{13}.tsɿ，man^{13}xei^{54}tɕ'iəu^{35}。

面古高子涂起（个）粉，怕有尺把厚。（脸上涂着粉，恐怕有尺来厚。）

mie^{33}.ku kei^{33}.tsɿ du^{13}.ci（.ku）fan^{54}，p'o^{35}au^{35}tɕ'io^{22}.pa ɣai^{24}。

落起（个）大雨，莫走。（下着大雨，别走了。）

lu^{33}.ci（.ku）ɣa^{24}y^{54}，mo^{33}tsau^{54}。

□日日开起（个）车子去上班。（她天天开着车子去上班。）

u^{35}ni^{33}ni^{33}k'uei^{33}.ci（.ku）tɕ'io^{33}.tsɿ xei^{35}ʑio^{35}pan^{33}。

句子如由两个以上小句组成，"起个"一般出现于始发句中，其后常有评价性后续句。"起个"均可由"起"取代。

⑤倒［te］

相当于普通话的"着"。

"倒"附着在谓词后，表示动作正在进行或持续，例如：

坐倒比徛倒舒服。（坐着比站着舒服。）

zu^{35}.te pi^{54}dʑi^{35}.te ɕy^{33}vu$^{13-21}$。

吾还有蛮多，你留倒用。（我还有很多，你留着用吧。）

uo^{35}ɣai^{13}au^{35}man^{13}tu^{33}，ni^{54}liəu^{35}.te ioŋ^{33}.lau。

表示将要发生的动作或行为的持续态，常用于祈使句，例如：

快点睡倒，好早点起来。（快点睡，好早点起来。）

k'uai^{35}.tian ʐy^{24}.te，xei^{54}tsei^{54}.tian tɕ'i^{54}.lai。

表示动作所形成的状态或动作所形成的状态性结果的持续，相当于普通话的"着"，常出现于以下几种格式中。

格式一：V 倒

□倒。（蹲着。）　　tsau^{33}.te。坐倒。（坐着。）　　zu^{35}.te。

好点听倒。（仔细听着。）　　　　xei^{54}.tian t'uo^{35}.te。

你掇吾跪倒。（你给我跪着。）　　ni^{54}tuo^{33}uo^{35}tɕ'y^{54}.te。

格式二：V 倒 (o) 噜

□两人讲倒话噜。（他俩正在讲话。）　　u^{35}nio^{54}oŋ$^{35-21}$ka^{54}.te uo^{33}.lu。

□两人讲倒噜。（他俩正在讲。）　　　　u^{35}nio^{54}oŋ$^{35-21}$ka^{54}.te.lu。

□两人讲起／倒赔钱噜事。（他俩讲起了赔钱的事。他俩正在讲赔钱的事。）

u^{35}nio^{54}oŋ$^{35-21}$ka^{54}.ɕi /.te bei^{13}ze^{35}.lu zʅ^{24}。

"□两人讲倒话噜。"中的"倒"不能换用"起"表示动作正在进行。"□两人讲起／倒赔钱噜事。"中"倒"和"起"都可用，但意义略有不同，用"起"的表示刚提到赔钱的事，用"倒"的表示正在讲赔钱的事。

格式三：V 倒 V 倒

这是一种特殊的持续体貌，类似普通话的"V 着 V 着"。

走倒走倒就冇觑着人。（走着走着就没看见人了。）

tsau^{54}.te tsau^{54}.te ʥiəu^{24}mei^{54}tɕ'iəu^{35}.tɕi oŋ^{35}。

读倒读倒毋想读。（读着读着不想读了。）

du^{13}.te du^{13}.te a^{35}ɕian^{54}du^{13}。

觑倒觑倒细细人呀就长大咖。（看着看着小孩就长大了。）

tɕ'iəu^{35}.te tɕ'iəu^{35}.te sai^{35}sai$^{35-54}$oŋ$^{35-21}$.ta ʥiəu^{24}tio^{54}ɣa^{24}.kau。

抓倒抓倒壳呀就跌咖。（抓着抓着壳就掉了。）

tsua^{33}.te tsua^{33}.te xa^{33}.ta ʥiəu^{24}tai^{22}.kau。

她食倒食倒就□起来咖。（她吃着吃着就哭了起来。）

u^{35}i^{33}.te i^{33}.te ʥiəu^{24}ia^{22}.ɕi .lai.kau。

（2）结构助词

石期市土话的结构助词有"噜 [lu]"，相当于北京话"的"和"地"。相当于"的"的情况主要有以下几种：

① 用在定语或形容词的后面，表修饰，说明某物与某人的关联，例如：

我噜书　　发愁噜样子　　开他噜玩笑　　他噜死

② 用在名词、动词、形容词或短语的后面，构成"噜"字短语。

买噜　　自家做噜

③ 用来构成没有中心词的"噜"字结构。

表人或者物：伊是吾噜，那才是你噜。（这是我的，那才是你的。）

ai^{33}zʅ^{35}uo^{35}.lu, ni^{35}zai^{13}zʅ^{35}ni^{54}.lu。

表示某种情况、原因：无缘无故噜，你着哪咖急？（无缘无故，你着什么急？）

vu^{13}yan^{13}vu^{13}ku^{35}.lu, ni^{35}tɕio^{33}ni^{54}.ka tɕi^{22}？

用跟主语相同的人称代词加"噜"字做宾语，表示别的事跟这个人无关或这事跟别人无关：你去睡你噜觉。ni^{54}xei^{35}ʐy^{24} ni^{54}.lu ka^{35}。（你去睡你的觉。）

"噜"前后用相同的动词、形容词等，表有这样的，有那样的：

讲噜讲，笑噜笑。大噜大，细噜细。（讲的讲，笑的笑。大的大，小的小。）

ka⁵⁴. lu ka⁵⁴，ɕie³⁵. lu ɕie³⁵。ɣa²⁴. lu ɣa²⁴，sai³⁵. lu sai³⁵。

④ 用在动宾短语或离合词中间，表示该行为发生在过去。如：

在几头剪噜头发？（在哪里剪的头发？）

zai³⁵tɕi⁵⁴. lau tse⁵⁴. lu lau³⁵. fan³³⁻⁵⁴？

在车子高子食噜饭。（在车上吃的饭。）

zai³⁵tɕ'io⁵⁴. tsʅ kei³³. tsʅ i³³. lu. va²⁴。

相当于"地"的情况主要有以下情况：

构成"噜"字短语修饰动词或形容词。

慢慢噜走。（慢慢地走。）　　　　ma³³ma³³. lu tsau⁵⁴。

轻轻噜拍。（轻轻地拍）　　　　tɕ'io³³tɕ'io³³. lu p'o²²。

慢慢噜冷。（慢慢地冷。）　　　　ma³³ma³³. lu luo⁵⁴。

4. 语气词

石期市土话常用语气词有 12 个：噜、嘞、啊、啦、吧、嘛、噢、吗、着、呀、是。

（1）噜 [lu]　一般用于句末，陈述、疑问等不限。

A　用在陈述句末尾，表示肯定的语气，肯定已出现的现象或发生的事情。

"噜"单用于陈述句尾。如：

□是坐车来噜。（他是坐车来的。）

u³⁵zʅ³⁵zu³⁵ tɕ'io³³lai³⁵. lu。

是真噜。（是真的。）

zʅ³⁵tɕin³³. lu。

伊件事吾晓得噜。（这件事我知道的）

ai³³dʑian³⁵zʅ²⁴uo³⁵ɕie⁵⁴. la. lu。

伊是不可能噜。（这是不可能的。）

ai³³zʅ³⁵pu³³k'uo⁵⁴nən¹³. lu。

是小张告□吾噜。（是小张告诉我的。）

zʅ³⁵ɕiau⁵⁴tɕian³³kei³⁵sʅ⁵⁴uo³⁵. lu。

与"嘞"连用，含申明表白之意。如：

我听到噜嘞。（我听着呢。）

u³⁵t'uo³⁵. te. lu. le。

组成"动词 + 得 + 名词 + 噜"结构，叙述正在进行的事情。如：

落倒雨噜。（正在下雨。）lu³³. te y⁵⁴. lu。

听倒歌噜。（正在听歌。）t'uo³⁵. te ku³³. lu。

此结构若省略名词，即成"动 + 得 + 噜"，含有确实在进行的意思，强调意味较浓，如：

听倒噜。（正在听。）t'uo³⁵. te. lu。

B 用于疑问句

a. 号咖□噜吧？（喊了他的吧？）

au³³. ka u³⁵. lu. pa？

b. 几个在屋里乱写噜？（谁在屋里乱写的？）

tçi⁵⁴. ku zai³⁵u²². li lue³³çio⁵⁴. lu？

c. 你食不食白日饭噜？（你吃不吃中饭的？）

ni⁵⁴i³³. pu i³³bo²⁴ni³³⁻⁵⁴va²⁴⁻²¹. lu？

d. 真噜啊？（真的啊？）

tçin³³. lu. a？

句 a 属是非句，"噜"与"吧"连用，表完成，句 b 是特指问，"噜"加强了不客气、生硬、责备的口气，句 c 是正反问，句 d"噜"与"啊"连用，表追问，含有说话人因不确定某事而继续追问之意。

（2）嘞 [le]

一般用于陈述、疑问、感叹、祈使句末，用于句中，则表停顿，如"他嘞，还可以。"

a. 班主任最好嘞。（班主任最好了。）

pan³³tçy⁵⁴in³⁵⁻²¹tsuei³⁵xei⁵⁴. le。

b. 是噜嘞。（是的呢。）

zʅ³⁵. lu. le。

c. 有三十万着嘞。（有三十万吧。）

au³⁵suo³³zʅ¹³va²⁴. tçio. le。

d. 天好黑咧，要落雨嘞。（天很黑了，要下雨了。）

t'e³³xei⁵⁴xau²². ta, ie³⁵lu³³y⁵⁴. le。

e. 讨论冇□结果，大□回去咖嘞。（讨论没有结果，大家回去了。）

t'au⁵⁴nən³⁵⁻²¹mei⁵⁴.na tɕie³³kuo⁵⁴，ɣa²⁴ɕi⁵⁴ua³⁵xei⁵⁴.kau.le。

f. 你要哪咖东西嘞？（你要什么东西呢？）

ni⁵⁴ie³⁵ni⁵⁴.ka tan³³se³³⁻⁵⁴.le?

g. 走路，还是坐车嘞？（走路，还是坐车呢？）

tsau⁵⁴ləu³³，ɣai¹³zɿ³⁵zu³⁵tɕ'io³³.le？

h. 你食不食白日饭嘞？（你吃不吃中饭呢？）

ni⁵⁴i³³.pu i³³bo²⁴ni³³⁻⁵⁴va²⁴⁻²¹.le？

i. □已经是教授嘞！（他已经是教授了！）

u³⁵i⁵⁴tɕin³³⁻²¹zɿ³⁵tɕiau³⁵ʑiəu³⁵⁻²¹.le！

j. 你几□伊□跳皮嘞！（你怎么这么调皮呢！）

ni⁵⁴tɕi⁵⁴.na ai³³.na t'iau³⁵bi¹³.le！

k. 管□几□讲嘞！（管他怎么说呢！）

kue⁵⁴u³⁵tɕi⁵⁴.na ka⁵⁴.le！

l. 还是朋友嘞！（还是朋友呢！）

ɣai¹³zɿ³⁵boŋ¹³iəu⁵⁴.le！

m. 算了嘞！（算了吧！）

suan³⁵liau⁵⁴.le！

n. 几□伊□写嘞！（怎么这样写呢！）

tɕi⁵⁴.na ai³³.na ɕio⁵⁴.le！

"嘞"在句 a、b、c 中加强申明表白之意，a 中"嘞"单用，b、c 中分别与"噜""着"合用。句 d 的"噜"是叙述变化开始，从未发生到发生。句 e 中"嘞"与动态助词"咖"结合使用，表完成已然。句 f 是特指问，"嘞"起舒缓语气的作用，相当于普通话的"呢"。另外，名词、代词后可直接带"嘞"表疑问，如"他嘞？""东西嘞？"相同的句子因语境的差异可表不同的意义，如"他嘞？"可表"他在哪儿？"也可表示"你觉得他这人怎么样？"句 g、h 分别为选择问、正反问。"嘞"在句 i、j、k、l、m、n 分别表示羡慕、责备、轻蔑、反对、劝听及意料之外。"嘞"还有一种功能，如"他毋来嘞""只有点咖吋嘞"这两句加一个"嘞"就多了一层语用预设。"他毋来嘞。"隐含"他原来是要来的"，"只有点咖吋嘞"隐含"原来是有很多的"。以上 14 个句子中的"嘞"不具备足句作用，即去掉"嘞"以后 14 个句子仍然成立。

（3）咾 [lau]

既可用于句中也可用于句末，用于陈述，表当然、结果、承诺、许可、解释、提出建议等，用于感叹祈使，表催促、威胁、指明、劝听、猜测等，用于疑问，可表示不耐烦、责备，即说话人不希望某事发生，也可表示征询。分别举例：

当然：a. 就是咾，吾几口晓得。（就是啊，我怎么知道。）

dʑiəu²⁴zʅ³⁵.lau, uo³⁵tɕi⁵⁴.na ɕie⁵⁴.la。

假设句里表结果：b. 如果口答应，你就去咾。（如果他答应，你就去吧。）

ʐy¹³kuo⁵⁴u³⁵tuo²²in³⁵⁻²¹, ni⁵⁴dʑiəu²⁴xei³⁵.lau。

许可：c. 衣着好咖，你可以出去咾。（衣服穿好了，你可以出去了。）

i³³ti²²xei⁵⁴.ka, ni⁵⁴kʻuo⁵⁴i⁵⁴⁻²¹tɕʻy²²xei³⁵⁻²¹.lau。

解释：d. 吾告口你讲咾。（我告诉你吧。）

uo³⁵kei³⁵sʅ⁵⁴ni⁵⁴ka⁵⁴.lau。

提出建议：e. 坐车子去咾。（坐车去吧。）

zu³⁵tɕʻio³³.tsʅ xei³⁵.lau。

催促：f. 起来咾。（起来啊。）

tɕʻi⁵⁴.lai.lau。

威胁：g. 你敢再打一下咾。（你敢再打一下试试。）

ni⁵⁴kan⁵⁴tsai³⁵ta⁵⁴.i ɣuo³⁵.lau。

指明：h. 换一杯热噜咾。（换一杯热的呀。）

ue³³i³³pei³³nai³³.lu.lau。

劝听：i. 算了咾！（算了吧！）

suan³⁵liau⁵⁴.lau！

猜测：j. 可能是听错咖咾。（可能是听错了吧。）

kʻuo⁵⁴nən¹³zʅ³⁵tʻuo³⁵tsʻu³⁵.kau.lau。

不耐烦：k. 号口咖咾？（喊什么呀？）

au³³ni⁵⁴.ka.lau？

征询：l. 你去不去咾？（你去不去啊？）

ni⁵⁴xei³⁵.pu xei³⁵.lau？

（4）啊 [a]

①用于陈述句末，表因果、道理简单、无须多说之意。

a. 毋去觑，病就越来越重啊。（不去看医生，病就越来越重啊。）

a³⁵xei³⁵tɕʻəu³⁵, bio²⁴dʑiəu²⁴ye³³.lai ye³³dʑin³⁵.a。

b. 毋懂就借问啊。（不懂就问啊。）

a³⁵toŋ⁵⁴ʥiəu²⁴tɕio²²man³³. a。

②用于是非问、正反问、选择问后，表疑问，有时有催对方回答的意味，甚至不耐烦。

a. 你是学生啊？

ni⁵⁴zʅ³⁵io³³sən³³⁻²¹. a？

b. 你到底去不去啊？

ni⁵⁴tau³⁵ti⁵⁴xei³⁵. pu xei³⁵. a？

c. 食面还是食粉啊？（吃面还是吃粉啊？）

i³³mie³³ɣai¹³zʅ³⁵i³³fan⁵⁴. a？

③用于感叹祈使句末表示感叹、称赞、讽刺等。

如：a. 伊□缺德啊！（这么缺德啊！）

ai³³. na tɕ'ye³³te³³. a！

b. 好快啊！

xei⁵⁴k'uai³⁵. a！

c. 你倒是蛮聪明啊！（你倒是很聪明啊！）

ni⁵⁴tau⁵⁴zʅ³⁵man¹³ts'oŋ³³mio³⁵⁻⁵⁴. a？

（5）吧 [pa]

①用于陈述句末，表料想、推测。如：不得是□吧。（不会是他吧。）

pu³³. te zʅ³⁵u³⁵. pa。

②用于疑问句，有测度、征询、反问等色彩。

a. 你□□日可以来吧？（你明天可以来吧？）

ni⁵⁴n³⁵. ka ni³³k'uo⁵⁴i⁵⁴lai³⁵. pa？

b. 鱼吶太细咖吧？（鱼太小了吧？）

gei³⁵. ta t'ai³⁵sai³⁵. kau. pa？

c. 报纸放倒桌子高子可以吧？（报纸放在桌上可以吧？）

pau³⁵tsʅ⁵⁴fan³⁵. te tsu²². tsʅ kei³³. tsʅ k'uo⁵⁴i⁵⁴. pa？

"吧"还可与"噜"连用，推测某事已经发生，如：

号咖□噜吧？（喊了他吧？）au³³. ka u³⁵. lu. pa？

（6）噢 [au]

一般用于句末，总体上有强化作用，也可表征询、怜惜、陈述、感叹、祈使等不限。

①几个讲吾毋去？吾去噜噢。（谁说我不去？我会去的。）

tɕi⁵⁴. ku ka⁵⁴uo³⁵a³⁵xei³⁵ ？ uo³⁵xei³⁵. lu. au。

②伊块衣□□可以着噢。（这件衣服现在可以穿了。）

ai³³ɕia³⁵⁻²¹i³³ne³⁵tɕi⁵⁴k'uo⁵⁴i⁵⁴ti²². au!

③日子几□过噢！（日子怎么过呀！）　　ni³³. tsʅ tɕi⁵⁴. na ku³⁵. au!

"噢"在句①中与"噜"连用，强调我一定会去；句②表示征求人家同意。其实，对于说话人而言，"这件衣服现在可以穿"是毫无疑问的，他的目的仅在于征求人家的同意。句③则表示因同情而产生的怜惜之情，通过"噢"发出感叹。

（7）着 [tɕio]，加强肯定，一般用于句末，陈述疑问和祈使句不限。

①□在屋里着。（他在屋里。）

u³⁵zai³⁵u²². li. tɕio。

②你毋食几□晓得味道着？（你不吃怎么知道味道呢？）

ni⁵⁴a³⁵i³³tɕi⁵⁴. na ɕie⁵⁴. la bi³⁵. dau. tɕio。

③食点饭着。（吃点饭。）

i³³tian⁵⁴va²⁴. tɕio。

（8）啦 [la]，用于句末，加强肯定性，表示应该怎样。如：

快十点钟，回去啦。（快十点钟，应该回去了。）

k'uai³⁵zʅ¹³te⁵⁴tsoŋ³³, ua³⁵xei³⁵⁻⁵⁴. la。

（9）嘛 [ma]，用于句末，表肯定、祈使、嘲讽等。

①你当然要告□吾嘛。（你当然要告诉我嘛。）

ni⁵⁴tan³³ʑian¹³ie³⁵kei³⁵sʅ⁵⁴uo³⁵. ma!

②自个想一下嘛！（自己想一下嘛！）

zʅ²⁴kuo³³⁻⁵⁴ɕian⁵⁴. i ɣuo³⁵. ma !

③你毋是蛮狠嘛！（你不是很厉害嘛！）

ni⁵⁴a³⁵. zʅ man¹³xən⁵⁴. ma!

（10）吗 [ma]，句末表疑问。相当于普通话中的"吗"。 如：

你去咖北京吗？（你去过北京吗？）

ni⁵⁴xei³⁵. ka pe³³tɕin³³. ma ？

（11）呀 [ia]，用于句中表列举。如：洗碗呀、洗衣呀、做饭呀，好多事要做。（洗碗、洗衣、做饭，很多事要做。）

sai⁵⁴ue⁵⁴. ia , sai⁵⁴i³³. ia , tsʅ³⁵va²⁴. ia , xei⁵⁴tu³⁵zʅ²⁴ie³⁵tsʅ³⁵。

（12）是 [zʅ]，句中语气词表停顿，一般用于假设复句第一分句的末尾，用来加强假设语气。如：等一下冇□车子是，觑你几□去？ （待会儿要是没车，看你怎么去？）

tan^{54}.i ɣuo^{35}mei^{54}.na tɕ'io^{33}.tsʅ zʅ, tɕ'iəu^{35}ni^{54}tɕi^{54}.na xei^{35} ?

综上分析，我们可用下表表示东安土话常用语气词系统。

表4-3　东安土话常用语气词系统

语气词	句中语气词	表停顿	嘞 [le]、是 [zʅ]
		表列举	呀 [ia]
	句末语气词	表疑问	噜 [lu]、嘞 [le]、咾 [lau]、啊 [a]、吧 [pa]、着 [tɕio]、吗 [ma]
		表祈使	嘞 [le]、咾 [lau]、啊 [a]、嘛 [ma]、噢 [au]、着 [tɕio]
		表陈述	噜 [lu]、嘞 [le]、咾 [lau]、啊 [a]、啦 [la]、吧 [pa]嘛 [ma]、噢 [au]、着 [tɕio]
		表感叹	嘞 [le]、咾 [lau]、啊 [a]、噢 [au]

东安石期市土话语气词与普通话语气词相比较，具有以下显著特点：

语气词常单用，也有连用的现象。连用的语气词分别表示不同的语气意义，而最后一个语气词是全句语气的重点。如："我听得噜嘞"。"噜"表确实在进行，"嘞"含申请表白意，说话人因为被误会不在听而说此话，重在申明表白自己是在听。因而句中"嘞"为全句语气重点。其他连用的语气词还有"噜啊、着嘞、噜噢"等。

在东安土话里，同一种语气又可由多个语气词表示，即好几个语气词为同一语法功能服务，却又能表达出意义、语气上的细微差别。如："噜"和"嘞"均可用于疑问语气，但用"噜"显得不客气、口气生硬；用"嘞"却可使问句显得委婉。"几个喊你乱写噜？"是责备不应该如此。"几个喊你乱写嘞？"是一种委婉的口气，提请以后要注意。

二、句法特点

（一）特殊语序

1. 形容词状语挪到动宾结构后面做补语

石期市土话的"饱"常用在"述＋宾（数量）"结构后做补语，有时须带上"噜"。

食咖（一）餐饱噜。（饱饱地吃了一顿。）

i³³.ka（i³³）ts'an³³pa⁵⁴.lu。

睡咖个饱。（饱饱地睡了一觉。）

ʐy²⁴.ka .ku pa⁵⁴。

打咖（一）餐好噜。（狠狠地打了一顿。）

ta⁵⁴.ka（i³³）ts'an³³xei⁵⁴.lu。

这类句子普通话一般要将与此相类的形容词重叠以后放在动词的前边做状语，如"好好地吃一顿"。

2. 形容词"多""少""早""晏"直接做补语

在普通话里，形容词"多""少"常放在述语前作状语，如"多吃点"，一般不直接放在述语后作补语，如不说"吃多点几"。石期市土话的"多""少"也可以用在述语前充当状语，如"多食点"。但习惯上是将"多""少"放在述语后做补语。例如：舀多点。这种述补短语，后边还常常有宾语出现，结构形式为"述 + 补 + 宾"。例如：放多点水。

普通话中"早、晏（晚）"也是放在述语前做状语，如"早点来""晚点睡"。石期市土话也可以这样说，但同样以放在述语后做补语为常。例如：

黑日睡早点。（晚上早点睡。）　　　　xau²²ni³³⁻⁵⁴ʐy²⁴tsei⁵⁴tian⁵⁴。

下午来晏点。（下午晚点来。）　　　　ɣuo²⁴man⁵⁴lai³⁵ŋa³⁵tian⁵⁴。

3. 否定式可以补语与宾语共现时的语序

普通话中否定式补语和宾语共现时，宾语放在补语之后，如"打不过他"。石期市土话有两种不同的语序。

(1) 跟普通话一样，把宾语放在补语之后，构成"述 + 补 + 宾"式。例如：

讲不赢□。（说不过他。）　　　　　ka⁵⁴.pu io³⁵u³⁵。

你哄不倒吾。（你骗不了我。）　　　ni⁵⁴xoŋ⁵⁴.pu tei⁵⁴uo³⁵。

□号不出名字。（他喊不出名字。）　u³⁵au³³.pu tɕ'y²²mio³⁵ʐɿ²⁴⁻²¹。

别个请不起你。（别人请不起你。）　bie¹³.ku tɕ'io⁵⁴.pu.ɕi ni⁵⁴。

(2) 将宾语放在补语之前，构成"述 + 宾 + 补"式。例如：

讲□不赢。（说不过他。）　　　　　ka⁵⁴u³⁵.pu io³⁵。

你哄吾不倒。（你骗不了我。）　　　ni⁵⁴xoŋ⁵⁴uo³⁵.pu tei⁵⁴。

□喊名字不出。（他喊不出名字。） $u^{35}au^{33}mio^{35}z_{1}^{24-21}$.pu tç'y^{22}。

别个请你不起。（别人请不起你。） bie^{13}.ku tç'io^{54}ni^{54}.pu.çi。

4. 表序词语在动词后做补语

一些表先后顺序的词，如"先、后头"之类，在普通话中常放在述语前做状语。而在石期市土话中，则常放在述语之后做补语。例如：

你走先，吾走后头。（你先走，我后走。）

ni^{54}tsau^{54}se^{33}, uo^{35}tsau^{54}yau^{24}.dau。

表顺序的"第一""第二"等也可以放在述语后做补语。例如：

你跑第一，吾跑第二，□跑第三。（你跑第一，我跑第二，他跑第三。）

ni^{54}bau^{24}di^{35}i^{33}, uo^{35}bau^{24}di^{35}er^{35}, u^{35}bau^{24}di^{35}san^{33}。

5. 否定副词"不"的特殊位置

普通话中，否定副词"不"在动词前充当状语，但在某些词语中位置特殊。例如，"晓得"是一个词，变为否定时，"不"要夹在词语中间，即"晓不得"。再如："识不得""记不得"。

（二）几种句式的特点

1. 双宾句

普通话的双宾结构，在石期市土话中，有不一样的表现。

（1）普通话的双宾结构，间接宾语放在直接宾语的前面。如：

给他一本书。送给他一个书包。送你一幅画。还你十元钱。

这样的结构，石期市土话中也存在，例如：

掇□一本书。（给他一本书。）

tuo^{33}u^{35}i^{33}pan^{54}çy^{33}。

送掇□一个书包。（送给他一个书包。）

san^{35}tuo^{33}u^{35}i^{33}ku^{35}çy^{33}pau$^{33-21}$。

还你十块钱。（还给你十块钱。）

ua^{35}ni^{54}z_{1}^{13}çia$^{35-21}$ze$^{35-21}$。

（2）石期市土话中更普遍的说法是：直接宾语被提到前面紧接动词或介词，间接宾语之前出现一个"掇［tuo^{33}］"字，例如：

拿本书掇□。（拿本书给他。）

ne⁵⁴pan⁵⁴ɕy³³tuo³³u³⁵。

买个书包掇□。（买个书包给他。）

mia⁵⁴.ku ɕy³³pau³³⁻²¹tuo³³u³⁵。

赔支笔掇你。（赔支笔给你。）

bei¹³tsʅ³³⁻⁵⁴pi³³tuo³³ni⁵⁴。

这时已构成连动句，不再是双宾句型。

2. 处置句

普通话表示处置义用"把"字句。石期市土话一般用"寻倒"以及"掇"做处置标志词，其处置句就是"寻倒"句和"掇"字句。

"寻倒"句表示对受动者的处置，动词的前面常常加一个没有实际意义的"来"字。

充当谓语的动词有两种情况。

动词后带补语的，例如：

□寻倒吾来骂咖一餐。（他骂了我一顿。）

u³⁵ʑin³⁵.te uo³⁵.lai nio³³.ka i³³tsʻan³³。

单个动词做谓语，动词前后都不加其他成分。

□回来就寻倒细细人叨打。（他回来就找到小孩子打。）

u³⁵ua³⁵lai³⁵⁻⁵⁴dʑiəu²⁴ʑin³⁵.te sai³⁵sai³⁵⁻⁵⁴oŋ³⁵⁻²¹.ta ta⁵⁴。

充当"寻倒"句谓语的动词是很有限的，一般是口、手、脚发出的动作性动词。因此，它的使用范围很窄，有的和普通话没有对应关系，不能换成"把"字句。

"掇"字是石期市土话中地道的，也是最常用的处置标记，相当于普通话的"把"字。

快掇门关起。（快把门关上。）　　　　　k'uai³⁵tuo³³man³⁵kua³³.ɕi。

掇那碗饭食咖。（把那碗饭吃了。）　　　tuo³³ni³⁵ue⁵⁴va²⁴i³³.ka。

□掇书撕咖。（他把书撕了。）　　　　　u³⁵tuo³³ɕy³³sʅ³³.kau。

在石期市土话的"掇"字句中，标记"掇"之前的成分多由体词性词语充当，极少由谓词性词语构成。如：

你掇伊块衣着起。（你把这件衣服穿上。）

ni⁵⁴tuo³³ai³³ɕia³⁵⁻²¹i³³ti²².ɕi。

奶奶掇那只鸭吖杀咖。（ 奶奶把那只鸭子杀了。）

ne³³ne³³⁻⁵⁴tuo³³ni³⁵tɕio²²⁻²¹uo²². ta ɕia²². kau。

与普通话处置式一样，"掇"字介引的对象一般是定指的，也就是对谈话双方来说，都是已知的、明确的人或物，如上例中的"伊块衣""那只鸭吖"等，都是谈话双方确知的对象；但有时"掇"字介引的对象并没有定指的特征。如：

你掇哪咖拽咖？（你把什么扔出去了？ ）

ni⁵⁴tuo³³ni⁵⁴. ka tsuai⁵⁴. kau ？

上例中的"哪咖"都是疑问代词，无定指可言。可见，一般来说，"掇"字介引的对象是定指的，但也有例外的情形。

"掇"字句充当谓语的动词和普通话一致，一般是具有处置意义的动作动词，但不能是单个的动词，其前后常需有别的成分，如状语、补语、宾语等，或将动词构成重叠式，这些都起着完句的作用。

动词本身是述补式的，例如：

你侬人要掇钱算清。（你们要把钱算清。）

ni⁵⁴nan³⁵⁻⁵⁴oŋ³⁵ie³⁵tuo³³ze³⁵sue³⁵tɕʻin³³。

动词后边有补语或其他成分，例如：

□掇那本书撕咖糜烂。（他把那本书撕得粉碎。）

u³⁵tuo³³ni³⁵pan⁵⁴ɕy³³sʅ³³. ka mi³³la³³。

你掇伊只间子扫一下。（你把这个房子扫一下。）

ni⁵⁴tuo³³ai³³tɕio²²⁻²¹kan³⁵. tsʅ suei³⁵. i ɣuo³⁵⁻²¹。

动词是重复的，例如：

□掇那本书翻过来翻过去。（他把那本书翻来翻去。）

u³⁵tuo³³ni³⁵pan⁵⁴ɕy³³fa³³ku³⁵. lai fa³³ku³⁵. xei。

动词前边有状语，例如：

吾掇李吖全食咖。（我把李子全部吃了。）

uo³⁵tuo³³li⁵⁴. ta dʑyan¹³i³³. kau。

此外，与普通话相同，作为状语的否定副词、助动词一般只位于"掇"的前面，而不置于"掇"后动词前。如：

吾冇掇菜全食咖。（我没把菜全吃了。）

uo³⁵mei⁵⁴tuo³³tsʻai³⁵dʑyan¹³i³³. ka。

"掇"字句和"把"字句有对应关系，上面例句都可以换成"把"字句。

3. 被动句

石期市土话表示被动的标志词和普通话不一样，基本格式、传统用法和习惯说法等方面也有差异。石期市土话被动句用"撩倒"做标志词。举例如下：

□撩倒蛇咬咖一口。（他被蛇咬了一口。）

u³⁵liau¹³.te ʑio³⁵ga²⁴.ka i³³kʻau⁵⁴。

阿弟撩倒别个打咖一下。（弟弟被别人打了一下。）

uo³³ta³⁵⁻⁵⁴liau¹³.te bie¹³.ku ta⁵⁴.ka i³³ɣuo³⁵。

门撩倒□打烂咖。（门被他打烂了。）

man³⁵liau¹³.te u³⁵ta⁵⁴la³³.kau。

树撩倒剁完咖。（树被砍完了。）

ʑiəu²⁴liau¹³.te tu³⁵ye³⁵.kau。

□屋里撩倒偷咖。（他家里被偷了。 ）

u³⁵u²².li liau¹³.te tʻau³³.kau。

□撩倒工商所罚咖五百块钱。（他被工商所罚了五百元。）

u³⁵liau¹³.te koŋ³³ɕian³³suo⁵⁴ba¹³.ka oŋ³⁵po²²ɕia³⁵⁻²¹ze³⁵。

伊件事撩倒老师晓得就麻烦咖。（这件事被老师知道就麻烦了。）

ai³³ʥian³⁵zɿ²⁴liau¹³.te lau⁵⁴sɿ³³ɕie⁵⁴.la ʥiəu²⁴ma¹³ban¹³.kau。

石期市土话被动句的基本格式、表意传情、习惯说法和普通话被动句有同有异。

张志公（1982 年）指出："被动句有两种基本格式，一种是被字引进施动者，一种是被字不引进施动者。"石期市土话的情况是："撩倒"可以引进施动者，也可以不引进施动者。

被动句可用来表达某种感情。丁声树先生（1961 年）指出："就传统用法说，'被'字句主要是说明主语有所遭受，遭受自然不是自愿的，因此只能表示有损伤或不愉快、不愿意一类的行为……最近几十年来，多少是受了外国语的影响，传统的用法渐渐打破了。"邢福义先生分析了现代作品的实际用例，得出结论："事实是，拂意、称心和中性三种情况都存在，但表示拂意的居多数。""通过实际用例的分析，可以看到两个倾向：第一，表示称心的，一方面其谓语动词多用'提、升、选、拔'之类，另一方面谓语部分所表示的意思跟主语有必然的利弊关系。第二，如果谓语动词不是'提、升、选、拔'之类，如果谓语部分所表示的意思跟主语没有必然的利弊关系，那么不用'被'时情况两可，用了'被'便是拂意的。"

石期市土话的被动句有些不同。"撩倒"句既可以表示拂意，又可以表示称心。

头名撩倒吾得咖。（第一名被我得到了。）

lau³⁵mio³⁵liau¹³.te uo³⁵te¹³.kau。 称心

□屋里撩倒偷咖。（他家里被偷了。）

u³⁵u²².li liau¹³.te t'au³³.kau。 　　拂意

张志公（1982年）指出："受动者（受事主语）如果是无生命的事物，而且不出现施动者，就不必加'被'字。这是汉语的习惯说法。"石期市土话也有这种习惯说法。例如：碗打烂咖。水放干咖。饭煮好咖。但是，对于无生命的受动者，石期市土话通常是使用被动句来表示，而且不管出现不出现施动者。例如：

门撩倒打烂咖。（门被打烂了）

man³⁵liau¹³.te ta⁵⁴la³³.kau。

门撩倒别个打烂咖。（门被别人打烂了。）

man³⁵liau¹³.te bie¹³.ku ta⁵⁴la³³.kau。

水撩倒放干咖。（水被放干了。）

çy⁵⁴liau¹³.te fu³⁵kue³³.kau。

水撩倒□放干咖。（水被他放干了。）

çy⁵⁴liau¹³.te u³⁵fu³⁵kue³³.kau。

石期市土话里，受动者是无生命的事物，用不用被动句两可。不用被动句，可能是称心的，也可能是拂意的；而一旦用被动句，那就一定是拂意的。

4. 疑问句

①是非问句。石期市土话的是非问句，主要有以下几种：

a. 纯用语调提问。就是将陈述句句尾语调改用升调，但上升幅度非常小，几近平调。例如：

你把□带回去？（你把他带回去？）　　ni⁵⁴pa⁵⁴u³⁵tai³⁵ua³⁵xei³⁵⁻⁵⁴？

□食咖？（他吃了？）　　u³⁵i³³.kau？

伊本书是你噜？（这本书是你的？）　　ai³³pan⁵⁴çy³³zʅ³⁵ni⁵⁴.lu？

你今年去咖？（你今年去了？）　　ni⁵⁴tɕin³³ne¹³⁻⁵⁴xei³⁵.ka？

b. 在句末加表疑问的语气词，可以用"啊""吧"。如：

你今年去咖啊？（你今年去过啊？） ni⁵⁴tɕin³³ne¹³⁻⁵⁴xei³⁵.ka .a？

你愿意去啊？ ni⁵⁴yan³⁵i³⁵⁻²¹xei³⁵.a？

你食咖吧？（你吃了吧？） ni⁵⁴i³³.kau.pa？

②特指问句。石期市土话的特指问句和普通话差不多，一般用疑问代词表示特指对象。但普通话特指问句的末尾还可以带疑问语气词"呢"，石期市土话句末可加疑问语气词"嘞、啊"。例如：

几个啊？（谁啊？） tɕi⁵⁴.ku .a？

如果有特定的语言环境，疑问代词也可以省略，但这时句末要加语气词"嘞"。例如：

□觑电视，你嘞？（他看电视，你呢？）

u³⁵tɕ'iəu³⁵dian³⁵zʅ³⁵⁻²¹, ni⁵⁴.le？

石期市土话中的疑问代词非常丰富，主要有：好（一般用"好＋单音节形容词"格式）、几个、几头等。现详细分述如下：

a. 好 [xei⁵⁴]

在石期市土话中，"好"在句中除了做形容词、副词外，还可做疑问代词，用来询问时间、数量及程度。例如：

白菜好多钱一斤？（白菜多少钱一斤？）

bo²⁴ts'ai³⁵⁻²¹xei⁵⁴tu³³ze³⁵i³³tɕin³³？

三只加二只等于好多？（三加二等于多少？）

suo³³tɕio²²tɕia³³nio⁵⁴tɕio²²tən⁵⁴y¹³⁻²¹xei⁵⁴tu³³？

你好多钟起来？（你几点起床？）

ni⁵⁴xei⁵⁴tu³³tsoŋ³³tɕ'i⁵⁴.lai？

那只凳有好长（吋）？（那条凳子有多长？）

ni³⁵tɕio²²⁻²¹tan³⁵au³⁵xei⁵⁴dʑio³⁵(.ta？)

你好久（吋）回去一次？（你多久回一次家？）

ni⁵⁴xei⁵⁴tɕiəu⁵⁴(.ta)ua³⁵xei⁵⁴i³³tsʅ³⁵？

你有好高（吋）？（你有多高？）

ni⁵⁴au³⁵xei⁵⁴kei³³(.ta)？

格式中的"吋"是个语缀，没有实在的意义，可要可不要，不影响表达。

石期市土话中的"好多（吋）"有两种用法：多数情况下，用来询问数量，后接名词，相当于普通话中的"多少"；有时也用来问时间，与普通话中的"几点"之意相当。询问时间时，只能用"好多"，而不能说"好多哠"，如："你好多钟起来"。而询问数量时则可以用"好多"，也可以用"好多哠"，如"你有好高（哠）"。

b. 几个 [tɕi⁵⁴.ku]

石期市土话中的"几个"，就是普通话中的"谁"之意，在句中可做主语、宾语、定语。例如：

你是几个？（你是谁？）

ni⁵⁴zɿ³⁵tɕi⁵⁴.ku？

桌子高子那本书是几个噜？（桌子上的那本书是谁的？）

tsu²².tsɿ kei⁵⁴.tsɿ ni³⁵pan⁵⁴ɕy³³zɿ³⁵tɕi⁵⁴.ku.lu？

c. 几头 [tɕi⁵⁴.lau]

石期市土话中的"几头"询问的是地方、处所，相当于普通话的"哪儿""什么地方"。例如：

你去几头？（你们去哪儿）

ni⁵⁴xei³⁵tɕi⁵⁴.lau？

□住倒几头？（他家住在哪儿）

u³⁵ʥiəu²⁴.te tɕi⁵⁴.lau？

你爹爹在几头放牛？（你爷爷在哪儿放牛？）

ni⁵⁴tia³³tia³³⁻⁵⁴zai³⁵tɕi⁵⁴.lau fu³⁵gau³⁵？

几头有菜卖？（哪儿／什么地方有菜卖？）

tɕi⁵⁴.lau au³⁵tsʻai³⁵mia³³？

此外，"哪咖垱哠""几个垱哠"也可以用来询问处所，其语法功能与"几头"一样，故上述各例中的"几头"都可用"哪咖垱哠""几个垱哠"替代，意思不变，表达效果也一样。

③选择问句。石期市土话的选择问句与普通话有些不同，常见的表达方式是用"（是）……还是……"连接并列的选择项，前"是"可以省略。如果用疑问语气词，只能用"嘞"。"嘞"后语气显得较委婉，不加"嘞"则显得较生硬。例如：

你（是）食烟嘞，还是食茶？（你是抽烟呢，还是喝茶？）语气委婉

ni⁵⁴（zɿ³⁵）i³³ie³³.le，ɣai¹³zɿ³⁵i³³zuo³⁵？

你（是）食烟，还是食茶？（你是抽烟呢，还是喝茶？）语气生硬

ni⁵⁴（zɿ³⁵）i³³ie³³，ɣai¹³zɿ³⁵i³³zuo³⁵？

④正反问句。

石期市土话用谓语肯定否定相重叠的方式表示正反问。否定词可以是"没""不"。例如：

□去不去？（他去不去？）　　　　　　　u³⁵xei³⁵.pu xei³⁵？

你洗冇洗手？（你洗了手没有？）　　　ni⁵⁴sai⁵⁴mei⁵⁴sai⁵⁴ɕiəu⁵⁴？

她好不好觑？（她漂亮不漂亮？）　　　u³⁵xei⁵⁴.pu xei⁵⁴tɕ'iəu³⁵？

双音节动词或形容词用于正反问句时，格式有两种。

a. 将整个双音节动词或形容词做肯定否定重叠。例如：

电影好觑不好觑？（电影好看不好看？）

dian³⁵in⁵⁴xei⁵⁴tɕ'iəu³⁵.pu xei⁵⁴tɕ'iəu³⁵？

b. 将第一个音节做肯定否定重叠。例如：

电影好不好觑？（电影好看不好看？）

dian³⁵in⁵⁴xei⁵⁴.pu xei⁵⁴tɕ'iəu³⁵？

这一格式由于比较简练，比第一种格式要常用，第一种格式平时用得很少，这一习惯与普通话刚好相反。

如果动词谓语后带有宾语，情祝较为复杂，有"动+咖+宾+冇+动+宾""动+咖+宾+冇有""动+冇+动+宾"三种表达形式。

你洗咖手冇洗手？　　ni⁵⁴sai⁵⁴.ka ɕiəu⁵⁴mei⁵⁴sai⁵⁴ɕiəu⁵⁴？

你洗咖手冇有？　　　ni⁵⁴sai⁵⁴.ka ɕiəu⁵⁴ mei⁵⁴iəu⁵⁴⁻²¹？

你洗冇洗手？　　　　ni⁵⁴sai⁵⁴mei⁵⁴sai⁵⁴ɕiəu⁵⁴？

上述例句的意思都是"你洗手冇洗手？"，这当中第三种说法用得最为普遍，其余两种说法用得稍少一些。

是双音节动词带宾语的，可以用"动词的第一个音节+冇+动+宾""动+冇+动+宾""动+咖+宾+冇有""动+冇+动+宾""动+宾+冇+动+宾"四种表达形式。例如：

你参冇参加讨论？

ni⁵⁴ts'an³³mei⁵⁴ts'an³³tɕia³³t'au⁵⁴nən³⁵⁻²¹？

你参加冇参加讨论？

ni⁵⁴ts'an³³tɕia³³mei⁵⁴ts'an³³tɕia³³t'au⁵⁴nən³⁵⁻²¹？

你参加咖讨论冇有？

ni⁵⁴ts'an³³tɕia³³.ka t'au⁵⁴nən³⁵⁻²¹mei⁵⁴iəu⁵⁴⁻²¹？

你参加讨论冇参加讨论？

ni⁵⁴ts'an³³tɕia³³t'au⁵⁴nən³⁵⁻²¹mei⁵⁴ts'an³³tɕia³³t'au⁵⁴nən³⁵⁻²¹？

上述例句意思都是"你参加讨论有有？"但以第一种说法为常。

如果动词前有能愿动词，能愿动词为单音节的，正反形式有两种。一种是将能愿动词做肯定否定重叠，一种是将能愿动词与动作动词一起做肯定否定重叠。例如：

□能不能做？（他能不能做？）　　　　u³⁵nən¹³.pu nən¹³tsɿ³⁵？

□能做毋能做？（他能不能做？）　　　u³⁵nən¹³tsɿ³⁵a³⁵nən¹³tsɿ³⁵？

能愿动词是双音节的，除了上面两种格式外，还可以只将第一个音节做肯定否定重叠。如：

□愿意毋愿意讲？（他愿意不愿意讲？）

u³⁵yan³⁵i³⁵a³⁵yan³⁵i³⁵ka⁵⁴？

□愿意讲毋愿意讲？（他愿意不愿意讲？）

u³⁵yan³⁵i³⁵ka⁵⁴a³⁵yan³⁵i³⁵ka⁵⁴？

□愿不愿意讲？（他愿意不愿意讲？）

u³⁵yan³⁵.pu yan³⁵i³⁵ka⁵⁴？

如果动词谓语后带有可能补语，可以只将动作动词做肯定否定重叠。例如：

你食不食得完？（你能不能吃完？）

ni⁵⁴i³³.pu i³³.la ye³⁵？

也可以将述补短语的肯定式与否定式并列在一起来表达。如：

你食得完食不完？（你能不能吃完？）

ni⁵⁴i³³.la ye³⁵i³³.pu ye³⁵？

正反问句中否定词经常省略。

□去去？（他去不去？）

u³⁵xei³⁵xei³⁵？

你洗洗手？（你洗不洗手？）

ni⁵⁴sai⁵⁴sai⁵⁴ɕiəu⁵⁴？

上述例子都是利用单音节形式的重叠来表达疑问。值得指出的是：在日常交际中，宾语往往省略不说，即变为vv，因为对话双方都知道所谈论的话题，知道所指的事情或人物，故上述例子经常这么说：

你去去？（你去不去？）　ni⁵⁴xei³⁵xei³⁵？

你洗洗？（你洗不洗？）　ni⁵⁴sai⁵⁴sai⁵⁴？

正反问句中如果询问的部分是双音节词（动词、形容词），那么重复双音节词的第一个音节。例如：

□识识得吾？（他认识不认识我？）

u³⁵ɕie²²ɕie²². la uo³⁵？

电影好好觑？（电影好看不好看？）

dian³⁵in⁵⁴xei⁵⁴xei⁵⁴tɕʻiəu³⁵？

□做人可可以？（他为人可以吗？/ 他为人可以不可以？）

u³⁵tsʅ³⁵oŋ³⁵kʻuo⁵⁴kʻuo⁵⁴i⁵⁴？

□愿愿意讲？（他愿意不愿意说？）

u³⁵yan³⁵yan³⁵i³⁵ka⁵⁴？

要要得？（可不可以？）

ie³⁵ie³⁵. la？

三、语法例句

（一）语法例句一

每一例句先写石期市土话的说法，土话例句中的括号表示两可，土话例句后的括号是普通话的对应说法。土话例句中写不出字的用□表示。

（1）几个啊？吾是老三。 （谁呀？我是老三。）

tɕi⁵⁴. ku. a？ uo³⁵zʅ³⁵lau⁵⁴san³³。

（2）老四嘞？□正好在和一个要得好噜讲倒话噜。（老四呢？他正在跟一个朋友说着话呢。）

lau⁵⁴sʅ³⁵le⁵⁴？u³⁵tɕin³⁵xei⁵⁴zai³⁵ɣuo¹³i³³ku³⁵sua⁵⁴. la xei⁵⁴. lu ka⁵⁴. te uo³³. lu。

（3）□还冇讲完啊？（他还没有说完吗？）

u³⁵ɣai¹³mei⁵⁴ka⁵⁴ye³⁵. a？

（4）还冇有，大概还等一下吚就讲完咖（还没有。大约再有一会儿就说完了。）

ɣai¹³mei⁵⁴iəu⁵⁴⁻²¹, da³⁵kʻai⁵⁴ɣai³³tan⁵⁴. i ɣuo³⁵. ta dʑiəu²⁴ka⁵⁴ye³⁵. kau。

（5）□讲马上就走，几□伊□半日还在屋里嘞？（他说马上就走，怎么这半天了还在家里呢？）

u³⁵ka⁵⁴ma⁵⁴ʑian³⁵⁻²¹dʑiəu²⁴tsau⁵⁴，tɕi⁵⁴.na ai³³.na pe³⁵ni³³ɣai¹³zai³⁵u²². li. le？

（6）你到几头去，吾到街上去。（你到哪儿去？我到城里去。）

ni⁵⁴tei³⁵tɕi⁵⁴.lau .xei，uo³⁵tei³⁵tɕia³³.io .xei？

（7）在那头，毋在伊头（在那儿，不在这儿。）

zai³⁵ni³⁵.lau，a³⁵zai³⁵ai³³.lau。

（8）毋是那□做，是要伊□做（不是那么做，是要这么做的。）

a³⁵zɿ³⁵ni³⁵.na tsɿ³⁵，zɿ³⁵ie³⁵ai³³.na tsɿ³⁵。

（9）太多咖，要不得那□多，只要伊□多就有咖。

（太多了，用不着那么多，只要这么多就够了。）

t'ai³⁵tu³³.kau，ie³⁵.pu.la ni³⁵.na tu³³，tsɿ⁵⁴ie³⁵ai³³.na tu³³dʑiəu²⁴au³⁵.kau。

（10）伊个大，那个细，伊两位几个好点嘞？（这个大，那个小，这两个哪一个好一点儿呢？）

ai³³.ku ɣa²⁴，ni³⁵.ku sai³⁵，ai³³nio⁵⁴u³⁵⁻²¹tɕi⁵⁴.ku xei⁵⁴tian⁵⁴.le？

（11）伊个比那个好。（这个比那个好。）

ai³³.ku pi⁵⁴ni³⁵.ku xei⁵⁴。

（12）伊□屋比不上那□屋。（这些房子比不上那些房子。）

ai³³.na u²²pi⁵⁴.pu ʑio³⁵ni³⁵.na u²²。

伊□屋冇□那□屋好。

ai³³na⁵⁴u²² mei⁵⁴.na ni³⁵.na u²² xei⁵⁴。

（这些房子不如那些房子好。）

（13）伊句话石市九井塘土话怎么讲？（这句话用石市九井塘土话怎么说？）

ai³³tɕy³⁵uo³³zi¹³zɿ³⁵tɕiəu⁵⁴tɕio⁵⁴lu³⁵t'əu⁵⁴uo³³ tɕi⁵⁴.na ka⁵⁴？

（14）□今年好大岁数（年纪）？（他今年多大岁数？）

u³⁵tɕin³³ne⁵⁴xei⁵⁴ɣa²⁴ɕye³⁵su³⁵⁻²¹（ne³⁵tɕi³⁵⁻²¹）？

（15）大概有三十来岁哟。（大概有三十来岁罢。）

da³⁵k'ai⁵⁴au³⁵suo³³zɿ¹³.lai ɕye³⁵.ta。

（16）伊个东西有好重哟？（这个东西有多重呢？）

ai³³.ku tan³³se³³⁻⁵⁴au³⁵xei⁵⁴dʑin³⁵.ta？

伊个东西有好重啊？（这个东西有多重啊？）

ai^{33}. ku tan^{33}se$^{33-54}$au^{35}xei^{54}dʑin^{35}.a?

（17）有五十斤重嘞。（有五十斤重呢。）

au^{35}oŋ^{35}zʅ^{13}tɕin^{33}dʑin^{35}.le。

（18）掇得起（动）吗？（拿得动吗？）

tuo^{33}.la ɕi^{54}（lan^{24}）.ma？

（19）吾拿得起（动），□拿不起（动）。（我拿得动，他拿不动。）

uo^{35}ne^{54}.la ɕi^{54}（lan^{24}），u^{35}ne^{54}.pu ɕi^{54}（lan^{24}）。

（20）真噜毋轻，重得连吾都拿不起（动）咖。（真不轻，重得连我都拿不动了。）

tɕin^{33}.lu a^{35}tɕ'io^{33}，dʑin^{35}.te lian^{13}uo^{35}tu^{33}ne^{54}.pu ɕi^{54}（lan^{24}）.kau。

（21）你讲得蛮好，你还可以讲点□咖嘞？（你说得很好，你还能说点儿什么吗？）

ni^{54}ka^{54}.te man^{13}xei^{54}，ni^{54}ɣai^{13}k'uo^{54}i^{54}ka^{54}tian^{21}ni^{54}.ka.le？

（22）吾晓不得讲得，吾讲不赢□。（我嘴笨，我说不过他。）

uo^{35}ɕie^{33}.pu.la ka^{54}.la，uo^{35}ka^{54}.pu io^{35}u^{35}。

（23）讲咖一道，又讲咖一道。（说了一遍，又说了一遍。）

ka^{54}.ka i^{33}dei^{35}，iəu^{35}ka^{54}.ka i^{33}dei^{35}。

（24）请你再讲一道！（请你再说一遍！）

tɕ'io^{54}ni^{54}tsai^{35}.ka i^{33}dei^{35}！

（25）毋早嘞，快去咾！（不早了，快去罢！）

a^{35}tsei^{54}.le，kuai^{35}xei^{35}.lau！

（26）□□还蛮早嘞，等一下吖再去咾。（现在还很早呢，等一会儿再去吧。）

ne^{35}tɕi^{54}ɣai^{13}man^{13}tsei^{54}.le，tan^{54}.i ɣuo^{35}.ta tsai^{35}xei^{35}.lau。

（27）食咖饭再去要不要得？（吃了饭再去好吗？）

i^{33}.ka va^{24}tsai^{35}xei^{35}ie^{35}.pu ie^{35}.la？

食咖饭再去要得吗？

i^{33}.ka va^{24}tsai^{35}xei^{35}ie^{35}.la.ma？

（28）慢点咖吖食啊！毋要急啊！（慢慢儿地吃啊！不要急！）

ma^{33}tian^{54}.ka.ta i^{33}.a！a^{35}ie^{35}tɕi^{22}.a！

（29）坐倒食比徛倒食好呢。（坐着吃比站着吃好。）

zu^{35}.te i^{33}pi^{54}dʑi^{24}.te i^{33}xei^{54}.ne。

（30）伊个食得，那个食不得。（这个能吃，那个不能吃。）

ai^{33}.ku i^{33}.la, ni^{35}.ku i^{33}.pu.la。

（31）□食咖饭噢，你食咖饭冇有嘞？（他吃了饭了，你吃了饭没有呢？）

u^{35}i^{33}.ka va^{24}.au, ni^{54}i^{33}.ka mei^{54}iəu$^{54-21}$.le？

（32）□去咖上海，吾冇有去。（他去过上海，我没有去过。）

u^{35}xei^{35}.ka ʑian^{35}xai^{54}, uo^{35}mei^{54}iəu$^{54-21}$xei^{35}。

（33）来闻一下伊朵花香不香。（来闻闻这朵花香不香。）

lai^{13}bən^{13}.i ɣuo^{35}ai^{33}tuo^{54}xuo^{33}ɕio^{33}.pu ɕio^{33}。

（34）喷香的，是不是？（很香，是不是？）

p'an^{35}ɕio^{33}.te, zɿ^{35}.pu zɿ^{35}？

蛮香的，是不是？

man^{13}ɕio^{33}.te, zɿ^{35}.pu zɿ^{35}？

香得很，是不是？

ɕio^{33}.la xən^{54}, zɿ^{35}.pu zɿ^{35}？

（35）掇本书掇吾。（给我一本书。）

tuo^{33}pan^{54}ɕy^{33}tuo^{33}uo^{35}。

（36）吾确实（实在）冇□书嘞。（我确实没有书了。）

uo^{35}tɕ'io^{33}ɕi^{33}（ɕi^{33}zai^{35}）mei^{54}.na ɕy^{33}.le。

（37）你告□□。（你告诉他。）

ni^{54}kei^{35}sɿ^{54}u^{35}。

（38）好点咖咧（好生）走！毋要跑！（好好儿地走！不要跑！）

xei^{54}tian^{54}.ka.ta（xei^{54}sən$^{33-21}$）tsau^{54}！a^{35}ie^{35}bau^{24}！

（39）小心跌下去爬都爬不上来！（小心跌下去爬也爬不上来！）

ɕiau^{54}ɕin^{33}tai^{33}ɣuo^{35}.xei ba^{13}tu^{33}ba^{13}.pu ʑio^{35}lai$^{35-21}$！

（40）医生号你多睡一下。（医生叫你多睡一睡。）

i^{33}sən^{33}au^{33}ni^{54}tu^{33}ʑy^{24}.i ɣuo^{35}。

（41）食烟还是食茶都毋准。（吸烟或者喝茶都不可以。）

i^{33}ie^{33}ɣai^{13}zɿ^{35}i^{33}zuo^{35}tu^{33}a^{35}tɕyn^{54}。

（42）烟也好，茶也好，吾都（全）毋喜欢。（烟也好，茶也好，我都不喜欢。）

ie^{33}ie^{54}xei^{54}, zuo^{35}ie^{54}xei^{54}, uo^{35}tu^{33}（dʑyan^{13}）a^{35}ɕi^{54}fan$^{33-21}$。

（43）毋管你去不去，反正吾是要去噜。（不管你去不去，反正我是要去的。）

a³⁵kue⁵⁴ni⁵⁴xei³⁵.pu xei³⁵, fan⁵⁴tɕin³⁵⁻²¹uo³⁵zɿ³⁵ie³⁵xei³⁵.lu.

（44）吾反正（一定）要去。（我非去不可。）

uo³⁵fan⁵⁴tɕin³⁵（i³³din³⁵）ie³⁵xei³⁵。

（45）你是几年来噜？（你是哪一年来的？）

ni⁵⁴zɿ³⁵tɕi⁵⁴ne³⁵lai³⁵.lu？

（46）吾是前年到北京噜。（我是前年到的北京。）

uo³⁵zɿ³⁵ze³⁵ne⁵⁴tei³⁵pe³³tɕin³³.lu？

（47）今□日开会几个是主席？（今天开会谁是主席？）

tɕi³³man⁵⁴ni³³k'uei³³uei³⁵tɕi⁵⁴.ku zɿ³⁵tɕy⁵⁴dʑi¹³。

（48）你要请吾噜客。（你得请我的客。）

ni⁵⁴ie³⁵tɕ'io⁵⁴uo³⁵.lu k'uo²²。

（49）伊是□噜书，那本是□哥哥噜。（这是他的书，那一本是他哥哥的。）

ai³³zɿ³⁵u³⁵.lu ɕy³³, ni³⁵pan⁵⁴zɿ³⁵u³⁵ka³³ka³³⁻⁵⁴.lu。

（50）一边走，一边讲。（一边走，一边说。）

i³³pie³³tsau⁵⁴, i³³pie³³ka⁵⁴。

（51）觑书噜觑书，觑报噜觑报，写字噜写字。（看书的看书，看报的看报，写字的写字，）

tɕ'iəu³⁵ɕy³³.lu tɕ'iəu³⁵ɕy³³, tɕ'iəu³⁵bau³⁵.lu tɕ'iəu³⁵bau³⁵, ɕio⁵⁴zɿ²⁴.lu ɕio⁵⁴zɿ²⁴。

（52）觑噜觑书，觑噜觑报，写噜写字。（看的看书，看的看报，写的写字。）

tɕ'iəu³⁵.lu tɕ'iəu³⁵ɕy³³, tɕ'iəu³⁵.lu tɕ'iəu³⁵bau³⁵, ɕio⁵⁴.lu ɕio⁵⁴zɿ²⁴。

（53）越走越远，越讲越多。（越走越远，越说越多。）

ye³³tsau⁵⁴ye³³ye⁵⁴, ye³³ka⁵⁴ye³³tu³³。

（54）掇那个东西掇把吾。（把那个东西拿给我。）

tuo³³ni³⁵.ku tan³³se³³⁻⁵⁴tuo³³pa⁵⁴uo³⁵。

（55）有□垱咿掇热热虎号着日头。（有些地方把太阳叫日头。）

au³⁵.na du³⁵.ta tuo³³nai³³nai³³⁻⁵⁴fu⁵⁴⁻²¹ au³³.tɕi nai³³lau³⁵⁻²¹。

（56）你老人家高姓啊？吾姓王。（您贵姓？我姓王。）

ni⁵⁴lei⁵⁴oŋ³⁵⁻²¹.kuo kei³³ɕin³⁵.a？ uo³⁵ɕio³⁵uan¹³。

（57）你姓王，吾也姓王，□两人都姓王。（你姓王，我也姓王，咱们两个人都姓王。）

ni⁵⁴ɕio³⁵uan¹³，uo³⁵ie⁵⁴ɕio³⁵uan¹³，ɣoŋ¹³nio⁵⁴oŋ³⁵tu³³ɕio³⁵uan¹³。

（58）你先去咾，□侬人等一下叮再去。（你先去吧，我们等一会儿再去。）

ni⁵⁴se³³xei³⁵.lau，ɣoŋ¹³nan³⁵⁻⁵⁴oŋ³⁵tan⁵⁴.i ɣuo³⁵.ta tsai³⁵xei³⁵。

（二） 语法例句二

甲

吾应不应该来？（我应该不应该来？）

uo³⁵in³⁵.pu in³⁵kai³³lai³⁵？

□愿不愿意讲？（他愿意不愿意说？）

u³⁵yan³⁵.pu yan³⁵i³⁵ka⁵⁴？

你打不打算去？（你打算不打算去？）

ni⁵⁴ta⁵⁴.pu ta⁵⁴suan³⁵xei³⁵？

你能不能来？（你能不能来？）

ni⁵⁴ nən¹³.pu nən¹³lai³⁵？

□敢不敢去？（他敢不敢去？）

u³⁵kan⁵⁴.pu kan⁵⁴xei³⁵？

还有不有饭？（还有饭没有？）

ɣai¹³au³⁵.pu au³⁵va²⁴？

你到咖北京有有？（你到过北京没有？）

ni⁵⁴tei³⁵.ka pe³³tɕin³³mei⁵⁴iəu⁵⁴⁻²¹？

□晓不晓得？（他知道不知道？）

u³⁵ɕie⁵⁴.pu ɕie⁵⁴.la？

你识不识得？（你认得不认得？）

ni⁵⁴ɕie²².pu ɕie²².la？

吾识不得。（我不认得。）

uo³⁵ɕie²².pu.la。

你还记不记得？（你还记得不记得？）

ni⁵⁴ɣai¹³tɕi³⁵.pu tɕi³⁵.la？

乙

伊个比那个好。（这个比那个好。）

ai³³.ku pi⁵⁴ni³⁵.ku xei⁵⁴。

今□日比昨□日好多咖。（今天比昨天好多了。）

tɕin³³man⁵⁴ni³³pi⁵⁴zuo²⁴man⁵⁴ni³³xei⁵⁴tu³³.kau。

□□日比今□日还要好。（明天比今天还要好。）

n³⁵ka⁵⁴ni³³pi⁵⁴tɕin³³man⁵⁴ni³³ɣai¹³ie³⁵xei⁵⁴。

那个冇□伊个好。（那个没有这个好。）

ni³⁵.ku mei⁵⁴.na ai³³.ku xei⁵⁴。

伊个有不有那个大？（这个有那个大吗？）

ai³³.ku au³⁵.pu au³⁵ni³⁵.ku ɣa²⁴？

伊个和那个一样大。（这个跟那个一般大。）

ai³³.ku ɣuo¹³ni³⁵.ku i³³ian³⁵ɣa²⁴。

伊个和那个毋一样。（这个跟那个不一样。）

ai³³.ku ɣuo¹³ni³⁵.ku a³⁵i³³ian³⁵。

伊个人比那个人高，但是冇□那个人壮。（这个人比那个人高，可是没有那个人胖。）

ai³³.ku oŋ³⁵pi⁵⁴ni³⁵.ku oŋ³⁵kei³³，dan³⁵zʅ³⁵mei⁵⁴.na ni³⁵.ku oŋ³⁵tsu³⁵。

伊□细细人㖸和猴子一样，到处乱爬。（这群孩子像猴子似的，到处乱爬。）

ai³³.na sai³⁵sai³⁵⁻⁵⁴oŋ³⁵⁻²¹.ta ɣuo¹³ɣəu¹³.tsʅ i³³ian³⁵，tau³⁵tɕ'y⁵⁴lue³³ba¹³。

丙

老张在做□咖嘞？（老张在干什么呢？）

lau⁵⁴tɕian³³zai³⁵tsʅ³⁵ni⁵⁴.ka.le？

□在食倒饭噜。（他在吃着饭呢。）

u³⁵zai³⁵i³³.te va²⁴.lu。

你好久去？（你什么时候去？）

ni⁵⁴xei⁵⁴tɕiəu⁵⁴xei³⁵？

你□咖时候去？

ni⁵⁴ni³⁵.ka zʅ¹³ɣəu¹³⁻²¹xei³⁵？

吾马上就去。（我马上就去。）

uo³⁵ma⁵⁴ʑian³⁵⁻²¹dʑiəu²⁴xei³⁵。

你去做哪咖事？（你去干什么去？）

ni⁵⁴xei³⁵tsʅ³⁵ni⁵⁴.ka zʅ²⁴？

吾去买菜（去）。（我去买菜去。）

uo³⁵xei³⁵mia⁵⁴ts‘ai³⁵（.xei）。

毋在那头，也毋在伊头。（不在那儿，也不在这儿。）

a³⁵zai³⁵ni³⁵.lau，ie⁵⁴a³⁵zai³⁵ai³³.lau。

到底是在几头嘞？（到底是在哪儿呢？）

tau³⁵ti⁵⁴zʅ³⁵zai³⁵tɕi³⁵.lau.le？

几□做嘞？（怎么办呢？）

tɕi⁵⁴.na tsʅ³⁵.le？

要好多才有咖了？（要多少才够呢？）

ie³⁵xei⁵⁴tu³³zai¹³au³⁵.kau.le？

毋管几□忙，也要好好学习。（不管怎么忙，也要好好儿学习。）

a³⁵kue⁵⁴tɕi⁵⁴.na man¹³，ie⁵⁴ie³⁵xei⁵⁴xei⁵⁴io³³ɕi³³⁻²¹。

再冇□空，也要好好学习。

tsai³⁵mei⁵⁴.na k‘oŋ³⁵，ie⁵⁴ie³⁵xei⁵⁴xei⁵⁴io³³ɕi³³⁻²¹。

饭煮好咖，快来食咾。（饭好了，快来吃吧。）

va²⁴təiu⁵⁴xei⁵⁴.kau，kuai³⁵lai³⁵i³³.lau。

锅□头还有不有饭？

ku³³y⁵⁴.lau ɣai¹³au³⁵.pu au³⁵va²⁴？

你去觑（一）下。（你去看一看。）

ni⁵⁴xei³⁵tɕ‘iəu³⁵（i³³）ɣuo³⁵。

吾去觑咖，冇□咖。（我去看了，没有了。）

uo³⁵xei³⁵tɕ‘iəu³⁵.ka，mei⁵⁴.na.kau。

毋要紧。（没关系。）

a³⁵ie³⁵tɕin⁵⁴。

你是食烟嘞，还是食茶？（你是抽烟呢，还是喝茶？）

ni⁵⁴（zʅ³⁵）i³³ie³³.le，ɣai¹³zʅ³⁵i³³zuo³⁵？

食咖饭再去要不要得？（吃了饭再去好不好？）

i³³.ka va²⁴tsai³⁵xei³⁵ie³⁵.pu ie³⁵.la？

食咖饭再去就迟咖嘞。（吃了饭再去就来不及了。）

i³³.ka va²⁴tsai³⁵xei³⁵dʑiəu²⁴dʑi³⁵.kau.le。

你喜欢去就去，毋喜欢去就莫去。你爱去毋去。（你喜欢去就去，不喜欢去就不去。你爱去不去。）

ni⁵⁴çi⁵⁴fan³³⁻²¹xei³⁵dʑiəu²⁴xei³⁵，a³⁵çi⁵⁴fan³³⁻²¹xei³⁵dʑiəu²⁴mo³³xei³⁵。ni⁵⁴ŋai³⁵xei³⁵a³⁵xei³⁵。

伊个东西好是好，就是太贵咖。（这东西好是好，可是太贵。）

ai³³.ku tan³³se³³⁻⁵⁴xei⁵⁴zʅ³⁵xei⁵⁴，dʑiəu²⁴zʅ³⁵⁻²¹t'ai³⁵tçy³⁵.kau。

伊个东西贵是贵，但是蛮扎实。（这东西贵是贵，可是结实。）

ai³³.ku tan³³se³³⁻⁵⁴tçy³⁵zʅ³⁵tçy³⁵，dan³⁵zʅ³⁵man¹³tsa³³.çi。

□在几头食噜饭。（他在哪儿吃的饭。）

u³⁵zai³⁵tçi⁵⁴.lau i³³.lu va²⁴。

□是在吾屋里食噜饭。（他是在我家里吃的饭。）

u³⁵zʅ³⁵zai³⁵uo³⁵u²².li i³³.lu va²⁴。

真噜啊？（真的吗？）

tçin³³.lu.a？

是噜，□是在吾屋里食噜饭。（是的，他是在我家里吃的饭。）

zʅ³⁵.lu，u³⁵zʅ³⁵zai³⁵uo³⁵u²².li i³³.lu va²⁴。

昨□日通知六点钟□起，吾五点半就起来咖。（昨天通知六点起床，我五点半就起来了。）

zuo²⁴man⁵⁴ni³³t'oŋ³³tçi³³liəu³³te⁵⁴tsoŋ³³dʑio¹³.çi，uo³⁵oŋ³⁵te⁵⁴pe³⁵dʑiəu²⁴tç'i⁵⁴.lai.kau。

你几□七点钟才□起。（你怎么七点才起床。）

ni⁵⁴tçi⁵⁴.na tç'i³³te⁵⁴tsoŋ³³zai¹³dʑio²⁴.çi。

三四位人盖一床被窠。（三四个人盖一床被。）

suo³³sʅ³⁵u³⁵⁻²¹oŋ³⁵kuei³⁵i³³zu³⁵bi²⁴fu³³⁻²¹。

一床被窠盖三四位人。（一床被盖三四个人。）

i³³zu³⁵bi²⁴fu³³⁻²¹kuei³⁵suo³³sʅ³⁵u³⁵⁻²¹oŋ³⁵。

两位人坐一只凳。（两个人坐一个凳子。）

nio⁵⁴u³⁵⁻²¹oŋ³⁵zu³⁵i³³tçio²²tan³⁵。

一只凳坐两位人。（一个凳子坐两个人。）

i³³tɕio²²tan¹³zu¹³nio⁵⁴u³⁵⁻²¹oŋ³⁵。

十位人食一锅饭。（十个人吃一锅饭。）

zɿ¹³u³⁵⁻²¹oŋ³⁵i³³i³³ku³³va²⁴。

一锅饭食十位人。（一锅饭吃十个人。）

i³³ku³³va²⁴i³³zɿ¹³u³⁵⁻²¹oŋ³⁵。

十位人食不得伊一锅饭。（十个人吃不了这一锅饭。）

zɿ¹³u³⁵⁻²¹oŋ³⁵i³³.pu.la ai³³i³³ku³³va²⁴。

伊一锅饭食不得十位人。（这一锅饭吃不了十个人。）

ai³³i³³ku³³va²⁴i³³.pu.la zɿ¹³u³⁵⁻²¹oŋ³⁵。

细屋堆东西，大屋住人。（小屋子堆东西，大屋子住人。）

sai³⁵u²²tuei³³tan³³se³³⁻⁵⁴，ɣa²⁴u²²dʑiəu²⁴oŋ³⁵。

东边那只间子冇住过人。（东边那间房没有住过人。）

toŋ³³pie³³ni³⁵tɕio²²⁻²¹kan³⁵.tsɿ mei⁵⁴dʑiəu²⁴.ku oŋ³⁵。

伊匹马拖咖车子，冇坐过人。（这匹马拖过车，没人骑过。）

ai³³pʻi³³mo⁵⁴tʻu³³.ka tɕʻio³³.tsɿ，mei⁵⁴zu³⁵.ku oŋ³⁵。

伊匹细马冇坐过人，你小心点咖咔（试倒）坐。（这匹小马儿没有被
人骑过，你小心点儿骑。）

ai³³pʻi³³sai³⁵mo⁵⁴mei⁵⁴zu³⁵.ku oŋ³⁵，ni⁵⁴ɕiau⁵⁴ɕin³³tian⁵⁴.ka.ta（sɿ³⁵.
te）zu³⁵。

吾坐咖船，冇坐过马。（我坐过船，没骑过马。）

uo³⁵zu³⁵.ka dʑye³⁵，mei⁵⁴zu³⁵ku³⁵⁻²¹mo⁵⁴。

丁

□食咖饭，你食咖饭冇有嘞？（他吃了饭了，你吃了饭没有呢？）

u³⁵i³³.ka va²⁴，ni⁵⁴i³³.ka mei⁵⁴iəu⁵⁴⁻²¹.le？

吾喝咖茶还嘴干。（我喝了茶了还渴。）

uo³⁵fu²².ka zuo³⁵ɣai¹³tɕiəu³⁵kue³³。

吾食咖黑日饭，走咖一下咔。（我吃了晚饭，溜达了一会儿。）

uo³⁵i³³.ka xau²²ni³³⁻⁵⁴va²⁴⁻²¹，tsau⁵⁴.ka i³³ɣuo³⁵.ta。

□□回来就睡咖觉噢。（后来回来就睡下了。）

san⁵⁴ne⁵⁴ua³⁵lai³⁵⁻⁵⁴dʑiəu²⁴zy²⁴.ka ka³⁵.au。

做咖一个梦。（做了个梦。）

tsʐ³⁵.ka i³³ku³⁵man³³。

吾照咖相噢。（我照了相了。）

uo³⁵tɕie³⁵.ka ɕian³⁵.au。

吾照咖一张相。（我照了一张相。）

uo³⁵tɕie³⁵.ka i³³tɕian³³ɕian³⁵。

只要有人，哪咖事都好做。（有了人，什么事都好办。）

tsʐ⁵⁴ie³⁵au³⁵oŋ³⁵, ni⁵⁴.ka zʐ²⁴tu³³xei⁵⁴tsʐ³⁵。

毋要掇茶碗打咖。（不要把茶碗砸了。）

a³⁵ie³⁵tuo³³zuo³⁵ue⁵⁴ta⁵⁴.kau。

食咖伊碗饭。（吃了这碗饭。）

i³³.ka ai³³ue⁵⁴va²⁴。

掇伊碗饭食咖。（把这碗饭吃了。）

tuo³³ai³³ue⁵⁴va²⁴i³³.ka。

落雨嘞。（下雨了。）

lu³³y⁵⁴.le。

雨毋落嘞。（雨不下了。）

y⁵⁴a³⁵lu³³.le。

天要晴嘞。（天要晴了。）

tʻe³³ie³⁵dʑio³⁵.le。

请咖一桌客人。（请了一桌客人。）

tɕʻio⁵⁴.ka i³³tsu²²kʻuo²²oŋ³⁵。

偷倒走咖两次。（逃了两次。）

tʻau³³.te tsau⁵⁴.ka nio⁵⁴tsʐ³⁵。

打咖一下。（打了一下。）

ta⁵⁴.ka i³³ɣuo³⁵。

去咖一转。（去了一趟。）

xei³⁵.ka i³³tɕye³⁵。

迟咖就毋好嘞，□侬人快点走！（迟了就不好了，咱们快点走吧）

dʑi³⁵.ka dʑiəu²⁴a³⁵xei⁵⁴.le, ɣoŋ¹³nan³⁵⁻⁵⁴oŋ³⁵kʻuai³⁵tian⁵⁴tsau⁵⁴!

好得很。（好得不得了。）

xei⁵⁴.la xən⁵⁴。

好得不得了。

xei⁵⁴.te pu³³.te liau⁵⁴。

坏得很。（坏得不得了。）

uai³⁵.la xən⁵⁴。

坏得不得了。

uai³⁵.te pu³³.te liau⁵⁴。

了不起，硬是了不起。（了不得，可了不得。）

liau⁵⁴.pu ɕi⁵⁴，ŋən³⁵zๅ³⁵liau⁵⁴.pu ɕi⁵⁴。

三日做不做得完？（三天时间能不能做完？）

suo³³ni³³tsๅ³⁵.pu tsๅ³⁵.la ye³⁵？

你做不了，吾做得了。（你办不了，我办得了。）

ni⁵⁴tsๅ³⁵.pu liau⁵⁴，uo³⁵tsๅ³⁵.te liau⁵⁴。

你哄吾不倒。（你骗不了我。）

ni⁵⁴xoŋ⁵⁴uo³⁵.pu tei⁵⁴。

做完伊件事再走。（做完这桩事儿再走。）

tsๅ³⁵ye³⁵ai³³dʑian³⁵zๅ²⁴tsai³⁵tsau⁵⁴。

戊

□侬人正好在讲倒话噜。（他们正在说着话呢。）

u³⁵nan³⁵⁻⁵⁴oŋ³⁵tɕin³⁵xei⁵⁴zai³⁵ka⁵⁴.te uo³³.lu。

桌子高子放咖一碗水。（桌上放着一碗水。）

tsu²².tsๅ kei⁵⁴.tsๅ fan³⁵.ka i³³ue⁵⁴ɕy⁵⁴。

门口徛咖蛮多人。（门口站着一群人。）

man³⁵k'au⁵⁴dʑi²⁴.ka man¹³tu³³oŋ³⁵。

坐倒食好，还是徛倒食好？（坐着吃好，还是站着吃好？）

zu³⁵.te i³³xei⁵⁴，ɣai¹³zๅ³⁵dʑi²⁴.te i³³xei⁵⁴？

想倒讲，毋要抢倒讲。（想着说，不要抢着说。）

ɕian⁵⁴.te ka⁵⁴，a³⁵ie³⁵tɕ'io⁵⁴.te ka⁵⁴？

讲倒讲倒，笑起来咖。（说着说着，笑起来了。）

ka⁵⁴.te ka⁵⁴.te，ɕie³⁵.ɕi .lai.kau。

大起胆子讲。（大着胆子说吧。）

ɣa²⁴.ɕi tuo⁵⁴.tsๅ ka⁵⁴。

伊只东西蛮重倒。（这个东西很重。）

ai³³tɕio²²⁻²¹tan³³se³³⁻⁵⁴man¹³dʑin³⁵.te。

□对人蛮好的。（他对人可好着呢。）

u³⁵tuei³⁵oŋ³⁵man¹³xei⁵⁴.te。

伊只年轻人蛮有力气嘞。（这小伙子有劲着呢。）

ai³³tɕio²²⁻²¹ne³⁵tɕʻio⁵⁴oŋ³⁵man¹³au³⁵li³³tɕʻi³⁵⁻²¹.le。

徛倒！（站着！）

dʑi²⁴.te！

路高子小心点咖咧！（路上小心！）

ləu³³kei⁵⁴.tsɿ ɕiau⁵⁴ɕin³³tian⁵⁴.ka .ta！

等吾想下咧。（等我想一想。）

tan⁵⁴uo³⁵ɕian⁵⁴ɣuo³⁵.ta。

雪一落地就化咖。（雪一着地就化了。）

ɕye²²i³³lu³³dʑi²⁴dʑiəu²⁴xuo³⁵.kau。

睡着咖。（睡着了。）

ʐy²⁴ʐio²⁴.kau。

猜着咖。（猜着了。）

tsʻai³³.tɕi.kau。

猜得倒猜不倒（猜得着猜不着。）

tsʻai³³.la tei⁵⁴tsʻai³³.pu tei⁵⁴。

燃起火来咖。（着火了。）

ne³⁵.ɕi fu⁵⁴.lai.kau。

点起咖。（点着了。）

te⁵⁴.ɕi.kau。

冷着咖。（着凉了。）

luo⁵⁴.tɕi.kau。

毋要着急，慢点咖咧来。（甭着急，慢慢儿来。）

a³⁵ie³⁵tɕio²²tɕi²², ma³³tian⁵⁴.ka .ta lai³⁵。

吾在伊头寻倒噜，还冇有寻着嘞。（我正在这儿找着呢，还没找着。）

uo³⁵zai³⁵ai³³.lau ʐin³⁵.te .lu, ɣai¹³mei⁵⁴.iəu⁵⁴⁻²¹ ʐin³⁵.tɕi.le。

蛮厉害嘞。（厉害着呢。）

man¹³li³⁵ɣai³⁵⁻²¹.le。

蛮有钱嘞。（有钱着呢。）

man¹³au³⁵ze³⁵.le。

蛮阔气嘞。（阔着呢。）

man¹³kʻuo³³tɕi³⁵⁻²¹.le。

蛮好觑嘞。（好看着呢。）

man¹³xei⁵⁴tɕʻiəu³⁵.le。

己

伊□果子食得食不得？（这些果子能不能吃？）

ai³³.na ku⁵⁴.tsʅ i³³.la i³³.pu.la？

伊是熟噜，食得。（这是熟的，能吃。）

ai³³zʅ³⁵ʑiəu²⁴.lu，i³³.la。

伊是生噜，食不得。（那是生的，不能吃。）

ai³³zʅ³⁵suo³³.lu，i³³.pu.la。

你侬人来不来得了？（你们来得了来不了？）

ni⁵⁴nan³⁵⁻⁵⁴oŋ³⁵lai³⁵.pu lai³⁵.te liau⁵⁴？

吾冇□事，来得了。（我没事，来得了。）

uo³⁵mei⁵⁴.na zʅ²⁴，lai³⁵.te liau⁵⁴。

□忙得很，来不了。（他太忙，来不了。）

u³⁵man¹³.te xən⁵⁴，lai³⁵.pu liau⁵⁴。

伊个东西蛮重，掇不掇得动？（这个东西很重，拿得动拿不动？）

ai³³.ku tan³³se³³⁻⁵⁴man¹³dʑin³⁵，tuo³³.pu tuo³³.la lan²⁴？

□噜手巧，画得蛮好觑。（他手巧，画得很好看。）

u³⁵.lu ɕiəu⁵⁴tɕʻiau⁵⁴，uo³³.te　man¹³xei⁵⁴tɕʻiəu3⁵⁻²¹。.

吾噜手毋巧，画得毋好觑。（我手笨，画得不好看。）

uo³⁵.lu ɕiəu⁵⁴ a³⁵tɕʻiau⁵⁴，uo³³te⁵⁴ a³⁵xei⁵⁴tɕʻiəu³⁵。.

□忙得很，忙得连饭都忘记食。（他忙得很，忙得连饭都忘了吃了。）

u³⁵man¹³.te xən⁵⁴，man¹³.te lian¹³va²⁴tu³³mu³⁵tɕi³⁵⁻⁵⁴i³³。

觑□好急，急得面古都赤咖。（看他急得，急得脸都红了。）

tɕʻiəu³⁵u³⁵xei⁵⁴tɕi²²，tɕi²².te mie³³.ku tu³³tɕʻio²².kau。

完咖。（完了。）

ye³⁵.kau。

好咖。（好了。）

xei⁵⁴.kau。

蛮得意。（挺得意。）

man¹³te²²i³⁵。

讲得讲不得。（能说不能说。）

ka⁵⁴.la ka⁵⁴.pu.la。

□讲得快讲不快。（他说得快不快。）

u³⁵ka⁵⁴.la k'uai³⁵ka⁵⁴.pu k'uai³⁵。

丢倒街上嘞。（丢到街上了。）

tiəu³³.te tçia³³.io.le。

放倒桌子高子嘞。（搁到桌子上了。）

fan³⁵.te tsu²².tsʅ kei⁵⁴.tsʅ.le。

跌倒地高子嘞。（掉到地上了。）

tiəu³³.te dʑi²⁴kei⁵⁴.tsʅ.le。

莫走，住倒吾屋里。（甭走了，住到我家里吧。）

mo³³tsau⁵⁴，dʑiəu²⁴.te uo³⁵u²².li.lau。

庚

伊是□噜书。（这是他的书。）

ai³³zʅ³⁵u³⁵.lu çy³³。

那本书是□哥哥噜。（那本书是他哥哥的。）

ni³⁵pan⁵⁴çy³³zʅ³⁵u³⁵ka³³ka³³⁻⁵⁴.lu。

桌子高子噜书是几个噜？（桌子上的书是谁的？）

 tsu²².tsʅ kei⁵⁴.tsʅ.lu çy³³zʅ³⁵tçi⁵⁴.ku.lu？

是老王噜。（是老王的。）

zʅ³⁵lau⁵⁴uan¹³.lu。

屋里坐咖蛮多人，觑书噜觑书，觑报纸噜觑报纸，写字噜写字。

（屋里坐着很多人，看书的看书，看报的看报，写字的写字。）

u²².li zu³⁵.ka man¹³tu³³oŋ³⁵，tç'iəu³⁵çy³³.lu tç'iəu³⁵çy³³，tç'iəu³⁵bau³⁵tsʅ⁵⁴.lu tç'iəu³⁵bau³⁵tsʅ⁵⁴，çio⁵⁴zʅ²⁴.lu çio⁵⁴zʅ²⁴。

伊只合作社，几个噜主任？（这个合作社，谁的主任？）

ai³³tçio²²⁻²¹ɣuo¹³tsuo³³ʑie³⁵，tçi⁵⁴.ku.lu tçy⁵⁴in³⁵⁻²¹？

老王噜主任，小张噜副主任。（老王的主任，小张的副主任。）

$lau^{54}uan^{13}.lu\ t\textctheta y^{54}in^{35-21}$, $\textctheta iau^{54}t\textctheta ian^{33}.lu\ fu^{35}t\textctheta y^{54}in^{35-21}$。

要讲□噜好话，毋要讲□噜丑话。（要说他的好话，不要说他的坏话。）

$ie^{35}ka^{54}u^{35}.lu\ xei^{54}uo^{33}$, $a^{35}ie^{35}ka^{54}u^{35}.lu\ t\textctheta'i\textschwa u^{54}uo^{33}$。

头次是几个请噜客？（上次是谁请的客？）

$lau^{35}ts\textctheta^{35}z\textctheta^{35}t\textctheta i^{54}.ku\ t\textctheta'io^{54}.lu\ k'uo^{22}$？

是吾请噜。（是我请的。）

$z\textctheta^{35}uo^{35}t\textctheta'io^{54}.lu$。

你讲几个？（你说的是谁？）

$ni^{54}ka^{54}t\textctheta i^{54}.ku$？

吾毋是讲你。（我不是说的你。）

$uo^{35}a^{35}z\textctheta^{35}ka^{54}ni^{54}$。

□那□日见噜是老张，毋是老王。（他那天是见的老张，不是见的老王。）

$u^{35}ni^{35}man^{54}ni^{33}t\textctheta ian^{35}.lu\ z\textctheta^{35}lau^{54}t\textctheta ian^{33}$, $a^{35}z\textctheta^{35}lau^{54}uan^{13}$。

只要□愿意来，吾就冇□话讲的。（只要他肯来，我就没话可说了。）

$ts\textctheta^{35}ie^{35}u^{35}yan^{35}i^{35}lai^{35}$, $uo^{35}dzi\textschwa u^{24}mei^{54}.na\ uo^{33}ka^{54}.la$。

先头只做事，冇□饭食的。（从前有的做，没的吃。）

$se^{33}lau^{35}ts\textctheta^{54}ts\textctheta^{35}z\textctheta^{24}$, $mei^{54}na^{33}va^{24}i^{33}.la$。

□□有做也有食。（现在有做也有吃。）

$ne^{35}t\textctheta i^{54}au^{35}ts\textctheta^{54}ie^{54}au^{35}i^{33}$。

三只加五只是八只。（三个加五个是八个。）

$suo^{33}t\textctheta io^{22}t\textctheta ia^{33}nio^{54}t\textctheta io^{22}z\textctheta^{35}pia^{22}t\textctheta io^{22}$。

一千加两千一共是三千。（一千加两千一共三千。）

$i^{33}ts'e^{33}t\textctheta ia^{33}nio^{54}ts'e^{33}i^{33}gon^{35}z\textctheta^{35}suo^{33}ts'e^{33}$。

毋管刮风落雨，紧□攒劲做。（不管风雨，一个劲儿干。）

$a^{35}kue^{54}kua^{33}fan^{35}lu^{33}y^{54}$, $t\textctheta i^{54}.na\ tsan^{54}t\textctheta in^{35}ts\textctheta^{35}$。

到街上买葱啊，蒜啊，也方便。（上街买葱买蒜，也方便。）

$tei^{35}t\textctheta ia^{33}.io\ mia^{54}ts'o\eta^{33}.a\ sue^{35}.a$, $ie^{54}fan^{33}bian^{35-21}$。

柴啊，米啊，油啊，盐啊，都有噜是。（柴米油盐，都有的是。）

$\textctheta ia^{35}.a\ mie^{54}.a\ i\textschwa u^{35}.a\ ie^{35}.a$, $tu^{33}au^{35}.lu\ z\textctheta^{35}$。

写字啊，算账啊，□门门都要得。（写字，算账，他都能行。）

$\textctheta io^{54}z\textctheta^{24}.a\ sue^{35}t\textctheta ian^{35}.a$, $u^{35}man^{35}man^{35}tu^{33}ie^{35}.la$。

第五章 方言语料记音

一、谚语、谜语

食 咖 五 谷 想 六 谷，有 咖 崽 想 新 妇。（新妇—媳妇）

i^{33}.ka u^{54} ku^{22}ɕian^{54} lu^{33} ku^{22}, au^{35}.kat sai^{54} ɕian^{54} ɕin^{33}.u。

财 气 来 咖，门 板 挡 不 倒。

zai^{35} tɕ'i$^{35-21}$ lai^{35} .kau, man^{35} pa^{54} tan^{54} .pu tei^{54}。

白 日 游 咖 游，黑 日 点 桐 油。

bo^{24} ni$^{33-54}$ iəu^{13} .ka iəu^{13}, xau^{22} ni$^{33-54}$ te^{54} lan^{35} iəu$^{35-21}$。

冷 饭 好 食，冷 话 难 听。

luo^{54} va^{24} xei^{54} i^{33}, luo^{54} uo^{33} na^{35} t'uo^{35}。

又 想 南 京 跑 马， 又 想 北 京 求 名。

iəu^{35} ɕian^{54} nan^{13}tɕin^{33}bau^{24}mo^{54}, iəu^{35}ɕian^{54}pe^{33}tɕin^{33}dʑiəu^{13}mio^{35}。

一 道 是 新 鲜， 两 道 是 狗 面， 三 道 四 道 毋 要 面。

i^{33}dei^{35}zɿ^{35}ɕin^{33}se$^{33-54}$, nio^{54}dei^{35}zɿ^{35}kau^{54}mie^{33}, suo^{33}dei^{35}sɿ^{35}dei^{35}a^{35}ie^{35}mie^{33}。

马 屎 面 子 光，□ 头 一 包 糠。（□头 y^{54}.lau：里头）

mo^{54} sɿ$^{54-21}$mie^{33}.tsɿ ku^{33}, y^{54}.lau i^{33} pa^{33} fu^{33}。

公 毋 离 婆，秤 毋 离 砣。

koŋ^{33} a^{35} li^{13} u^{35}, tɕ'in^{35} a^{35} li^{13} duo^{13}。

天　要　落　雨，阿　娘　要　嫁　。

t'e³³ ie³⁵ lu³³ y⁵⁴, uo³³ nio³⁵⁻⁵⁴ ie³⁵ kuo³⁵。

生　得　亲，养　不　亲。

suo³³ .te tɕ'in³³, io⁵⁴ .pu tɕ'in³³。

草　鞋　冇　□　样，边　打　边　现。

ts'ei⁵⁴ ia³⁵⁻²¹ mei⁵⁴ .na ian³⁵, pian⁵⁴ ta⁵⁴ pian⁵⁴ ɕian³⁵。

响　屁　毋　臭，臭　屁　毋　响。

ɕio⁵⁴ p'i³⁵⁻²¹ a³⁵ tɕ'iəu³⁵, tɕ'iəu³⁵ p'i³⁵⁻²¹ a³⁵ ɕio⁵⁴。

开　水　毋　响，响　水　毋　开。

k'uei³³ ɕy⁵⁴ a³⁵ ɕio⁵⁴, ɕio⁵⁴ ɕy⁵⁴ a³⁵ k'uei³³。

响　鼓　毋　要　重　打。

ɕio⁵⁴ ku⁵⁴ a³⁵ ie³⁵ ʥin³⁵ ta⁵⁴。

龙　生　龙，凤　生　凤，老　鼠　生　崽　打　地　洞。

loŋ³⁵suo³³loŋ³⁵, boŋ³⁵suo³³boŋ³⁵, lei⁵⁴ɕiəu⁵⁴suo³³tsai⁵⁴ta⁵⁴di³⁵ doŋ³⁵⁻²¹。

过　咖　七　月　半，鬼　要　少　一　半。

ku³⁵ .ka tɕ'i²² ye³³⁻⁵⁴ pe³⁵, tɕy⁵⁴ ie³⁵ ɕie⁵⁴ i³³ pe³⁵。

上　梁　毋　正　下　梁　歪。

ʑio³⁵ lio³⁵⁻²¹ a³⁵ tɕio³⁵ ɣuo³⁵ lio³⁵⁻²¹ uai³³。

人　情　一　把　锯，你　毋　来　吾　毋　去。

ʑin³⁵ ʥin¹³ i³³ po⁵⁴ kei³⁵, ni⁵⁴ a³⁵ lai³⁵ uo³⁵ a³⁵ xei³⁵。

有　借　有　还，再　借　毋　难。

au³⁵ tɕio³⁵ au³⁵ ua³⁵, tsai³⁵ tɕio³⁵ a³⁵ na³⁵。

大　麻　拐　食　细　麻　拐，细　麻　拐　食　麻　拐　崽　崽。

ɣa²⁴mo³⁵kue⁵⁴ i³³sai³⁵mo³⁵kue⁵⁴, sai³⁵mo³⁵ kue⁵⁴i³³mo³⁵kue⁵⁴tsai⁵⁴ .tsai。

又　出　热　热　虎　又　落　雨，又　讨　新　妇　又　嫁　女。

iəu³⁵tɕ'y²²nai³³nai³³⁻⁵⁴fu⁵⁴⁻²¹iəu³⁵lu³³ y⁵⁴, iəu³⁵t'ei⁵⁴ɕin³³u³⁵⁻²¹iəu³⁵kuo³⁵niəu⁵⁴。

又　出　热　热　虎　又　落　雨，皇　帝　老　子　嫁　晚　女。

iəu³⁵tɕ'y²²nai³³nai³³⁻⁵⁴fu⁵⁴⁻²¹iəu³⁵lu³³y⁵⁴, uan¹³di³⁵⁻²¹lei⁵⁴ .tsɿ kuo³⁵man⁵⁴niəu⁵⁴。

壁　高　子　团　鱼　四　只　脚　冇　□　靠。

pio²² kei³³ .tsɿ lue³⁵ gei³⁵⁻²¹ sɿ³⁵tɕio²²tɕi²² mei⁵⁴ .na k'au³⁵。

人　毋　到　六　十　六，莫　笑　山　□　头　歪　树。

oŋ³⁵ a³⁵ tei³⁵ liəu³³zɿ¹³ liəu³³, mo³³ ɕie³⁵ sa³³ y⁵⁴ .lau uai³³ ʑiəu²⁴。

毋 冷 毋 热， 五 谷 毋 结。

a³⁵ luo⁵⁴ a³⁵ nai³³, u⁵⁴ ku²² a³⁵ tɕie²²。

嘴 是 两 块 皮， 讲 话 冇 高 低。

tɕiəu³⁵ zʅ³⁵ nio⁵⁴ ɕia³⁵⁻²¹ bi³⁵, ka⁵⁴ uo³³ mei⁵⁴ kei³³ tai³³。

人 心 隔 肚 皮， 甑 子 隔 木 皮。

oŋ³⁵ ɕin³³ ke³³ təu⁵⁴ bi³⁵⁻²¹, tsan³⁵.tsʅ ke³³ mu³³ bi³⁵⁻²¹。

七 十 毋 当 家， 八 十 毋 理 事。

tɕʻi²² zʅ¹³ a³⁵ tan³³ tɕia³³, pia²² zʅ¹³ a³⁵ li⁵⁴ zʅ²⁴。

少 来 白 头 发， 老 起 来 有 食 法。

ɕiao³⁵ lai³⁵⁻²¹ bo²⁴ lau³⁵ fan³³⁻⁵⁴, lei⁵⁴ .ɕi .lai au³⁵ i³³ fa³³⁻²¹。

好 崽 毋 要 多， 一 个 抵 十 位。

xei⁵⁴ tsai⁵⁴ a³⁵ ie³⁵ tu³³, i³³ ku³⁵ ti⁵⁴ zʅ¹³ u³⁵⁻²¹。

一 只 □ □ 食 不 饱， 一 个 名 声 要 到 老。

i³³tɕio²²pa²² pa²² i³³.pu pa⁵⁴, i³³ku³⁵ mio³⁵ ɕio³³ ie³⁵ tei³⁵ lei⁵⁴。

双 木 桥 好 过， 独 木 桥 难 走。

su³³ mu³³ dʑie³⁵ xei⁵⁴ ku³⁵, du¹³ mu³⁵ dʑie³⁵na³⁵tsau⁵⁴。

老 虎 借 猪， 有 借 难 还。

lei⁵⁴ fu⁵⁴⁻²¹ tɕio³⁵ tiəu³³, au³⁵ tɕio³⁵ na³⁵ ua³⁵。

养 崽 毋 记 娘 辛 苦， 养 女 才 报 父 母 恩。

io⁵⁴tsai⁵⁴a³⁵tɕi³⁵nian¹³ɕin³³kʻu⁵⁴, io⁵⁴niəu⁵⁴zai¹³bau³⁵u³⁵mu⁵⁴ŋən³³。

冬 食 萝 卜 夏 食 生 姜， 毋 要 医 师 开 药 方。

toŋ³³ i³³lu³⁵.pi ia³⁵i³³suo³³tɕio³³⁻⁵⁴, a³⁵ ie³⁵i³³sʅ³³⁻²¹kʻuei³³io³³ fan³³⁻²¹。

拳 头 古 打 起 朝 出， 手 指 头 勾 起 朝 入。

dʑye³⁵.la .ku ta⁵⁴.ɕi dʑiau¹³tɕʻy²², ɕiəu⁵⁴tsʅ⁵⁴⁻²¹.lau kau³³.ɕi dʑiau¹³ ny³³。

瓜 子 唧 剥 一 斗， 赢 不 得 薯 食 一 口。

kuo³³tsʅ⁵⁴.ta pa²² i³³tau⁵⁴, io³⁵.pu .la ʑiəu³⁵ i³³ i³³ kʻau⁵⁴。

三 斤 子 姜 赢 不 得 一 斤 老 姜。

suo³³ tɕin³³ tsʅ⁵⁴ tɕio³³ io³⁵.pu .la i³³ tɕin³³ lei⁵⁴ tɕio³³。

细 细 人 唧 盼 过 年， 大 人 盼 莳 田。

sai³⁵ sai³⁵⁻⁵⁴ oŋ³⁵⁻²¹.ta pʻan³⁵ ku³⁵ne³⁵, ɣa²⁴ oŋ³⁵⁻²¹ pʻan³⁵ zʅ¹³ le³⁵。

拜 年 拜 年， 屁 股 朝 天， 毋 要 粑 粑 要 挂 钱。

pia³⁵ne³⁵pia³⁵ne³⁵, pʻi³⁵.ku dʑiau¹³tʻe³³, a³⁵ ie³⁵po³³po³³⁻⁵⁴ie³⁵ kuo³⁵ze³⁵⁻²¹。

食 不 穷， 着 不 穷， 算 计 毋 到 一 世 穷。

i³³ .pu dʑioŋ³⁵, ti²² .pu dʑioŋ³⁵, sue³⁵ tɕi³⁵⁻²¹a³⁵ tei³⁵ i³³ ɕi³⁵ dʑioŋ³⁵。

要 告 化 子 阿娘， 毋 要 当 官 噜 阿爸。

ie³⁵ kau³⁵ fa³⁵⁻⁵⁴. tsɿ uo³³ nio³⁵⁻⁵⁴, a³⁵ ie³⁵ tan³³ kue³³ .lu a³³ pa³⁵⁻⁵⁴。

崽 毋 嫌 母 丑， 狗 毋 嫌 屋 里 穷。

tsai⁵⁴ a³⁵ ʑian¹³ mu⁵⁴ tɕʻiəu⁵⁴, kau⁵⁴ a³⁵ ʑian¹³ u²². li dʑioŋ³⁵。

十 只 指 头 有 长 短， 山 □ 头 树 有 高 矮。

zɿ¹³ tɕio²² tsɿ⁵⁴ .lau au³⁵ dʑio³⁵ tue⁵⁴, sa³³ y⁵⁴. lau ʑiəu²⁴ au³⁵ kei³³ ia⁵⁴。

肚 子 是 个 棕， 越 食 越 松。

təu⁵⁴. tsɿ zɿ³⁵ ku³⁵⁻²¹ tsoŋ³³, ye³³ i³³ ye³³ soŋ³³。

鼓 毋 打 毋 响， 话 毋 讲 毋 明。

ku⁵⁴ a³⁵ ta⁵⁴ a³⁵ ɕio⁵⁴, uo³³ a³⁵ ka⁵⁴ a³⁵ min¹³。

好 田 毋 下 秧， 好 女 毋 当 娘。

xei⁵⁴ le³⁵ a³⁵ ɣuo³⁵ io³³, xei⁵⁴ niəu⁵⁴ a³⁵ tan³³ nian¹³。

屎 箄 配 尿 箄。

sɿ⁵⁴ tu³³ pʻei³⁵ niau³⁵ tu³³。

做 一 日， 耍 两 日。

tsɿ³⁵ i³³ ni³³, sua⁵⁴ nio⁵⁴ ni³³。

占 着 茅 茨 毋 屙 屎。

tɕie³⁵. tɕi mau³⁵. sɿ a³⁵ u³³ sɿ⁵⁴。

忤 逆 毋 孝， 雷 打 火 烧。

u⁵⁴ ni³⁵⁻²¹ a³⁵ ɕiau³⁵, luei³⁵ ta⁵⁴ fu⁵⁴ ɕi³³。

巧 死 傸 吖 命 毋 长。

tɕʻiau⁵⁴ sɿ⁵⁴ lai¹³⁻⁵⁴. ta mio³³ a³⁵ dʑio³⁵。

拿 起 石 头 古 打 天。

ne⁵⁴ .ɕi ʑio²⁴ .la .ku ta⁵⁴ tʻe³³。

人 背 时， 屌 生 疮。 屌 生 疮， 死 路 家。

oŋ³⁵ bei³⁵ zɿ¹³, tiau⁵⁴ suo³³ tsʻuo³³. tiau⁵⁴ suo³³ tsʻuo³³, sɿ⁵⁴ ləu³³ kuo³³⁻⁵⁴。

一 代 亲， 两 代 俵， 三 代 四 代 毋 走 也 了 了。

i³³ dai³⁵ tɕʻin³³, nio⁵⁴ dai⁵⁴ piau⁵⁴, suo³³ dai³⁵⁻²¹ sɿ⁵⁴ dai³⁵⁻²¹ a³⁵ tsau⁵⁴ ie⁵⁴ liau⁵⁴ liau⁵⁴。

当 面 骨 难 好， 半 路 亲 难 讨。

tan³³ mie³³ kue²² na³⁵ xei⁵⁴, pe³⁵ ləu³³ tɕʻin³³ na³⁵ tʻei⁵⁴。

当 面 是 人，背 后 是 鬼。

tan³³ mie³³ zʅ³⁵ oŋ³⁵, bei³⁵ ɣəu³⁵ zʅ³⁵ tɕy⁵⁴。

力 气 用 不 完， 井 水 车 不 干。

li³³ tɕʻi³⁵⁻²¹ ioŋ³³ pu³³ ye³⁵, tɕio⁵⁴ɕy⁵⁴⁻²¹tɕʻio³³ pu³³kue³³。

毋 叫 噜 狗 咬 人， 翻 栏 噜 猪 毋 长。

a³⁵ tɕie³⁵. lu kau⁵⁴ga²⁴ oŋ³⁵, fa³³ la³⁵ .lu tiəu³³ a³⁵ tio⁵⁴。

衣 少 加 条 带， 饭 少 加 口 菜。

i³³ ɕie⁵⁴ tɕia³³di³⁵⁻²¹tia³⁵, va²⁴ ɕie⁵⁴ tɕia³³ kʻau⁵⁴ tsʻai³⁵。

生 葱 熟 蒜 死 薑 头。

suo³³ tsʻoŋ³³ ʑiəu²⁴ sue³⁵ sʅ⁵⁴ dʑie³⁵ .lau。

生 姜 辣 嘴 蒜 辣 心， 萝 卜 辣 背 筋， 辣 椒

suo³³tɕio³³⁻⁵⁴lia³³tɕiəu³⁵sue³⁵lia³³ɕin³³, lu³⁵.pi lia³³bei³⁵tɕin³³, lia³³tɕie³³⁻⁵⁴

先 辣 嘴 后 头 辣 屁 股。

se³³lia³³tɕiəu³⁵ɣau²⁴ .dau lia³³pʻi³⁵ ku⁵⁴⁻²¹。

月 亮 生 毛， 雨 吔 漕 漕。

ye³³ lio³³⁻⁵⁴ suo³³ mei³⁵, y⁵⁴.ta zei³⁵ zei³⁵。

老 鼠 留 不 得 过 夜 米。

lei⁵⁴ ɕiəu⁵⁴ liəu³⁵. pu .la ku³⁵ io³³ mie⁵⁴。

大 水 冲 咖 龙 王 庙， 一 窠 人 识 不 得 一 窠 人。

ɣa²⁴ɕy⁵⁴tsʻoŋ³³.ka loŋ¹³uan¹³miau³⁵, i³³fu³³oŋ³⁵ɕie²².pu.la i³³ fu³³ oŋ³⁵。

甲：量 你 虾 公 无 滴 血。

lian³⁵ ni⁵⁴ xuo³³koŋ³³⁻⁵ ⁴vu¹³tia³ɕye²²。

乙：虾 公 死 咖 满 堂 血。

xuo³³ koŋ³³⁻⁵⁴sʅ⁵⁴.ka man⁵⁴dan¹³⁻²¹ɕye²²。

院 □ 头 有 棵 菜， 年 年 剥 年 年 在。（谜底一棕）

ye³⁵ y⁵⁴.lau au³⁵ fu³³ tsʻai³⁵, ne³⁵ ne³⁵ pa²² ne³⁵ ne³⁵ zai³⁵。

大 山 □ 头 有 棵 茅 草， 热 热 虎 晒 风 吹 都 毋 烂。

ɣa²⁴sa³³y⁵⁴.lau au³⁵fu³³ma³⁵tsʻei⁵⁴, nai³³nai³³⁻⁵⁴fu⁵⁴⁻²¹ɕia³⁵fan³³tɕʻy³³tu³³a³⁵ la³³。

（谜底一头发）

你 觑 倒 吾，吾 觑 倒 你， 吾 一 索 吔 套 着 你。

ni⁵⁴tɕʻiəu³⁵.te uo³⁵, uo³⁵tɕʻiəu³⁵.te ni⁵⁴, uo³⁵i³³su²².ta tʻau³⁵.tɕi ni⁵⁴。

（谜底一布扣子）

大　山　□　头　有　两　路　砖，　　热　热　　虎　晒　不　干。

ɣa²⁴ sa³³ y⁵⁴.lau au³⁵nio⁵⁴ləu³³tɕye³³, nai³³nai³³⁻⁵⁴fu⁵⁴⁻²¹ɕia³⁵.pu kue³³。

（谜底—牙齿）

大　山　□　头　有　个　　树　菀　菀　　树　菀　菀　有　七　只　眼

ɣa²⁴sa³³y⁵⁴.lau au³⁵ku³⁵⁻²¹ʑiəu²⁴tau³³tau³³⁻⁵⁴, ʑiəu²⁴tau³³tau³³⁻⁵⁴au³⁵tɕʻi²²tɕio²²ga²⁴

古，　眼　古　□　头　有　□　□。（□□pa⁵⁴pa⁵⁴：脏东西）（谜底—脑壳）

.ku, ga²⁴.ku y⁵⁴.lau au³⁵pa⁵⁴ pa⁵⁴。

高　子　有　毛，　底　脚　有　毛，　中　心　有　只　黑　葡

kei³³.tsʅ au³⁵mei³⁵, tai⁵⁴tɕi²²au³⁵ mei³⁵, tio³³ɕin³³⁻⁵⁴au³⁵tɕio²²xau²²bu¹³

萄。　如果　猜　不　倒，　你　就　　觑　下　吾。（谜底—眼睛）

dau¹³⁻²¹。ʐy¹³kuo⁵⁴tsʻai³³.pu tei⁵⁴, ni⁵⁴dʑiəu²⁴ tɕʻiəu³⁵.ɣuo uo³⁵。

黑　狗　追　白　狗，　追　倒　岩　门　口，　夹　一　撮，

xau²²kau⁵⁴tsuei³³bo²⁴kau⁵⁴, tsuei³³.te guo³⁵man³⁵kʻau⁵⁴, tɕia²²i³³tsʻu²²,

咬　一　口。（谜底—饭菜）

ga²⁴i³³kʻau⁵⁴。

白　如　雪，　□　如　铁　水　□　头　过，　楼　高　子　歇。（谜底—碗）

bo²⁴ʐy¹³ɕye²², xa⁵⁴ʐy¹³tʻai²², ɕy⁵⁴y⁵⁴.lau ku³⁵, lau³⁵kei³³.tsʅ ɕie²²。

王　老　鼠，　尾　巴　长，　白　日　打　斤　斗，　黑　日

uan¹³lei⁵⁴ɕiəu⁵⁴⁻²¹, mi⁵⁴.po dʑio³⁵, bo²⁴ni³³⁻⁵⁴tʻa⁵⁴tɕin³³tau⁵⁴, xau²²ni³³⁻⁵⁴

在　鼓　凉。（谜底—水筲）

zai³⁵tʻau⁵⁴lio³⁵。

三　块　板　咧　钉　只　船，　□　日　爬　起　来　开　早　　船。

suo³³ɕia³⁵⁻²¹pa⁵⁴.ta tio³⁵tɕio²²dʑye³⁵, e³⁵ni³³⁻⁵⁴ba¹³.ɕi lai kʻuei³³tsei⁵⁴ dʑye³⁵。

（谜底—鞋子）

隔　个　　岭，　隔　个　坳，　坳　里　有　只　猴　子　叫，　抓　又

ke³³ku³⁵⁻²¹lio⁵⁴, ke³³ku³⁵⁻²¹ŋau³⁵, ŋau³⁵li⁵⁴au³⁵tɕio²²ɣəu¹³.tsʅ tɕie³⁵, tsua³³iəu³⁵

抓　不　倒，　想　起　又　好　笑。（谜底—打屁）

tsua³³.pu tei⁵⁴, ɕian⁵⁴.ɕi iəu³⁵ xei⁵⁴ ɕie³⁵。

万　贯　九　州　栽　棉　花，　　一　十　三　省　共　一　家，

uan³⁵kuan³⁵⁻²¹tɕiəu⁵⁴tɕiəu³³⁻⁵⁴tsai³³mie³⁵xuo³³⁻⁵⁴, i³³ʑi¹³san³³sən⁵⁴goŋ³⁵i³³kuo³³,

今 年 棉 花 亏 咖 本, 明 年 冇 种 又 发 芽。

tɕin³³ne³⁵⁻⁵⁴mie³⁵xuo³³⁻⁵⁴kʻuei³³.ka pan⁵⁴, mio³⁵ne³⁵⁻⁵⁴mei⁵⁴tɕin⁵⁴iəu³⁵fa²²guo³⁵。

（谜底—落雪）

麻 屋 子, 赤 帐 子, □ 头 睡 咖 个 白 胖 子。

mo³⁵u²².tsʅ, tɕʻio²²tɕian³⁵.tsʅ, y⁵⁴.lau ʐy²⁴.ka ku³⁵⁻²¹bo²⁴pʻan³⁵.tsʅ。

（谜底—花生）

院 □ 头 有 棵 菜,　 开 花 像 丝 线,

ye³⁵y⁵⁴.lau au³⁵fu³³tsʻai³⁵, kʻuei³³xuo³³ʐian³⁵sʅ³⁵se³⁵⁻⁵⁴,

结 果 像 葡 萄。（谜底—玉米）

tɕie²² kuo⁵⁴ʐian³⁵bu¹³dau¹³⁻²¹。

大 山 □ 头 有 个　 墩, 皇 帝 老 子 坐 不 稳。

ɣa²⁴sa³³y⁵⁴.lau au³⁵ku³⁵⁻²¹toŋ⁵⁴, uan¹³di³⁵⁻²¹lei⁵⁴.tsʅ zu³⁵pu³³oŋ⁵⁴。

（谜底—牛屎）

大 山 □ 头 来 咖 个 矮 子,日 吇 日 在 撑 杆 边 吇 炙 摆 子。

ɣa²⁴sa³³y⁵⁴.lau lai³⁵. ka ku³⁵⁻²¹ia⁵⁴.tsʅ,ni³³.ta ni³³zai³⁵tsʻuo³³kue⁵⁴pie³³.ta tɕio²² pia⁵⁴ .tsʅ。

（谜底—罐子）

有 个 东 西,　　 走 也 是 坐 倒,跳　 也 是 坐 倒,。

au³⁵ku³⁵⁻²¹tan³³se³³⁻⁵⁴, tsau⁵⁴ie⁵⁴zʅ³⁵zu³⁵.te, tʻie³⁵ie⁵⁴zʅ³⁵zu³⁵.te,

睡 也 是 坐 倒。（谜底—青蛙）

ʐy²⁴ie⁵⁴zʅ³⁵zu³⁵.te。

二、山歌、民谣

女歌（出嫁歌）

阿 姐　 呀,吾 噜 阿 姐 吾 噜 娘,　 你 莫 听 后 头 学

a³³ tɕie⁵⁴. ia, uo³⁵.lu a³³tɕie⁵⁴ uo³⁵.lu nio³⁵⁻²¹, ni⁵⁴mo³³tʻuo³⁵ɣau²⁴.dau io³³

鸟 叫, 你 听 □ □ 女 开 声, 学 鸟 叫 起 约 春 早,

tie⁵⁴ tɕie³⁵, ni⁵⁴tʻuo³⁵ʐioŋ¹³.oŋ niəu⁵⁴kʻuei³³ɕio³³, io³³tie⁵⁴tɕie⁵⁴. ɕi io³³tɕʻyn³³tsei⁵⁴,

女 开 声 吇 离 开 吾 阿 姐, 吾　 噜 阿 姐 吾 噜 娘　 啊。

niəu⁵⁴kʻuei³³ɕio³³.ta li¹³kʻuei³³uo³⁵a³³tɕie⁵⁴, uo³⁵.lu a³³tɕie⁵⁴uo³⁵.lu nio³⁵⁻²¹.a。

（阿姐—母亲，ʑioŋ¹³.oŋ—房间）

阿爸　呀，吾　噜阿爸吾　噜爷，阿爸你生个崽　几
a³³ pa³⁵⁻⁵⁴.ia, uo³⁵.lu　a³³ pa³⁵⁻⁵⁴uo³⁵.lu ie¹³, a³³ pa³⁵⁻⁵⁴ni⁵⁴suo³⁵ku³⁵tsai⁵⁴tɕi⁵⁴

□　好，你生　着吾是个女，吾□□□日离开吾阿
.na　xei⁵⁴, ni⁵⁴suo³³. tɕi uo³⁵zɿ³⁵ku³⁵niəu⁵⁴, uo³⁵n³⁵ka⁵⁴ e³⁵ ni³³⁻⁵⁴li¹³kʻuei³³ uo³⁵ a³³

爸，　吾噜阿爸吾噜爷啊。平时离开你点　咖咡久，
pa³⁵⁻⁵⁴, uo³⁵.lu a³³pa³⁵⁻⁵⁴uo³⁵.lu ie¹³.a. bin¹³zɿ¹³li¹³kʻuei³³ni⁵⁴tian⁵⁴.ka.ta tɕiəu⁵⁴,

□□□日　离开　你六十年。（n³⁵ ka⁵⁴ e³⁵ni³³⁻⁵⁴- 明天）
n³⁵ ka⁵⁴e³⁵ ni³³⁻⁵⁴li¹³ kʻuei³³ni⁵⁴liəu³³zɿ¹³ ne³⁵⁻²¹。

　姐　姐呀，吾噜姐　姐吾姊妹，你把凉伞打高　点，
tɕie⁵⁴.tɕie.ia, uo³⁵.lu tɕie⁵⁴.tɕie uo³⁵tsɿ⁵⁴mei³⁵⁻²¹, ni⁵⁴pa⁵⁴lio³⁵sa⁵⁴ta⁵⁴kei³³ tian⁵⁴,

你莫把凉伞罩　着吾脑壳。罩　着吾脑　壳吾毋准，吾
ni⁵⁴mo³³pa⁵⁴lio³⁵sa⁵⁴tsa³⁵. tɕi uo³⁵nei⁵⁴. xa, tsa³⁵.tɕi uo³⁵nei⁵⁴.xa uo³⁵a³⁵tɕyn⁵⁴, uo³⁵

要把凉伞打烂去，吾噜姐　姐吾姊妹。平时离　开
ie³⁵pa⁵⁴lio³⁵sa⁵⁴ta⁵⁴ la³³.xei, uo³⁵.lu tɕie⁵⁴.tɕie uo³⁵tsɿ⁵⁴mei³⁵⁻²¹。bin¹³zɿ¹³li¹³kʻuei³³

你　点咖咡久，　□□□日　离开你六十年。
ni⁵⁴tian⁵⁴.ka.ta tɕiəu⁵⁴, n³⁵ka⁵⁴ e³⁵ ni³³⁻⁵⁴ li¹³ kʻuei³³ni⁵⁴liəu³³zɿ¹³ ne³⁵⁻²¹。

　抬灯姐，头里抬灯是姐　姐，　□□抬灯是妹妹，
dai¹³tan³³tɕie⁵⁴, lau³⁵.li dai¹³taən³⁵tɕie⁵⁴tɕie, san⁵⁴ne⁵⁴dai¹³tan³³zɿ³⁵mei³⁵mei³⁵⁻⁵⁴,

你把灯盏抬好　□，毋要撩　倒风吹□，灯　盏吹□
ni⁵⁴pa⁵⁴tan³³tse⁵⁴dai¹³xei⁵⁴.na, a³⁵ ie³⁵ liau¹³.te fan³³ tɕʻy³³in³⁵, tan³³tse⁵⁴tɕʻy³³in³⁵

毋要紧，吾　□□□日　离开　姐　姐好失望。　平时
a³⁵ ie³⁵tɕin⁵⁴, uo³⁵ n³⁵ ka⁵⁴ e³⁵ ni³³⁻⁵⁴li¹³ kʻuei³³tɕie⁵⁴tɕie⁵⁴xei⁵⁴ ɕi³³ ban³⁵⁻²¹。bin¹³ zɿ¹³

离开你　点　咖　咡久，□□□日　离开你六　十年。
li¹³kʻuei³³ni⁵⁴. tian⁵⁴.ka.ta tɕiəu⁵⁴, n³⁵ ka⁵⁴e³⁵ ni³³⁻⁵⁴li¹³ kʻuei³³ni⁵⁴ liəu³³ zɿ¹³ ne³⁵⁻²¹。

（tɕʻy³³in³⁵- 吹熄）

　阿弟　呀，吾　噜阿弟吾姊妹，　右　手食饭左　手
uo³³ta³⁵⁻⁵⁴.ia, uo³⁵.lu uo³³ta³⁵⁻⁵⁴uo³⁵tsɿ⁵⁴mei³⁵⁻²¹, iəu³⁵ɕiəu⁵⁴i³³va²⁴ tsuo⁵⁴ɕiəu⁵⁴

抱，　抱大阿弟拦轿门，　吾噜阿弟吾姊妹。平时
bei²⁴, bei²⁴ya²⁴uo³³ta³⁵⁻⁵⁴la³⁵ʥie³⁵man³⁵⁻²¹, uo³⁵.lu uo³³ta³⁵⁻⁵⁴uo³⁵tsɿ⁵⁴mei³⁵⁻²¹。bin¹³zɿ¹³

　离开你点　咖　咡久，□□□日　离开　你六十年。
li¹³kʻuei³³ni⁵⁴tian⁵⁴.ka.ta tɕiəu⁵⁴, n³⁵ ka⁵⁴ e³⁵ni³³⁻⁵⁴ li¹³ kʻuei³³ ni⁵⁴ liəu³³zɿ¹³ ne³⁵⁻²¹。

哥哥　　呀，吾噜哥哥　吾姊妹，　□两人如果同弟

ka³³ka³³⁻⁵⁴.ia, uo³⁵.lu ka³³ka³³⁻⁵⁴uo³⁵tsɿ⁵⁴mei³⁵⁻²¹, ɣoŋ¹³nio⁵⁴oŋ³⁵ʐy¹³kuo⁵⁴doŋ¹³di³⁵

兄，　吾□□□日　不得离开吾哥哥，　吾噜哥哥

ɕioŋ³³⁻⁵⁴, uo³⁵ n³⁵ ka⁵⁴e³⁵ ni³³⁻⁵⁴ pu³⁵.te li¹³kʻuei³³uo³⁵ka³³ka³³⁻⁵⁴, uo³⁵.lu ka³³ka³³⁻⁵⁴

吾姊妹。　平时离开你点　咖咧久，　□□□日离

uo³⁵tsɿ⁵⁴mei³⁵⁻²¹。bin¹³zɿ¹³li¹³kʻuei³³ni⁵⁴tian⁵⁴.ka.ta tɕiəu⁵⁴, n³⁵ ka⁵⁴e³⁵ ni³³⁻⁵⁴li¹³

开你六十年。

kʻuei³³ni⁵⁴liəu³³zɿ¹³ ne³⁵⁻²¹。

一只　□□　两只黄咧，阿娘　养吾两　样心，头里阿

I³³tɕio²²pa²²pa²²nio⁵⁴tɕio²²u³⁵.ta, uo³⁵nio³⁵⁻⁵⁴io⁵⁴uo³⁵nio⁵⁴ian³⁵ɕin³³, lau³⁵.li uo³³

娘　杀鸡留鸡把，　□□阿娘　杀鸡留岔　肠碎。

nio³⁵⁻⁵⁴ɕia²²tɕi³³liu¹³tɕi³³po³⁵, san⁵⁴ne⁵⁴uo³³nio³⁵⁻⁵⁴ɕia²²tɕi³³liu¹³tsʻuo³⁵zuo¹³suei³³⁻⁵⁴。

吾毋食吾毋尝，挂倒门口柳树边。伯伯晚晚

uo³⁵a³ ⁵i³³ uo³⁵a³⁵dʑian¹³, kuo³⁵.te man³⁵kʻau⁵⁴liəu⁵⁴ʐiəu²⁴pie³³。po²²po²² man⁵⁴.man

快来觑，　吾噜后娘　狠心肠，吾噜阿娘吾

kʻuai³⁵ lai³⁵ tɕʻiəu³⁵, uo³⁵.lu ɣəu³⁵nian¹³xən⁵⁴ɕin³³dʑian¹³, uo³⁵.lu uo³³nio³⁵⁻⁵⁴uo³⁵.

噜娘。（u³⁵.ta—蛋黄）

lu nio³⁵。

伯伯（晚晚、姑姑）　呀，吾　噜伯伯　（晚　晚、　姑　姑）

po²²po²²（man⁵⁴.man、ku³³ku³³⁻⁵⁴）.ia, uo³⁵.lu po²²po²²（man⁵⁴.man、ku³³ku³³⁻⁵⁴）

吾　噜爷　（娘），你和吾阿爸　是两弟兄　（姊妹），

uo³⁵.lu ie¹³（nio³⁵），ni⁵⁴ɣuo¹³uo³⁵a³ pa³⁵⁻⁵⁴zɿ³⁵nio⁵⁴di³⁵ɕioŋ³³⁻⁵⁴（tsɿ⁵⁴mei³⁵⁻²¹），

吾是你亲侄　女，　吾□□□日　要出嫁，吾几□舍得

uo³⁵zɿ³⁵ni⁵⁴tɕʻin³³dʑi¹³niəu⁵⁴, uo³⁵n³⁵ ka⁵⁴e³⁵ ni³³⁻⁵⁴ie³⁵tɕʻy²²kuo³⁵, uo³⁵tɕi⁵⁴.na ɕio⁵⁴.la

离开吾伯伯（晚晚、　姑姑），　吾　噜伯伯（晚　晚、姑姑）

li¹³kʻuei³³uo³⁵po²²po²²（man⁵⁴.man⁵⁴⁻²¹、ku³³ku³³⁻⁵⁴）, uo³⁵.lu po²²po²²（man⁵⁴man、ku³³ku³³⁻⁵⁴）

吾　噜爷　（娘）。　平时离开你点　咖咧久，　□□□日

uo³⁵.lu ie¹³（nio³⁵）。bin¹³zɿ¹³li¹³kʻuei³³ni⁵⁴tian⁵⁴.ka .ta tɕiəu⁵⁴, n³⁵ ka⁵⁴e³⁵ ni³³⁻⁵⁴

离开　你六十年。

li¹³ kʻuei³³ ni⁵⁴ liəu³³zɿ¹³ne³⁵⁻²¹。

舅　舅　（姨娘）　呀,吾噜舅舅　（姨娘）吾

dʑiəu³⁵dʑiəu³⁵⁻⁵⁴（i¹³nian¹³⁻⁵⁴）.ia, uo³⁵.lu dʑiəu³⁵dʑiəu³⁵⁻⁵⁴（i¹³nian¹³⁻⁵⁴）uo³⁵.

噜爷（娘）， 你和吾阿娘 是两弟兄 （姊妹）， 吾是
lu ie¹³ (nio³⁵)， ni⁵⁴ɣuo¹³uo³⁵uo³³nio³⁵⁻⁵⁴zɿ³⁵nio⁵⁴di³⁵ɕioŋ³³⁻⁵⁴ (tsɿ⁵⁴mei³⁵⁻²¹)， uo³⁵zɿ³⁵

你 亲 外 甥， 外甥 女 □□□日 要出嫁， 吾 几
ni⁵⁴ tɕʻin³³guei¹³suo³³⁻⁵⁴， guei¹³suo³³⁻⁵⁴niəu⁵⁴n³⁵ ka⁵⁴e³⁵ ni³³⁻⁵⁴ie³⁵tɕʻy²² kuo³⁵， uo³⁵tɕi⁵⁴.

哪 舍 得 离 开 吾 舅 舅 （姨娘）， 吾 噜 舅 舅
na ɕio⁵⁴. la li¹³ kʻuei³³uo³⁵dʑiəu³⁵dʑiəu³⁵⁻⁵⁴ (i¹³nian¹³⁻⁵⁴)， uo³⁵.lu dʑiəu³⁵dʑiəu³⁵⁻⁵⁴

（姨娘） 吾 噜 爷 （娘） 平 时 离 开 你 点 咖 咇 久， □
(i¹³nian¹³⁻⁵⁴) uo³⁵.lu ie¹³ (nio³⁵)。 bin¹³zɿ¹³li¹³kʻuei³³ni⁵⁴tian⁵⁴. ka .ta tɕiəu⁵⁴， n³⁵

□□日 离 开 你 六 十 年。
ka⁵⁴e³⁵ ni³³⁻⁵⁴ li¹³kʻuei³³ ni⁵⁴liəu³³zɿ¹³ ne³⁵⁻²¹。

新妇（媳妇）歌

有 个 阿 婆 专 门 欺 负 新 妇。有 一 日， 新 妇 做 事
au³⁵ku³⁵⁻²¹uo³³u³⁵⁻²¹tɕyan³³mən¹³⁻²¹tɕʻi³³uʻ³⁵⁻²¹ɕin³³u³⁵⁻²¹au³⁵ i³³ni³³， ɕin³³u³⁵⁻²¹tsɿ³⁵zɿ²⁴

累 着 咖， 就 唱 起 歌 来：
luei³³.tɕi.kau， dʑiəu²⁴ tɕʻio³⁵. ɕi ku³³ .lai：

"眼 闭 人眼 闭 人， 眼 闭 来 咖 毋 由 人。
"ga²⁴ bie³⁵⁻²¹oŋ³⁵ ga²⁴ bie³⁵⁻²¹oŋ³⁵， ga²⁴ bie³⁵⁻²¹lai³⁵. ka a³⁵ iəu¹³ oŋ³⁵。

吾 要 阿 婆 早 早 死，一 觉 睡 倒 热 热 虎 赤。"
uo³⁵ie³⁵ uo³³u³⁵⁻²¹tsei⁵⁴tsei⁵⁴sɿ⁵⁴， i³³ ka³⁵ zy²⁴.te nai³³nai³³⁻⁵⁴fu⁵⁴⁻²¹ tɕʻio²²。"

阿 婆 听 着 咖。阿 婆 就 骂 新 妇。 新 妇 又 唱 起 来：
uo³³u³⁵⁻²¹tʻuo³⁵.tɕi.kau。uo³³u³⁵⁻²¹dʑiəu²⁴nio³³ɕin³³u³⁵⁻²¹。 ɕin³³ u³⁵⁻²¹iəu³⁵tɕʻio³⁵.ɕi.lai：

"眼 闭 人眼 闭 人， 眼 闭 来 咖 毋 由 人。
"ga²⁴ bie³⁵⁻²¹oŋ³⁵ ga²⁴ bie³⁵⁻²¹oŋ³⁵， ga²⁴ bie³⁵⁻²¹lai³⁵. ka a³⁵ iəu¹³ oŋ³⁵。

吾 要 阿 婆 千 日 在， 大 树 底 脚 好 遮 荫。"
uo³⁵ie³⁵ uo³³u³⁵⁻²¹tsʻe³³ni³³zai³⁵， ɣa²⁴ʑiəu²⁴tai⁵⁴tɕi²²xei⁵⁴tɕio³³in³³。"

三、儿歌

数 朒 歌

一 朒　穷，两　朒　富。

I^{33} lu^{35} dʑioŋ^{35}, nio^{54}　lu^{35}　fu^{35}。

三 朒 四 朒 开 大 铺。

suo^{33}lu^{35} sɿ^{35}　lu^{35} kʻuei^{33}ɣa^{24} pu^{35}。

五 朒 六 朒 担 担 油 箩。

oŋ^{35} lu^{35} liəu^{33} lu^{35} tuo^{33} tuo^{35} iəu^{35} lu$^{35-21}$。

七 朒 八 朒 坐 马 过 河。

tɕʻi^{22} lu^{35} pia^{22} lu^{35} zu^{35} mo^{54} ku^{35} ɣuo^{13}。

九 朒 十 朒 金 子 银 子 打 秤 砣。

tɕiəu^{54} lu^{35}　zɿ^{13}　lu^{35} tɕin^{33}.tsɿ in^{13}.tsɿ ta^{54} tɕʻin^{35}　duo$^{13-21}$。

月 亮 光 光

月 亮 光 光，大 地 香 香。

ye^{33} lio$^{33-54}$ ku^{33} ku^{33}, ɣa^{24} dʑi^{24} ɕio^{33} ɕio^{33}。

你 一 拜，吾 一 拜，

ni^{54} i^{33} pia^{35}, uo^{35}　i^{33} pia^{35}。

拜 倒 明 年 好 世 界。

pia^{35} .te mio^{35} ne^{54} xei^{54} ɕi^{35} kai$^{35-21}$。

世 界 多 多，买 个 大 鼎 锅。

ɕi^{35}　kai$^{35-21}$tu^{33} tu^{33}, mia^{54} ku$^{35-21}$ ɣa^{24} tio^{54} ku$^{33-21}$。

白 日 煮 饭 食，黑 日 熬 菠 萝。

bo^{24} ni$^{33-54}$ tɕiəu^{54} va^{24} i^{33}, xau^{22} ni$^{33-54}$ŋau^{13}po^{33}.luo。

点 点 窝 窝

点 点 窝 窝，量 米 下 锅。

te^{54}te^{54} uo^{33} uo^{33}, lio^{35} mie^{54} ɣuo^{35} ku^{33}。

猫 □ 食 饭， 老 鼠 唱 歌。

ma³⁵niəu⁵⁴ i³³ va²⁴, lei⁵⁴ ɕiəu⁵⁴⁻²¹ tɕʻio³⁵ ku³³。

追 去 抓 着 十 二 只。

tsuei³³ .xei tsua³³. tɕi zʅ¹³ ni³³ tɕio²²。

摇 摇 歌

摇 咖 摇， 满 咖 桥。

iau¹³.ka iau¹³, man⁵⁴ .ka dʑiau¹³。

白 米 饭， 泰 山 桥。

bo²⁴ mie⁵⁴va²⁴, tʻai³⁵ san³³dʑiau¹³。

大 人 食 咖 饭 做 事 去，

ɣa²⁴ oŋ³⁵⁻²¹i³³.ka va²⁴tsʅ³⁵ zʅ²⁴xei³⁵⁻²¹,

细 细 人 啲 食 咖 饭 打 摇 摇。

sai³⁵ sai³⁵⁻⁵⁴oŋ³⁵⁻²¹.ta i³³ .ka va²⁴ta⁵⁴iau¹³iau¹³⁻⁵⁴。

摇 啊 摇， 摇 啊 摇， 摇 倒 外 外 桥。

iau¹³.a iau¹³, iau¹³.a iau¹³, iau¹³.te uai³⁵ uai³⁵⁻⁵⁴ dʑiau¹³。

外 外 讲 吾 是 好 宝 宝。

uai³⁵ uai³⁵⁻⁵⁴ ka⁵⁴ uo³⁵⁻²¹ zʅ³⁵ xei⁵⁴ pau⁵⁴ pau⁵⁴⁻²¹。

筛 锯 歌

筛 锯， 你 来 吾 去。

ɕia³³ kei³⁵, ni⁵⁴ lai³⁵ uo³⁵ xei³⁵。

筛 着 王 家 一 棵 大 树，

ɕia³³.tɕi uan¹³kuo³³⁻⁵⁴i³³ fu³³ ɣa²⁴ ʑiəu²⁴,

王 家 人 跑 来 骂 人，

uan¹³kuo³³⁻⁵⁴oŋ³⁵bau²⁴ lai³⁵⁻²¹nio³³ oŋ³⁵,

你 莫 骂 吾， 吾 长 大 要 当 你 王 家 郎 崽。

ni⁵⁴ mo³³ nio³³ uo³⁵, uo³⁵tio⁵⁴ ɣa²⁴ ie³⁵ tan³³ ni⁵⁴ uan¹³kuo³³⁻⁵⁴ lu³⁵tsai⁵⁴。

车 鱼 歌

车　水，　喔　　当　　嘟。
tɕʻio³³ ɕy⁵⁴, guan¹³ .tan .lan。

车　　着　鱼　叮　煮　　冻　　食。
tɕʻio³³. tɕi gei³⁵ .ta tɕiəu⁵⁴ tan³⁵ i³³。

你　一　碗，吾　一　　碗。
ni⁵⁴ i³³ ue⁵⁴, uo³⁵ i³³ ue⁵⁴。

胀　　着　你　吾　毋　管，
tio³⁵. tɕi ni³⁵ uo³⁵ a³⁵ kue⁵⁴。

还　要　你　洗　一　只　大　老　老　碗。
ɣai¹³ ie³⁵ ni³⁵ sai⁵⁴ i³³ tɕio²² ɣa²⁴ lei⁵⁴ lei⁵⁴ ue⁵⁴。

四、民间故事

□醒（傻瓜）（一）

有　只　□　醒　讨　咖　只　路　家　蛮　聪　明　　的。有　一
au³⁵tɕio²² xa⁵⁴ɕin⁵⁴⁻²¹tʻei⁵⁴ . ka tɕio²² ləu³³kuo³³⁻⁵⁴man¹³ts'oŋ³³mio³⁵⁻⁵⁴ .te。au³⁵ i³³
日，□　路　家　讲：伊　头　有　只　团　鱼，　你　送　去　掇　岳　母
ni³³，u³⁵ləu³³kuo³³⁻⁵⁴ka⁵⁴: ai³³.lau au³⁵tɕio²²lue³⁵gei³⁵⁻²¹, ni⁵⁴san³⁵.xei tuo³³io³³ mu⁵⁴
娘　食　。□　醒　就　拿　起　团　鱼　是　□　走　是　□　走，　走
nian¹³⁻²¹i³³. xa⁵⁴ɕin⁵⁴⁻²¹ʥiəu²⁴ne⁵⁴.ɕi lue³⁵gei³⁵⁻²¹zʅ³⁵ .na tsau⁵⁴zʅ³⁵ .na tsau⁵⁴, tsau⁵⁴.
倒　半　路　叮，□　醒　要　屙　屎，□　掇　团　鱼　放　倒　地　高　子，
te pe³⁵ləu³³.ta, xa⁵⁴ɕin⁵⁴⁻²¹ie³⁵u³³ sʅ⁵⁴, u³⁵tuo³³lue³⁵gei³⁵⁻²¹fan³⁵.te ʥi²⁴kei³³.tsʅ,
等　□　解　咖　手　出　来，　团　鱼　跑　咖　走　咖。□　醒　跑
tan⁵⁴u³⁵tɕia⁵⁴ .ka ɕiəu⁵⁴tɕʻy²². lai, lue³⁵gei³⁵⁻²¹bau²⁴.ka tsau⁵⁴. kau, xa⁵⁴ɕin⁵⁴⁻²¹bau²⁴
回　去，路　家　借　问　□："团　鱼　送　咖　去　咖　冇　有？"
ua³⁵.xei, ləu³³ kuo³³⁻⁵⁴tɕio²² man³³⁻²¹u³⁵⁻²¹: "lue³⁵gei³⁵⁻²¹san³⁵.ka xei³⁵.ka mei⁵⁴iəu⁵⁴⁻²¹？
"冇　有，　半　路　叮吾要　解　手，　团　鱼　放　倒　路　高　子
"mei⁵⁴iəu⁵⁴⁻²¹, pe³⁵ləu³³.ta uo³⁵ie³⁵tɕia⁵⁴ɕiəu⁵⁴, lue³⁵gei³⁵⁻²¹fan³⁵.te ləu³³kei³³.tsʅ

跑　咖　走　咖。"　路　家　就　讲：　"你　伊　只　　□　醒，　你　要

bau²⁴.ka tsau⁵⁴.kau。" ləu³³kuo³³⁻⁵⁴ȡiəu²⁴ka⁵⁴："ni⁵⁴ai³³tɕio²²⁻²¹xa⁵⁴ɕin⁵⁴⁻²¹, ni⁵⁴ie³⁵

拿　块　砖　驮着啊。伊　哉，吾　磨　咖点　豆　腐，你送去啊。"

ne⁵⁴ɕia³⁵⁻²¹tɕye³³du³⁵.tɕi.a。ai³³ tsai⁵⁴, uo³⁵ mu³⁵.ka.tian lau²⁴.u, ni⁵⁴san³⁵.xei. a。"

□　醒　在　半　路　叼又要　　解　手，□　就　拿　块　砖　驮着，

xa⁵⁴ɕin⁵⁴⁻²¹zai³⁵pe³⁵ləu³³.ta iəu³⁵ie³⁵ tɕia⁵⁴ɕiəu⁵⁴, u³⁵ȡiəu²⁴ne⁵⁴ɕia³⁵⁻²¹tɕye³³du³⁵.tɕi,

豆　腐　就　撩　倒　驮烂　咖，几　□还　拿　得　起。□　醒　回

lau²⁴.u ȡiəu²⁴liau¹³.te du³⁵la³³.kau, tɕi⁵⁴.na ɣai¹³ne⁵⁴.la ɕi⁵⁴。xa⁵⁴ɕin⁵⁴⁻²¹ ua³⁵

去　告　□　路　家："你　喊吾　拿　砖　驮着，豆腐　撩

xei³⁵⁻⁵⁴kei³⁵ sŋ⁵⁴ ləu³³ kuo³³⁻⁵⁴："ni⁵⁴au²²uo³⁵ ne⁵⁴ tɕye³³.tɕi, lau²⁴.u liau¹³.

倒　驮烂咖。"　"你伊　只　　□　醒　啊，团　鱼　要拿砖　驮

te du³⁵la³³.kau。" "ni⁵⁴ai³³tɕio²²⁻²¹xa⁵⁴ɕin⁵⁴⁻²¹.a, lue³⁵ gei³⁵⁻²¹ie³⁵ne⁵⁴ tɕye³³du³⁵.

着，豆腐几　□　可　以　嘞。唉，冇　□　办　法　啊。□屋里

tɕi, lau²⁴.u tɕi⁵⁴。na k'uo⁵⁴ i⁵⁴⁻²¹.le, ai, mei⁵⁴.na ban³⁵fa²².a。ɣoŋ¹³u²².li

有　喃　粟　米，　你　送　去　掇岳　母　娘　啊。你告　□　□，

au³⁵.nan ɕiəu²² mie⁵⁴, ni⁵⁴san³⁵.xei tuo³⁵io³³mu⁵⁴nian¹³⁻²¹.a。ni⁵⁴ kei³⁵sŋ⁵⁴u³⁵⁻²¹,

要　等　水　烧　开　化　起来　才　倒粟　米。"　　□　醒　路　家

ie³⁵tan⁵⁴ ɕy⁵⁴ ɕi³³k'uei³³fa³⁵.ɕi.lai zai¹³tei⁵⁴ɕiəu²²mie⁵⁴。" xa⁵⁴ɕin⁵⁴⁻²¹ləu³³kuo³³⁻⁵⁴

伊　□讲。□　醒　就　　去　送粟米，　走　倒一个　田　□

ai³³.na ka⁵⁴。xa⁵⁴ɕin⁵⁴⁻²¹ȡiəu²⁴ xei³⁵san³⁵ɕiəu²²mie⁵⁴, tsau⁵⁴.te i³³ku³⁵le³⁵k'au⁵⁴

□　那头，　□　醒　觑　着水　是　□化　是□化，□　就　掇

k'au⁵⁴ni³⁵.lau, xa⁵⁴ɕin⁵⁴⁻²¹tɕ'iəu³⁵.tɕi ɕy⁵⁴ zŋ³⁵.na fa³⁵zŋ³⁵.na fa, u³⁵ȡiəu²⁴tuo³³

粟　米　倒咖入去　　咖，等　咖一下　叼，粟米全　部

ɕiəu²² mie⁵⁴tei⁵⁴.ka ny³³xei³⁵⁻⁵⁴. kau, tan⁵⁴.ka i³³ɣuo³⁵.ta, ɕiəu²²mie⁵⁴ȡyan¹³bu³⁵⁻²¹

化　咖走咖。□　醒　紧　□翻　泥　巴巴，挖咖条　泥　鳅

fa³⁵.ka tsau⁵⁴.kau。xa⁵⁴ɕin⁵⁴⁻²¹tɕin⁵⁴.na⁵fa³³nai³⁵po³³⁻⁵⁴.po, ua²².ka di³⁵⁻²¹nai³⁵tɕ'iəu³³⁻⁵⁴

出　来。泥　鳅　叫　咖一　声："吱。"　"你　只食　咖一　条

tɕ'y²².lai。nai³⁵tɕ'iəu³³⁻⁵⁴ tɕie³⁵.ka i³³ɕio³³："tsŋ。" "ni⁵⁴ tsŋ¹ i³³.ka i³³ di³⁵.

啊。"□　醒　就　和　泥　鳅　讲："你掇吾噜粟　米　全

a。" xa⁵⁴ɕin⁵⁴⁻²¹ ȡiəu²⁴ɣuo¹³nai³⁵tɕ'iəu³³⁻⁵⁴ka⁵⁴："ni⁵⁴tuo³³uo³⁵.lu ɕiəu²² mie⁵⁴ȡyan¹³

部　食　咖。"冇　□办　法　□　醒　就　回去，路　家　又借

bu³⁵⁻²¹i³³.kau。" mei⁵⁴.na ban³⁵fa²², xa⁵⁴ɕin⁵⁴⁻²¹ȡiəu²⁴ua³⁵xei⁵⁴, ləu³³kuo⁵⁴iəu³⁵tɕio²²

问 □ 送 咖 去 咖 冇 有。 □ 醒 讲："你 讲 水 要 烧 开

man$^{33-21}$u$^{35-21}$san^{35}.ka xei^{35}.ka mei^{54}iəu$^{54-21}$。xa^{54}çin$^{54-21}$ka^{54}："ni^{54}ka^{54}çy^{54}ie^{35}çi^{33}k'uei^{33}

化 起 来 才 倒 入 去， 吾 觑 着 田 口 口 水 是 □ 化 是

fa^{35}.çi.lai zai^{13}tei^{54}ny^{33}xei$^{35-54}$, uo^{35}tç'iəu^{35}.tçi le^{35}k'au^{54}k'au^{54}çy^{54}zʅ^{35}.na fa^{35}zʅ^{35}.

□ 化， 就 掇 粟 米 倒 入 去， 一 点 都 冇 □ 咖。翻 咖

na fa^{35}, dʑiəu^{24} tuo^{33}çiəu^{22}mie^{54}tei^{54}ny^{33}xei$^{35-54}$, i^{33}tian^{54}tu^{54}mei^{54}.na.kau。ua^{22}.ka

条 泥 鳅 出 来，□ 讲 只 食 咖 一 条。" 路 家 讲 □ 醒：

di$^{35-21}$nai^{35}tç'iəu$^{33-54}$tç'y^{22}.lai, u^{35}ka^{54}tsʅ^{54}i^{33}.ka i^{33}di^{35}。" ləu^{33}kuo^{54}ka^{54}xa^{54}çin$^{54-21}$:

"你 伊 □□ 几 □ 做。伊 哉， □ 屋 里 有 喃 棉 花 索

"ni^{54} ai^{33}.na xa^{54}tçi^{54}.na tsʅ^{35}。ai^{33}tsai^{54}, ɣoŋ^{13}u^{22}. li au^{35}.nan mie^{35}xuo$^{33-54}$su^{22}.

呐，你 到 岳 母 娘 屋 里 背 个 机 子 来 织 布 啊。"□ 醒

ta, ni^{54}tei^{35}io^{33}mu^{54}nian$^{13-21}$u^{22}. li pei^{54}ku$^{35-21}$tçi^{33}.tsʅ lai^{35}tçie^{22}pu^{35}.a。" xa^{54}çin$^{54-21}$

就 去 背 机 子， 半 路 呐，□ 累 着 咖， 就 恼 咖 气：

dʑiəu^{24} xei^{35}pei^{33}tçi^{33}.tsʅ, pe^{35}ləu^{33}.ta, u^{35}luei^{33}.tçi.kau, dʑiəu^{24}nau^{54}.ka tç'i^{33}:

"你 有 八 只 脚，吾 只 有 两 只 脚， 你 毋 背 吾 要 吾 背

"ni^{54}au^{35}pia^{22}tçio^{22}tçi^{22}, uo^{35}tsʅ^{35} au^{35}nio^{54}tçio^{22} tçi^{22}, ni^{54}a^{35}pei^{33} uo^{35}ie^{35}uo^{35}pei^{33}

你 啊。"□ 掇 机 子 丢 倒 半 路 呐， 就 跑 咖 回 去 咖。

ni^{54}.a。" u^{35}tuo^{33} tçi^{33}.tsʅ tiəu^{33}.te pe^{35}ləu^{33}.ta, dʑiəu^{24}bau^{24}.ka ua^{35}xei$^{35-54}$.kau。

路 家 讲 □： "你 伊 只 □ 醒， 它 是 木 头 古， 你 是 人，

ləu^{33}kuo$^{33-54}$ka^{54}u$^{35-21}$: "ni^{54}ai^{33}tçio$^{22-21}$xa^{54}çin$^{54-21}$, u^{35}zʅ^{35}mu^{33}. la.ku, ni^{54} zʅ^{35}oŋ^{35},

几 □ 伊 □ 讲 嘞。"还 二 日， □ 醒 跑 过 去 背 机 子，

tçi^{54}.na ai^{33}.na ka^{54}.le。" ɣai^{13}ni^{33}ni^{33}, xa^{54}çin$^{54-21}$bau^{24}ku^{35}.xei pei^{33}tçi^{33}.tsʅ,

觑 着 机 子 打 咖 白 霜。□ 醒 就 想："吾 毋 背 你，

tç'iəu^{35}.tçi tçi^{33}.tsʅ ta^{54}.ka bo^{22}suo^{33}。xa^{54}çin$^{54-21}$dʑiəu^{24}çian^{54}: "uo^{35} a^{35} pei^{33}ni^{54},

你 吓 出 一 身 汗 来 咖。"

ni^{54} xuo^{22} tç'y^{22}i^{33} çin^{33} ue^{33}.lai. kau。"

□醒（傻瓜）（二）

□ 醒 路 家 号 □ 醒 去 锄 麦 呐。□ 醒 在 那 头

xa^{54}çin$^{54-21}$ləu^{33}kuo$^{33-54}$au^{33} xa^{54}çin$^{54-21}$xei^{35}zəu^{35}mo^{33}. ta。xa^{54}çin$^{54-21}$zai^{35}ni^{35}.lau

锄 倒 噜, 马 路 高 子 来 咖 个 骑 马 噜 大 人。 大 人

zəu³⁵.te.lu, mo⁵⁴ləu³³kei³³.tʂ lai³⁵.ka ku³⁵⁻²¹ dʑi¹³mo⁵⁴.lu da³⁵ ʐin¹³。da³⁵ʐin¹³⁻²¹

借 问 □ 醒: "锄 草 噜 锄 草 噜, 锄 头 落 地 好

tɕio²²man³³⁻²¹ xa⁵⁴ɕin⁵⁴⁻²¹: "zəu³⁵tsʻei⁵⁴.lu zəu³⁵tsʻei⁵⁴.lu, zəu³⁵.lau lu³³dʑi²⁴xei⁵⁴

多 下?" □ 醒 晓 不 得 回 答, 就 跑 回 去。 路 家

tu³³ɣuo³⁵?" xa⁵⁴ɕin⁵⁴⁻²¹ɕie⁵⁴.pu.la uei¹³ta³³, dʑiəu²⁴bau²⁴ua³⁵xei³⁵⁻²¹, ləu³³kuo³³⁻⁵⁴

讲: "你 锄 草 回 来 咖, 伊 哉 食 饭 噢。" "还 食 饭! 吾

ka⁵⁴: "ni⁵⁴zəu³⁵tsʻei⁵⁴ ua³⁵lai³⁵⁻⁵⁴.kau, ai³³tsai⁵⁴i³³va²⁴.au。" "ɣai¹³i³³va²⁴! uo³⁵

今 □ 日 碰 着 一 个 骑 马 噜 人, □ 借 问 吾 锄 草 锄

tɕin³³man⁵⁴ni³³pʻoŋ³⁵.tɕi i³³ku³⁵dʑi¹³mo⁵⁴.lu oŋ³⁵⁻²¹, u³⁵tɕio²²man³³⁻²¹uo³⁵zəu³⁵tsʻei⁵⁴zəu³⁵.

头 落 地 好 多 下? 吾 晓 不 得 回 答。" 路 家 告 □ □:

lau lu³³dʑi²⁴xei⁵⁴tu³³ɣuo³⁵? uo³⁵ɕie⁵⁴.pu.la uei¹³ta³³。" ləu³³kuo³³⁻⁵⁴kei³⁵sʐ⁵⁴u³⁵⁻²¹:

"□ 醒 啊, 还 二 次 去 锄 草 碰 着 骑 马 噜 人, 你 就

"xa⁵⁴ɕin⁵⁴⁻²¹.a, ɣai¹³ni³³tsʐ³⁵⁻²¹xei³⁵zəu³⁵tsʻei⁵⁴pʻoŋ³⁵.tɕi dʑi¹³mo⁵⁴.luoŋ, ni⁵⁴dʑiəu²⁴

借 问 □ '骑 马 噜 骑 马 噜, 马 脚 落 地 好 多 下?'。"

tɕio²²man³³⁻²¹u³⁵⁻²¹ 'dʑi¹³mo⁵⁴.lu dʑi¹³mo⁵⁴.lu, mo⁵⁴tɕi²²lu³³dʑi²⁴xei⁵⁴tu³³ɣuo³⁵?'。"

还 二 次, 又 碰 着 那 个 骑 马 噜,□ 醒 按 照

ɣai¹³ ni³³tsʐ³⁵⁻²¹, iəu³⁵pʻoŋ³⁵.tɕini³⁵.ku dʑi¹³mo⁵⁴.lu, xa⁵⁴ɕin⁵⁴⁻²¹ ŋan³⁵tɕiau³⁵⁻²¹

路 家 讲 噜 借 问 那 个 大 人。 大 人 觉 得 蛮 奇

ləu³³Kuo³³⁻⁵⁴ka⁵⁴.lu tɕio²²man³³⁻²¹ni³⁵.ku da³⁵ʐin¹³⁻²¹, da³⁵ʐin¹³⁻²¹tɕio²².te man¹³ dʑi¹³

怪, □ 对 □ 醒 讲: "回 去 告 □ 你 路 家, 吾 □ □ 日

kuai³⁵, u³⁵tuei³⁵xa⁵⁴ɕin⁵⁴⁻²¹ka⁵⁴: "ua³⁵xei³³⁻⁵⁴kei³⁵sʐni⁵⁴ləu³³kuo³³⁻⁵⁴, uo³⁵n⁵ka⁵⁴ni³³

要 到 你 屋 里 食 白 日 饭, 你 要 挪 条 灰 索 帮 吾 吊 马, 吾

ie³⁵ tei³⁵ni⁵⁴u²².li i³³bo²⁴ni³³⁻⁵⁴va²⁴,ni⁵⁴ ie³⁵nu³⁵di³⁵⁻²¹fei³³su²²pan²⁴uo³⁵tie³⁵mo⁵⁴, uo³⁵

还 要 红 心 萝 卜 九 样 菜。" □ 醒 回 去 和 □ 路

ɣai¹³ ie³⁵ɣoŋ¹³ɕin³³lu³⁵.pi tɕiəu⁵⁴ian³⁵⁻²¹tsʻai³⁵。" xa⁵⁴ɕin⁵⁴⁻²¹ua³⁵xei³⁵⁻⁵⁴ɣuo¹³ u³⁵ləu³³

家 讲 咖 以 后 就 跑 倒 灰 栏 □ 头 去 挪 灰 索, 挪 挪

kuo³³⁻⁵⁴ka⁵⁴.ka i⁵⁴ɣəu³⁵dʑiəu²⁴bau²⁴.te fei¹³la³⁵⁻⁵⁴yʻ⁵⁴.lau xei³⁵nu³⁵fei³³su²², nu³⁵nu³⁵。

不 起。 □ 路 家 讲: "你 去 挪 条 草 索, 摆 好 再 掇

pu ɕi⁵⁴。u³⁵ləu³³kuo³³⁻⁵⁴ka⁵⁴: "ni⁵⁴xei³⁵nu³⁵di³⁵⁻²¹tsʻei³³su²², pia⁵⁴xei⁵⁴tsai³⁵tuo³³

索 叮 烧 咖, 就 是 一 条 灰 索。 红 心 萝 卜 □ 头 放 点

su²².ta ɕi³³.ka, dʑiəu²⁴zʐ³⁵ i³³ di³⁵fei³³su²²。ɣoŋ¹³ɕin³³lu³⁵. pi y⁵⁴. lau fan³⁵tian⁵⁴

韭 菜　　就 是 红 心 萝 卜 九 样 　菜 啊。"还二日，
tɕiəu⁵⁴ts'ai³⁵⁻²¹ dʑiəu²⁴zʅ³⁵ɣoŋ¹³ ɕin³³lu³⁵ pi tɕiəu⁵⁴ian³⁵⁻²¹ts'ai³⁵.a。" ɣai¹³ni³³ni³³，
大 人　 真 噜 来 咖，□要□ 醒 拿 条 灰 索 来 掇 □吊
da³⁵ʑin¹³⁻²¹tɕin³³.lu lai³⁵.kau，u³⁵ie³⁵xa⁵⁴ɕin⁵⁴⁻²¹ne⁵⁴di³⁵⁻²¹fei³³su²²lai³⁵tuo³⁵.u³⁵tie³⁵
马。□醒 路 家 讲："吊 马 噜 灰 索 在 灰 栏 □头， 你
mo⁵⁴，xa⁵⁴ɕin⁵⁴⁻²¹ləu³³kuo³³⁻⁵⁴ka⁵⁴："tie³⁵mo⁵⁴.lu fei³³su²²zai³⁵fei³³la³⁵⁻⁵⁴y⁵⁴.lau，ni⁵⁴
自 家 去 拿。"大 人 几 头 拿 得 起。坐 倒 食 饭 噜 时 候，
zʅ²⁴kuo³³⁻⁵⁴xei³⁵ne⁵⁴。"da³⁵ʑin¹³⁻²¹tɕi⁵⁴.lau ne⁵⁴.la.ɕi。zu³⁵.te i³³va²⁴.lu zʅ¹³ɣəu¹³⁻²¹，
大 人 觑 着 桌 子 高 子 那 碗 菜， 就 讲："几 □是
da³⁵ʑin¹³⁻²¹tɕ'iəu³⁵.tɕi tsu²².tsʅ kei³³.tsʅ ni³⁵ue⁵⁴ts'ai³⁵，dʑiəu²⁴ka⁵⁴："tɕi⁵⁴.na zʅ³⁵
食 伊 □ 个 菜？" □醒 路 家 讲："大 人 啊，伊 是 你
i³³ai³³.na ku³⁵⁻²¹ts'ai³⁵？" xa⁵⁴ɕin⁵⁴⁻²¹ləu³³kuo³³⁻⁵⁴ka⁵⁴："da³⁵ ʑin¹³⁻²¹.a，ai³³zʅ³⁵ni⁵⁴
自 家 讲 噜。你 告 □吾 男 人 要 吾 准 备 红 心 萝 卜 九
zʅ³⁵kuo⁵⁴ka⁵⁴.lu。ni⁵⁴kei³⁵sʅ⁵⁴uo³⁵nuo³⁵oŋ³⁵⁻²¹ie⁵⁴uo³⁵tɕyn⁵⁴bi³⁵⁻²¹ɣoŋ¹³ɕin³³lu³⁵.pi tɕiəu⁵⁴
样 菜，　就 是 伊 □ 个 菜 啊。"□醒 屋 里 壁 高 子 有
ian³⁵⁻²¹ts'ai³⁵，dʑiəu²⁴zʅ³⁵ai³³.na ku³⁵⁻²¹ts'ai³⁵.a？" xa⁵⁴ɕin⁵⁴⁻²¹u²².li pio²²kei³³.tsʅau³⁵
只 画 噜 团 鱼。大 人 就 借 问："你 屋 里 壁 高 子
tɕio²²uo³³.lu lue³⁵gei³⁵⁻²¹。da³⁵ʑin¹³⁻²¹dʑiəu²⁴tɕio²²man³³⁻²¹："ni⁵⁴u²².li pio²²kei³³.tsʅ
团 鱼 有 几 斤？" □醒 路 家 蛮 聪 明 的，她 就
lue³⁵gei³⁵⁻²¹au³⁵tɕi⁵⁴tɕin³³？" xa⁵⁴ɕin⁵⁴⁻²¹ləu³³kuo³³⁻⁵⁴man¹³ts'oŋ³³mio³⁵⁻⁵⁴.te，u³⁵dʑiəu²⁴
回："自 从 画 起 总 冇 称， 生 起 崽 当 先 生。" 大
uei¹³："zʅ³⁵zoŋ¹³uo³³.ɕi tsoŋ⁵⁴mei⁵⁴tɕ'in³³，suo³³.ɕi tsai⁵⁴tan³³ɕian³³sən³³⁻⁵⁴。" da³⁵
人 撩 倒 气 着 咖。食 咖 饭，大 人 准 备 走。 □醒
zin¹³liau¹³.te tɕ'i³⁵.tɕi.kau。i³³.ka va²⁴，da³⁵ʑin¹³⁻²¹tɕyn⁵⁴bi³⁵⁻²¹tsau⁵⁴。xa⁵⁴ɕin⁵⁴⁻²¹
路 家 向 □要 饭 钱，大 人 笑 □："女 人 家 聪 明
ləu³³kuo³³⁻⁵⁴ɕian³⁵ u³⁵ie³⁵va²⁴ze³⁵⁻²¹，da³⁵ʑin¹³⁻²¹ɕie³⁵u³⁵："niəu⁵⁴oŋ³⁵⁻²¹.kuo ts'oŋ³³mio³⁵⁻⁵⁴
毋 到 底， 钱 就 放 在 壶 柄 底。"
a³⁵tei³⁵tai⁵⁴，ze³⁵dʑiəu²⁴fan³⁵ zai³⁵u³⁵pio⁵⁴ tai⁵⁴。"

　　听 倒 讲 以 前 女 人 家 蛮 聪 明， 自 从 撩 倒
t'uo³³.te ka⁵⁴i⁵⁴dʑian¹³niəu⁵⁴oŋ³⁵⁻²¹.kuo man¹³ts'oŋ³³mio³³⁻⁵⁴，zʅ³⁵zoŋ¹³liau¹³.te
伊 个 大 人 断 咖 一 下， 女 人 家 就 比 男 人 家 差
ai³³.ku da³⁵ʑin¹³lue³⁵.ka i³³ɣuo³⁵，niəu⁵⁴oŋ³⁵⁻²¹.kuo dʑiəu²⁴pi⁵⁴nuo³⁵oŋ³⁵⁻²¹.kuo ts'uo³³

点　咖叮。

tian⁵⁴. ka. ta。

熊 猫 婆

一只 熊 猫 婆　叮脑 壳 高 子 长 咖虱， 蛮 痒 的。

i³³tɕio²²ioŋ³⁵mau³³⁻⁵⁴u³⁵⁻²¹. ta nei⁵⁴. xa kei³³. tsʅ tio⁵⁴. ka sai²², man¹³io⁵⁴. te。

□　觑着一只 阿妹　叮在 山□ 头 徉 牛，　就 要 那 只

u³⁵tɕʻiəu³⁵. tɕi i³³tɕio²²uo³³mei³⁵⁻⁵⁴. ta zai³⁵sa³³y⁵⁴. lau io³⁵gau³⁵, ʥiəu²⁴ie³⁵ni³⁵tɕio²²⁻²¹

阿妹　叮帮□ 梳头 发，　捉虱。 阿妹　叮有 点 怕，

uo³³mei³⁵⁻⁵⁴. ta pan³³u³⁵səu³³lau³⁵fan³³⁻⁵⁴, tsu²²sai²²。 uo³³mei³⁵⁻⁵⁴. ta au³⁵tian⁵⁴pʻo³⁵,

但 是 冇 □ 法 子，□ □ □ 想 咖个 办 法。阿妹　叮讲

dan³⁵zʅ³⁵⁻²¹mei⁵⁴. na fa³³. tsʅ, san⁵⁴neu³⁵ɕian⁵⁴. ka ku³⁵⁻²¹ban³⁵fa³³。 uo³³mei³⁵⁻⁵⁴. ta ka⁵⁴

要 到 树 高 子 梳头 发。　□ 两 人 就 爬 倒 树 高 子，

ie³⁵tei³⁵ʑiəu²⁴kei³³. tsʅ səu³³lau³⁵fan³³⁻⁵⁴. u³⁵nio³⁵oŋ³⁵⁻²¹ʥiəu²⁴ba³⁵. te ʑiəu²⁴kei³³. tsʅ,

阿妹　叮坐 倒 后 头，一 边 梳一 边 掇 熊 猫 婆　叮噜

uo³³mei³⁵⁻⁵⁴. ta zu³⁵. te ɣau²⁴. dau, i³³pie³³səu³³i³³pie³³tuo³³ioŋ³⁵mau³³⁻⁵⁴u³⁵⁻²¹. ta. lu

头 发 绑 倒 树 高 子，绑 得 蛮 紧。绑 完 咖 以 后， 阿

lau³⁵fan³³⁻⁵⁴pan⁵⁴. te ʑiəu²⁴kei³³. tsʅ, pan⁵⁴te⁵⁴man¹³tɕin⁵⁴。 pan⁵⁴ye³⁵. ka i⁵⁴ɣəu³⁵, uo³³

妹　叮故 意 让 梳 叮跌 下 去， 她 就 下 树 走 咖。

mei³⁵⁻⁵⁴. ta ku³³i³⁵⁻²¹ʑian⁵⁴səu³³. ta tai²²ɣuo³⁵⁻²¹. xei, u³⁵ʥiəu²⁴ɣuo³⁵ʑiəu²⁴tsau⁵⁴. kau。

熊 猫 婆　叮紧 □ 挤， 掇 脑 壳 顶 顶 掀 开 才 □

ioŋ³⁵mau³³⁻⁵⁴u³⁵⁻²¹. ta tɕin⁵⁴. na pen³⁵, tuo³³ nei⁵⁴ . xa tio⁵⁴tio⁵⁴ɕie³³kʻuei³³zai¹³pen³⁵

脱， 痛 倒 它 要 死。熊 猫 婆　叮跑 倒 一 只 铺 子， 向

tʻa²², tʻan³⁵. te u³⁵⁻²¹ie³⁵sʅ⁵⁴。 ioŋ³⁵mau³³⁻⁵⁴u³⁵⁻²¹ . ta bau²⁴. te i³³tɕio²²pʻu³⁵. tsʅ, ɕian³⁵

主 人 家要 药 诊 脑 壳，那 只 铺 子 是 卖 盐 噜，

tɕy⁵⁴oŋ³⁵⁻²¹. kuo ie³⁵io³³tɕio³³nei⁵⁴. xa, ni³⁵ tɕio²²⁻²¹ pʻu³⁵. tsʅ zʅ³⁵mia³³ie³⁵. lu,

主 人 家 抓 起 一 把 盐 甩 倒熊 猫 婆　叮脑 壳 高 子，

tɕy⁵⁴ oŋ³⁵⁻²¹. kuo tsua³³. ɕi i³³po³⁵ie³⁵suai⁵⁴. te ioŋ³⁵mau³³⁻⁵⁴u³⁵⁻²¹. ta nei⁵⁴. xa kei³³. tsʅ,

痛 倒 它 跳 起来， 快 点 跑 咖走 咖。后 头熊 猫

tʻan³⁵. te u³⁵⁻²¹tʻie³⁵. ɕi. lai, kʻuai³⁵tian⁵⁴bau²⁴. ka tsau⁵⁴. kau。 ɣau²⁴. dau ioŋ³⁵mau³³⁻⁵⁴

婆 叮 跑 倒一只卖石 灰 噜 铺 子要药。主人 家舀
u³⁵⁻²¹.ta bau²⁴.te i³³tɕio²²mia³³ʑio²⁴fei³³⁻⁵⁴.lu p'u³⁵.tsʅ ie³⁵io³³, tɕy⁵⁴oŋ³⁵⁻²¹.kuo ie⁵⁴.

起一碗石灰 水倒倒熊 猫 婆 叮脑 壳高 子，咬 倒
ɕi i³³ue⁵⁴ʑio²⁴fei³³⁻⁵⁴ɕy⁵⁴tei⁵⁴.te ioŋ³⁵mau³³⁻⁵⁴u³⁵⁻²¹.ta nei⁵⁴.xa kei³³.tsʅ, ga²⁴.te

□ 要死。 快 点 跑 倒江边叮，洗 咖蛮 多 水才 好 点
u³⁵⁻²¹ie³⁵sʅ⁵⁴。k'uai³⁵tian⁵⁴bau²⁴.te ka³³pie³³.ta, sai⁵⁴.ka man¹³tu³³ɕy⁵⁴zai¹³xei⁵⁴tian⁵⁴.

咖叮。最 后， 熊 猫 婆 叮 又 跑 倒打铁 噜铺 子要
ka.ta。tsui³⁵ ɣəu³⁵, ioŋ³⁵mau³³⁻⁵⁴u³⁵⁻²¹.ta iəu³⁵bau²⁴.te ta⁵⁴t'ai²².lu p'u³⁵.tsʅ ie³⁵

药。主人 家舀起一碗铁 水倒 倒熊 猫 婆 叮脑 壳高
io³³, tɕy⁵⁴oŋ³⁵⁻²¹.kuo ie⁵⁴.ɕi i³³ue⁵⁴t'ai²²ɕy⁵⁴tei⁵⁴.te ioŋ³⁵mau³³⁻⁵⁴u³⁵⁻²¹.ta nei⁵⁴.xa kei³³.

子， 熊 猫 婆 叮 撩 倒热 死 咖。
tsʅ, ioŋ³⁵mau³³⁻⁵⁴u³⁵⁻²¹.ta liau¹³.te ʑia²⁴ sʅ⁵⁴.kau。

南 瓜 崽

有两 位 老人 家，几 十 年 冇 生 崽。 老人 家 在
au³⁵nio⁵⁴u³⁵⁻²¹lei⁵⁴oŋ³⁵⁻²¹.kuo, tɕi⁵⁴zʅ¹³ne¹mei⁵⁴suo³³tsai⁵⁴。lei⁵⁴oŋ³⁵⁻²¹.kuo zai³⁵

菜 园 □ 头 栽 咖一棵南瓜， 只 结 咖一只 南瓜，
ts'ai³⁵ ye³⁵y⁵⁴.lau tsai³³.ka i³³fu³³nuo³⁵kuo³³⁻²¹, tsʅ⁵⁴tɕie²².ka i³³tɕio²²nuo³⁵kuo³³⁻²¹,

南瓜 一日日长大 咖。有一日，两 位 老人 家到 园
nuo³⁵kuo³³⁻²¹i³³ni³³ni³³tio⁵⁴ɣa²⁴.kau。au³⁵i³³ni³³, nio⁵⁴u³⁵⁻²¹lei⁵⁴ oŋ³⁵⁻²¹.kuo tei³⁵ye³⁵

里 栽 菜， 听 倒有人 号阿 姐阿 爸， 老人 家 觉 得
li⁵⁴tsai³³ ts'ai³⁵, t'uo³⁵.te au³⁵oŋ³⁵au³³a³³tɕie⁵⁴a³³pa⁵⁴⁻⁵⁴, lei⁵⁴oŋ³⁵⁻²¹.kuo tɕio²².te

好奇怪， 晓 不 得声 音 几 □ 来噜，以 后日日都 听倒
xei⁵⁴ʥi¹³kuai³⁵, ɕie⁵⁴.pu.la ɕio³³in³³⁻²¹tɕi⁵⁴.na lai³⁵.lu, i⁵⁴ɣəu³⁵ni³³ni³³tu³³t'uo³⁵.te

伊 种 声音。 有一日， 南瓜 爆 开 咖，跳 出 来一个
ai³³tsoŋ⁵⁴ɕio³³in³³⁻²¹。au³⁵i³³ni³³, nuo³⁵kuo³³⁻²¹pa⁵⁴k'uei³³.kau, t'ie³⁵tɕ'y²².lai i³³ku³⁵

细 细 人 叮。细 细 人 叮跑 倒老人 家屋那 头 敲 门，
sai³⁵sai³⁵⁻⁵⁴oŋ³⁵⁻²¹.ta。sai³⁵sai³⁵⁻⁵⁴oŋ³⁵⁻²¹.ta bau²⁴.te lei⁵⁴oŋ³⁵⁻²¹.kuo u²²ni³⁵.lau k'a³⁵man³⁵,

"阿姐阿 爸 快 开 门，吾 回 来 咖。"老人 家毋 相 信。
"a³³tɕie⁵⁴a³³pa³⁵⁻⁵⁴ k'uai³⁵k'uei³³man³⁵, uo³⁵ua³⁵.lai .kau。" lei⁵⁴oŋ³⁵⁻²¹.kuo a³⁵ɕian³³ɕin³⁵⁻²¹.

敲　咖蛮　久，　老人　家　才　开门。　两　位　老人　　家
k'a³³.ka man¹³tɕiəu⁵⁴, lei⁵⁴oŋ³⁵⁻²¹.kuo zai¹³k'uei³³man³⁵. nio⁵⁴u³⁵⁻²¹lei⁵⁴oŋ³⁵⁻²¹.kuo

觑　着伊口个　细细　人　吔，心里好喜欢，　也就
tɕ'iəu³⁵.tɕi ai³³.na ku³⁵⁻²¹sai³⁵sai³⁵⁻⁵⁴oŋ³⁵⁻²¹.ta, ɕin³³li⁵⁴xei⁵⁴ɕi⁵⁴fan³³⁻²¹, ie⁵⁴dʑiəu²⁴

认　着口　当　崽　养。　长大　咖，　又送口　去读书。口口伊　个
ni³³.tɕi u³⁵tan³³tsai⁵⁴io⁵⁴. tio⁵⁴ɣa²⁴.kau, iəu³⁵san³⁵u³⁵⁻²¹xei³⁵du¹³ɕy³³. san⁵⁴ne⁵⁴ai³³.ku

南　瓜　崽　还当　咖大官　嘞。
nuo³⁵kuo³³ tsai⁵⁴ɣai¹³tan³³.ka ɣa²⁴kue³³.le。

五、民间传说

石期市大桥

石期市镇　有条江，掇石期市分做两半，来　往一点
zi¹³dʑi¹³zʅ³⁵tɕin³⁵⁻²¹au³⁵di³⁵⁻²¹ka³³, tuo³⁵zi¹³dʑi¹³zʅ³⁵fan³³tsʅ³⁵nio⁵⁴pe³⁵, lai⁵⁴uan⁵⁴i¹³ tian⁵⁴

都毋方便。　　明初有个义官，　号着唐太贞（俗
tu³³a³⁵fan³³bian³⁵⁻²¹. min¹³ts'u³³au³⁵ku³⁵⁻²¹ni³⁵kuan³³⁻²¹, au³³.tɕi dan¹³t'ai³⁵tɕin³³（su³³

称　唐十万），口一个人　捐　咖八千两银子，用　咖七
tɕ'in³³dan¹³zi¹³uan³⁵）, u³⁵i³³ku³⁵oŋ³⁵⁻²¹tɕyan³³.ka pia²²ts'e³³lio⁵⁴in¹³.tsʅ, ioŋ³³.ka tɕ'i²²

年　时间，在江高子建起一座三孔石拱桥。老百
ne³⁵⁻²¹zʅ¹³kan³³⁻²¹zai³⁵ ka³³kei³³.tsʅ tɕian³⁵.ɕi i³³ zu³⁵suo³³k'oŋ⁵⁴zio²⁴koŋ³³dʑie³⁵⁻²¹. lei⁵⁴po²²⁻²¹.

姓　为　了　感谢口，　取　一个人　独建　噜意思，掇那
ɕio uei¹³.liau Kan⁵⁴zie³⁵⁻²¹u³⁵⁻²¹, tɕ'y⁵⁴i¹³ku³⁵ oŋ³⁵⁻²¹du¹³tɕian³⁵.lu i³⁵.sʅ, tuo³⁵ni³⁵

条桥　号着"独　成桥"。　那条桥长五十七米，
di³⁵⁻²¹dʑie³⁵ au³³.tɕi "du¹³ dʑin¹³dʑie³⁵⁻²¹". ni³⁵di³⁵⁻²¹dʑie³⁵ dʑio³⁵oŋ³⁵zʅ¹³tɕ'i²²mi⁵⁴,

宽　六米，高十米，桥栏高子还刻咖花纹。　　抗
k'ue³³liəu³³mi⁵⁴, kei³³zʅ¹³mi⁵⁴, dʑie³⁵la³⁵⁻⁵⁴kei³³.tsʅ ɣai¹³k'e²².ka fa³³bən¹³⁻²¹. k'an³⁵

战　时期，日本鬼　子噜飞机在桥高子投咖两
tɕian³⁵zʅ¹³dʑi¹³, zi¹³pən⁵⁴kuei⁵⁴.tsʅ.lu p'i³³tɕi³³⁻²¹zai³⁵dʑie³⁵kei³³.tsʅ dəu¹³.ka nio⁵⁴

只炸弹，　只炸烂咖两块栏板，桥噜建筑工
tɕio²²tsa³⁵dan³⁵⁻²¹, tsʅ⁵⁴tsa³⁵la³³.ka nio⁵⁴ɕia³⁵⁻²¹la³⁵pa⁵⁴, dʑie³⁵.lu tɕian³⁵tsu³⁵⁻²¹koŋ³³

艺　确　实　蛮　好。

ni³⁵⁻²¹tɕ‘io²² .ɕi man¹³xei⁵⁴。

　　传　说　中　心　那　只　孔　合　龙　噜时　候，　　那　块

dʑyan¹³ɕye³³tio³³ɕin³³⁻⁵⁴ni³⁵tɕio²²⁻²¹k‘oŋ³³vu²⁴loŋ³⁵.lu zʅ¹³ɣəu²⁴⁻²¹, ni³⁵ɕia³⁵⁻²¹

"杀　拱"　噜料　石，　凿　咖　好　几　块　都　毋　合　适，　　领　头　噜

"ɕia²²koŋ⁵⁴".lu liau³⁵zʅ¹³, zuo¹³.ka xei⁵⁴tɕi⁵⁴ɕia³⁵tu³³a³⁵ɣuo¹³ɕi³⁵⁻³³, lio⁵⁴lau³⁵.lu

师　傅　就　蛮　着　急。　有　一　日食黑　日饭　噜时　候，　师　傅　觑

sʅ³³.u dʑiəu²⁴man³ tɕio³³ɕi²². au³⁵i³³ni³³i³³xau²²ni⁵⁴va²⁴.lu zʅ¹³ɣəu²⁴⁻²¹, sʅ³³.u tɕ‘iəu³⁵.

着　一　个　要　饭　噜坐　倒　工　地　高　子，两　只　眼　睛　就　　觑

tɕi i³³ku³⁵ie³⁵va²⁴.lu zu³⁵.te koŋ³³di³⁵⁻²¹kei³³.tsʅ, nio⁵⁴tɕio²²ga²⁴tɕio³³⁻⁵⁴dʑiəu²⁴tɕ‘iəu³⁵.

着　大　□　食　饭，师　傅　走　过　　去　号□　一　起　食饭。要　饭　噜毋　去，

tɕi ɣa²⁴ɕi³³va²⁴, sʅ³³.u tsau⁵⁴ku³⁵⁻²¹.xei au³³u³⁵⁻²¹i³³tɕ‘i⁵⁴i³³va²⁴。ie³⁵va²⁴.lu a³⁵xei³⁵,

嘴　□　头　咽　□　水　噜声　音　却　蛮　大。师　傅　晓　得□　饿

tɕiəu³⁵y⁵⁴.lau ie³⁵k‘au⁵⁴ɕy⁵⁴⁻²¹.lu ɕio³³in³³⁻²¹tɕ‘ye³³man¹³ɣa²⁴。sʅ³³.u ɕie⁵⁴.la u³⁵⁻²¹gu²⁴.

着　咖，　就　转　去　舀咖一　碗　大　饭　送　去。等　大　家　食完饭，

tɕi.kau, dʑiəu²⁴tɕye⁵⁴.xei ie³⁵.ka i³³ue⁵⁴ɣa²⁴va²⁴san³⁵.xei. tan⁵⁴ɣa²⁴ɕi³³i³³ye³⁵va²⁴,

师　傅　去　拿碗，　要　饭　噜毋　觑　着　咖，饭　碗　□　倒　一　块　石

sʅ³³.u xei³⁵⁻²¹ne⁵⁴ue⁵⁴, ie³⁵ va²⁴.lu a³⁵tɕ‘iəu³⁵.tɕi.kau, va²⁴ue⁵⁴ta³⁵.te i³³ɕia³⁵⁻²¹ʑio²⁴.

头　古　高　子。师　傅　勾　下　去　取　碗，眼　睛　　面　前　一　亮，那

la.ku kei³³.tsʅ. sʅ³³.u kau³³ɣuo³⁵⁻²¹.xei tɕ‘y⁵⁴ue⁵⁴, ga²⁴tɕio³³⁻⁵⁴me⁵⁴ze³⁵⁻²¹i³³lio⁵⁴, ni³⁵

块　石　头　古　形　状　大　细　和　"杀　拱"　要　噜料　石蛮　相

ɕia³⁵⁻²¹ʑio²⁴.la.ku in¹³zuan³⁵⁻²¹ɣa²⁴sai³⁵ɣuo¹³ "ɕia²²koŋ⁵⁴"ie³⁵.lu liau³⁵zʅ¹³man¹³ɕian³³

像，　高　子还　刻　咖一　条　大　蜈　蚣。师　傅　蛮　喜　欢，　马

ʑian³⁵, kei³³.tsʅ ɣai¹³k‘e²².ka i³³di³⁵⁻²¹ɣa²⁴mu¹³koŋ³³⁻²¹。sʅ³³.u man¹³ɕi⁵⁴fan³³⁻²¹, ma⁵⁴.

上　号　人　抬　倒　桥　高　子，往　合　龙　噜挡　叮一　放，居　然

ʑian au³³oŋ³⁵dai¹³ .te dʑie³⁵kei³³.tsʅ, uan⁵⁴vu²⁴loŋ³⁵.lu du³⁵.ta i³³fan³⁵, tɕy³³ʑian¹³

正　好。师　傅　猛　然　子晓　得　咖，赶　快　　跪　倒　桥　高　子，

tɕin³⁵xei⁵⁴。sʅ³³.u moŋ⁵⁴ʑian¹³.tsʅ ɕie⁵⁴.la.kau,kan⁵⁴k‘uai³⁵⁻²¹tɕ‘y⁵⁴.te dʑie³⁵kei³³.tsʅ,

向　着　天　拜　咖　几　拜，　连　倒　讲　咖蛮　多　声　"感　谢

ɕian³⁵.tɕi t‘e³³pia³⁵.ka tɕi⁵⁴pia³⁵, lian¹³.te ka⁵⁴.ka man¹³tu³³ɕio³³ "kan⁵⁴" ʑie³⁵⁻²¹

神　仙　助　吾"！　至　于　石　头　古　高　子那　条　蜈　蚣，　是

ʑin¹³ɕian³³⁻²¹zu³⁵ uo³⁵⁻²¹" ！ tsʅ³⁵y¹³⁻²¹ʑio²⁴.la.ku kei³³.tsʅ ni³⁵di³⁵⁻²¹mu¹³koŋ³³⁻²¹, zʅ³⁵

用来 镇压 龙兴 风作浪 噜, 号着 "斩 龙 剑"。
ioŋ³³lai¹³⁻²¹tɕin³⁵ia³³⁻²¹loŋ³⁵ɕin³³foŋ³³tsuo³³lan³⁵. lu, au³³tɕi⁵⁴ "tsan⁵⁴loŋ³⁵⁻²¹tɕian³⁵"。

讲起也奇怪, 那条 "蜈蚣" 从来 冇 □人 觑着,
ka⁵⁴.ɕi ie⁵⁴dʑi¹³ kuai³⁵, ni³⁵di³⁵⁻²¹ "mu¹³koŋ³³⁻²¹" zoŋ¹³lai¹³⁻²¹mei⁵⁴. na oŋ³⁵ tɕ'iəu³⁵. tɕi,

但 千百年以来, 蛮多次 洪水浸过 咖桥面, 但
dan³⁵ts'e³³po²²ne³⁵i⁵⁴lai³⁵, man¹³tu³³tsɿ³⁵⁻²¹ɣoŋ¹³ɕy⁵⁴tɕin³⁵ ku³⁵.ka dʑie³⁵mie³³, dan³⁵

对大桥 一点影响 都有 □!
duei³⁵ɣa²⁴ dʑie³⁵i¹³tian⁵⁴in⁵⁴ɕian⁵⁴tu³³ mei⁵⁴. na !

除咖镇龙蜈蚣以外, 那个神仙 还在那块
dʑy³⁵.ka tɕin³⁵loŋ³⁵⁻²¹mu¹³koŋ³³⁻²¹i⁵⁴uai³⁵, ni³⁵.ku zin¹³ɕian³³⁻²¹ɣai¹³zai³⁵ni³ɕia³⁵⁻²¹

杀拱噜石头古 高子设计 咖一个 "瘰脐眼町", 过
ɕia²² koŋ⁵⁴.lu ʑio²⁴.la.ku kei³³.tsɿ ɕie³³tɕi³⁵⁻²¹.ka i¹³ku³⁵ "pie²²zɿ¹³ga²⁴.ta", ku³⁵

路噜人 毋小心 就会 □着它, 如果是 □日, 伊一
ləu³³.lu oŋ³⁵⁻²¹a³⁵ɕiau⁵⁴ɕin⁵⁴dʑiəu²⁴uei³⁵nau³³.tɕi u³⁵⁻²¹, ʑy¹³kuo⁵⁴zɿ³⁵e³⁵ni³³⁻⁵⁴, ai³³i¹³

日 走好运; 要是 在白日 正町, 伊一个月有好运;
ni³³tsau⁵⁴xei⁵⁴ioŋ³⁵; ie³⁵zɿ³⁵⁻²¹zai³⁵bo²⁴ni³³⁻⁵⁴tɕio³³.ta, ai³³i¹³ku³⁵ye⁵⁴au³⁵xei⁵⁴ioŋ³³;

如果在黑日, 伊一年都有好运。 听倒讲横塘有
ʑy¹³kuo⁵⁴zai³⁵xau²² ni³³⁻⁵⁴, ai³³i³³ne³⁵tu³⁵au³⁵xei⁵⁴ioŋ³³; t'uo³³. te ka⁵⁴uən¹³dan¹³au³⁵

个 桶匠 师傅黑日从桥 高子过, 脚板子撩 倒哪
ku³⁵⁻²¹t'an⁵⁴io³⁵⁻²¹sɿ³³.u xau²²ni³³⁻⁵⁴zoŋ¹³dʑie³⁵kei³³.tsɿ ku³⁵, tɕi²²pa⁵⁴.tsɿ liau¹³. te ni⁵⁴.

咖东西 □咖一下, 勾起脑壳一觑, 又哪 咖东西
ka tan³³se³³⁻⁵⁴ŋən⁵⁴.ka i³³ɣuo³⁵, kau³³.ɕi nei⁵⁴.xa tɕ'iəu³⁵, iəu³⁵ni⁵⁴.ka tan³³se³³⁻⁵⁴

都有 □, 觉得 好奇怪。 等咖那久 町, 那个桶
tu³³mei⁵⁴.na, tɕio²².te xei⁵⁴dʑi¹³kuai³⁵。tan⁵⁴.ka .na tɕiəu³⁵.ta, ni³⁵. ku t'an⁵⁴

匠 师傅 在一个人屋里打桶, 本来 半个 下午 就
io³⁵⁻²¹sɿ³³.u zai³⁵i¹³ku³⁵oŋ³³ u²².li ta⁵⁴t'an⁵⁴, pən⁵⁴lai¹³⁻²¹pe³⁵ku³⁵⁻²¹ɣuo²⁴man⁵⁴dʑiəu²⁴

做完咖, 但等□掇打好噜桶町端起入屋噜时候,
tsɿ³³ye³⁵. kau, dan³⁵tan⁵⁴u³⁵tuo³³ta⁵⁴xei⁵⁴. lu t'an⁵⁴. ta tue³³. ɕi ny⁵⁴u²². lu zɿ¹³ɣəu²⁴⁻²¹

桶 町掉倒地 高子, 散咖箍! □只好又箍, 但紧
t'an⁵⁴. ta tai²². te dʑi²⁴kei³³.tsɿ, sa⁵⁴.ka ku³³ ! u³⁵tsɿ⁵⁴xei⁵⁴iəu³⁵ ku³⁵, dan³⁵ tɕin⁵⁴

□几 □用力, 总箍不拢, 一直到天黑以后才箍
u³⁵tɕi⁵⁴.na ioŋ³³li³³, tsoŋ⁵⁴ku³³.pu loŋ⁵⁴, i³³dʑi¹³tei³⁵t'e³³xau²²i⁵⁴ɣəu³⁵zai¹³ ku³³

好。 就在□又端起桶哩向大门 走去噜时候，
xei⁵⁴。dʑiəu²⁴zai³⁵u³⁵iəu³⁵tue³³.ɕi t'an⁵⁴.ta ɕian³⁵ɣa²⁴man³⁵⁻²¹tsau⁵⁴.xei.lu zʅ¹³ɣəu²⁴⁻²¹，

觑 着工场边哩有东西是□闪是□闪， 走
tɕ'iəu³⁵. tɕi koŋ³³dʑian¹³pie³³.ta au³⁵tan³³se³³⁻⁵⁴zʅ³⁵.na ɕian⁵⁴zʅ³⁵.na ɕian⁵⁴, tsau⁵⁴.

去 一 觑， 好 像 是 两 块 旧 火 砖， 试 咖 一 下， 蛮
xei i³³tɕ'iəu³⁵, xau⁵⁴ʑian³⁵⁻²¹zʅ³⁵nio⁵⁴ɕia³⁵⁻²¹dʑiəu²⁴fu⁵⁴tɕye³³, sʅ³⁵.ka i³³ɣuo³⁵, man¹³

重。 还 二 日 粉 早， □以 做磨 砖 为理由， 向主人
dʑin³⁵。ɣai¹³ ni³³ni³³fən⁵⁴tsei⁵⁴, u³⁵i⁵⁴tsʅ³⁵mu³⁵tɕye³³uei¹³li⁵⁴iəu¹³⁻²¹, ɕian³⁵tɕy⁵⁴oŋ³⁵⁻²¹

家 要 咖 伊 两 只 东 西。 到 屋 里 一 觑， 居 然 是 两 块
kuo ie³⁵.ka ai³³nio⁵⁴tɕio²²tan³³se³³⁻⁵⁴。tei³⁵u²².li i³³tɕ'iəu³⁵, tɕy³³ʑian¹³zʅ³⁵nio⁵⁴ɕia³⁵⁻²¹

金 砖！ 桶 匠 就 发 咖 财。 □毋 敢 独 吞， 拿 咖 喃 钱
tɕin³³tɕye³³！ t'an⁵⁴io³⁵⁻²¹dʑiəu²⁴fa²². ka zai³⁵。u³⁵a³⁵kan⁵⁴du¹³t'ən³³, ne⁵⁴.ka.nan ze³⁵

买 咖 田 产， 剩 脱 那 喃 钱 用 来 修 戏 台 和 凉
mia⁵⁴.ka le³⁵ts'an⁵⁴, ʑin²⁴t'a²²ni³⁵.nan ze³⁵ioŋ³³lai³⁵⁻²¹ɕiəu³³ɕi³⁵dai¹³⁻²¹ɣuo¹³lio³⁵

亭， 成 咖 当 地 专 门 做 好 事 噜 长 者， 在 乡
din¹³⁻²¹, dʑin¹³.ka tan³³di³⁵⁻²¹tɕyan³³mən¹³⁻²¹tsʅ³⁵xei⁵⁴ zʅ³⁵. lu tɕian⁵⁴tɕie⁵⁴, zai³⁵ɕian³³

里 名 声 蛮 好。
li⁵⁴ mio³⁵ ɕio³³⁻²¹man¹³xei⁵⁴。

鹅 公 井

石 期 市 以 东 三 里 路 哩（现 隆 兴 村）有 座 山，山
ʑi¹³dʑi¹³zʅ³⁵i⁵⁴toŋ³³suo³³li⁵⁴ləu³³. ta（ɕian³⁵loŋ¹³ɕin³³ts'ən⁵⁴）au³⁵zu³⁵⁻²¹sa³³, sa³³

高 子 有 只 鹅 公 井。 井 蛮 大 蛮 深。 传 说 伊 头 原
kei³³. tsʅ au³⁵tɕio²²gu³⁵koŋ³³tɕio⁵⁴。tɕio⁵⁴man¹³ɣa²⁴man¹³ɕin³³。dʑyan¹³ɕye³³ai³³. lau yuan¹³

来 是 财 主 噜 庄 园。 有 一 日， 庄 园 屋 里 突 然
lai¹³⁻²¹zʅ³⁵zai³⁵tɕy⁵⁴. lu tsuan³³yuan¹³⁻²¹。au³⁵i³³ni³³, tsuan³³yuan¹³⁻²¹u²².li t'u³³ʑian¹³⁻²¹

长 出 来 两 条 大 细 一 样 噜 竹 笋 哩 像 白 玉 一 样，
tio⁵⁴tɕ'y²². lai nio⁵⁴di³⁵⁻²¹ɣa²⁴sai³⁵i³³ian³⁵. lu tiəu²²sən⁵⁴. ta, ʑian³⁵bo²⁴y³⁵i³³ian³⁵,

大 □ 觉 得 蛮 奇 怪， 只 有 一 个 细 女 哩 晓 得， 伊 是 一
ɣa²⁴ɕi⁵⁴tɕio²². te man¹³dʑi¹³ kuai³⁵, tsʅ⁵⁴au³⁵i³³ku³⁵sai⁵⁴niəu⁵⁴. ta ɕie⁵⁴. la, ai³³zʅ³⁵i³³

对 龙 角， 是玉皇 大帝 派 龙 来 惩恶扬 善 噜。食黑
duei³⁵loŋ³⁵ka²², z̩³⁵y³⁵uan¹³⁻²¹da³⁵di³⁵⁻²¹p'ai³⁵loŋ³⁵lai³⁵zən¹³u³³ian¹³ʑian³⁵. lu, i³³xau²²

日 饭 噜时候， 细 女 吀故意 掇饭 勺 丢 倒狗 边
ni³³⁻⁵⁴va²⁴. lu z̩¹³ɣəu²⁴⁻²¹, sai⁵⁴niəu⁵⁴. ta ku³⁵i³⁵⁻²¹uo³⁵va²⁴ʑio²⁴⁻²¹tiəu³³. te kau⁵⁴pie³³

边 吀， 狗 觑 着 勺 高 子有饭， 叼 起就 跑。 细
pie³³⁻⁵⁴. ta, kau⁵⁴ tɕ'iəu³⁵. tɕi ʑio²⁴kei³³. tsʅ au³⁵va²⁴, tie³³. ɕi dʑiəu²⁴bau²⁴。 sai⁵⁴

女 吀赶 快 号一个老 长 工 去 追。 老 长 工
niəu⁵⁴. ta kan⁵⁴k'uai³⁵⁻²¹au³³i³³ku³⁵lei⁵⁴dʑian¹³koŋ³³xei³⁵ tsuei³³。 lei⁵⁴dʑian¹³koŋ³³

追 出 去 毋 远， 只 听 得 后 头 一 声 大 响， 接 倒 蛮
tsuei³³tɕ'y²². xei a³⁵yue⁵⁴, tsʅ⁵⁴t'uo³⁵te⁵⁴ɣau²⁴. dau i³³ɕio³⁵ɣa²⁴ɕio⁵⁴, tsai²². te man¹³

多 灰 土 腾 空而 起。 老人 家吓着 咖！ 等 回过
tu³³ fei³³t'əu⁵⁴t'ən¹³k'oŋ³³e³⁵tɕ'i⁵⁴。 lei⁵⁴oŋ³⁵⁻²¹. kuo xuo²². tɕi. kau ！ tan⁵⁴ uei¹³ku³⁵

神 来， 转身 一 觑， 几 头 还 有哪 咖 庄 园， 面
ʑin¹³. lai, tɕye⁵⁴ɕin³³i³³tɕ'iəu³⁵, tɕi⁵⁴. lau ɣai¹³au³⁵ni³⁵. ka tsuan³³yuan¹³⁻²¹, me³³

前 是一个大水井， 庄 园 和 人 全 沉 到咖井
ze³⁵⁻²¹zʅ³⁵i³³ku³⁵ɣa²⁴ɕy⁵⁴tɕio⁵⁴, tsuan³³yuan¹³⁻²¹ɣuo¹³oŋ³⁵dʑyan³⁵⁻²¹dʑin¹³tei³³. ka tɕio⁵⁴

底。 原来 伊户人 家 虽 然 富裕 但毋做好 事， 惊
tai⁵⁴。 yan¹³lai¹³⁻²¹ai³³u³³oŋ³⁵kuo³³⁻⁵⁴sui³³ʑian¹³fu³⁵y³⁵⁻²¹dan³⁵a³⁵tsʅ³⁵xei⁵⁴zʅ²⁴, tɕin³³

动 咖玉帝。 那 个玉帝 派 来 考察 情 况 噜
doŋ³⁵⁻²¹. ka y³⁵ di³⁵⁻²¹。 ni³⁵. ku y³⁵di³⁵⁻²¹p'ai³⁵lai³⁵⁻²¹k'au⁵⁴ts'a³³⁻²¹dʑin¹³k'uan³⁵⁻²¹. lu

细 女 吀，也 撩 倒 欺负， 只 有 那 个 老 长 工 对
sai⁵⁴niəu⁵⁴. ta, ie⁵⁴liau¹³. te tɕ'i³⁵u³⁵⁻²¹, tsʅ⁵⁴ au³⁵⁻²¹ni³⁵. ku lei⁵⁴dʑian¹³koŋ³³duei³⁵

□ 比 较 好。
u³⁵pi⁵⁴tɕiau⁵⁴xei⁵⁴。

九 井 塘

晓 不 得 是 几 个 朝 代， 石期市以北 三 里 路 远 吀
ɕie⁵⁴. pu. la zʅ³⁵tɕi⁵⁴. ku dʑiau¹³dai³⁵⁻²¹, ʑi¹³dʑi¹³zʅ³⁵i⁵⁴po²²suo³³li⁵⁴ləu³³ye⁵⁴. ta

有 只 荒村， 蛮 缺水， 几 十 户人家 只有 一 只 细
au³⁵tɕio²²fan³³ts'ən³³, man¹³tɕ'ye³³ɕy⁵⁴, tɕi⁵⁴zʅ²⁴u³⁵oŋ³⁵kuo³³⁻⁵⁴tsʅ⁵⁴au³⁵⁻²¹i³³tɕio²² sai³⁵

井　眼，还　撩　倒　财　主　霸　占　　咖，穷　人　家　连　喝　水
tɕio⁵⁴ga²⁴, ɣai¹³liau¹³. te zai³⁵tɕy⁵⁴pa³⁵tɕian³⁵⁻²¹. kau, dʑioŋ³⁵oŋ³⁵.kuo lian¹³fu²²ɕy³⁵

都　困　难。　　有　一　日，一　个　女　　噜　刚　好　从　井　眼　里　舀　起
tu³³k‘uən³⁵nan¹³⁻²¹. au³⁵i³³ni³³, i³³ku⁵⁴niəu⁵⁴. lu kan³³xei⁵⁴zoŋ¹³tɕio⁵⁴ga²⁴. li ie⁵⁴.ɕi

一　担　水，财　主　噜　管　家　　来　咖，讲　井　眼　是　□　员　外　噜，
i³³tuo³⁵ɕy⁵⁴, zai³⁵tɕy⁵⁴. lu kuan⁵⁴tɕia³³⁻²¹lai³⁵.kau, ka⁵⁴tɕio⁵⁴ga²⁴zɿ³⁵u³⁵yan¹³uai³⁵. lu,

毋　准　挑　水，霸　蛮　掇　水　倒　倒　井　眼　里。那　个　女　　噜　为
a³⁵tɕyn⁵⁴die¹³ɕy⁵⁴, pa³⁵man¹³tuo³³ɕy⁵⁴tei⁵⁴. te tɕio⁵⁴ga²⁴. li. ni³⁵.ku niəu⁵⁴. lu uei¹³

难　噜　时　候，　到　零　陵　探　亲　路　过　伊　头　噜　何　仙　姑
na³⁵. lu zɿ¹³ɣəu²⁴⁻²¹, tei³⁵lio³⁵li³⁵⁻⁵⁴t‘an³⁵tɕ‘in³³ləu³³. ku ai³³. lau. lu ɣuo¹³ɕian³³ku³³⁻²¹

觑　　着　咖，何　仙　姑　讲："嫂　嫂，那　头　毋　准　挑，你　到
tɕ‘iəu³⁵. tɕi.kau, ɣuo¹³ɕian³³ku³³⁻²¹ka⁵⁴: "sau⁵⁴.sau, ni³⁵. lau a³⁵tɕyn⁵⁴die¹³, ni⁵⁴tei³⁵

伊　头　来　挑！"　何　仙　姑　拿　起　那　个　女　噜　担　杆　向　着
ai³³. lau lai³⁵die¹³ ! " ɣuo¹³ɕian³³ku³³⁻²¹ne⁵⁴.ɕi ni³⁵.ku niəu⁵⁴. lu tuo³⁵kue⁵⁴ɕian³⁵.tɕi

地　高　子　一　戳，　泉　水　就　冒　咖　出　来　咖。那　个　女　噜
dʑi²⁴kei³³.tsɿ i³³ts‘u²², dʑyan¹³ɕy⁵⁴dʑiəu²⁴mau³⁵.ka tɕ‘y²². la .kau。ni³⁵. ku niəu⁵⁴.lu

好　高　兴，　　就　去　舀　水，管　家　又　拦　着，讲　伊　只
xei⁵⁴kau³³ɕin³⁵⁻²¹, dʑiəu²⁴ xei³⁵ ie⁵⁴ɕy⁵⁴, kuan⁵⁴tɕia³³⁻²¹ iəu³⁵la³⁵. tɕi, ka⁵⁴ai³³tɕio²²⁻²¹

井　眼　在　员　外　地　□　头，也　是　员　外　噜，毋　准　挑　水。何
tɕio⁵⁴ga²⁴zai³⁵yan¹³uai³⁵dʑi²⁴y⁵⁴. lau, ie⁵⁴zɿ³⁵yan¹³uai³⁵. lu, a³⁵tɕyn⁵⁴die¹³ɕy⁵⁴, ɣuo¹³

仙　姑　冇　讲　哪　咖，笑　起　对　那　个　女　　噜　讲："那　就
ɕian³³ku³³⁻²¹mei⁵⁴ka⁵⁴ni⁵⁴. ka, ɕie³⁵. ɕi duei³⁵ni³⁵.ku niəu⁵⁴. lu ka⁵⁴: "ni³⁵ dʑiəu²⁴

到　伊　头　吧。"　又　戳　咖　一　只　井　眼。但　又　撩　倒　管
tei³⁵ ai³³. lau .pa ! " iəu³⁵ts‘u²². ka i³³tɕio²²tɕio⁵⁴ga²⁴. dan³⁵iəu³⁵liau¹³. te kuan⁵⁴

家　霸　占。　　就　伊　□　个，一　直　到　还　九　口　井，管
tɕia³³⁻²¹pa³⁵tɕian³⁵⁻²¹。dʑiəu²⁴ai³³. na .ku, i³³dʑi¹³⁻²¹tei³⁵ɣai¹³tɕiəu⁵⁴k‘au⁵⁴tɕio⁵⁴, kuan⁵⁴

家　才　晓　得　碰　着　咖　神　仙，　只　好　算　了。伊　九
tɕia³³⁻²¹zai³⁵ɕie⁵⁴. la p‘oŋ³⁵. tɕi.ka zin¹³ɕian³³⁻²¹, tsɿ⁵⁴xei⁵⁴suan³⁵. liau。ai³³tɕiəu⁵⁴

口　井　噜　布　局，　蛮　像　一　朵　盛　开　噜　梅　花，井
k‘au⁵⁴ tɕio⁵⁴. lu pu³⁵dʑy¹³⁻²¹, man¹³ʑian³⁵i³³tuo⁵⁴zin³⁵k‘uei¹³. lu mei¹³xuo³³⁻²¹, tɕio⁵⁴

水　汇　成　一　只　塘，就　成　咖　"九　井　塘"。塘　边
ɕy⁵⁴uei³⁵dʑin¹³⁻²¹i³³tɕio²² lu³⁵, dʑiəu²⁴dʑin¹³. ka "tɕiəu⁵⁴tɕio²²⁻²¹lu³⁵⁻²¹"。lu³⁵pie³³

边　哵噜荒村，　也　就　有　咖　"九　井　塘"　伊　个
pie³³⁻⁵⁴.ta.lu fan³³tsʻən³³⁻²¹, ie⁵⁴ dʑiəu²⁴au³⁵.ka "tɕiəu⁵⁴tɕio²²⁻²¹ lu³⁵⁻²¹" ai³³. ku

名　字。
mio³⁵zʅ²⁴⁻²¹。

　　□　□　何　仙　姑　又　回　去　探　亲，　　覭　着　井　水　蛮
san⁵⁴na⁵⁴ɣuo¹³ɕian³³ku³³⁻²¹iəu³⁵ua³⁵.xei tʻan³⁵tɕʻin³³, tɕʻiəu³⁵.tɕi tɕio⁵⁴ɕy⁵⁴man¹³

旺，　村　里人用水毋愁，　　就　变　成　一　个　村　姑，　　唱
uan³⁵, tsʻən³³.li oŋ³⁵ioŋ³³ɕy⁵⁴a³⁵zau³⁵, dʑiəu²⁴pie³⁵dʑin¹³⁻²¹i³³ku³³tsʻən³³ku³³⁻²¹, tɕʻio³⁵

出一首歌："九　井　开　梅　花，　毋　准　恶　人　霸。井
tɕʻy²²i³³tɕiəu⁵⁴ku³³: "tɕiəu⁵⁴tɕio⁵⁴kʻuei³³mei¹³xuo³³⁻²¹, a³⁵tɕyn⁵⁴uo²²oŋ³⁵⁻²¹pa³⁵. tɕio⁵⁴

水养善良，　不良家业荒。有人问其故，莫说
ɕy⁵⁴io⁵⁴ʑian³⁵lian¹³⁻²¹, pu³³lian⁵⁴tɕia³³nie³³fan³³。au³⁵oŋ³⁵uən³⁵dʑi¹³⁻²¹ku³⁵, mo³³ɕye³³

何　仙　姑！"　伊　只　歌　和　何　仙　姑　噜善举，一　直
ɣuo¹³ɕian³³ku³³⁻²¹！" ai³³tɕio²²⁻²¹ku³³ɣuo¹³ɣuo¹³ɕian³³ku³³⁻²¹.lu ʑian³⁵tɕy⁵⁴, i³³ dʑi¹³⁻²¹

传　诵　到　□　□。
dʑyan¹³zoŋ³⁵tei³⁵ ne³⁵tɕi⁵⁴。

狮 子 岩

　　在　石　期　市　郊　湘　江　右　岸，有一座石　头　古山，山
zai³⁵ʑi¹³dʑi¹³zʅ³⁵tɕiau³³ɕian³³tɕian³³iəu³⁵ŋan³⁵, au³⁵i³³zuʅ³⁵zio²⁴.la .ku sa³³, sa³³

高　子有一个寺庙，　伊　就　是狮子岭和在唐宋时
kei³³.tsʅ au³⁵i³³ku³⁵zʅ³⁵miau³⁵⁻²¹, ai³³dʑiəu²⁴zʅ³⁵⁻²¹sʅ³³.tsʅ lio⁵⁴ɣuo¹³zai³⁵dan¹³soŋ³⁵zʅ¹³

代　建　噜朱陵寺。从　山　噜对岸乌沙洲　覭伊
dai³⁵⁻²¹tɕian³⁵.lu tɕy³³lin¹³⁻²¹zʅ³⁵. zoŋ¹³sa³³.lu duei³⁵ŋan³⁵u³³sa³³⁻⁵⁴tɕiəu³⁵tɕʻiəu³⁵ai³³

座　山，　特　别　像　一　只　公狮子夹　开　血　盆大　口，
zu³⁵⁻²¹sa³³, de¹³bie¹³⁻²¹ʑian³⁵ i³³tɕio²²koŋ³³sʅ³³.tsʅ tɕia²²kʻuei³³ɕye²²bən¹³ɣa²⁴kʻau⁵⁴,

虎视眈眈噜□　倒江边哵。那个血盆大口　就
fu⁵⁴zʅ³⁵⁻²¹tan³³tan³³.lu tsau³³.te ka³³pie³³.ta。ni³⁵.ku ɕye²²bən¹³ɣa²⁴kʻau⁵⁴dʑiəu²⁴

是当地名气蛮大噜千　古名　胜狮子岩。岩
zʅ³⁵⁻²¹tan³³di³⁵⁻²¹mio³⁵tɕʻi¹³⁻²¹man¹³ɣa²⁴.lu tɕʻian³³ ku⁵⁴min¹³ ɕin³⁵⁻²¹sʅ³³.tsʅ guo³⁵。guo³⁵

口 右 边 噜壁 高 子，有 明 万 历 年 时 候 噜东

k'au^{54}iəu^{35}pie$^{33-21}$.lu pio^{22}kei^{33}.tsɿ, au^{35}min^{13}li$^{35-21}$uan^{35}nian$^{13-21}$zɿ^{13}ɣəu$^{24-21}$.lu toŋ^{33}

安 县 令 朱 应 辰 噜题 字 "狮 子 岩"。

ŋan$^{33-54}$ian^{35}lin$^{35-21}$tɕy^{33}in^{35}dʑin^{13}.lu di^{13} zɿ^{24} "sɿ^{33}.tsɿ guo^{35}"。

　　传 说 舜 帝 从 东 安 噜金 凤 山（今 舜 皇 山）

dʑyan^{13}çye^{33}sən^{35}di$^{35-21}$zoŋ^{13}toŋ^{33}ŋan$^{33-54}$.lu tɕin^{33}boŋ^{35}sa^{33}（tɕin^{33}sən^{35}uan^{13}sa^{33}）

坐 竹 筏 到 九 嶷 去，口 噜坐 骑 公 狮 子 觑 着主

zu^{35}tiəu^{33}bo$^{35-21}$tei^{35}tɕiəu^{54}ni^{13}xei$^{35-21}$, u^{35}.lu zu^{35}dʑi$^{13-21}$koŋ^{33}sɿ^{33}.tsɿ tɕʻiəu^{35}.tɕi tɕy^{54}

人 家 蛮 久 冇 回 来 就 去 寻。走 倒 石 期 站 天

oŋ$^{35-21}$.kuo man^{13}tɕiəu^{54}mei^{54}ua^{35}lai$^{35-54}$dʑiəu^{24} xei^{35}ʑin^{35}。tsau^{54}.te zi^{13}dʑi^{13}zan^{35}tʻe^{33}

就 黑 咖，就 在 湘 江 边 敲 气。大 概 半 夜 咧，

dʑiəu^{24}xau^{22}.kau, dʑiəu^{24}zai$^{35-21}$çian^{33}tɕian$^{33-21}$pie^{33}tʻau^{54}tɕʻi^{35}。da^{35}kʻai^{54}pe^{35}io^{33}.ta,

对 岸 乌 沙 洲 噜羊 咧动 起 来，间 那 久 咧还 有

duei^{35}ŋan^{35}u^{33}sa$^{33-54}$tɕiəu^{33}.lu io^{35}.ta lan^{24}.çi .lai, kan^{35}na$^{35-21}$ tɕiəu^{54}.ta ɣai^{13}au^{35}

羊 噜哀 鸣 声。那 只 公 狮 子 剐 起 眼 睛 一 觑，

io^{35}.lu ŋai^{13}min^{13}çio$^{33-21}$。ni^{35} tɕio$^{22-21}$koŋ^{33}sɿ^{33}.tsɿ kua^{54}.çi ga^{24}tɕio$^{35-54}$i^{33} tɕʻiəu^{35},

原 来 是 一 只 蛮 凶 噜老 虎 在 叼 羊 咧。养 羊 噜人

yan^{13}lai$^{13-21}$zɿ^{35} i^{33} tɕio^{22}man^{13}çioŋ^{33}.lu lei^{54}fu$^{54-21}$zai^{35}tie^{33}io^{35}.ta. io^{54}io^{35}.lu oŋ^{35}

是 个 老 人 家，只 能 觑倒 老 虎 掇 羊 咧叼咖

zɿ^{35} ku$^{35-21}$lei^{54} oŋ$^{35-21}$.kuo, tsɿ^{54}nən$^{13-21}$tɕʻiəu^{35}.te lei^{54}fu$^{54-21}$tuo^{33}io^{35}.ta tie^{33}.ka

去 咖。公 狮 子 觑 咖 几 个 黑 日，日 咧日 都 有 老

xei^{35}.kau。koŋ^{33}sɿ^{33}.tsɿ tɕʻiəu^{35}.ka tɕi^{54}ku^{35}xau^{22}ni$^{33-54}$, ni^{33}.ta ni^{33}tu^{33}au^{35} lei^{54}

虎 来。觑倒 老 人 家 噜羊 咧一 日 日 越 来 越 少，公

fu$^{54-21}$lai^{35}。tɕʻiəu^{35}.te lei^{54}oŋ$^{35-21}$.kuo.lu io^{35}.ta i^{33}ni^{33}ni^{33}ye^{33}lai^{13}ye^{33}çie^{54}, koŋ^{33}

狮 子 就 号 咖 一 声 大 噜，要 跳 出 来 那 个 样 子，老

sɿ^{33}.tsɿ dʑiəu^{24}au^{33}.ka i^{33}çio^{33}ɣa^{24}.lu, ie^{35}tʻie^{35}tɕʻy^{22}.lai ni^{35}. ku ian^{35}.tsɿ, lei^{54}

虎 吓 着 咖，再 也 冇 敢 来。还 八 日，公 狮 子 正

fu$^{54-21}$xuo^{22}. tɕi.kau, tsai^{35}ie^{54}mei^{54}kan^{54}lai^{35}。ɣai^{13}pia^{22}ni$^{33-21}$, koŋ^{33}sɿ^{33}.tsɿ tɕin^{35}

想 接 倒 赶 路，九 嶷 那 边 传 来 舜 帝 已 崩 噜

çian^{54}tsai^{22}.te kan^{54}ləu^{33}, tɕiəu^{54}ni^{13}ni^{13}pie$^{33-21}$dʑyan^{13}lai$^{13-21}$sən^{35}di$^{35-21}$i^{54}poŋ^{33}.lu

消 息，公 狮 子 觉 得 再 去 已 经 冇 口哪 咖意 思，

çiau^{33} çi$^{33-21}$, koŋ^{33}sɿ^{33}.tsɿ tɕio^{22}.te tsai^{35}xei^{35} i^{54}tɕin$^{33-21}$mei.na ni^{54}.ka i^{35}.sɿ,

不　如　留　倒　伊　头　帮　老　百　姓　　保　护　羊　叻。日　子　久　　咖，
pu³³ʐy¹³liəu³⁵.te ai³³.lau pan³³lei⁵⁴po²²ɕio³⁵⁻²¹pau⁵⁴u³⁵io³⁵.ta。ni³³.tsʅ tɕiəu⁵⁴.kau,
就　　化　成　　咖　石　头　古　山。
dʑiəu²⁴ xuo³⁵dʑin¹³⁻²¹.ka ʑio²⁴.la.ku sa³³.

　　宋　真　宗　天　禧　四　年　　噜　时　候，　　宰　　相　　寇　　准
　　soŋ³⁵tɕin³³tsoŋ³³t'ian³³ɕi⁵⁴sʅ³⁵ne³⁵⁻²¹.lu zʅ¹³ɣəu²⁴⁻²¹,　tsai⁵⁴ ɕian³⁵⁻²¹k'əu³⁵ tɕyn⁵⁴
撩　　倒　罢　免　职　务，　到　道　州　（　今　道　县　）当　刺　史。
liau¹³.te ba³⁵mian⁵⁴tɕi'u³⁵⁻²¹,　tei³⁵dau³⁵tɕiəu³³⁻²¹（tɕin³³dau³⁵ian³⁵⁻²¹）tan³³tsʅ³⁵sʅ⁵⁴.
寇　准　能　诗　善　文，　在　狮　子　岩　和　朱　陵　寺　游　玩　噜
k'əu³⁵ tɕyn⁵⁴ nən¹³sʅ³³ʑian³⁵bən⁵⁴,　zai³⁵sʅ³³.tsʅ guo³⁵ɣuo¹³tɕy³³lin¹³⁻²¹zʅ³⁵iəu¹³uan¹³.lu
时　候，　　写　咖一　首　诗　表　扬　　伊　头　"山　深　微　有　径，
zʅ¹³ɣəu²⁴⁻²¹,　ɕio⁵⁴.ka i³³ɕiəu⁵⁴sʅ³³piau⁵⁴ian¹³⁻²¹ai³³.lau "san³³ɕin³³uei³³iəu⁵⁴tɕin³⁵,
树　老　半　无　枝。　望　远　云　常　瞑，　淡　空　日　易　移"。自　从
ʐy³⁵lau⁵⁴pan³⁵vu¹³tsʅ³³.　ban³⁵yan⁵⁴yn¹³dʑian¹³min¹³,　dan³⁵k'oŋ³³ʑi¹³i³⁵i¹³"。zʅ³⁵zoŋ¹³⁻²¹
寇　准　以　后，　经　　常　有人　来　伊　头　游　玩，　□　□　洞□
k'əu³⁵tɕyn⁵⁴i⁵⁴ ɣəu³⁵,　tɕin³³ dʑian¹³au³⁵oŋ³⁵lai¹³ai³³.lau iəu¹³uan¹³,　ne³⁵tɕi⁵⁴doŋ³⁵y⁵⁴.
头　还　有　蛮　多　古　人　　噜　题　字。
lau　ɣai¹³au³⁵man¹³tu³³ ku⁵⁴oŋ³⁵⁻²¹.lu di¹³ zʅ²⁴.

参考文献

[1] 鲍厚星. 湘南东安型土话的系属 [J]. 方言 :2002（3）:217-221.

[2] 鲍厚星，陈晖. 湘语的分区（稿）[J]. 方言：2005（3）：261-270.

[3] 鲍厚星. 东安土话研究 [M]. 长沙：湖南教育出版社，1998.

[4] 鲍厚星，崔振华，沈若云，伍云姬. 长沙方言研究 [M]. 长沙：湖南教育出版社，1999.

[5] 鲍厚星. 湘方言概要 [M]. 长沙：湖南师范大学出版社，2006.

[6] 陈晖. 湘方言语音研究 [M]. 长沙：湖南师范大学出版社，2006.

[7] 陈立中. 论湘语、吴语及周边方言蟹假果遇摄字主要元音的连锁变化现象 [J]. 方言，2005（1）：20-35.

[8] 陈琼. 湖南东安石期市土话语音研究 [D]. 湖南大学硕士论文，2012.

[9] 陈忠敏. 重论文白异读与语音层次 [J]. 语言研究，2003（3）：43-59.

[10] 邓开初. 宁乡方言中的完成体助词 [J]. 长沙大学学报 :2004（1）:50-52.

[11] 丁声树，李荣. 汉语音韵讲义 [M]. 上海：上海教育出版社，2010.

[12] 丁声树. 古今字音对照手册 [M]. 北京：中华书局，1981.

[13] 东安县志编纂委员会. 东安县志 [M]. 长沙：湖南出版社，1995.

[14] 董同龢. 汉语音韵学 [M]. 北京：中华书局，2001.

[15] 河北省昌黎县县志编纂委员会，中国社会科学院语言研究所. 昌黎方言志 [M]. 上海：上海教育出版社，1984.

[16] 何大安. 规律与方向—变迁中的音韵结构 [M]. 北京：北京大学

出版社，2004.

[17] 湖南师范学院中文系汉语方言普查组．湖南省汉语方言普查总结报告 [R]．1960.

[18] 侯精一．现代汉语方言概论 [M]．上海：上海教育出版社，2002.

[19] 李如龙．汉语方言的比较研究 [M]．北京：商务印书馆，2001.

[20] 李星辉．永州岚角山土话音系 [J]．方言：2003(1)：67-77.

[21] 卢小群，鲍厚星．湖南东安花桥土话的代词 [J]．湖南师范大学社会科学学报，2003（4）116-120.

[22] 唐玉萍．永州话中的助词"嘎"和"了"[J]．邵阳学院学报：社会科学版，2008，7(2)：67-70.

[23] 吴珍．东安土话语音层次研究 [D]．云南大学硕士论文，2010.

[24] 伍金辉．从语音角度看东安话的归属 [J]．南华大学学报：社会科学版：2008（2）:86-90.

[25] 文远东．东安芦洪市文白异读现象初探 [J]．零陵师范高等专科学校．2000（1）:38-40.

[26] 王力．汉语史稿 [M]．北京：中华书局，1980.

[27] 王力．汉语语音史 [M]．北京：中国社会科学出版社，1998.

[28] 王福堂．平话、湘南土话和粤北土话的归属 [J]．方言：2000(2)：107-118.

[29] 徐通锵．历史语言学 [M]．北京：商务印书馆，2001.

[30] 谢奇勇．湘南永州土话音韵比较研究 [M]．湖南师范大学出版社，2010.

[31] 袁家骅．汉语方言概要 [M]．第二版．北京：语文出版社，2001.

[32] 杨时逢．湖南方言调查报告（上、下）[M]．台湾"中央研究院"历史语言研究所，1974.

[33] 张晓勤．宁远平话研究 [M]．长沙：湖南教育出版社，1999.

[34] 曾芳．湖南东安高峰土话语音研究 [D]．湖南师范大学硕士论文，2007.

[35] 中国社会科学院语言研究所方言研究室资料室．汉语方言词语调查条目表 [J]．方言：2003(1)：6-27.

后 记

犹记得 2011 年 11 月 27 日，"濒危汉语方言研究丛书（湖南卷）"的作者讨论会上确定交初稿的时间，大家一致认为：母语研究方便又快捷，两年时间足够。那时我也充满自信，一定可以如期完成。事实上，我没有做到。这使我对丛书主编鲍厚星教授一直抱有一种愧疚感。

感谢鲍厚星教授策划和主持了"濒危汉语方言研究丛书（湖南卷）"这一"国家十二五重点图书出版规划项目"，确定东安石期土话作为研究对象之一，使我有机会能够全面系统地研究母语，使我能够再次感受母语的特色和价值。其间，我曾因困惑纠结无法写作，鲍厚星教授高屋建瓴的指导让我意识到问题所在。我一稿又一稿地反复修改，鲍老师的严谨一如既往。从我攻读硕士、博士至今，已经有十五个年头，师尊以专业素养、学术品格和道德风范引导、塑造，并且成就着我。然而自己的愚鲁懈怠还是给先生添了不少麻烦，令我时时抱愧于心。

感谢本书的发音合作人蒋乙军先生。蒋先生很忙，为了配合我的调查放下手头上所有事情。实地调查结束后，蒋先生只要获得一个资料，就会电话告诉我。我也时常电话进行补充调查。另外两位主要发音合作人是蒋中秋先生和邓冬秀女士。两位老人七十高龄，不厌其烦地一次次接受我的调查和访问。方言语料记音中的谚语、谜语、山歌、民谣、儿歌、民间故事都源于他们的口述。感谢他们对石期市的充分了解，积累了那么多的当地文化知识，并且毫无保留地传递给了我。他们的讲授让我对家乡的了解更深一层。

感谢曾春蓉以及彭建国两位老师的支持，他们曾为我做了声调实验，从语音实验学的角度给了我不少建议。

还要特别感谢东安县县委办副主任唐文明、石期市镇政府党政办主任唐小斐和师弟孙益民博士的支持。他们用心为我寻找本书需要的资料。

方言调查很辛苦，而方言语料的获得以及方言承载的内容时常带给我欣喜，引我不断前行。我也总想能透彻、完美地解决研究过程中发现的问题，却由于学识浅陋，时常留下遗憾。由此，文中错误在所难免，敬请方家批评指正！

蒋军凤

2015 年 4 月 26 日